Veröffentlichungen der Kommission für Zeitgeschichte

VERÖFFENTLICHUNGEN DER KOMMISSION FÜR ZEITGESCHICHTE

In Verbindung mit Wilhelm Damberg · Rudolf Morsey · Hans Günter Hockerts

Herausgegeben von Ulrich von Hehl

Reihe A: Quellen · Band 50

EUGENIO PACELLI
DIE LAGE DER KIRCHE IN DEUTSCHLAND 1929

2006

FERDINAND SCHÖNINGH

PADERBORN · MÜNCHEN · WIEN · ZÜRICH

EUGENIO PACELLI

DIE LAGE DER KIRCHE IN DEUTSCHLAND
1929

Bearbeitet von

HUBERT WOLF

und

KLAUS UNTERBURGER

2006

FERDINAND SCHÖNINGH
PADERBORN · MÜNCHEN · WIEN · ZÜRICH

Bibliografische Information Der Deutschen Bibliothek

Die Deutsche Bibliothek verzeichnet diese Publikation in der Deutschen Nationalbibliografie;
detaillierte bibliografische Daten sind im Internet über http://dnb.ddb.de abrufbar.

Umschlaggestaltung: Evelyn Ziegler, München

Gedruckt auf umweltfreundlichem, chlorfrei gebleichtem
und alterungsbeständigem Papier ⊗ ISO 9706

© 2006 Ferdinand Schöningh, Paderborn
(Verlag Ferdinand Schöningh GmbH & Co. KG, Jühenplatz 1, D-33098 Paderborn)

Internet: www.schoeningh.de

Printed in Germany. Herstellung: Ferdinand Schöningh, Paderborn

ISBN 13: 978-3-506-75672-5
ISBN 10: 3-506-75672-9

INHALTSVERZEICHNIS

VORWORT

Zwölf Jahre lang, von 1917 bis 1929, war Eugenio Pacelli Nuntius in Deutschland, bevor er als Kardinalstaatssekretär nach Rom berufen wurde und schließlich 1939 als Pius XII. die Cathedra Petri bestieg. Fast täglich berichtete er seinem Vorgesetzten Kardinalstaatssekretär Pietro Gasparri aus München und Berlin. Kaum eine andere Quellengattung bringt einem den Diplomaten und Kirchenpolitiker, aber auch den Seelsorger und Theologen und nicht zuletzt den Menschen Pacelli näher als diese entweder in seiner kleinen Handschrift oder mit Schreibmaschine verfassten Nuntiaturberichte. Sie sind erst seit der vorzeitigen Öffnung von vier Beständen des Vatikanischen Geheimarchives aus dem Pontifikat Pius' XI. (1922–1939) im Jahr 2003 der Forschung zugänglich. Dabei handelt es sich um die Nuntiaturarchive von München und Berlin, in denen jeweils die Entwürfe der Berichte liegen, und die entsprechenden Gegenüberlieferungen im Staatssekretariat in den Abteilungen *Baviera* und *Germania*, die jeweils die Ausfertigungen enthalten. Um Pacellis Prägungen durch seine Tätigkeit in Deutschland besser kennen zu lernen, wäre eine Edition bzw. wären zumindest Regesten seiner Nuntiaturberichte und ihre genaue Auswertung äußerst wünschenswert. Dabei stehen seine Ansichten zu speziellen deutschen Themen wie dem politischen Katholizismus, der Sozialdemokratie, der Weimarer Reichsverfassung, dem aufkommenden Nationalsozialismus, den staatlichen katholisch-theologischen Fakultäten, dem selbstbewussten Laien- und Verbandskatholizismus im Mittelpunkt des Interesses. Aber auch seine Einschätzung der deutschen Bischöfe und die personellen Netzwerke, die er in Deutschland knüpfte, spielen hier eine wichtige Rolle. Erst wenn Pacellis Berichte komplett vorliegen, kann auch die Frage beantwortet werden, ob deutsche Erfahrungen – wie das Scheitern der Friedensinitiative Benedikts XV. oder das »Kulturkampftrauma« der deutschen Katholiken – so einschneidend gewesen sind, dass sie sich beim späteren Papst Pius XII. zu Handlungsmustern verdichtet haben. Ein entsprechendes Projekt ist in Kooperation mit dem Deutschen Historischen Institut in Rom und der Kommission für Zeitgeschichte an meinem Münsteraner Lehrstuhl, finanziert aus Leibniz-Preis-Mitteln, in Vorbereitung.

Als erste »Perle« aus der Vielzahl der Berichte wird hier Pacellis Schlussrelation, die er im Jahr 1929 kurz vor seiner Rückkehr nach Rom, quasi als »Summe« seiner zwölf deutschen Jahre verfasste, in einer kommentierten italienisch-deutschen Edition vorgelegt. Eine ausführliche Einleitung ordnet diese Quelle in ein größeres (kirchen-)historisches Koordinatensystem ein und bietet eine erste Auswertung. Ferner werden erste Ansatzpunkte für weitere Analysen geboten.

Dieses Buch, das hoffentlich das Interesse an weiteren Nuntiaturberichten Pacellis wecken wird, ist nur durch die Unterstützung vieler möglich geworden, denen ich hier ausdrücklich danken möchte. An erster Stelle steht die Deutsche Forschungsgemeinschaft; sie eröffnete mir 2003 durch die Verleihung des Leibniz-Prei-

ses die Möglichkeit, die neu zugänglichen Bestände des Vatikanischen Geheimarchives gründlich durchzuarbeiten und dabei auch die vorliegende Schlussrelation Pacellis zu entdecken. Ohne meine Fremdsprachenkorrespondentin, Frau Hedwig Rosenmöller M. A., die für die sorgfältige Übersetzung und Kollationierung des Textes ins Deutsche Sorge trug, wäre die zweisprachige Ausgabe, die wesentlich zur Lesbarkeit des Pacelli-Berichts in Deutschland beitragen dürfte, nicht möglich gewesen. Kollege Prof. Dr. Rudolf Morsey unterzog das Manuskript einer gewohnt kritisch-konstruktiven Lektüre; ihm verdanken Einleitung und Kommentierung entscheidende Hinweise. Ohne die großzügige Kooperation des Vatikanischen Geheimarchives und namentlich seines Präfekten P. Sergio Pagano hätte diese Edition nicht erscheinen können. Er erteilte nicht nur problemlos die Abdruckerlaubnis, sondern stellte auch Fotokopien des Textes zur Verfügung. Hinweise für das Verhältnis Pacellis zu Ritter von Grönesteyn steuerte Herr Jörg Zedler M. A. (München) bei. Zahlreichen Institutionen, namentlich dem DHI in Rom und seinem Direktor Prof. Dr. Michael Matheus, sowie den Diözesanarchiven von Limburg und Freiburg sei hier für ihre Mithilfe herzlich gedankt.

Meine Mitarbeiter am Münsteraner Lehrstuhl für Kirchengeschichte, Frau Verena Imhorst, Frau Dr. Nicole Priesching, Frau Dr. Barbara Schüler, Daniel Maria Steinke, Holger Arning M. A. und insbesondere Stefan Voges M. A. haben sich um das Manuskript genauso verdient gemacht wie mein Kollege Prof. Dr. Franz Xaver Bischof, der es kritisch durchging. Der Kommission für Zeitgeschichte in Person ihres Vorsitzenden, Prof. Dr. Ulrich von Hehl, und ihres Direktors, Dr. Karl-Joseph Hummel, danke ich für die Aufnahme in die Reihe A ihrer Veröffentlichungen. Ein besonderer Dank gilt meinem Assistenten Dr. Klaus Unterburger, der sich rasch in die umfangreiche Pacelli-Literatur eingearbeitet, mit mir gemeinsam die Einleitung verfasst und die Kommentierung der Edition mitverantwortet hat.

Münster in Westfalen, im August 2005 *Hubert Wolf*

EINLEITUNG

I. DIE NUNTIATURJAHRE PACELLIS IN DER BISHERIGEN FORSCHUNG

»Meine deutsche Mission ist zu Ende. Eine größere, umfassendere am geistigen und übernatürlichen Brennpunkt der universalen Kirche hebt an. Ich kehre zurück, wovon ich ausgegangen bin. Zu dem Grab des Felsenmannes unter der Kuppel Michelangelos, zu dem lebendigen Petrus im Vatikan. Nahe bei Petrus stehen heißt nahe bei Christus sein«[1]. Diese Worte richtete Eugenio Pacelli zum Abschied am 10. Dezember 1929 an die Berliner Katholiken, im Rückblick auf sein zwölfjähriges Wirken in Deutschland als Apostolischer Nuntius. Kurz darauf reiste er nach Rom ab, um dort das Amt des päpstlichen Staatssekretärs anzutreten und die Würde des Kardinalats zu empfangen. Von entscheidenden Prägungen durch die Eigenheiten des deutschen Katholizismus verrät die Rede wenig. In der platonischen Metapher von Ausgang und Rückkehr spiegelt sich vielmehr Pacellis theologisch-kanonistische römische Prägung und Ausbildung, ebenso wie seine Berufung zu den höheren römischen Aufgaben, die schließlich in seine Amtszeit als *vicarius Christi*, als römischer Papst (1939–1958), münden sollte. Die ungewöhnlich lange Zeit seiner Nuntiatur in Bayern (29. Mai 1917 bis 8. Juni 1925) und im Deutschen Reich (23. Juni 1920 bis 9. Dezember 1929) erscheint in dieser Perspektive eher als Durchgangsstation, in welcher in Rom Erlerntes angewandt und umgesetzt wurde, die aber umgekehrt nur wenig zur Herausbildung von Überzeugungen, Handlungsmustern und Erfahrungswissen beigetragen hat.

Die Perspektive *ex post*, ausgehend vom Wissen um seine spätere Rolle als *Pontifex maximus* und die daraus resultierende fundamentale Bedeutung für die universale römische Kirche, dominiert auch die bisherige Forschung zu seiner Person. Die in den 60er Jahren von Ernst-Wolfgang Böckenförde und Rolf Hochhuth ausgelösten, teils heftigen Diskussionen bestimmen noch heute zentrale Frageraster. Kontrovers waren und sind das Verhältnis des deutschen Katholizismus zu Hitlers Machtergreifung im Jahr 1933 und namentlich zum Reichskonkordat einerseits[2], Papst Pius XII. und sein angebliches oder wirkliches Schweigen zum Holocaust in den letzten Kriegsjahren andererseits[3]. Die auf diese beiden Themenkomplexe fokussierte Forschung zeigt sich weitgehend in zwei Lager gespalten[4]: in Ankläger und

---

[1] E. PACELLI, Zurück nach Rom, in: DERS., Gesammelte Reden, S. 187–190, hier S. 190.
[2] Hierzu E.-W. BÖCKENFÖRDE, Betrachtung; DERS., Stellungnahme; K. REPGEN, Hitlers Machtergreifung. Zuletzt hat T. Brechenmacher in einer instruktiven Studie aufgrund der neu zugänglichen vatikanischen Akten das Reichskonkordat in die Leitlinien der vatikanischen Deutschlandpolitik zwischen 1870 und 1939 eingeordnet. T. BRECHENMACHER, Teufelspakt.
[3] Vgl. R. HOCHHUTH, Stellvertreter; L. VOLK, Hochhuthprosa; dazu neuerdings T. BRECHENMACHER, Dichter.
[4] »Dass der Römer Eugenio Pacelli als bedeutendster Nuntius in Deutschland gilt, verdankt er nicht zum mindesten seinem Pontifikat in einer hochbrisanten Zeit. Dieser Retrospektive als interesseleitender Vorgang, der um die Themenkomplexe Reichskonkordat und Holocaust kreist, haftet eine immanent

Verteidiger von Papst und Kirche. Die wesentlichen Argumente scheinen in diesen Arenen ausgetauscht und allenfalls durch neues archivalisches Material – vorwiegend aus römischen *fondi* – modifizierbar zu sein.

Lag bislang der inhaltliche wie zeitliche Schwerpunkt der zeitgeschichtlichen Katholizismus-Forschung schon nicht auf den deutschen Nuntiaturjahren Pacellis, sondern auf seinem späteren Wirken als Kardinalstaatssekretär und Papst, so war das Interesse an dieser Zeit darüber hinaus thematisch ausgesprochen selektiv und final auf die spätere Epoche des »Dritten Reichs« hin angelegt. Dieser Umstand lässt sich nur zum Teil auf die Nichtverfügbarkeit der archivalischen Hauptüberlieferung im Vatikanischen Geheimarchiv bis zum Jahre 2003 für die allgemeine Forschung zurückführen. Vielmehr wurden auch die Interpretationsraster im Wissen um den späteren Aufstieg des Nuntius und mit thematischem Blick auf den künftigen Geschichtsverlauf hin bewusst oder unbewusst gewählt. So sah man einerseits allzu gern bereits in den Jahren der Nuntiatur die Begabung und Größe des späteren Papstes sich abzeichnen[5], indem man Pacelli zum vollendeten päpstlichen Diplomaten[6] stilisierte. Andererseits interessierte man sich unter positiven oder negativen Vorzeichen vor allem für seine politische Rolle und hier vorzüglich für jene Themenkomplexe, die auch in seinem späteren Pontifikat von herausragender Bedeutung waren.

1. »Pastor angelicus« – die Wirkung des Nuntius auf seine Zeit

Die beinahe euphorische Hochschätzung der Nuntiaturzeit des künftigen Papstes hat bereits in den Beurteilungen seiner Zeitgenossen ihren Ursprung. Weite Verbreitung fand etwa das Urteil des badischen Zentrumspolitikers Heinrich Köhler[7], Pacelli habe als Nuntius in Berlin »durch die ganze Art seines Auftretens und Arbeitens die katholische Kirche zu neuem Ansehen in Deutschland gebracht«[8]. In der katholischen Bevölkerung habe er – so fährt Köhler geradezu hymnisch fort – eine beinahe singuläre Popularität und Beliebtheit genossen: »Pacelli war der Liebling

---

biographische Engführung an«. S. SAMERSKI, Primat, S. 5. Zur Scholder-Repgen-Kontroverse um das Reichskonkordat vgl. K. SCHOLDER, Altes und Neues; DERS., Kirchen, Bd. 1; K. REPGEN, Entstehung; DERS., Historiker; DERS., Strategie. – Zur Diskussion um das Schweigen des Papstes die systematische Zusammenschau der Forschungsansätze bei J. SÁNCHEZ, Pius XII.

[5]   Vgl. hierzu bereits die treffende Beobachtung Rudolf Morseys: »Inwieweit das kirchliche und kirchenpolitische Wirken Pacellis in Deutschland und die Ergebnisse seiner ebenso schwierigen wie, aufs Ganze gesehen, überaus erfolgreichen Mission ultra montes als gleichsam providentielle Vorbereitung auf die künftige größere Aufgabe anzusehen sind, entzieht sich der Beurteilung des Historikers«. R. MORSEY, Pacelli als Nuntius, S. 137 f.

[6]   EBD., S. 105.

[7]   Heinrich Köhler (1878–1949), aus Karlsruhe stammender Zentrumspolitiker und Vertrauter Wirths, 1920–1927 als dessen Nachfolger badischer Finanzminister, 1923/24 badischer Staatspräsident, 1927–1928 Reichsfinanzminister, 1928–1932 Mitglied des Reichstags. NDB 12 (1980), S. 306 f. (J. BECKER); LChD; S. 300 f. (J. BECKER).

[8]   H. KÖHLER, Lebenserinnerungen, S. 287.

der Berliner Katholiken in einem Maß, wie es seither kein anderer kirchlicher Würdenträger mehr erreicht hat. Als die Nachricht kam, dass Pacelli nach Rom berufen sei und zum Staatssekretär ernannt werden solle, da ging ein ehrliches Trauern durch den ganzen deutschen Katholizismus. Insbesondere aber waren diejenigen betrübt, die das Glück hatten, diesem seltenen, ausgezeichneten Manne nähertreten zu dürfen«[9].

Ganz ähnlich schildert Pacellis langjähriger Vertrauensmann und Mitarbeiter Ludwig Kaas[10] die Verehrung, die dem Römer von den deutschen Katholiken entgegengebracht wurde: »Als Nuntius Pacelli im Jahre 1925 Bayern verließ und endgültig seinen Amtssitz nach Berlin verlegte, folgte ihm die einmütige Dankbarkeit und die begeisterte Liebe der bayerischen Katholiken, die uneingeschränkte Hochschätzung und ehrfurchtsvolle Achtung auch weiterer außerkirchlicher Kreise, denen seine einzigartige Persönlichkeit während ihrer langjährigen Tätigkeit amtlich oder außeramtlich näher getreten war«.[11] Er galt als imponierende[12], ja als »die hervorragendste Erscheinung des Berliner Diplomatischen Korps im Jahrzehnt 1920 bis 1930«[13]. Bei der näheren Charakteristik seiner Persönlichkeit werden immer wieder seine Askese[14], seine außergewöhnliche und herausragende Intelligenz[15], sein diplomatisches Geschick[16] sowie die ihm beinahe von selbst zukommende Autorität

---

[9] EBD., S. 336 f. Vgl. auch: »In Deutschland hatte er viele Jahre segensreich gewirkt, und das Volk war ihm in großer Verehrung und Liebe zugetan«. P. LEHNERT, Ich durfte ihm dienen, S. 77.

[10] Ludwig Kaas (1881–1952), Kanonist und Politiker, 1909 Priester, 1918–1924 Professor für Kirchenrecht in Trier, dann Domkapitular, Berater Pacellis als Nuntius und später als Papst, 1920–1933 für das Zentrum im Reichstag, 1928–1933 Zentrumsvorsitzender, beteiligt am Zustandekommen des Reichskonkordats, seit 1935 Domherr an St. Peter in Rom, wo er später die Ausgrabungen unter der Kirche leitete. LThK³ 5 (1996), S. 1117 (R. MORSEY); LChD, S. 290 f. (R. MORSEY).

[11] L. KAAS, Einleitung, in: E. PACELLI, Gesammelte Reden, S. 18.

[12] Vgl.: »Als ich gebeten wurde, fand ich ihn thronartig auf einem antiken Barocksessel in seinem Ornat sitzend – ein mir unvergeßlich imposantes Bild«. M. SCHLESINGER, Erinnerungen, S. 182.

[13] O. GESSLER, Reichswehrpolitik, S. 417.

[14] »Ich sehe heute noch Pacelli vor mir sitzen … Der Nuntius war von großer schmaler Gestalt und überraschend leicht beweglich. Sein mageres Asketengesicht, gleich den Köpfen auf den Greco-Gemälden, war beherrscht durch zwei schwarze funkelnde Augen, die sich ständig bewegten und aufmerksam beobachteten«. H. KÖHLER, Lebenserinnerungen, S. 332; vgl. auch H. LUTHER, Politiker, S. 345.

[15] »Nuntius Pacelli war einer der intelligentesten Menschen, die mir je begegnet sind. Er verfügte über eine hervorragende humanistische Bildung mit einer gleichzeitigen Aufgeschlossenheit für alle anderen Wissenschaften, auch die technischen. Er war eine echte Blüte der Diplomatenschule der römischen Kirche, ohne daß jedoch bei dieser tiefreligiösen Persönlichkeit etwa das Seelsorgerliche zu kurz gekommen wäre, und beherrschte fließend wenigstens sechs lebende Sprachen«. H. PÜNDER, Preußen, S. 119 f.

[16] »Von dem feinen Takt und Verständnis Pacellis hofft jeder das Beste für die zukünftigen Beziehungen der deutschen Reichsregierung zum päpstlichen Stuhl. In der Tat gehört Pacelli zu den fähigsten Köpfen der päpstlichen Diplomatie. Er beherrscht auch die deutsche Sprache gut. Als ich ihn vor 8 Jahren zuerst kennenlernte, frappierte mich bereits seine Kenntnis der deutschen Verhältnisse, die er während seines Münchner Aufenthaltes noch bedeutend vertiefte«. L. V. PASTOR, Tagebücher, 6. Juli 1920, S. 689. Zu den Schwierigkeiten während der laufenden Konkordatsverhandlungen in Preußen notiert derselbe: »Trotz dieser ungünstigen Sachlage gibt man die Hoffnung nicht auf und glaubt, daß es der Geschicklichkeit des Berliner Nuntius Pacelli doch noch gelingen wird, eine Lösung zu finden. Pacelli ist der Mann der Situation, er beherrscht die deutsche Sprache vollständig, steht mit der Berliner Regie-

und Würde betont[17]; ferner wird seine vorbildliche priesterliche Frömmigkeit[18] immer wieder hervorgehoben. Mit einem Wort: In Pacelli sah man dank dieser Eigenschaften das Idealbild eines päpstlichen Nuntius[19] gleichsam inkarniert; seine hagere Gestalt sei dabei nicht nur völlig durchgeistigt, sondern zugleich vom Übernatürlichen durchtränkt gewesen[20]. Wie der Engel in der kirchlichen Lehre nicht an die Materie gebundener Geist ist und als Epiphanie Gottes fungiert, so galt nach Arnold Brecht[21] auch für Pacelli: »Wo er ging, war heiliger Boden«[22]. Nicht von ungefähr brachten Zeitgenossen gerne das Wort eines protestantischen Theologen »An-

---

rung so gut, daß diese schon in manchen Fragen seine Vermittlung in Anspruch genommen hat; er genießt bedeutendes Ansehen beim diplomatischen Korps und ist bei der katholischen Bevölkerung beliebt. Da er die einzige Persönlichkeit ist, welche das schwierige Werk zustande bringen kann, muß er in Berlin bleiben; ist ihm das Konkordat gelungen, so wird sofort seine Aufnahme in das Heilige Kollegium und seine Berufung nach Rom erfolgen«. EBD., 27. Januar 1927, S. 864. – Der ehemalige preußische Ministerpräsident Otto Braun erinnerte sich im Exil: »Ich hatte nun mit dem Nuntius Pacelli, den ich bereits früher gelegentlich eines Besuches in München und auch später bei gesellschaftlichen Veranstaltungen in Berlin kennengelernt hatte, einige Unterredungen zu zweit, wobei er mir als einer der geschicktesten Diplomaten der Kurie entgegentrat. Die Zähigkeit und geistige Elastizität, mit denen er die Interessen Roms vertrat, bereiteten mir mitunter einen geradezu ästhetischen Genuß«. O. BRAUN, Weimar, S. 277 f.

[17] A. BRECHT, Aus nächster Nähe, S. 336.

[18] »... so hingebend und restlos er aus kategorischem Pflichtgefühl heraus seine Kraft auch auf diesen Teil seiner Amtstätigkeit warf und ihr bis zur Selbsterschöpfung diente, so sehr gehörte doch der tiefste und innerste Teil seines Selbst und seine ganze Liebe der priesterlichen und menschlichen Seite seines Amtes. Nicht das Bürokratische, sondern das im edelsten Sinne des Wortes Menschliche und Priesterliche ist die weithin leuchtende Signatur Eugenio Pacellis«. L. KAAS, Einleitung, in: E. PACELLI, Gesammelte Reden, S. 22.

[19] R. MORSEY, Pacelli als Nuntius, S. 105.

[20] »Wieder eine ganz andere Erscheinung war der dritte Kriegsnuntius Msgr. Pacelli. Pacelli ist, anders kann ich den Eindruck, den er macht, gar nicht bezeichnen, eine ungewöhnliche Persönlichkeit. Sein feingeschnittenes Gesicht, ein echt römisches, schmales und langes mit großen durchdringenden Augen, trägt den Ausdruck des Durchgeistigten, der Klugheit und des Eifers, seine fast überschlanke, hohe Gestalt gibt ihm etwas Vornehmes«. V. NAUMANN, Profile, S. 331. – So auch der Eindruck von dem späteren Papst: »Keiner der Staatsmänner, die ich in meiner langen Laufbahn kennengelernt habe, hat in so kurzer Zeit allein durch sein Äußeres und sein Auftreten einen derartig tiefen Eindruck auf mich gemacht wie Papst Pius XII. Die große, schlanke Gestalt mit dem schmalen durchgeistigten Gesicht, die im päpstlichen Gewande vor uns stand, erschien mir damals wie ein Wesen, das zum Teil schon nicht mehr dieser Welt angehört«. P. SCHMIDT, Statist, S. 478. Ganz ähnlich der Eindruck des Marquis d'Ormesson, der nach Kriegsende als Gesandter Frankreichs nach München beordert wurde: »Msgr. Pacelli trug in seinen Zügen das Bild des Adels und der Klugheit, er war sehr groß und von einer erhabenen Majestät. Er ging stets tadellos gekleidet, die weiten kirchlichen Gewänder, das wunderbare Brustkreuz, das auf der Purpurseide des bischöflichen Gürtels hing, der kostbare Ring, der seine schöne Hand schmückte, dies alles verlieh ihm ein edles Aussehen vollkommener Größe. Wenn man mit diesem Vertreter des Heiligen Stuhles plauderte, war man entzückt von seiner Gelehrsamkeit, seiner Weisheit und der Erhabenheit seiner Ansichten. Eine seltene Kultur, überraschende Feinfühligkeit und eine wunderbare Gedankentiefe beherrschten die Konversation, während eine natürliche Frömmigkeit seinem Wesen jene Gelassenheit und Ruhe verlieh, die immer wieder entzückte ...«. Zitiert nach J. BAUMEISTER, Pacelli.

[21] Arnold Brecht (1884–1977), 1921–1927 Ministerialdirektor in der Abteilung für Verfassung, Verwaltung und Beamtentum im Reichsinnenministerium. 1927 in den Dienst der preußischen Regierung übergetreten, war er deren stimmführender Bevollmächtigter im Reichsrat. Nach seiner Erwiderung auf die Antrittsrede Adolf Hitlers im Reichsrat wurde er 1933 entlassen und kurzzeitig verhaftet und musste in die Vereinigten Staaten emigrieren, wo er 1933–1952 als Professor für Staats- und Finanzwirtschaft an der New School for Social Research in New York lehrte. DBE 2 (1995), S. 92.

[22] A. BRECHT, Aus nächster Nähe, S. 336.

gelus, non Nuntius« mit ihm in Verbindung[23]. Auf den späteren Papst Pius XII. sollte immer wieder und durchaus auch von seiner engsten Umgebung[24] der Name *pastor
angelicus* aus den so genannten Weissagungen des Malachias angewandt werden.

2. Der Forschungsstand zu Pacellis Nuntiaturzeit

Dieser emphatische Eindruck von Pacellis Persönlichkeit in seinem Amt als Nuntius und die Hymnen der Verehrung, die auf ihn gesungen wurden, konnten und
können natürlich nicht die konkrete Erforschung von Politik und Zielen der Römischen Kurie in Bezug auf Deutschland sowie der Rolle Pacellis für deren Ausformulierung und Umsetzung ersetzen. Bis zum Jahre 2003 waren die Archivalien
seiner Nuntiaturen in München und Berlin und namentlich seine Berichterstattung
an den Kardinalstaatssekretär der Forschung unzugänglich[25], so dass auf sekundäre
Überlieferungen in deutschen Archiven zurückgegriffen werden musste. In der Tatsache, dass die staatlichen Archive ihre Akten in der Regel früher als die kirchlichen
und speziell vatikanischen der Forschung zur Verfügung stellten, mag einer der
Gründe dafür liegen, warum bislang nicht Pacellis *innerkirchliche* Wirksamkeit und
sein *theologisches* Profil, sondern seine Politik gegenüber dem Deutschen Reich und
den Ländern, namentlich die (abgeschlossenen und gescheiterten) Konkordate, im
Mittelpunkt des historiographischen Interesses standen.

  Bereits unmittelbar nach dem Tod des Papstes machte *Edith Ruppel* dessen Zeit
als Nuntius zum Gegenstand einer ersten wissenschaftlichen Abhandlung, freilich
ganz nach dem dogmatischen Geschichtsbild des Marxismus-Leninismus und der
SED; immerhin rückte sie die Frage nach einem antibolschewistischen Zusammen-
wirken von deutscher und preußischer Regierung mit Pacelli in der Frage der deutschen Ostgrenze in das Blickfeld[26]. Die erste abgewogene wissenschaftliche Darstellung, die sich explizit der Nuntiaturzeit zuwandte, verbunden mit einer Sammlung des bis dahin recht verstreuten Materials, ist dann erst *Rudolf Morsey* zu danken[27]. Die Monographie von *Stewart A. Stehlin* setzte in der Folge den Schwerpunkt
auf die zwischenstaatliche Politik und machte die beidseitigen diplomatischen Beziehungen zwischen dem Weimarer Staat und dem Hl. Stuhl – namentlich die Konkordatspolitik – zu ihrem Hauptgegenstand[28]. Obwohl Pacelli als diplomatischer

---

[23] »Vor allem aber ruhte auf ihm der Ruf tiefster Frömmigkeit und hoher persönlicher Autorität. ›Pastor
     Angelicus‹ nennt ihn die Papstweissagung des Malachias. Wie sehr paßt dieser Name auf Pius XII. –
     Schon vor Jahren, anläßlich eines Katholikentages in Deutschland, hatte ihn ein Protestant als ›Ange-
     lus non Nuntius‹ bezeichnet«. P. Lehnert, Ich durfte ihm dienen, S. 77. – Vgl. auch R. Leiber, Pius
     XII., S. 85.
[24] P. Lehnert, Ich durfte ihm dienen, S. 67, 76 f.
[25] R. Morsey, Pacelli als Nuntius, S. 105. Zur Öffnung der Archive vgl. H. Wolf, Rassismus.
[26] E. Ruppel, Tätigkeit.
[27] R. Morsey, Pacelli als Nuntius.
[28] S. Stehlin, Weimar.

Vertreter des Hl. Stuhls beim Deutschen Reich darin eine prominente Rolle ein-
nimmt, ist die Perspektive Stehlins auf den politisch-zwischenstaatlichen Teil seiner
Wirksamkeit und seinen Einfluss auf die deutsche Innenpolitik konzentriert, soweit
sich dieser aus nichtvatikanischen Archiven eruieren ließ[29]. Ein ähnlicher Schwerpunkt liegt der Studie von *Emma Fattorini* mit dem Titel *Germania e Santa Sede*[30]
zugrunde. Sie beschränkt sich weitgehend auf die Zeit zwischen 1917 und 1922,
konnte dafür aber die vatikanischen Akten der Kongregation für die außerordentlichen kirchlichen Angelegenheiten erstmals ausgiebig heranziehen, nachdem Papst
Johannes Paul II. diese für den Pontifikat Benedikts XV. der Forschung zugänglich
gemacht hatte. Ein ausführlicher Aktenanhang ist dem Buch beigefügt[31]. Zwei Jahre später (1994) erschien ebenfalls in italienischer Sprache *Stefano Trincheses* Werk
La Repubblica di Weimar e la S. Sede tra Benedetto XV. e Pio XI. (1919–1922), ohne
dabei auf Fattorinis Studie Bezug zu nehmen[32]. Noch stärker als diese konzentriert
sich Trinchese, ebenfalls auf der Grundlage der neu zugänglichen vatikanischen
Quellen, auf die eigentlichen zwischenstaatlichen Beziehungen zwischen dem Hl.
Stuhl und Deutschland in diesem Zeitraum. Bereits einige Jahre vorher hatte *Klaus
Scholder* die These aufgestellt, die Durchsetzung des neuen zentralistischen kirchlichen Gesetzbuches sei das Hauptanliegen des Nuntius Pacelli in Deutschland gewesen, um dann freilich dieser Prämisse nahezu ausschließlich in Bezug auf die politische Ebene nachzugehen[33].

Bewegung in die Diskussion um die Person Pacellis, der in den letztgenannten
Arbeiten eher nur mitlaufend als Funktionsträger des Hl. Stuhles erwähnt wurde,
kam schließlich 1999 durch *John Cornwells* Pamphlet *Hitler's Pope*[34], das in seiner
deutschen Übersetzung den Untertitel »Der Papst, der geschwiegen hat«[35] trägt.
Cornwell hatte nach eigener Aussage in Rom »großzügig Zugang zu bisher gehei-
mem Material« bekommen und »vor dreißig Jahren unter Eid gemachte Aussagen
im Rahmen des Seligsprechungsverfahrens für Pacelli und Dokumente des päpstlichen Staatssekretariats, die erst seit kurzem vertrauenswürdigen Gelehrten zugänglich sind«[36], einsehen können. Gleichzeitig habe er begonnen, sich »den um-
fangreichen Ertrag der Bemühungen jener Gelehrten anzueignen, die sich mit Pacellis Aktivitäten während der zwanziger und dreißiger Jahre in Deutschland beschäftigt haben«[37]. Doch bringt Cornwell für Pacellis deutsche Nuntiaturzeit wenig
neues Material – insbesondere hat er an den entsprechenden Serien im Vatikanischen
Archiv nicht gearbeitet –, ist aber laufend bemüht, eine durchgehende Abneigung

---

[29] EBD., S. VIII f.
[30] E. FATTORINI, Germania.
[31] EBD., S. 289–413.
[32] S. TRINCHESE, Repubblica.
[33] K. SCHOLDER, Eugenio Pacelli.
[34] J. CORNWELL, Hitler's Pope
[35] J. CORNWELL, Pius XII.
[36] EBD., S. 10.
[37] EBD.

desselben gegen Juden sowie eine ebenso konsequente Sympathie für kirchlichen Zentralismus und regressiven Autoritarismus zu konstruieren. Den späteren Papst gegen diese Vorwürfe weitgehend in Schutz nehmend hat *Michael F. Feldkamp* eine knappe und konzis geschriebene Gegenschrift[38] verfasst, die Cornwell nicht zuletzt handwerkliche Fehler nachweisen konnte. Beide Studien legen ihr Hauptaugenmerk freilich nicht auf Pacellis Zeit als Nuntius, für die sie lediglich unterschiedlich akzentuierte Forschungssynthesen bieten. Dies gilt auch für die neue Gesamtdarstellung über Pius XII. aus der Feder von *Philippe Chenaux*. Dieser unternimmt den Versuch, eine Biographie zu verfassen, die durch möglichst breite archivalische Begründungen die beiden Extreme von Apologie und Anklage vermeiden soll, in welche die Forschung bislang weitgehend gespalten sei[39]. Im Gegensatz zur bisherigen Literatur möchte Chenaux deren fundamentalen methodischen Fehler (»défaut de méthode majeur«[40]) vermeiden und die Geschichte Pius' XII. *vor* seiner Wahl zum Papst verstärkt und auf Quellen gestützt systematisch mitberücksichtigen, da prägende Einstellungen und Handlungsmuster sich früh bei Pacelli ausgebildet hätten und deshalb für das Verständnis seiner späteren Entscheidungen von nicht zu unterschätzender Bedeutung seien[41].

So richtig dieser Ansatz auch ist und so bedeutende und diskussionswürdige Ergebnisse er für den jungen Pacelli vor 1917 erbracht hat, so wird er gerade für dessen Zeit als Nuntius in Deutschland nicht konsequent durchgehalten. Auch Chenaux hat sich hier nämlich auf die im engeren Sinne diplomatischen zwischenstaatlichen Aktionen beschränkt[42]. Die präzise und umfassende Erforschung der Nuntiaturtätigkeit Pacellis erscheint für die Realisation von Chenaux' perspektivenreichen Forschungsintentionen unumgänglich. Die Verwirklichung dieses Postulats, die von Chenaux zwar gewünscht, aber nicht eingelöst wird[43], könnte neues Licht auf die politisch-kirchliche Formung des späteren Papstes werfen. Dieses dringende Forschungsdesiderat konnte auch durch das neue Werk von *Gerhard Besier* und *Francesca Piombo*[44] nicht erfüllt werden. Gestützt auf zahlreiche eigene Publikationen zu den Kirchen in Deutschland zwischen 1918 und 1939 und zugespitzt auf seine These einer engen Affinität der katholischen Kirchenleitung zum Autoritären und

---

[38] M. FELDKAMP, Pius XII.

[39] »… une telle biographie, au sens d'un ouvrage scientifique sérieux fondé sur les archives, évitant autant que possible le double piège de l'hagiographie et du réquisitoire, n'existait pas«. P. CHENAUX, Pie XII, S. 15.

[40] EBD.

[41] »La prise en compte de cette longue expérience au service de quatre papes (Léon XIII, Pie X, Benoit XV, Pie XI) est fondamentale pour comprendre les choix de Pie XII durant la Seconde Guerre mondiale«. EBD.

[42] «Cette reconstruction dépasse pourtant le cadre d'une telle biographie, davantage axée sur les aspectes diplomatiques de l'action du nonce Eugenio Pacelli«. EBD., S. 127 Anm. 2.

[43] EBD.

[44] G. BESIER, Der Heilige Stuhl.

Totalitären[45] bietet Besier in der Tat neues Material aus den neu zugänglichen Beständen des päpstlichen Staatssekretariats und der Nuntiaturüberlieferung, ohne auf knappem Raum eine eingehende Analyse oder gar systematische Auswertung dieser Archivalien liefern zu wollen und zu können. Das Buch zeichnet sich dabei insbesondere durch den Versuch der Einbettung der päpstlichen Deutschlandpolitik in einen größeren europäischen Kontext aus[46].

Betrachtet man die Forschungsschwerpunkte zur Nuntiaturzeit Pacellis genauer, so stehen immer wieder dieselben (v. a. zwischenstaatlich-diplomatischen) Themen im Mittelpunkt des Interesses: seine Friedensmission in päpstlichem Auftrag 1917/1918[47] und seine Stellung zur Revolution in Deutschland[48] – zu beiden Komplexen liegen, ermöglicht auch durch die Öffnung der Vatikanischen Archive für die Periode bis 1922, bereits umfassende Aktenpublikationen vor[49] –, dann Pacellis Konkordatspolitik, für die, wenn auch nur für das bayerische[50] und preußische[51] Konkordat, wenigstens die staatlichen Quellenüberlieferungen in Monographien verarbeitet wurden. Des Weiteren haben immer wieder die über Pacelli laufenden diplomatischen Kontakte des Hl. Stuhls zur neu entstandenen Sowjetunion die Aufmerksamkeit der Forschung auf sich gezogen[52]. Schließlich richtete sich das Interesse auf sein Verhältnis zur deutschen Polenpolitik[53] sowie seine Stellung zu den Wei-

---

[45] »Einmal davon abgesehen, dass der Vatikanstaat selbst ein absolut geführtes Staatsgebilde ist, macht Ratti, eine autoritäre Persönlichkeit *par excellence*, von seiner Sympathie für straff geführte ›katholische Staaten‹ keinen Hehl. Demokratische Ideale wie Freiheit, Unabhängigkeit und Eigeninitiative hielt er dagegen für ›Geschwüre […] am leidenden Körper der Christenheit‹«. EBD., S. 305.

[46] »Da die Diplomatie des Heiligen Stuhls aber europäisch konzipiert war, musste weiteres Material auch zu den anderen europäischen Staaten mit herangezogen werden. Das gilt insbesondere für jene Länder, die als katholische Ständestaaten eine besondere ideologische Nähe zum Vatikan für sich beanspruchten, sowie für das faschistische Italien Mussolinis«. EBD., S. 11.

[47] Die neuere Literatur: F. LATOUR, Papauté; E. FATTORINI, Germania; J. DE VOLDER, Benoît XV; Benedetto XV e la pace – 1918; P. CHENAUX, Pie XII, S. 85–121.

[48] Vgl. die nicht unumstrittene Darstellung von J. CORNWELL, Pius XII., S. 97–105, der in Pacellis Verhalten zur Revolution in München seinen Antibolschewismus und Antisemitismus klar ausgedrückt findet und die Kritik von M. FELDKAMP, Pius XII., S. 33–36, 186 f. Ausführlich und mit einer breiteren Quellenberücksichtigung: G. BESIER, Der Heilige Stuhl, S. 36–52. Vgl. auch S. TRINCHESE, Repubblica. – Zu Recht kritisch setzt sich H. Hürten mit Cornwell, dazu aber überhaupt mit der Behandlung des Verhältnisses zwischen Nuntiatur und Revolution in Bayern 1918/19, auseinander. Er weist nach, dass nahezu die gesamte Forschung der Tendenz erlegen ist, alles Negative, was dem Nuntius widerfahren sei und was ihn mehrmals zum Verlassen der bayerischen Landeshauptstadt bewogen habe, Kurt Eisner und der Räteregierung zuzuschreiben; demgegenüber zeigt Hürten, dass das Verhalten der Kurie gegenüber der Revolution in Bayern noch einer wissenschaftlichen Bearbeitung bedarf. Vgl. H. HÜRTEN, Legenden.

[49] E. FATTORINI, Germania; W. STEGLICH, Friedensappell; DERS., Verhandlungen; Kundgebungen.

[50] L. SCHMIDT, Matt; J. LISTL, Konkordatäre Entwicklung; S. STEHLIN, Weimar, S. 402–412.

[51] D. GOLOMBEK, Vorgeschichte; H. MUSSINGHOFF, Theologische Fakultäten; S. STEHLIN, Weimar, S. 412–429; M. HÖHLE, Gründung.

[52] H. STEHLE, Geheimdiplomatie; G. BESIER, Der Heilige Stuhl, S. 79–92; M. FELDKAMP, Pius XII., S. 49–53.

[53] S. SAMERSKI, Katholische Kirche; DERS., Katholizismus; G. BESIER, Der Heilige Stuhl, S. 72–78, 93–97.

marer Parteien[54], wobei insbesondere letztgenannte Problematik, bedingt vor allem durch die bisherige Quellenlage, keineswegs schon gründlich aufgearbeitet ist.

Völlig unzulänglich bzw. nur auf sporadische Notizen gestützt hingegen ist unser Wissen über die gesamte *innerkirchliche* Wirksamkeit des Nuntius[55], wie sein Verhältnis zum deutschen Episkopat insgesamt, zu den einzelnen Bischöfen, zu den theologischen Fakultäten und Seminaren[56] sowie den an ihnen lehrenden Professoren und Dozenten, zu den Orden, Kongregationen und katholischen Vereinen, zu den neuen innerkirchlichen Bewegungen und zeitgenössischen Reformbestrebungen oder direkt zum katholischen Volk in Deutschland. Anders formuliert: Inwieweit hat Pacelli die Spezifika des deutschen Katholizismus wahr- und ernstgenommen? Kam ihm die konfessionelle Realität ins Bewusstsein? Konnte er Verständnis für ökumenische Bestrebungen aufbringen? Passte der selbstbewusste deutsche Laien- und politische Katholizismus in das strikt hierarchische Bild von der vor allem in Italien propagierten Katholischen Aktion? Wie ging der ausschließlich in kirchlichen Anstalten ausgebildete Römer mit deutschen Klerikern und Bischöfen um, die zum großen Teil die freiere Luft staatlicher Universitäten mit ihren katholisch-theologischen Fakultäten geatmet hatten? Hat dies alles den »Deutschlandfreund«[57] Pacelli während seiner zwölf Jahre wirklich geprägt? Oder war *la Germania* doch nur eine Durchgangsstation von Rom nach Rom, die den späteren Papst hinsichtlich seiner entscheidenden Grundeinstellung völlig unbeeindruckt gelassen hat?

Aufgrund der mangelnden Kenntnis der Nuntiaturüberlieferung konnten bislang die Schwerpunkte und die unterschiedliche Gewichtung der Ziele der vatikanischen Deutschlandpolitik nicht oder nur sehr unzureichend herausgearbeitet werden. Im

---

[54] R. MORSEY, Pacelli als Nuntius, S. 129–132, dazu die eher mitlaufenden Bemerkungen bei G. BESIER, Der Heilige Stuhl, S. 98–109, 122–124, 157–161. Auch sonst ist die Problematik nirgends umfassend aufgearbeitet, trotz ihrer auf der Hand liegenden Bedeutung für die spätere Haltung der Kurie zum »Ermächtigungsgesetz« Hitlers. Zu den viel diskutierten Memoiren Brünings vgl. die skeptische Einschätzung bei R. MORSEY, Entstehung; A. RÖDDER, Dichtung. – Zum Zentrum weiter grundlegend: R. MORSEY, Zentrumspartei.

[55] »Diese Ereignisse können hier nur der Vollständigkeit halber erwähnt werden, ohne dass das Wirken Pacellis, der diese Entscheidungen vorbereitet und gefördert haben wird, im einzelnen näher dargestellt werden kann, weil Forschungen dazu noch fehlen und auch die vatikanischen Quellen noch nicht zugänglich sind«. M. FELDKAMP, Pius XII., S. 65.

[56] »Unerforscht ist bisher die Rolle Pacellis im Zusammenspiel zwischen Ortsbischof und Kurie bei der innerkirchlichen Disziplinierung deutscher Theologen und Priester. Immerhin sind einige spektakuläre Fälle aus der Amtszeit Pacellis bekannt«. EBD., S. 62. Vgl. auch G. BESIER, Der Heilige Stuhl, S. 111.

[57] Vgl. etwa: »Erzbischof Montini sagte voriges Jahr einmal zu deutschen Pilgern: ›Der Heilige Vater hat sein Herz in Deutschland gelassen‹. ... Seit Hadrian VI. ... ist kein Papst mehr Deutschland und den Deutschen so nahegekommen«. J. BAUMEISTER, Pacelli; »Die letzten Jahrhunderte weisen keinen Papst auf, der so enge Beziehungen zu *Deutschland* gehabt hätte wie Pius XII. ... Aber auch als Kardinalstaatssekretär (1930–1939) haben ihn die deutschen Dinge so viel, wenn nicht mehr beschäftigt als alle anderen zusammen«. R. LEIBER, Pius XII., S. 94; »War der Abschied von München auch schwer gewesen, so blieb der Nuntius damals doch im Lande. Nun aber verließ er Deutschland für immer, das ihm so lange Heimat gewesen war«. P. LEHNERT, Ich durfte ihm dienen, S. 43. Vgl. auch E. FRANZEL, Pius XII.

Dunkeln musste deshalb auch die Rolle Pacellis bei der Ausformulierung dieser Ziele und ihrer Umsetzung bleiben. Damit konnten seine Erfahrungen in Deutschland auch nicht umgekehrt auf seine Prägungen hin, die er für sein Amt als Staatssekretär und Papst empfangen hatte, ausgewertet werden.

Eine umfassende Aufarbeitung dieser vatikanischen Überlieferung ist deshalb in dreifacher Hinsicht ein Forschungsdesiderat:

1.   Nur so lässt sich sichere Kenntnis von der Sicht der Römischen Kurie auf die Kirche in Deutschland sowie von den Zielsetzungen ihrer Deutschlandpolitik gewinnen.
2.   Mitlaufend lassen sich nicht unbedeutende neue Erkenntnisse über innerkirchliche Vorgänge in deutschen Bistümern, Fakultäten und Ordensgemeinschaften und damit über den deutschen Katholizismus der Zwischenkriegszeit gewinnen.
3.   Schließlich lassen sich die für Pacelli prägenden Erfahrungen, Kenntnisse, Handlungsmuster und menschlichen Beziehungen herausarbeiten, die auch auf sein Wirken in Rom als Kardinalstaatssekretär und Papst einen nicht zu unterschätzenden und noch genauer zu gewichtenden Einfluss ausgeübt haben dürften.

Zur Einordnung der Nuntiaturjahre Pacellis ist es aber zunächst notwendig, diese in die Geschichte der Münchener bzw. Berliner Nuntiatur einzubetten und in dessen eigener Lebensgeschichte zu situieren.

II. DIE BAYERISCHE UND DIE DEUTSCHE VATIKANGESANDTSCHAFT

Seit der Ausbildung eines ständigen päpstlichen Gesandtschaftswesens[58] in der frühen Neuzeit war zunächst der Nuntius am Kaiserhof (seit 1511/13) mit der Vertretung der vor allem politischen päpstlichen Interessen für das gesamte Reichsgebiet betraut[59]. Im Zuge der von Rom vorangetriebenen Durchsetzung der tridentinischen Reformbeschlüsse und vor dem Hintergrund eines systematischen Vorgehens gegen die Reformation im Reich etablierte sich zudem im Pontifikat Gregors XIII. (1572–1585)[60] – nach Plänen der *Congregatio germanica* – ein neuer und vornehmlich innerkirchlicher Typus des ständigen päpstlichen Gesandten. Aus der für das gesamte oberdeutsche Gebiet von 1573 errichteten Nuntiatur (Graf Bartolomeo Portia, seit 1578 Felician Ninguarda) konnten sich freilich nur die herausgelösten Ge-

[58] Zu einer ersten Orientierung vgl. Art. »Gesandtschaftswesen, Päpstliches«, in: TRE 12 (1984), S. 540–547 (E. Gatz).
[59] Vgl. W. Friedensburg, Einleitung zu NBD, Bd. I/1, S. XLIII.
[60] Vgl. J. Krasenbrink, Congregatio; W. Schwarz, Zehn Gutachten; K. Schellhass, Einleitung zu NBD, Bd. III/3.

sandtschaften in Luzern (1579)[61] und Innerösterreich (1581)[62] für einen längeren
Zeitraum etablieren. Die im Mittelpunkt der päpstlichen Reformpläne stehende Re-
formnuntiatur, die sich auf München konzentrierte, wurde nach Abschluss des bayerischen Konkordates von 1583[63] nicht wieder besetzt. 1584 erhielt stattdessen Köln
eine feste Nuntiatur, nachdem bereits vorher päpstliche Gesandte auf die dortigen
Wahlstreitigkeiten bei der Besetzung des erzbischöflichen Stuhls maßgeblich ein-
zuwirken versucht hatten[64]. Kennzeichnend für den sich nun mehr und mehr eta-
blierenden Typus einer fest installierten päpstlichen Gesandtschaft war deren doppelte Funktion: einerseits die – auch teilweise vom Trienter Konzil umschriebene[65]
– innerkirchliche Jurisdiktionsausübung (etwa bei der Durchführung der Informa-
tionsprozesse bei Bischofswahlen) und andererseits die politische Interessenvertretung Roms. Weil die Nuntien die Diözesanordinarien in der Ausübung von deren
eigener Jurisdiktionsgewalt beschnitten und teilweise auch eine konkurrierende Jurisdiktion beanspruchten, kam es in der Reichskirche immer wieder zu niemals endgültig beigelegten Auseinandersetzungen[66].

Einen Höhepunkt erreichten diese Auseinandersetzungen zwischen Reichsbi-
schöfen und päpstlichem Gesandten auf dem Emser Kongress der Erzbischöfe des
Reichs (1786), nachdem vorher eine Nuntiatur in München errichtet und Cesare Zo-
glio am 14. Februar 1785 dorthin entsandt worden war[67]. Im bayerischen Kurfür-
stentum war die Errichtung des Geistlichen Rates von 1761 vorangegangen. Damit
verbunden war die Ausrichtung der landesherrlichen Kirchenpolitik nach den vor
allem von Peter von Osterwald[68] formulierten Grundsätzen des landesherrlichen
Territorialismus[69], den die Bischöfe als Einbruch des Staates in die ureigenen Rechte der Kirche interpretierten[70]. Als Mittel zum Ausbau der landesherrlichen Kir-
chenhoheit auf Kosten der bischöflichen Jurisdiktion sollte auch in München ein
päpstlicher Nuntius für Bayern etabliert werden – gleichsam als eine Art leicht zu
kontrollierender Oberbischof. Eine entscheidende bayerische Denkschrift nannte
explizit das Ziel, eine »*barriera da opporre ai vescovi*«[71] zu errichten. Auf seiner Rück-
reise vom Kaiserhof Josephs II. (1765/1780–1790) hielt sich Papst Pius VI.

[61] Vgl. K. SCHELLHASS, Ninguarda, Bd. 2, S. 145–202; Nuntiaturberichte aus der Schweiz, Bd. 1.
[62] Zunächst die Nuntien Alessio Stradella und Germanico Malaspina, vgl. J. RAINER, Nuntiatur Malaspina.
[63] Vgl. hierzu K. UNTERBURGER, Bayerisches Konkordat.
[64] Vgl. hierzu NBD, Kölner Nuntiatur, Bd. 1.
[65] Trient, ses. XII, c. 2 de ref. Vgl. hierzu auch H. JEDIN, Nuntiaturberichte.
[66] Vgl. HKG 5, S. 477–503 (H. RAAB).
[67] Vgl. EBD., S. 503–507.
[68] Peter von Osterwald (1718–1778), Staatskirchenlehrer, seit 1749 in fürstbischöflich-regensburgischen
Ratsdiensten, 1761 unter Max III. Joseph Direktor des kurfürstlichen Geistlichen Rats, wo er für eine
umfassende Neuordnung des Verhältnisses des Staates zur Kirche nach den Grundsätzen des staatlichen
Territorialismus plädierte und wirkte. NDB 19 (1999), S. 622 f. (M. WEITLAUFF).
[69] Vgl. R. BAUER, Kurfürstlich-geistlicher Rat.
[70] Vgl. G. PFEILSCHIFTER-BAUMEISTER, Salzburger Kongreß.
[71] Dies in einer Denkschrift des bayerischen Agenten in Rom Marchese Tommaso Antichi vom 11. April
1784, zitiert nach: B. ZITTEL, Vertretung, S. 426.

(1776–1799) 1782 in München auf, wo er für diese Pläne gewonnen werden konnte – wie die Päpste Ende des 18. Jahrhunderts sich auch sonst nicht scheuten, durch ihre apostolische Autorität die bischöflichen Gerechtsame zugunsten der weltlichen Landesherrn zu beschneiden. Mit dem Wegfall der Kölner Nuntiatur 1794 und dem sukzessiven Rückzug von Österreich aus dem Reich wurde München die einzige Nuntiatur auf deutschem Boden.

Freilich verlor die bayerische Regierung mit ihrer neuen paritätischen und radikal aufgeklärten Grundausrichtung unter Maximilan Graf Montgelas[72] seit 1799 ihr Interesse an der Münchener Nuntiatur: Während man Nuntius Graf Emidi Ziucci nur das Gehalt sperrte, gab man dessen Nachfolger Annibale della Genga nicht einmal Gelegenheit, sich überhaupt zu akkreditieren[73]. Erst der Sturz Montgelas' und der Abschluss des in der Folge stark umstrittenen bayerischen Konkordats von 1817 ließen mit der Entsendung von Nuntius Serra-Cassano wieder an die Münchner Nuntiaturtradition anknüpfen. Dabei stellte die bayerische Seite eher den Neuanfang, die päpstliche hingegen eher die Kontinuität zum Institut des 18. Jahrhunderts heraus. Bis zum Tod Max' I. Joseph (1799-1825) war der päpstliche Gesandte freilich dem unverminderten Misstrauen des Königs ausgesetzt[74].

Die bald fest etablierte Nuntiatur in München war juristisch auf das Königreich Bayern beschränkt. Sie gewann aber im Verlauf des 19. Jahrhunderts *via facti* innerkirchlich und kirchenpolitisch eine immer größer werdende Bedeutung für das gesamte Gebiet des 1871 gegründeten deutschen Kaiserreichs; München wurde zur Reichsnuntiatur[75]. Neben der politischen Interessenvertretung bei der bayerischen Regierung erhielten die Nuntien immer mehr Aufsichts- und Kontrollrechte über die gesamte Kirche in Deutschland. Zugleich entwickelten sie sich zu einer Anlaufstelle für Denunziationen gegen weniger orthodox erscheinende Theologen oder Strömungen, wobei die Denunzianten keineswegs immer von lauteren Motiven getrieben waren. Das böse Wort vom Nuntius als »Denuntius« machte die Runde[76]. Erschwerend für die päpstlichen Gesandten kam hinzu, dass sie – trotz des steigenden Gewichtes ihres Amtes – meistens weder die deutsche Sprache beherrschten, noch mit deutschen Traditionen und Eigenheiten näher vertraut waren. Sie wechselten überdies in rascher Abfolge, so dass sie kaum heimisch werden konnten und im Erfassen und Beurteilen der theologischen Strömungen nicht selten

---

[72] Maximilian Graf Montgelas (1759–1838), lenkte ab 1799 vom bayerischen Außenministerium aus über 18 Jahre unter Max IV. (I.) Joseph die bayerische Politik im Geiste der Aufklärung. Beeindruckt durch die französische Revolution und die Reformen Napoleons prägte er so den modernen vergrößerten Staat Bayern maßgeblich mit. NDB 18 (1997), S. 55–63 (E. Weis).

[73] Vgl. B. Zittel, Vertretung, S. 437–442.

[74] Vgl. ebd., S. 443–449.

[75] »Immer deutlicher stand in den Hauptinstruktionen der nach München entsandten Nuntien, dass sie selbstverständlich nicht nur für die bayerischen Diözesen verantwortlich seien, sondern für alle deutschen Bistümer, die einzeln aufgezählt werden«. H. Wolf, München, S. 234.

[76] Vgl. als Beispiele der kirchenpolitischen Instrumentalisierung der Nuntien: H. Wolf, Ketzer, S. 82–93; H. Schwedt, Döllinger; H. Schwedt, Hermes, S. 30–117.

überfordert waren – Umstände, die ihre kirchenpolitische Instrumentalisierung erleichterten[77].

Mit der steigenden Bedeutung Preußens mit seiner Hauptstadt Berlin im Deutschen Bund und im späteren Reich war seit der Jahrhundertmitte die Frage einer eigenen Berliner Nuntiatur virulent geworden. Preußen war umgekehrt bereits seit 1747[78] und, nach einer kurzen Unterbrechung (1872 bzw. 1874) in der Krise nach dem Ersten Vatikanischen Konzil, erneut seit 1882 mit einem eigenen Gesandten beim Hl. Stuhl präsent. Die Pläne zur Akkreditierung eines päpstlichen Nuntius in der Reichshauptstadt scheiterten jedoch am Widerstand aus kulturprotestantischen und evangelisch-konservativen Kreisen sowie am Einspruch der um ihre Bedeutung fürchtenden bayerischen Regierung. Gegen eine Berliner Nuntiatur sprach sich auch die Zentrumspartei aus, die eine verstärkte Einmischung der Päpste in die deutsche Innenpolitik durch die Präsenz eines päpstlichen Nuntius am Sitz von Reichstag und Regierung nicht ganz grundlos fürchtete[79].

Zu Beginn des 20. Jahrhunderts war der Münchener Nuntius verstärkt mit der Umsetzung der Maßnahmen Papst Pius' X. gegen »Modernismus, Reformkatholizismus und Amerikanismus«[80] betraut. Der Person des aus der Steiermark stammenden und somit deutschsprachigen ehemaligen Dominikaner-Generals und späteren Kardinals Andreas Frühwirth[81] ist es zu danken, dass die Nuntiatur in diesen Streitigkeiten eine vergleichsweise gemäßigte Position einnahm, teilweise sogar vermittelte und die Interessen der Ortskirchen und ihrer Theologen schützte[82]. Inzwischen war der diplomatische Kontakt des Hl. Stuhls zu zahlreichen europäischen Regierungen (Italien, Frankreich, Spanien) abgebrochen[83]. So steigerte sich mit dem Ausbruch des Ersten Weltkriegs am 1. August 1914 die Bedeutung der Münchener Vertretung des Papstes noch einmal, da sie zum beinahe einzigen und jedenfalls wichtigsten Kanal wurde, um auf der Ebene der internationalen Diplomatie die päpstlichen Friedenspläne voranzutreiben. Zugleich wurden mitten im

---

[77] »Es erhebt sich nun die Frage, sind unsre heutigen Nuntien in der Lage und gewillt, diese wichtige Aufgabe richtig auszuführen? Unzweifelhaft sind sie angewiesen, auf diese Fragen zu achten, aber es kann durchaus nicht behauptet werden, daß sie dieser Aufgabe gewachsen seien. Der Gründe hierfür gibt es eine ganze Anzahl. Vor allem ist es, wenn man von Frankreich und Belgien absieht, fast durchgängig der Fall, daß das diplomatische Personal in seiner Gesamtheit die Landessprache nicht versteht. … Dass es unter solchen Umständen zu einer völligen Isolierung kommt und kommen muß, darf nicht Wunder nehmen«. P. BAUMGARTEN, Römische Kurie, S. 115 f. Vgl. auch EBD., S. 117–120.

[78] Grund für die Errichtung war die preußische Eroberung Schlesiens 1747. Vgl. F. HANUS, Preußische Vatikangesandtschaft, S. XI.

[79] Vgl. H. PHILIPPI, Beiträge.

[80] Zu diesen Strömungen, soweit sie Deutschland betrafen, vgl. als Überblicksdarstellungen vor allem T. LOOME, Liberal Catholicism; O. WEISS, Modernismus in Deutschland; H. WOLF, Antimodernismus.

[81] Andreas Frühwirth OP (1845–1933), 1891–1904 Generalmagister des Dominikanerordens, 1907–1916 Nuntius in München, 1915 Kardinal, 1925 Großpönitentiar, 1927 Kanzler der römischen Kirche. LThK³ 4 (1995), S. 211 (I. W. FRANK).

[82] Vgl. A. WALZ, Frühwirth, S. 335–347; N. TRIPPEN, Theologie, bes. S. 304–395; O. WEISS, Modernismus und Antimodernismus; K. HAUSBERGER, Kiefl, S. 84–116.

[83] Vgl. Geschichte des Christentums, S. 514–518 (A. ENCREVÉ, J. GADILLE, J.-M. MAYEUR); S. 596 f. (J.-D. DURAND); S. 640 f. (A. MATOS-FERREIRA).

Krieg – nun von deutscher Seite – erneut die Pläne einer päpstlichen Gesandtschaft in Berlin aufgegriffen. Für das römische Staatssekretariat stellte sich in dieser Situation Ende 1916 mit der Abberufung Frühwirths die wichtige Frage der Neubesetzung in München. Viele wünschten sich als dessen Nachfolger den jungen Sekretär der Kongregation für die außerordentlichen Angelegenheiten, Eugenio Pacelli[84].

III. EUGENIO PACELLI – WERDEGANG UND BERUFUNG ZUM NUNTIUS IN BAYERN, BEIM DEUTSCHEN REICH UND IN PREUSSEN

1. Herkunft, Ausbildung und kurialer Aufstieg

a) Familiäre Herkunft

Eugenio Pacelli wurde am 2. März 1876 als Sohn der Eheleute Filippo und Virginia Pacelli (geb. Graziosi) in Rom geboren. Seit der nationalen Einigung Italiens war die Bevölkerung der Hauptstadt kulturkämpferisch gespalten in Anhänger des modernen nationalliberalen Staates und solche, die dem »im Vatikan gefangenen« Papst und der katholischen Tradition die Treue hielten. Die Familie Pacelli gehörte dabei »zum schwarzen Rom«[85], stellte sie doch seit Generationen Laienjuristen, die an der päpstlichen Kurie arbeiteten. Die Kinder wurden in einer Atmosphäre strenger und behütender traditioneller katholischer Frömmigkeit erzogen. Dies hinderte Pacellis Eltern freilich nicht, ihren Sohn mit zehn Jahren in das *Liceo Ennio Quirino Visconti* zu schicken. Die damals in den Gemäuern des alten *Collegium Romanum* untergebrachte Schule galt als das führende Gymnasium Roms, das eine solide klassische Bildung vermittelte, zugleich jedoch durch einen strikt laizistischen Geist geprägt war. Die erhaltenen Schulhefte Pacellis zeigen nicht nur einen sensiblen und hochbegabten Schüler, der 1894 seine Reifeprüfung mit Bestnoten ablegte, sondern verraten auch seine Liebe zu Musik und lateinischer Klassik. Sie geben darüber hinaus Zeugnis von einer ungebrochenen, fast kindlich anmutenden und ihn zu einem gewissen Grade auch isolierenden katholischen Frömmigkeit, die wie selbstverständlich auf seine Berufung zum Priestertum hinzielte[86]. Dennoch dürfte der Gegensatz zwischen antimoderner katholischer Tradition und kulturkämpferisch-laizistischem Staat zu den konstitutiven Erfahrungen seiner Jugendzeit gehören.

---

[84] Vgl. R. Morsey, Pacelli als Nuntius, S. 107–109.
[85] »Par son milieu familial, Eugenio Pacelli s'identifie à la Rome noire, la Rome de la Contre-Révolution, la Rome de l'Ancien Régime«. P. Chenaux, Pie XII, S. 21.
[86] Vgl. I.-L. Konopatzki, Eugenio Pacelli.

b) Theologische und kanonistische Prägung

Sein Theologiestudium begann Pacelli im alten und prestigeträchtigen Seminar *Collegio Capranica* – tridentinisch geprägt wie alle römischen Seminare – sowie an der Jesuitenuniversität *Gregoriana*. Bereits nach wenigen Monaten musste er aus gesundheitlichen Gründen seine Studien abbrechen und sich auf dem Landsitz der Pacellis kurieren. Wohl auch den guten Kontakten seiner Familie war es zu danken, dass er die Erlaubnis erhielt, seine Studien vom Elternhaus aus fortzusetzen – nun an der im *Palazzo Sant' Apollinare* untergebrachten Fakultät des *Seminarium Romanum*, der späteren Lateranuniversität[87]. Gefördert durch die Enzyklika *Aeterni patris* (1879)[88] und weitere Dekrete Leos XIII.[89] setzte sich in Rom an der *Gregoriana* ebenso wie am *Seminarium Romanum* immer stärker der Neuthomismus durch, freilich ohne dass zu Pacellis Studienzeit bereits alle Professoren in diesem Sinne gelehrt hätten. Obwohl ohne Zweifel selbst von Beginn an stark thomistisch orientiert, knüpfte Pacelli doch vertrauensvolle Beziehungen zu Professoren aus beiden Lagern[90]. Jedenfalls erwies sich die Ausbildung am *Seminarium Romanum*, an dem etwa zeitgleich auch Ernesto Buonaiuti[91] studierte, verglichen mit anderen italienischen Ausbildungsstätten als »liberaler« und war zumindest teilweise auch von der positiven Theologie geprägt[92]. Pacelli, der 1899 seine Examina ablegte, scheint zwar antikantianisch und thomistisch geprägt worden zu sein, aber doch eher juridisch-praktische, jedenfalls nicht ausgesprochen spekulative Interessen entwickelt zu haben[93]. Baron Friedrich von Hügel[94] schrieb schon im Jahre 1896 über Pacelli an Alfred Loisy[95]: »Einen jungen Kleriker, den ich im Frühjahr sehr offen gefunden habe,

---

[87] Art. »Lateranuniversität«, in: LThK³ 6 (1997), S. 672 (E. GATZ).

[88] Enzyklika *Aeterni patris*, 4. August 1879, ASS 12 (1879), S. 97–115.

[89] Dazu J. CORNWELL, Pius XII., S. 40.

[90] Vgl. P. CHENAUX, Pie XII, S. 37–44.

[91] Ernesto Buonaiuti (1881–1946), 1915–1931 Professor für Kirchengeschichte an der Universität Rom, 1924 exkommuniziert und gemäß dem italienischen Konkordat dann durch den faschistischen Staat von der Universität entfernt. LThK³ 2 (1994), S. 796 (B. GRECO).

[92] »Tout cela tend donc à renforcer l'hypothèse d'une formation plutôt ouverte de Pacelli à l'Apollinaire sous l'influence de maîtres qui, pour n'être pas tous thomistes, l'ont initié à une approche plus positive du savoir théologique«. P. CHENAUX, Pie XII, S. 44. – Vgl. auch: »Früher war die gregorianische Hochschule weit hervorragender als die Hochschule von San Apollinare, während heute das Umgekehrte der Fall zu sein scheint. ... jedoch ist das Gesamtergebnis und die Vielseitigkeit der Ausbildung an dieser Hochschule besser als an jener Universität [= der *Gregoriana*]«. P. BAUMGARTEN, Römische Kurie, S. 156 f.

[93] »Par tempérament, l'étudiant qu'il était semblait cependant plus porté à l'étude des matières positives qu'aux hautes spéculations philosophiques qui lui sembleront toujours quelque peu vaines«. P. CHENAUX, Pie XII, S. 37.

[94] Freiherr Friedrich von Hügel (1852–1925), Privatgelehrter, der eine auf religiöser Erfahrung begründete Religionsphilosophie entwickelte und aufgrund seiner vielfältigen persönlichen Kontakte in der Modernismuskontroverse als ein wichtiges Bindeglied zwischen den Reformbestrebungen in den Ländern Europas fungierte. LThK³ 5 (1996), S. 300 f. (P. NEUNER); P. NEUNER, Religiöse Erfahrung; DERS., Religion; C. ARNOLD, Religion.

[95] Alfred Loisy (1857–1940), lehrte seit 1881 am *Institut Catholique* in Paris Exegese, musste wegen lehramtlicher Beanstandungen 1893 seine Lehrtätigkeit einstellen und als Hausgeistlicher wirken, 1902 ver-

finde ich in diesem Herbst völlig verschlossen«[96]. Am 2. April 1899 empfing er in Anwesenheit von Kardinälen und Bischöfen in einer römischen Privatkapelle die Priesterweihe: auch dies ein Zeichen dafür, dass seine Eltern fest entschlossen waren, ihm eine kirchliche Karriere an der Kurie mittels klienteliarer Beziehungen zu ermöglichen[97]. Folgerichtig setzte Pacelli auch seine Studien am *Apollinare*[98] in dem für einen Aufstieg in der kirchlichen Verwaltung wichtigen Kirchenrecht und mit dem Ziel eines römischen Doktors beider Rechte fort[99]. Inzwischen hatte wohl Kardinal Vincenzo Vannutelli[100] den jungen Priester an den neu ernannten Sekretär der Kongregation für die außerordentlichen kirchlichen Angelegenheiten, Pietro Gasparri[101], empfohlen, der Pacelli ab 1901 beschäftigte, zunächst als *Apprendista*, also als Auszubildender.

Besonders prägend scheint für Pacelli in dieser Phase die Schule des öffentlichen kirchlichen Rechts am *Seminarium Romanum* gewesen zu sein; namentlich sein Lehrer Adolfo Giobbio[102] und die kanonistische Position von dessen Vorgänger, Felice Kardinal Cavagnis[103], haben ihn nachhaltig beeinflusst. Auch Gasparri dachte in ähnlichen Kategorien[104]. Kennzeichnend für diese römische Kanonistenschule waren – als dezidierte Antwort auf die Herausforderungen der Umbruchszeit um die Jahrhundertwende und die so genannte »Römische Frage« – die Lehre vom Hl. Stuhl als

teidigte er in *L'Évangile et l'Église* die Entstehung der katholischen Kirche mit Hilfe des Entwicklungsgedankens. 1903 wurden fünf seiner Werke indiziert, 1907 wurden einige seiner Thesen in *Lamentabili* verurteilt, 1908 wurde Loisy exkommuniziert. Seit 1909 lehrte er Religionsgeschichte am *Collège de France*. LThK³ 6 (1997), S. 1041 f. (A. RAFFELT).

[96] A. LOISY, Mémoires, Bd. 1, S. 422; P. NEUNER, Religiöse Erfahrung, S. 46. – Die Kontakte Pacellis zu Friedrich von Hügel, aber auch zu Kardinal Vannutelli bezeugt auch Franz Xaver Kraus. Vgl. F. X. KRAUS, Tagebücher, 30. Januar 1896, S. 645 f.

[97] M. FELDKAMP, Pius XII., S. 12 f. Anwesend war Kardinal Vincenzo Vannutelli (1836–1930), der ein Freund der Familie Pacelli war. P. CHENAUX, Pie XII, S. 47.

[98] Im Jahre 1897 ging die 1878 gegründete *Accademia di conferenze storiche-giuridiche* in derselben auf, was verstärkt zu einer zweifachen Ausrichtung, einerseits auf das kanonische und andererseits auf das römische Recht, führte. P. CHENAUX, Pie XII, S. 45 f.

[99] Vergleichbar mit dem heutigen Lizentiat. Frucht dieser Studien dürfte die Schrift *La personalità giuridica e la territorialità delle leggi specialmente nel diritto canonico; studio storico-giuridico*, Rom 1912, sein.

[100] Vincenzo Vannutelli (1836–1930), seit 1891 wie sein Bruder Serafino (1834–1915, seit 1887 Kardinal) Kurienkardinal, 1892 Präfekt der Propaganda- und 1902 der Konzilienkongregation. EC 12 (1954), S. 1027 f. (M. DE CAMILLIS).

[101] Pietro Gasparri (1852–1934), 1880 Professor für Kirchenrecht am *Institut Catholique* in Paris, 1901 Sekretär der Kongregation für die außerordentlichen Angelegenheiten, 1907 Kardinal, 1914 Kardinalstaatssekretär, weitgehend Schöpfer des neukodifizierten Kirchenrechts und maßgeblich beteiligt am Zustandekommen der Lateranverträge von 1929. LThK³ 4 (1995), S. 297 (R. BÄUMER).

[102] Zu Adolfo Giobbio (1868–1932) vgl. O. BUCCI, Studium, S. 199 f.; P. CHENAUX, Pie XII, S. 46, 51–55, 69.

[103] Felice Cavagnis (1841–1906), lehrte am *Seminarium Romanum* anfangs Philosophie, nachdem Leo XIII. die völlige thomistische Ausrichtung desselben dekretierte, kanonisches und später dann kirchliches öffentliches Recht. EC 3 (1949), S. 1192 (A. SCOLA).

[104] »Cette nouvelle stratégie visant à affirmer l'indépendance et la liberté de l'Église sur le plan juridique était en gros la position de l'école de droit de l'Apollinaire dont Pietro Gasparri, le nouveau ›patron‹ de la diplomatie vaticane, au même titre qu'Eugenio Pacelli et d'autres nouvelles recrues de la secrétairerie d'État de cette période … apparaissent comme les purs produits«. P. CHENAUX, Pie XII, S. 50 f.

eines Völkerrechtssubjekts, das nicht notwendigerweise eines eigenen Territoriums zu seiner Existenz bedarf[105], und vor allem die *societas-perfecta*-Lehre. Diese Lehre hatte Robert Kardinal Bellarmin[106] als systematisches Äquivalent zu seiner zunächst lehramtlich indizierten Lehre von der kirchlichen *potestas indirecta in temporalibus*[107] entwickelt. Im 19. Jahrhundert wird dieses Konzept dann insbesondere gegen vermeintliche Übergriffe des modernen Staates auf kirchliches Gebiet ausgebaut[108]. Die Theorie versuchte die jurisdiktionelle Eigenständigkeit der Kirche zu bekräftigen, gleichzeitig aber – gegen den Liberalismus – auch an der Lehre von der Kirche als einer selbständigen juristischen Person festzuhalten[109]: Die katholische Kirche sei von Christus als vollkommene Gesellschaft gegründet, die ein ihrem Wesen entsprechendes eigenes Ziel und zu dessen Erreichung auch selbst alle notwendigen Mittel besitze. Sie bedürfe somit keiner anderen Gesellschaft zu ihrer Existenz; mithin auch nicht des Staates, über den sie umgekehrt auch keine direkte Gewalt, wohl aber eine *potestas indirecta in temporalibus* ausüben könne[110]. Diese extensive Rechtsauffassung von der Kirche setzte sich in der vatikanischen Politik gegenüber den Staaten an der Kurie Pius' X. genau in der Zeit durch, in der Pacelli unter seinem Mentor Gasparri in der Kongregation für die außerordentlichen kirchlichen Angelegenheiten aufstieg. Am 3. Oktober 1903 wurde er Minutant in dieser Kongregation, am 7. März 1911 *Sottosegretario* und schließlich am 1. Februar 1914 Sekretär. Seit 1912 war er zugleich Konsultor des Hl. Offiziums, der *Suprema Congregatio*.

c) Pacelli und der theologische Integralismus

Spätestens seit 1905 war der Pontifikat Pius' X. von einem entschiedenen Antimodernismus gekennzeichnet, den der Papst selbst und seine engste Umgebung propagierten. Einer der wichtigsten reaktionär-antimodernistischen Protagonisten war der 1903 sehr jung zum Kardinalstaatssekretär bestellte spanische Adelige Raffaele Merry del Val[111]. Mit diesem verband Pacelli ein Verhältnis scheinbar uneingeschränkter

---

[105] P. CHENAUX, Pie XII, S. 49 f.
[106] Robert Bellarmin SJ (1542–1621), 1930 heiliggesprochen, dozierte 1570–1576 am Löwener Jesuitenkolleg, 1567–1588 Kontroverstheologie am *Collegium Romanum*; nach verschiedenen bedeutenden Ämtern in seinem Orden wurde er 1597 päpstlicher Theologe, 1599 Kardinal, dazu Konsultur und Richter am Hl. Offizium; mit kurzen Unterbrechungen übte er an der Römischen Kurie bis zu seinem Tod großen Einfluss aus. Bellarmin kann als der historisch wirksamste katholische Kontroverstheologe gelten. LThK³ 2 (1994), S. 189 f. (T. DIETRICH); G. WASSILOWSKY, Bellarmin.
[107] Vgl. T. DIETRICH, Theologie, S. 325–346.
[108] EBD., S. 326.
[109] P. CHENAUX, Pie XII, S. 50.
[110] P. GRANFIELD, Aufkommen.
[111] Raffaele Merry del Val (1865–1930), 1890 Kardinal, 1903–1914 Staatssekretär, gehörte zu den intransigenten Hauptprotagonisten im Kampf gegen den »Modernismus«, seit 1914 Sekretär des Hl. Offiziums, dessen Einfluss unter Pius XI. wieder zunahm. LThK³ 7 (1998), S. 149 (J. GELMI).

Wertschätzung und gegenseitigen Vertrauens. Dass er auch dessen antimodernisti-sche Einstellung vertrat, legt bereits sein geradliniger und rascher Aufstieg an der Ku-rie unter Merry del Val nahe, ebenso seine Berufung ins *Sanctum Officium*[112].

Eine andere Frage ist freilich, in welchem Verhältnis Pacelli zu Umberto Benig-ni[113] und dessen antimodernistischem Denunziations- und Pressedienst *Sodalitium pianum* stand. Diesem folgte er nämlich 1911 auf dem Posten des Untersekretärs (ab 1912 Prosekretär) in der Kongregation für die außerordentlichen Angelegenheiten nach. Beide, Benigni und Pacelli, gehörten einem Kreis an, der sich bei Louis Du-chesne[114] zu privaten Kirchengeschichtsvorlesungen traf[115], beide waren Kollegen am *Seminarium Romanum* und an der *Accademia dei Nobili Ecclesiastici*. Pacelli arbei-tete zudem fünf Jahre als Zuarbeiter Benignis in der *Congregazione degli Affari Ec-clesiastici Straordinari*[116]. Zeitgenössische Beobachter von Benignis »Sturz« im Jah-re 1911 notierten bereits aufmerksam, mit Pacelli sei ihm ein treuer Mitarbeiter und guter Freund nachgefolgt. Außerdem habe Benignis Einfluss auf Merry del Val und den Papst durch das Ausscheiden aus dem offiziellen Kurienamt gerade nicht nach-gelassen[117]. Vielmehr konnte er sich seither ganz der integralistischen Presse- und Spionagearbeit widmen. Dieses »Spitzelnetzwerks« und Informationsbüros be-diente sich auch Pacelli bei seiner Tätigkeit als *Sottosegretario* der Kongregation, wenn es darum ging, die Lösung aktueller staatskirchenrechtlicher Probleme mit un-veränderter antimodernistischer Wachsamkeit zu verbinden. So entschied Pacelli 1912 die Wahl Felix von Hartmanns[118] zum Erzbischof von Köln, offenbar wesent-

---

[112]   »La préoccupation du canoniste Eugenio Pacelli, en 1912, était à l'évidence de renforcer l'arsenal des moy-ens répressifs dont pouvait disposer l'Église hiérarchique dans sa lutte contre l'hérésie moderniste que le pape avait solennellement condamnée dans l'encyclique *Pascendi* en septembre 1907. La rigidité des po-sitions du jeune prélat romain à cet égard ne peut être mise en doute. La rapidité de son ascension sous le pontificat de Pie X en témoigne. En novembre 1912, il sera même nommé consulteur de la Congrégation du Saint-Office«. P. Chenaux, Pie XII, S. 73. Zur Konsultorentätigkeit vgl. H. Wolf, Prosopographie.

[113]   Umberto Benigni (1862–1934), 1901 Professor für Kirchengeschichte am Seminarium Romanum, 1906 Untersekretär der Kongregation für die außerordentlichen Angelegenheiten, daneben mit zahlreichen Zeitungen publizistisch tätig, gründete und leitete ein *Sodalitium pianum* genanntes integralistisches internationales geheimes Spionage- und Denunziationswerk, 1911 seiner kurialen Ämter entbunden, wohl um sich vor allem seinen publizistischen Aufgaben widmen zu können. Mit den Papstwahlen 1914 und 1922 sank sein Einfluss an der Kurie, insbesondere als in der Folge einer Hausdurchsuchung während des Ersten Weltkriegs sein Spionagenetzwerk öffentlich bekannt wurde. Er schloß sich ide-ologisch dem italienischen Faschismus an. Über ihn vor allem E. Poulat, Catholicisme.

[114]   Louis Duchesne (1843–1922), Kirchenhistoriker, Professor seit 1877 in Paris, 1895 Direktor der *Éco-le française de Rome*, seine Geschichte der Alten Kirche bereitete ihm in der Modernismus-Krise Schwierigkeiten mit der Römischen Kurie. LThK³ 3 (1995), S. 395 f. (V. Saxer).

[115]   E. Poulat, Catholicisme, S. 246. – Vgl. auch: »Desgleichen besuchte er die Sonntagskonferenzen von Duchesne, und Duchesne brachte ihn in Verbindung mit Franz Xaver Kraus. Dieser warnte den jun-gen Monsignore, der viel Aufgeschlossenheit für die deutschen Dinge zeigte, mit scharfen Worten vor dem Zentrum. Die Warnung sollte glücklicherweise nicht fruchten«. R. Leiber, Pius XII., S. 83.

[116]   E. Poulat, Catholicisme, S. 358.

[117]   So der Berichterstatter des *L'Univers*, Jacques Rocafort, und der preußische Gesandte beim Hl. Stuhl, Otto von Mühlberg. E. Poulat, Catholicisme, S. 373, 435 f.

[118]   Felix von Hartmann (1851–1919), 1905 Generalvikar in Münster, 1911–1912 Bischof ebd., 1912–1919 Erzbischof von Köln, 1914 Kardinal. E. Gatz (Hg.), Bischöfe 1785/1803–1945, S. 286–289 (E. Hegel).

lich aufgrund der von Benignis Geheimdienst beschafften Informationen[119]. Pacelli war jedoch klug genug, sich nicht durch eine zu offenkundige und enge Zusammenarbeit mit Benigni zu diskreditieren[120]. Dies hätte ihm ansonsten unter dem neuen Papst Benedikt XV., der die Modernistenhetze seines Vorgängers nicht fortführte, und besonders nach der »Jonckxs-Affäre« von 1915/21[121] leicht zum Verhängnis werden können. In der Frage der christlichen Gewerkschaften verfolgte Pacelli zudem, anders als Benigni, der jede »ökumenische« Zusammenarbeit von katholischen und evangelischen Arbeitern auf diesem Feld strikt ablehnte, gleichsam von Amts wegen die offizielle Linie der Enzyklika *Singulari quadam*[122], die im Grunde für beide Richtungen im deutschen Episkopat[123] Freiräume schuf.

d) Mitarbeit am CIC von 1917 und am serbischen Konkordat (1914/15)

Neben Merry del Val war aber vor allem Pietro Gasparri – kein Freund Benignis[124] – Pacellis Mentor und Förderer an der Kurie. Beide Männer arbeiteten engstens zusammen. Am 19. März 1904 hatte der Papst durch das Motuproprio *Arduum sane*

---

[119] »Monsignore car.mo e ven.mo, Grazie mille della sua gradita lettera e delle informazioni riservate inviatemi. – È partito oggi stesso il telegramma di risposta per l'Univers: mi è sembrato soddisfacente – Ho parlato al Card. Rev. Thompson, e mi ha assicurato che gli sarà accordata una distinzione pontificia. – Quanto alla successione del pescatore [oben mit Bleistift: Card. Fischer], è cosa davvero preoccupante, perchè urge là il sistema della elezione capitolare con relativa inframettenze governative! – Si sta ora preparando la decisione, *saltem pro nunc*, della famosa questione oper. Tedesca; è cosa ardua sotto molti rispetti! Ne parleremo alla Sua venuta, perchè non sarà certamente pronta prima di allora. Godo apprendere le ottime notizie della Sua salute e Le auguro buon proseguimento di cura. Memento mei! Saluti devoti e cordiali, E.P.«. Pacelli an Benigni, [Rom], 8. Juli 1912, ASV, Fondo Benigni, vol. 36, fol. 45r, Nr. 4927; vgl. auch Pacelli an Benigni, Rom, 6. August 1912, ASV, Fondo Benigni, vol. 36, fol. 47r, Nr. 4929.

[120] Ziel der Entfernung Benignis aus dem Staatssekretariat 1911 war, dessen Informations- und Pressearbeit weiterhin zu nutzen und zugleich die vatikanische Behörde nicht durch dieselbe zu diskreditieren. E. POULAT, Catholicisme, S. 358–436.

[121] Im Laufe des Ersten Weltkriegs gab Dr. Heinz Brauweiler (1885–1976) als Reaktion auf die antideutschen Agitationen im Werk von Alfred BAUDRILLART, La guerre allemande et le catholicisme, Paris 1915, den Befehl, bei dem belgischen Advokaten Alphonse Jonckxs – einem Vertrauten Benignis – in Gent eine Hausdurchsuchung durchzuführen, bei der hunderte Briefe und zahlreiche andere Dokumente beschlagnahmt wurden; Jonckxs wurde in der Folge dazu gebracht, den Schlüssel zu seiner Chiffrierung offen zu legen. Die so aufgedeckten geheimdienstlichen Agitationen Benignis wurden während des Krieges dann nicht weiter verwendet, waren aber 1921 die Grundlage für eine anonyme Denkschrift des Pariser Sulpicianers Fernand Mourret (1854–1938), die schließlich den Anlass zur Auflösung des *Sodalitium pianum* durch die Konzilskongregation gab. Vgl. die Dokumente bei E. POULAT, Intégrisme, S. 524–604.

[122] Vgl. Pacelli an Benigni, Rom, 2. Dezember 1912, ASV, Fondo Benigni, vol. 36, fol. 39r, Nr. 4922; *Da unna lettera di Berlino sul colloquio del Sitz Berlin con Mgr. Pacelli*, ASV, Fondo Benigni, vol. 49, fol. 469r, 470r, 471r. – Enzyklika *Singulari quadam*, 24. September 1912, AAS 4 (1912), S. 657–662; eine deutsche zeitgenössische Übersetzung: Singulari quadam. Rundschreiben des Papstes Pius X. über die Gewerkschaftsfrage.

[123] Eine Gruppe befürwortete ausschließlich katholische Arbeitervereine, die andere wollte die Organisation von katholischen Arbeitern in interkonfessionellen Gewerkschaften zulassen.

[124] Histoire et mémoire. Les souvenirs de Gasparri sur le cas Benigini, in: E. POULAT, Catholicisme, S. 536–543.

munus[125] die Kodifizierung des kirchlichen Rechts angeordnet und hierzu eine Kardinalskommission eingesetzt, die von einer wechselnden Gruppe von Konsultoren unterstützt werden sollte. »Leiter ihrer Arbeit und mehr und mehr die Seele des ganzen Kodifikationswerkes« war und blieb – so Ulrich Stutz treffend – Pietro Gasparri[126], der hierzu Pacelli als Konsultor aufs engste mit einbezog. Die Ausarbeitung des neuen kirchlichen Gesetzbuches, des *Codex Iuris Canonici,* war nicht im eigentlichen Sinne rechtschöpferisch[127]. Das universalkirchlich zentralisierende und zugleich modernisierende kanonistische Unternehmen der Abschaffung des alten Dekretalenrechts erwies sich jedoch als ganz aus dem Geist der Rechtsschule des *Apollinare* erarbeitet, der sich Gasparri und Pacelli gleichermaßen verpflichtet wussten[128].

Noch vor dem Ersten Weltkrieg hatte Pacelli Gelegenheit, die ihn prägenden und die römische Politik bestimmenden Theorien von der Kirche als juridischer Person, der Freiheit und Unabhängigkeit der kirchlichen Jurisdiktion vom Staat und der zentralistischen Ausübung des päpstlichen Jurisdiktionsprimats in den Konkordatsverhandlungen mit Serbien anzuwenden. Bei diesem ersten von Pacelli ausgehandelten Vertrag, den Merry del Val am 24. Juni 1914 paraphierte, nahmen die Kardinäle bei der entscheidenden Sitzung der Kongregation für die außerordentlichen Angelegenheiten bewusst in Kauf, dass die Abmachungen zu Lasten der traditionellen kirchlichen Schutz- und Hoheitsrechte Österreichs, namentlich des kaiserlichen Nominationsrechts bei Bischofsernennungen, gingen[129]. Das Konkordat sollte die Freiheit der Kirche, das heißt ihre vollständige Verwirklichung gemäß den Forderungen des kanonischen Rechts, garantieren. Pacelli hielt ganz offenbar die Rechte der seit dem ersten Balkankrieg deutlich zahlreicher gewordenen serbischen Katholiken durch ein Konkordat für besser geschützt als durch den habsburgischen Kaiser. Allerdings wurde die Kurie so auch in die komplexe Balkanproblematik involviert. Als nur wenige Tage darauf, am 28. Juni, Erzherzog Franz Ferdinand (1863–1914) mit seiner Gemahlin Sophie Chotek (1868–1914) in Sarajewo ermordet wurde, sorgte man sich im päpstlichen Staatssekretariat doch um die letzte verbliebene katholische Großmacht und forderte Wien daher auf, das serbische Konkordat nicht anzuerkennen[130]. Selber ratifizierte man den eben noch paraphierten Vertrag nur widerwillig und nur auf massiven englischen Druck hin nach Monaten der Verschleppung am 15. März 1915[131].

---

[125] Motuproprio *Arduum sane munus*, 19. März 1904, ASS 36 (1903/04), S. 549–551.

[126] U. STUTZ, Geist, S. 10 f.

[127] »Gewiss handelt es sich dabei nicht um eine schöpferische Tat, die von Grund aus Neues ins Leben rief. Das Alte, im Dienste der Kirche Bewährte, steht durchaus im Vordergrund. Das katholische Kirchentum ist ja überhaupt seinem ganzen Wesen nach traditionalistisch, konservativ. Auch sahen wir, dass der Gesetzgeber von vornherein die Neuerungen auf das Notwendigste beschränken wollte. Was wir vor uns haben, ist also mehr nur ein Um- und Neuguss des überlieferten Stoffes«. EBD., S. 51.

[128] »Aussi bien Pietro Gasparri, le grand architecte de la codification, qu'Eugenio Pacelli, son principal collaborateur, appartenaient, par leur formation, à l'école de l'Apollinaire«. P. CHENAUX, Pie XII, S. 71.

[129] Dazu J. CORNWELL, Pius XII., S. 70–82; P. CHENAUX, Pie XII, S. 76–84.

[130] P. CHENAUX, Pie XII, S. 84.

[131] EBD.

2. PACELLI ALS NUNTIUS IN MÜNCHEN

a) Die Friedenspolitik Benedikts XV. und die Berufungen Aversas und Pacellis nach München

Mit Benedikt XV. (1914–1922) wurde am 3. September 1914 einer der engsten Vertrauten des unter Pius X. entmachteten Kardinals Rampolla[132], dessen Mitarbeiter im Staatssekretariat und an der spanischen Nuntiatur er gewesen war[133], zum Papst gewählt. Rampolla, der Kardinalstaatssekretär Leos XIII., war beim Konklave 1903 am österreichischen Veto gescheitert, weil er als zu frankophil galt. Bei der Papstwahl 1914 setzte sich mit Giacomo della Chiesa wieder die etwas offenere Richtung durch. Folgerichtig bereitete der neue Papst dem integralistischen Treiben Umberto Benignis umgehend ein Ende[134]. Seine vordringlichste Aufgabe war jedoch, eine einheitliche Linie des Hl. Stuhls im Hinblick auf den gerade ausgebrochenen Ersten Weltkrieg festzulegen, nachdem sein Vorgänger dies – etwa im Fall von Österreich und Serbien – nicht mehr getan hatte[135]. Nach Philippe Chenaux musste die neue vatikanische Politik erst mühsam zwischen dem Papst und seinem neuen Staatssekretär Pietro Gasparri abgestimmt werden, da beide unterschiedlichen Rechtsschulen entstammten und daher durchaus konträre Vorstellungen von der adäquaten Rolle des Papsttums in den Auseinandersetzungen hatten[136].

Für Gasparri war der Papst als Oberhaupt einer transnationalen Weltkirche zu strikter Neutralität verpflichtet. Als *padre comune* müsse er über den Parteien stehen und alles vermeiden, was ihm beispielsweise von französischen Katholiken als zu deutschfreundlich oder umgekehrt von deutschen Katholiken als zu frankreichfreundlich ausgelegt werden könnte. Der Papst dürfe nicht Partei werden. Daher habe er entweder zu schweigen oder dürfe seine Ermahnungen und Forderungen an die Kriegsparteien allenfalls abstrakt aussprechen, vor allem, um die katholische Kirche in ihrem seelsorglichen Leben und ihrer Jurisdiktion auf allen Seiten der kriegführenden Parteien nicht zu gefährden. Der Papst selbst hingegen neigte zu einer aktiven Vermittlungs- und Friedenspolitik nach dem Vorbild Leos XIII. Er sah sich zwar nicht mehr als *arbiter mundi*, als Schiedsrichter der Welt. Die furchtbaren Materialschlachten, mit denen der Krieg ein ganz neues Ausmaß des Schreckens erreichte, riefen den *Pontifex maximus* jedoch als Anwalt aller leidenden Menschen auf den Plan. Nach Ansicht Benedikts XV. durfte er gerade als Papst zum Krieg nicht

---

[132] Mariano Rampolla del Tiandro (1843–1913), nach Karriere an der Römischen Kurie 1882 Nuntius in Madrid, 1887 Kardinal, 1887–1903 Staatssekretär Leos XIII. und dessen engster Mitarbeiter, 1903 Exklusive Österreichs gegen ihn im Konklave, 1909 Sekretär des Hl. Offiziums. LThK³ 8 (1999), S. 823 (J. GELMI).

[133] G. SCHWAIGER, Papsttum, S. 164 f.

[134] Vgl. hierzu auch H.-J. NESNER, Das Erzbistum München und Freising, S. 57 f.

[135] P. CHENAUX, Pie XII, S. 89.

[136] EBD., S. 85–102.

länger schweigen, sondern musste sich durch konkrete Vorschläge zum Frieden ganz bewusst aus der Deckung herausbegeben. Gleichzeitig sollten damit die politischen Interessen des Hl. Stuhls aktiv gesichert werden.

Zum ersten Mal ging der Papst in der Konsistorialansprache vom 22. Januar 1915 ausführlicher auf diese Thematik ein: Benedikt XV. sah es als zentrale Aufgabe des Papstes an, *summus legis aeternae interpres et vindex* zu sein und vor allem klarzustellen, dass es niemandem, aus welchem Grund auch immer, erlaubt sein könne, das göttliche Gesetz zu verletzen[137]. Dennoch sei es weder angemessen noch nützlich, wenn sich der Hl. Stuhl mit apostolischer Autorität in den Streit der Kriegsparteien aktiv einmische. Denn der Papst als Vater aller Katholiken sei für das Heil der Gläubigen aus allen Nationen gleichermaßen verantwortlich, so wie Christus für alle Menschen gestorben sei[138]. Eine gegenteilige Politik würde nur die Ruhe und Eintracht innerhalb der aus Menschen aller Nationen bestehenden katholischen Weltkirche stören[139].

Dieser scheinbare Sieg der strikten Neutralitätspolitik Gasparris stieß jedoch bald an Grenzen. Einerseits wurde der Papst von beiden Kriegsparteien angegriffen und der Demoralisierung ihrer jeweiligen katholischen Bevölkerung bezichtigt. Andererseits schienen die Interessen des Hl. Stuhls und auch der Gesamtkirche durch den drohenden Kriegseintritt Italiens angesichts der noch immer ungelösten »Römischen Frage« auf prekäre Weise gefährdet. Vor diesem Hintergrund kam es zur Entsendung Eugenio Pacellis, inzwischen Sekretär der Kongregation für die außerordentlichen Angelegenheiten. Er wurde in einer ersten, von deutscher Seite angeregten diplomatischen Mission vom 15. bis 19. Januar 1915 zu Kaiser Franz Joseph (1848–1916) nach Wien entsandt mit dem Ziel, diesen zu einem Verzicht auf Südtirol zugunsten des Hl. Stuhls zu bewegen. Der Papst sollte so wieder ein Territorium erhalten, das seine Unabhängigkeit garantierte, und könnte dadurch auch seine Ansprüche gegen Italien nach der Besetzung des Kirchenstaates 1870 als beglichen betrachten[140]. Dieser Vorstoß und ähnliche Versuche scheiterten jedoch an der Unnachgiebigkeit des Habsburgers, der fürchtete, durch einen derartigen Präzedenzfall separatistische Strömungen auch in anderen Territorien der Monarchie zu ermutigen.

Italien trat am 23. Mai 1915 an der Seite der Entente gegen die Zentralmächte in den Krieg ein. Zuvor war der Hl. Stuhl im Londoner Abkommen vom 26. April *a priori*

---

[137] *Allocutio habita in Consistorio*, 22. Januar 1915, AAS 7 (1915), S. 33–36, hier S. 34.
[138] »Id quod Nos apertissime edicimus, quaslibet iuris violationes, ubicumque demum factae sint, magnopere reprobantes. At vero ipsis bellantium contentionibus pontificiam miscere auctoritatem hoc sane neque conveniens foret, nec utile. Profecto quisquis est prudens rerum aestimator, videt Apostolicam Sedem in hoc certamine, quamvis sine maxima cura esse non possit, tamen nullius partis esse debere: cum Pontifex romanus, ut vicem quidem gerens Iesu Christi, qui pro universis et singulis hominibus mortuus est, omnes quotquot dimicant, debeat sua caritate complecti; ut Parens autem catholici nominis, utubique filios habeat frequentissimos, de quorum omnium salute aeque debet esse sollicitus«. EBD.
[139] EBD.
[140] P. CHENAUX, Pie XII, S. 93 f.

von allen Friedensverhandlungen ausgeschlossen worden. Dessen ungeachtet entwickelte der Papst Ende 1915 genauere Vorstellungen von einem gerechten Kompromissfrieden, die ihm zugleich ein verstärktes diplomatisches Engagement nahe legten. So beklagte Benedikt XV. am 6. Dezember vor den im Konsistorium versammelten Kardinälen die Nachteile, die der Krieg für beinahe alle katholischen Völker Europas und auch für den Apostolischen Stuhl hätte. Überdies besitze die Kurie wegen des Krieges nicht die volle Freiheit, die sie zur Regierung der Kirche benötige. Speziell kritisierte der Papst, Botschafter auswärtiger Mächte beim Hl. Stuhl seien gezwungen, aus Rom abzuziehen, was einen massiven Eingriff in die dem Oberhaupt der Kirche ursprünglich zukommenden Rechte darstelle[141]. Schließlich verlangte Benedikt XV. von allen Kriegsparteien, auf einen Teil ihrer Forderungen zu verzichten[142].

Nach den für alle Seiten verlustreichen Stellungskriegen schienen Ende 1916 die konkreten Chancen für einen Verhandlungsfrieden besser zu werden. Als von der deutschen Regierung vorsichtig eine Friedensbereitschaft der Mittelmächte bekundet wurde, sah der Papst es als seine Aufgabe an, sich vermittelnd einzuschalten, um zunächst den Verhandlungsspielraum und die Konzessionsbereitschaft bei den Zentralmächten auszuloten. Nachdem der Münchener Nuntius Frühwirth im September 1916 als Kurienkardinal nach Rom abberufen worden war[143], lag es nahe, den neu zu ernennenden päpstlichen Gesandten in Bayern gezielt in die päpstliche Friedensdiplomatie einzubinden. In diesem Zusammenhang erhofften bzw. vermuteten verschiedene Seiten die Entsendung Pacellis als Nuntius nach München[144].

---

[141] *Allocutio SS. D. N. Benedicti Pp. XV. et creatio cardinalium, S. R. E.*, 6. Dezember 1915, AAS 7 (1915), S. 509–513, hier S. 511 f.

[142] »Per se patet, quemadmodum in quavis hominum controversia suae ipso eorum iudicio dirimi velit, illud plane requiri, utraque ex parte discepantium, ut de susceptis propositis vel de praecepta utilitatum spe remittatur aliquid seu concedatur … «. EBD., S. 511. – Im selben Konsistorium wurde der bisherige Münchener Nuntius Andreas Frühwirth vom Papst zu einem der sechs neuen Kardinäle kreiert. EBD., S. 513. A. WALZ, Frühwirth, S. 359 f. Dies korrespondierte mit der gestiegenen Bedeutung der Münchener Nuntiatur, die so zu einer Nuntiatur I. Klasse aufzurücken schien.

[143] A. WALZ, Frühwirth, S. 376–382.

[144] M. FELDKAMP, Pius XII., S. 21 f.; P. CHENAUX, Pie XII, S. 102–104. – Insbesondere wünschte sich der bayerische Ministerpräsident Graf Hertling Pacelli als Nuntius, Hertling an Ritter zu Groenesteyn, 6. Februar 1914, BayHStA, GPS 915, Or., aber auch der bayerische Gesandte (1909–1934) beim Hl. Stuhl, Otto Freiherr von Ritter zu Groenesteyn (1864–1940), der Anfang 1916 richtig spekulierte: »Pacelli als Nuntius hierher zu bekommen, wäre ja zweifellos sehr erfreulich, aber bei der gegenwärtigen politischen Lage halte ich es für ganz ausgeschlossen, daß man ihn der Kardinalstaatssekretär aus Rom fortlassen kann und wie … erwähnt, möchte ich glauben, daß Pacelli in seiner gegenwärtigen Stellung für Deutschland zu wichtig ist, als daß man ihn von dort hierher ziehen sollte, zumal man nicht weiß, wer ihn beim Kardinalstaatssekretär ersetzen würde«. Ritter zu Groenesteyn an Graf Hertling, 26. Februar 1916, BayHStA, MA 92013, Kopie. Freilich glaubte Ritter zu Groenesteyn noch einige Zeit vorher schreiben zu müssen, dass »bei allen seinen guten Eigenschaften Pacelli natürlich ein Italiener bleibt, der unsere politischen und religiösen Verhältnisse nie so klar erfassen und deren Berechtigung, Vorzüge und notwendige Berücksichtigung so voll anerkennen wird wie ein Deutscher [sic!] à la Frühwirth«. Ritter von Groenesteyn an Graf Hertling, 25. September 1914, BayHStA, GPS 915, Kopie. Beide Schreiben gedruckt bei G. FRANZ-WILLING, Bayerische Vatikangesandtschaft, S. 135. – Zu Otto Freiherr von Ritter zu Groenesteyn, der in den folgenden Jahren in regelmäßiger, nur noch zum Teil erhaltener Korrespondenz mit Pacelli stand, ist in München eine Dissertation von J. Zedler im Entstehen. Für Auskünfte zu seiner Person sei diesem gedankt. Vgl. weiterhin G. FRANZ-WILLING, Bayerische Vatikangesandtschaft, bes. S. 93–250.

Am 17. Januar 1917 kam es jedoch zunächst zu einer kurialen »Kompromisslö-sung«[145]. Es wurde nämlich nicht Pacelli, sondern der bisher in Brasilien tätige päpst-liche Gesandte Giuseppe Aversa (1862–1917)[146] nach München berufen, der aber schon wenig später, in der Nacht vom 8. auf den 9. April, nach einer Blinddarm-operation an Herzschwäche starb[147]. Glaubt man dem Tagebuch des Barons Carlo Monti[148], dann entstanden um die Entsendung Pacellis nach Deutschland heftige Di-vergenzen zwischen dem Papst und seinem Staatssekretär[149]. Während Benedikt XV. seine Prioritäten eindeutig auf die diplomatische Vermittlertätigkeit des Hl. Stuhles setzen und deshalb einen seiner fähigsten Mitarbeiter entsenden wollte, stand Pie-tro Gasparri diesem Unternehmen äußerst reserviert gegenüber. Er beurteilte des-sen Erfolgschancen offenbar von Anfang an skeptisch und wollte Pacelli deshalb nicht »verheizen«.

b) Die Generalinstruktion für Aversa und Pacelli

Zur Orientierung und als Weisung für Giuseppe Aversa hatte man im Staatssekre-tariat eine mit 110 Seiten recht umfangreiche und detaillierte Generalinstruktion über den Stand der Kirche in Deutschland und die daraus für den Nuntius resultieren-den Aufgaben verfasst. Sie basierte vor allem auf den Berichten von Nuntius An-dreas Frühwirth, dessen zwar thomistisch-konservative, aber auch antiintegralisti-sche Sichtweise der deutschen Dinge sich mit dem Pontifikatswechsel von 1914 an der Römischen Kurie durchgesetzt hatte. Von besonderem Interesse ist diese Ge-neralinstruktion für Aversa deshalb, weil sie nach dessen kurzer Amtszeit unverän-dert als Instruktion für die Nuntiatur Pacellis übernommen wurde und so auch für ihn als römische Weisung Gültigkeit besaß[150].

---

[145] M. FELDKAMP, Pius XII., S. 22.

[146] Giuseppe Aversa (1862–1917), Apostolischer Delegat in Kuba und Titular-Erzbischof von Sardes 1906, 1911 Nuntius in Brasilien, am 4. Dezember 1916 zum Nuntius in Bayern ernannt. Vgl. www.catho-lic.hierarchy.org (27.4.2005). – Aversa war nicht der Wunschkandidat des bayerischen Ministerpräsi-denten Graf Georg von Hertling, da dieser »ein Jahrzehnt lang in den Tropen gehaust hat, und von dem, was uns hier bewegt, auch gar nichts weiß«. Hertling an Ritter zu Groenesteyn, 6. Februar 1914, BayHStA, GPS 915, Or.

[147] M. FELDKAMP, Pius XII., S. 22.

[148] Baron Carlo Monti (1851–1924), aus einem alten Adelsgeschlecht aus Brescia stammend, schloss von Jugend auf eine enge Freundschaft mit Giacomo della Chiesa, dem späteren Papst Benedikt XV., des-sen enger Vertrauter er in Rom war, wo er nach einer Verwaltungslaufbahn schließlich seit 1908 als *di-rettore generale del fondo per il culto* fungierte. Vgl. A. SCOTTÀ, Conciliazione, Bd. 1, S. 10–28.

[149] »Chiedo al papa quanto vi sia di vero nella mancata nomina di mons. Pacelli a nunzio a Monaco di Ba-viera. Il santo padre dice che la nomina non era stata affatto decisa, che sarebbe stata gradita dal go-verno bavarese, ma che il segretario di stato, cardinal Gasparri, ha fatto opposizione non volendo pri-varsi della collaborazione di mons. Pacelli, alla quale tiene moltissimo«. EBD., S. 469.

[150] »Nel Gennaio del corrente anno, quando il compianto Monsignor Giuseppe Aversa, Arcivescovo tit. di Sardi, predecessore di V.S. Ill.ma e Rev.ma nell'attuale Ufficio di Nunzio Apostolico presso la R. Cor-te di Baviera, era per raggiungere la sua residenza, gli rimisi le Istruzioni di questa Segreteria dirette a facilitargli l'alto compito affidatogli. Non avendo il corso degli avvenimenti consigliato alcuna modi-

Die Instruktion zeichnet inhaltlich (1.) ein gutes Bild vom Stand der Kirche in Deutschland nach Beendigung der Nuntiatur Frühwirths aus römischer Sicht; sie lässt (2.) erkennen, inwiefern sich mit dem Pontifikatswechsel von 1914 und dem damit verbundenen Wechsel im Staatssekretariat auch die innerkurialen Beurteilungsparameter verschoben hatten; und sie ermöglicht (3.) einen guten Einblick in die Beurteilung der aktuellen Kriegsereignisse und der sich daraus ergebenden Schlussfolgerungen – ebenfalls aus der Sicht des römischen Staatssekretariats.

Eingehend werden die aktuelle politische Situation und die Kriegsverhältnisse dargestellt. Die unbedingte Neutralität des Apostolischen Stuhls, insbesondere gegenüber Deutschland, das sich die Feindschaft fast der ganzen Welt zugezogen habe, betrachtet die Instruktion als die der Kurie einzig angemessene Haltung. Viele in Deutschland, die der Kirche vor dem Krieg indifferent oder gar ablehnend gegenüberstanden, hätten angesichts der Isolierung des Reichs inzwischen durchaus Sympathien für Papst und Kirche entwickelt[151]. Für den Hl. Stuhl – so die Instruktion – konnte die Schuld am Krieg keiner der kriegführenden Regierungen einfach angelastet werden. Vielmehr sei das Gemetzel von der internationalen Freimaurerei (*massoneria europea*) angezettelt worden, um die Kirche Gottes und die letzte katholische Dynastie, das Haus Habsburg, zu vernichten[152]. Unschwer sind hier die klassischen Feindbilder und Denkstrukturen des Ultramontanismus zu erkennen, der in der Instruktion einfach mit dem wahren Katholizismus identifiziert wird (*all' ultramontanismo, cioè al vero cattolicismo romano*)[153] und an dessen Prädominanz in Rom auch der Pontifikatswechsel von 1914 offenbar kaum etwas geändert hat.

Gegen diesen Standpunkt der Un- und Überparteilichkeit des Apostolischen Stuhls werde – so die Generalanweisung an Aversa und Pacelli – von verschiedener Seite eingewandt, dieser müsse die Verletzung des Völkerrechtes durch den Überfall Deutschlands auf Belgien und Luxemburg sowie die dort von deutschen Soldaten verübten Kriegsverbrechen konkret verurteilen[154]. Gegen diese Einwände könne man aber mit dem deutschen Kanzler erwidern, es habe sich dabei um einen Verteidigungsakt gehandelt, da Frankreich vor einem Einfall nach Deutschland stand.

---

ficazione alle accennate Istruzioni, il cui originale è conservato nell'Archivio della Nunziatura Apostolica alla quale Ella è preposta, la S.V. vorrà attendersi alle medesime nel compiere la delicata ed importantissima Missione a Lei confidata dalla benevolenza del Santo Padre«. Gasparri an Pacelli, Rom, 15. Mai 1917, ASV, ANM 329, fasc. 1, fol. 37rv, Nr. 31718.

[151] »L'immane flagello che da più di due anni devasta l'Europa ha sospeso, come altrove, anche in Germania le lotte tra i partiti ed ha concentrato tutte le energie alla difesa nazionale. Di fronte alla Santa Sede l'attitudine della Germania è stata molto corretta, anzi la neutralità della Santa Sede nel'immane conflitto, mentre quasi tutto il mondo si era mostrato ostile alla Germania medesima, ha fatto nascere in molti campi, prima nemici od indifferenti, calde simpatie per la Chiesa cattolica ed il suo Capo«. Istruzioni per Mgr. Giuseppe Aversa Nunzio Apostolici di Baviera. Novembre 1916 [künftig zitiert als: Istruzioni], ASV, ANM 257, fasc. 10, hier S. 94.

[152] »... ma mirava atresì a salvaguardare la Monarchia degli Absburgo, contro del cui del pari che contro la Chiesa la massoneria europea, fomentando la guerra, tentava apportare la maggiore rovina«. Ebd., S. 99.

[153] Ebd., S. 36.

[154] Vgl. ebd., S. 95–98.

In Belgien seien überdies Dokumente aufgetaucht, die die Behauptung der belgischen Neutralität widerlegten. Zudem hätten auch Belgier gegen Deutsche Gräueltaten verübt. Insgesamt könne man sich kaum ein Bild darüber machen, was an diesen Meldungen lediglich Kriegspropaganda sei und was nicht[155]. Ein sicheres und unparteiliches Urteil sei gegenwärtig nicht möglich, so die römische Instruktion[156]. Der Hl. Stuhl habe deshalb bislang auf Neutralität, Linderung der Kriegsfolgen und auf Friedensvermittlung gesetzt[157]. Der Kriegseintritt Italiens habe aber die prekäre und anormale Situation (*precaria ed anormale … condizione*) des Apostolischen Stuhls erneut drastisch vor Augen geführt[158]. Als besondere Probleme sah man die Gefährdung der Immunität der beim Papst akkreditierten Botschafter der Zentralmächte[159] sowie der Freiheit von Kirchenregierung und Korrespondenz an[160]. Schon aus diesen Gründen, vor allem aber wegen der besonderen Nähe zur österreichischen Dynastie, war man auf Seiten der Römischen Kurie – so lässt sich unschwer aus der Instruktion herauslesen – keinesfalls zu einer einseitigen Verurteilung des deutschen Angriffs auf Belgien und Luxemburg bereit.

Das Schwergewicht der Aversa/Pacelli-Instruktion lag indes eindeutig auf dem Zustand der Kirche in Deutschland. Wie erwähnt, hatte sich im 19. Jahrhundert im päpstlichen Rom endgültig die *societas-perfecta*-Lehre durchgesetzt, die vor allem jeden traditionellen staatlichen Einfluss im Bereich der weit gefassten »innerkirchlichen« Jurisdiktion eliminieren wollte; dem Staat stellte sie das abstrakte völkerrechtliche Subjekt *Sedes apostolica*, das auch ohne eigenes Territorium subsistierte, als gleichberechtigten Verhandlungspartner gegenüber. Als Zielperspektive hatte man an der Kurie früh das Modell der von Ulrich Stutz so bezeichneten »vertrags- oder konkordatsgesicherten autonomen Trennungskirche«[161] entwickelt. Ganz von dieser Konzeption ist folgerichtig auch die Generalinstruktion geprägt. So wird in den jeweils auf die deutschen Bundesstaaten Bezug nehmenden Teilen der Weisung als entscheidendes Kriterium angewandt, wie weit die in den dunkelsten Farben als Christenverfolgung (*persecuzio*) geschilderte staatliche Kulturkampfgesetzgebung bereits abgebaut sei[162] bzw. was dem neuen Nuntius auf dem Verhandlungsweg hier

---

[155] Vgl. EBD., S. 96 f.

[156] »Di fronte alle due opposte relazioni è certamente difficile ad ogni esaminatore imparziale e spassionato di pronunciare al riguardo un decisivo verdetto; e tale esitazione cresce ancora se si legge la relazione inviata in proposito alla Santa Sede dal Vescovo del Lussemburgo Mgr. Koppes. In essa infatti si dice un giudizio imparziale è diffilicissimo a pronunzarsi«. EBD., S. 97 f.

[157] Vgl. EBD., S. 98 f.

[158] Vgl. EBD., S. 99 f.

[159] Vgl. EBD., S. 100–104.

[160] »La Guerra italo-austriaca ha messo in evidenza la precaria condizione della S. Sede anche per ciò che riguarda le sue communicazioni col mondo cattolico«. EBD., S. 104.

[161] U. STUTZ, Konkordat, S. 14.

[162] Vgl. beispielsweise: »È nota la storia delle persecuzioni che ebbe a soffrire la Chiesa cattolica in Germania e particolarmente nel Regno di Prussia all'epoca, che fu chiamata per antonomasia ›delle leggi di maggio‹«. ISTRUZIONI, S. 39; »Anche nel Granducato di Assia-Darmstadt, cessata la furiosa del ›Kulturkampf‹ cominciò la revisione delle leggi contrarie alla Chiesa«. EBD., S. 64; »Nel 1888, cessato il

noch zu tun übrig bleibe[163]. Zwar stellte das Staatssekretariat in den ersten eineinhalb Jahrzehnten des 20. Jahrhunderts fast überall eine Besserung fest, doch sollte der Nuntius entschieden darauf hinarbeiten, die verbliebenen Reste des Liberalismus und des Regalismus zu eliminieren[164].

Freilich lasse sich nicht alles auf dem Verhandlungsweg durchsetzen. Die Kirche stehe in allen Ländern einer Phalanx von weltanschaulichen Gegnern gegenüber, namentlich dem Liberalismus, Sozialismus und Protestantismus[165]. Diese hingen aber einer falschen Vorstellung vom Wesen der katholischen Kirche und den ihr zukommenden Rechten an. Um diese Feinde noch wirksamer bekämpfen zu können, plante man in Rom die Bündelung aller gesellschaftlichen und politischen Kräfte des Katholizismus in der *Azione Cattolica,* unter der in der Instruktion noch eher unspezifisch ein Zusammenschluss aller katholischen Vereine und Parteien verstanden wurde[166]. Die Kirche und ihre Hierarchie sollten sich zur Durchsetzung ihrer Ziele in Deutschland bewusst ihres politischen Armes, der Zentrumspartei[167], bedienen, das katholische Pressewesen weiter ausbauen und lenken[168] und schließlich die katholische Bevölkerung in katholischen Vereinen unter klerikaler Leitung zusammenfassen[169].

An dieser Stelle ist von besonderem Interesse, wie man im päpstlichen Staatssekretariat am Ende der Nuntiatur Frühwirths über den Gewerkschafts- und Zentrumsstreit[170] dachte. Hier hatte der Münchener Nuntius, wie die meisten deutschen Bischöfe, eine Position eingenommen, die von der unter Pius X. vorherrschenden

---

periodo di persecuzione acuta, i Vescovi collettivamente si rivolsero a S. A. R. il Principe Luitpoldo, pregandolo a riprendere l'opera di pacificazione, iniziata con la Dichiarazione di Tegernsee«. EBD., S. 8.

[163] Vgl. beispielsweise EBD., S. 67 f.

[164] Dazu auf Bayern bezogen: EBD., S. 10–13.

[165] Mit dem verständigeren Teil sei freilich auch eine beschränkte Zusammenarbeit auf politischem Gebiet möglich, vgl. die folgenden Ausführungen, aber auch S. 67 f. – Ansonsten stand das Luthertum in den Augen des Staatssekretariats aber vor seinem endgültigen Zerfall. Am Leben würde es lediglich noch durch die preußische Regierung und seinen Hass auf Rom gehalten werden. Grund sei einerseits, dass die Sozialisten und Freidenker (*monisti*) den massenhaften Kirchenaustritt propagierten, um die eben eingeführten Kirchensteuern nicht zahlen zu müssen, andererseits die dogmatische Basis der protestantischen Theologen und Pastoren immer mehr – auch von den zuständigen Kultusministerien – ausgedünnt worden sei. Vgl. EBD., S. 78–84.

[166] Vgl. EBD., S. 26–31; vgl. auch EBD., S. 13–20.

[167] Vgl. EBD., S. 20, 33, 77.

[168] Vgl. EBD., S. 16–20, näherhin z.B.: »Si è sperato per il passato che in un tempo non troppo lontano si sarebbero potuto trovare fondi per migliorare il ›Bayerischer Kurier‹ o per fondare un altro giornale cattolico; la cosa però non è riuscita ed è tuttora di difficile attuazione. I cattolici bavaresi, che sebbene non ricchi, contribuiscono generosamente per molte opere … non sono ancora compresi della necessità di riuscire a mettere insieme fondi per dar vita ad un giornale che valga a neutralizzare il male, che viene indubbiamente dalla lettura delle ›Münchner Neueste Nachrichten‹«. EBD., S. 17.

[169] Vgl. EBD., S. 26–31.

[170] Zum Gewerkschaftsstreit vgl. R. BRACK, Episkopat; E. DEUERLEIN, Gewerkschaftsstreit. – Zum Zentrumsstreit: R. MORSEY, Deutsche Zentrumspartei, S. 33–49; E. DEUERLEIN, Verlauf. – Eine Dissertation von J. D. Busemann, die sich mit der Behandlung des Zentrums-, des Gewerkschafts- und des Literaturstreites durch das Hl. Offizium und die Indexkongregation befassen wird, entsteht in Münster.

integralistischen Strömung durchaus abwich. Zur Orientierung für den neuen Nuntius wurden beide Positionen, die Berliner (nur katholische Arbeitervereine) und die Kölner Richung (interkonfessionelle christliche Gewerkschaften) mit ihren wesentlichen Argumenten einander gegenübergestellt. Gewerkschaftsstreit und Zentrumsstreit erschienen dabei als zwei Seiten einer Medaille[171]. Die Beurteilung kommt aber einer Distanzierung von der Politik unter Pius X. zugunsten der gemäßigten Richtung gleich: Den Streit unter den Katholiken und die daraus resultierenden gegenseitigen Verdächtigungen und Verwirrungen hätten erst einige integralistische Blätter ausgelöst[172]. Zwar müsse sich die Kölner bzw. Mönchengladbacher Richtung den Vorwurf gefallen lassen, sich teilweise zu »liberalisierend« der modernen Kultur angenähert und dabei die treue Anhänglichkeit an die kirchliche Hierarchie möglicherweise zu weit gelöst zu haben[173]. Ferner sei man hier zum Teil auch zu unvorsichtig gegenüber dem Protestantismus gewesen[174]. Doch auch die Berliner Richtung – so liest man weiter – sei nicht immun gegen Irrtümer (*immuni di errori*). Hier werde die Abhängigkeit der Gewerkschaften vom Episkopat zu sehr betont. Wären die christlichen Arbeiter nicht gemeinsam in Gewerkschaften organisiert, könnten sie nur schwer ein Gegengewicht zur Gefahr des Sozialismus und des Unglaubens in der Arbeiterschaft bilden[175]. Trotz der Enzyklika *Singulari quadam* Pius' X. habe erst der Tod von Georg Kardinal von Kopp[176], der Hauptstütze der Berliner Richtung, diese langsam zum Verstummen gebracht[177].

---

[171] »Le gravi vertenze che vanno sotto il nome di ›Contesa‹ circa il carattere del centro e circa i Sindacati cristiani non sono che due lati della questione generale riferentesi alle due tendenze tra i cattolici tedeschi dette di Colonia e di Berlino«. ISTRUZIONI, S. 84 f.

[172] »Mentre da una parte la stampa liberale coi suoi violenti e sleali attacchi faceva alla Santa Sede una situazione difficilissima nella Germania, dall'altro lato le esagerazioni di alcuni organi così detti ›integrali‹ acuivano le divergenze tra i cattolici e portavano tra essi grande confusione e sfiducia, tanto più perchè i loro avversari liberaleggianti non lasciavano passare inosservate tali intemperanze ma le combattevano con vigore«. EBD., S. 84.

[173] »Non vi ha dubbio che nelle scuole sociali erette presso la Sede centrale del Volksverein in Muenchen Gladbach, alla quale fa capo quasi tutto il movimento cattolico si sono manifestate tendenze liberaligianti, dirette a limitare la ingerenza dell'Autorità Ecclesiastica nelle questioni politico-sociali, anche di natura mista ed a riavvicinare la Chiesa cattolica alla cultura moderna nell'asserito intento di elevarne il prestigio e l'autorità«. EBD., S. 85; »È infine certo che la potente centrale di Muenchen Gladbach, la quale modera direttamente o indirettamente tutta l'azione cattolica tedesca, non essendo in perfetto contatto con l'Episcopato anzi tenendo a limitarne l'ingerenza constituisce un pericolo per l'azione cattolica medesima«. EBD., S. 85 f.

[174] »È del pari indubitato che la centrale del Volksverein preoccupata dal desiderio d'opporsi all'incredulità dilagante e di difendere l'ordine cristiano della società, promuove forse con troppo zelo e senza la necessaria cautela l'unione di cattolici coi protestanti credenti sul terreno politico e sociale …«. EBD., S. 85.

[175] Vgl. EBD., S. 86–94.

[176] Georg Kopp (1837–1914), 1872 Generalvikar in Hildesheim, 1881 Bischof von Fulda, 1887 gegen den Widerstand des Domkapitels Fürstbischof von Breslau, 1893 Kardinal, spielte eine wichtige Rolle bei der Beilegung des Kulturkampfs, stand gegen die meisten deutschen Bischöfe im Zentrums- und Gewerkschaftsstreit auf integralistischer Seite, ebenso als Gegner der Zeitschrift *Hochland*. E. GATZ (Hg.), Bischöfe 1785/1803–1945, S. 400–404 (E. GATZ).

[177] »Quantunque l'Enciclica dia alltresì saggie disposizioni per far cessare il dissidio tra i cattolici, la calma non ritornò negli animi. Però, dopo la morte dell'Emo. Cardinale Kopp, il quale era il più valido

Neben der Organisation des politischen und gesellschaftlichen Kampfes der Kirche hatte der neue Nuntius auch die innerkirchlichen Zustände der deutschen Kirche zu überwachen. Dabei hob die Instruktion an den Deutschen ihren eminent praktischen Geist, ihre gute Schulausbildung, ihren Sinn für Autorität und Gesetzesgehorsam und nicht zuletzt ihr respektvolles Betragen gegenüber der Religion positiv hervor. Besonders die katholische Landbevölkerung sei – im Gegensatz zu den großen Städten und Industriezentren – noch tief gläubig[178]. Auch der Klerus, der vom gläubigen Volk geliebt werde, sei glaubensfest und durchaus antimodernistisch gesinnt[179]. Die Bischöfe, so kann man der Instruktion entnehmen, müssten jedoch manchmal zu noch größerem Eifer für die Durchsetzung der katholischen Interessen angetrieben werden[180]. Was von den deutschen Oberhirten außer den menschlichen Tugenden wie Klugheit und Begabung gefordert wurde, war vor allem die Ergebenheit gegenüber dem Apostolischen Stuhl[181]. Die harsche Kritik Pius' X. am Agieren des Münchener Erzbischofs Franz von Bettinger bei der staatlichen Plazetierung der päpstlichen Antimodernismus-Enzyklika *Pascendi*[182] wird von der Instruktion ausdrücklich unterstützt[183].

Was aus römischer Sicht in Deutschland am meisten zu wünschen übrig ließ, waren die Priesterausbildung und hier besonders das Theologiestudium[184]. Dieses wurde überall dort als defizient angesehen, wo, wie an den theologischen Universitätsfakultäten und den königlichen Lyzeen in Bayern, der Staat über entscheidende Mitwirkungsrechte verfügte. Da die Professoren vom Staat ihr Gehalt erhielten, hätten sie eine zu große Unabhängigkeit von der kirchlichen Autorität[185]. Die Bischöfe müssten deshalb vor der Neuberufung eines Professors Lehre, Lebenswandel und Betragen sehr sorgfältig prüfen. Dabei könne eine Verweigerung des *Nihil obstat* Konflikte mit dem Staat zur Folge haben, weshalb einige Stimmen die völlige Abschaffung der Staats-Fakultäten forderten[186]. Inhaltlich kritisiert die Instruktion an den

sostenitore dei sindacati confessionali e non tollerava che nella sua vasta diocesi si introducessero le organizzazioni miste, una notevole parte dello stesso clero di Breslavia si dichiarò contraria ai metodi della direzione berlinense, specialmente nella lotta contro il Centro«. ISTRUZIONI, S. 93f.

[178] »Lo spirito eminentemente pratico dei tedeschi, la loro subordinazione all'Autorità ed alla legge, la seria formazione ricevuta nelle scuole elementari (obbligatoria per tutti i cittadini fino ai 18 anni) li rende rispettosi verso la religione ed i suoi ministri. Il popolo Cattolico, specialmente nelle campagne, si mostra profondamente credente, si accosta in massa ai sacramenti, si mostra generosissimo per le opere di Culto e di propaganda«. EBD., S. 21.

[179] Vgl. EBD., S. 21 f.

[180] Vgl. etwa EBD., S. 15.

[181] So in einem handschriftlich verfassten, der Instruktion beiliegenden und sechs Punkte umfassenden Fragen- bzw. Kriterienkatalog, soweit dieser den Episkopat berührt.

[182] Enzyklika *Pascendi*, 8. September 1907, ASS 40 (1907), S. 593–650.

[183] Vgl. ISTRUZIONI, S. 9. – Zum Streit um das *Placet* vgl. H.-M. KÖRNER, Staat und Kirche, S. 64–80.

[184] »Quello che specialmente lascia a desiderare è la formazione del giovane clero«. ISTRUZIONI, S. 22.

[185] »I professori di tali Istituti di insegnamento essendo impiegato dello Stato, con tutti i diritti e privilegi inerenti alla loro alta carica, vantano una certa indipendenza dall'Autorità ecclesiastica, e si valgono di qualche libertà sul loro insegnamento e nelle loro produzioni scientifiche«. EBD., S. 24.

[186] Vgl. EBD., S. 24 f.

Universitätsfakultäten vor allem den Mangel an scholastischer Philosophie und Theologie, weshalb die Studenten ohne genügende Vorbereitung mit dem gefährlichen Studium der Bibelexegese und der Dogmengeschichte beginnen müssten. Zudem beschäftigten sie sich zu ausführlich mit von Kant inspirierten protestantischen Autoren[187]. Viele Theologiestudenten würden die Wissenschaft nur um ihrer selbst willen – und nicht als Dienst an der Kirche – betreiben[188]. Trotz dieser problematischen Ausbildungssituation könne, so die vorsichtig antiintegralistische Grundtendenz der Instruktion, jedoch nicht der gesamte deutsche Klerus als »modernistisch infiziert« bezeichnet werden[189]. Doch wird der neu ernannte Nuntius zu erhöhter Wachsamkeit angehalten, damit die Ideen des Modernismus nicht vom jungen Klerus – der sich viel zu ungebremst auf das Studium und die Lektüre protestantischer Autoren stürze – erneut rezipiert würden[190]. Den Reformkatholizismus sah man in Rom lediglich als spezifisch deutsche Spielart des vom Papst verurteilten Modernismus an[191], als dessen ersten Propagator die Instruktion Franz Xaver Kraus namhaft macht[192]. Zustimmend wird an die zahlreichen antimodernistischen päpstlichen Interventionen erinnert, die bereits Erfolg gezeigt hätten und denen bei sorgfältiger Ausübung des Wächteramtes durch die Bischöfe auch in Deutschland mehr Durchschlagskraft beschieden sein würde[193]. Die Hervorhebung der unrühmlichen Fälle »Schnitzer«[194] in München sowie »Merkle«[195] und »Kiefl«[196] in Würzburg in der In-

---

[187] »... e quindi si dedica con ardore agli studi storici e critici, senz'avere una sufficiente preparazione, giacchè l'istruzione filosofica e Teologica, che si dà nelle Cattedre delle Facoltà Teologiche Universitarie o nei R. Licei non supera quella che si impartisce in un mediocre Seminario italiano. Tale base scolastica non può quindi essere sufficiente a chi si inoltrerà con ardore nel vasto e difficile campo degli Studi biblici e della Storia dei dogmi, e dovrà largamente servirsi dei lavori di scienziati protestanti, imbevuti di filosofia Kantiana e difensori delle teorie più audaci ed arbitarie«. EBD., S. 23.

[188] Vgl. EBD.

[189] »Da ciò non può dedursi tuttavia che il Clero tedesco sia infetto di modernismo, come alcuni pessimisti vanno affermando«. EBD., S. 23 f.

[190] Vgl. EBD., S. 38.

[191] »Tali tendenze si collegano con quelle del modernismo, del quale possono dirsi un'adattazione tedesca«. EBD., S. 34.

[192] Vgl. EBD., S. 35.

[193] »I salutari effetti delle sapienti disposizioni della Santa Sede per arrestare il movimento modernista saranno duraturi e cresceranno certamente se i Vescovi useranno ogni cautela nel dare la loro approvazione o nel rifiutarla, quando si tratti di nuovi professori«. EBD., S. 39.

[194] Joseph Schnitzer (1859–1940), 1893–1902 Professor für Kirchenrecht und Kirchengeschichte in Tübingen, ab 1902 für Dogmengeschichte in München, wo er sich – in Auseinandersetzung mit der Dogmengeschichte v.a. Adolf von Harnacks – zum bekennenden »Modernisten« entwickelte. 1908 wurde er suspendiert und 1913 in die philosophische Fakultät als Honorarprofessor versetzt. N. TRIPPEN, Theologie.

[195] Sebastian Merkle (1862–1945), nach Studium der Theologie in Tübingen 1898–1933(35) Professor für Kirchengeschichte in Würzburg, edierte die Akten des Konzils von Trient und regte die katholische Neubewertung Luthers und des Aufklärungszeitalters an. Sein Aufsatz »Vergangenheit und Gegenwart der katholisch-theologischen Fakultäten« wurde am 16. Juni 1913 indiziert. T. FREUDENBERGER, Merkle; H. WOLF, Merkle.

[196] Franz Xaver Kiefl (1869–1928), 1894 Professor in Dillingen und Passau, 1905 für Apologetik in Würzburg, wo er zu den Freunden und posthumen Verteidigern Herman Schells gehörte. 1911 wurde er in Regensburg Domkapitular und 1914 Domdekan, wobei er sich theologisch immer mehr als Antimodernist positionierte. K. HAUSBERGER, Kiefl.

struktion trägt die Handschrift Andreas Frühwirths[197]. Namentlich den theologischen Fakultäten in München[198], Würzburg[199] und Tübingen[200] wird der Vorwurf mangelnder Treue gegenüber dem Apostolischen Stuhl und mangelnder Korrektheit in der kirchlichen Lehre gemacht[201].

c) Pacellis Rolle in der päpstlichen Friedensdiplomatie und deren Scheitern

Seit dem Ende des Jahres 1916, dem Abfassungszeitpunkt der Generalinstruktion für Aversa, hatten sich auf dem internationalen politischen Parkett tief gehende Veränderungen vollzogen. Insbesondere die Bekundungen einer Friedensbereitschaft durch die Zentralmächte, die deutsche Bitte um eine Vermittlertätigkeit des Hl. Stuhls[202], der Sturz des russischen Zaren im Februar 1917, aber auch das Scheitern des amerikanischen Friedensvorschlages, verbunden mit dem wenig später erfolgenden Kriegseintritt der USA[203], ließen eine päpstliche Friedensvermittlung so notwendig und aussichtsreich wie nie zuvor erscheinen. Zunächst schien es jedoch geboten, durch einen neuen Nuntius in München den Verhandlungsspielraum und die Friedensbereitschaft Deutschlands bzw. der Mittelmächte zu sondieren[204]. Diese Aufgabe übertrug der Papst dem Sekretär der Kongregation für die außerordentlichen Angelegenheiten, Eugenio Pacelli, dem er am 13. Mai 1917 persönlich die Bischofsweihe erteilte[205].

Einen Monat später erhielt Pacelli in München von Pietro Gasparri für seine anstehenden Verhandlungen mit der deutschen Reichsleitung eine Spezialinstruktion. Bislang hatte man von deutscher Seite zwar auf eine päpstliche Friedensinitiative ge-

---

[197] Vgl. ISTRUZIONI, S. 25 f., 35, 37. Vgl. hierzu K. HAUSBERGER, Kiefl, S. 88–121; N. TRIPPEN, Theologie, S. 320–375.

[198] Zur Theologischen Fakultät Münchens vor dem Ersten Weltkrieg vgl. N. TRIPPEN, Theologie; K. UNTERBURGER, Kirchen- und Dogmengeschichte; K. UNTERBURGER, Fortschritt.

[199] Zur Würzburger Theologischen Fakultät dieser Zeit vgl. W. WEISS, Modernismuskontroverse; K. HAUSBERGER, Kiefl; K. HAUSBERGER, Schell; K. HAUSBERGER, Engert.

[200] Zur Katholisch-Theologischen Fakultät Tübingen in der Modernismuskrise vgl. R. REINHARDT, Auseinandersetzungen.

[201] Vgl. ISTRUZIONI, S. 16, 66.

[202] Vgl. W. STEGLICH, Bündnissicherung.

[203] Vgl. A. MARTINI, Preparazione, S. 120–124, hier S. 124: »Ma questi due mesi non erano stati inutili. La Santa Sede pur senza compiere passi ufficiali e pubblici, si era posta su una chiara linea di attività mediatrice, e l'aveva affrontata con il preciso scopo di tenere presenti le dichiarazioni degli uomini responsabili delle due parti per giungere a formulare una base comune di intesa sulla quale svolgere poi il tessuto delle trattative e degli accordi«.

[204] »Si trattava pur sempre per la S. Sede di conoscere quali erano concretamente le condizioni alle quali le potenze centrali erano disposte ad entrare nelle desiderate e richieste trattative di pace«. EBD., S. 125.

[205] Vgl. M. FELDKAMP, Pius XII., S. 23 f., der zu Recht darauf aufmerksam macht, dass die Seherkinder von Fatima am selben Tag ihre erste Marienerscheinung hatten, was wiederum prägend für Pacelli werden sollte.

drängt, und insbesondere[206] Matthias Erzberger[207] hatte unablässig hierfür zu wirken gesucht[208]. Die Reichsleitung weigerte sich jedoch zunächst, konkrete Friedensbedingungen und mögliche deutsche Konzessionen zu nennen[209]. Nuntius Aversa, der vor allem mit Erzberger in vertraulichen Verhandlungen gestanden hatte, hatte bereits zu Beginn des Jahres einige generelle Richtlinien für einen Friedensschluss erhalten – vier Grundsätze, auf die man sich aus deutscher Sicht schnell einigen konnte: a.) Freiheit der Meere, b.) Freiheit der kleineren Staaten, c.) wechselseitige Abrüstung, d.) Gleichgewicht der Kräfte in Europa[210]. Die Instruktion für Pacelli vom 13. Juni wies diesen an, der besonderen Sorge des Papstes wegen des Krieges Ausdruck zu verleihen und dem deutschen Kaiser Wilhelm II. (1859–1941) nahe zu legen, zur Erreichung des Friedens auf ursprüngliche deutsche Kriegsziele zu verzichten. Ferner sollte der Nuntius auf allgemeine Abrüstung und die Wiederherstellung bzw. Unabhängigkeit Belgiens drängen sowie vorsichtig die Frage von Elsass-Lothringen berühren. Schließlich sollte Pacelli den Blick auf das Schicksal Russlands und Polens lenken und hier das Feld für einen Separatfrieden sondieren[211]. Vom 26. bis 28. Juni hielt Pacelli sich zu diesem Zweck in Berlin auf und verhandelte mit Reichskanzler von Bethmann Hollweg[212]. Am 29. Juni wurde er von Wilhelm II. im Bad Kreuznacher Hauptquartier empfangen. Die grundsätzliche Konzessionsbereitschaft des Kanzlers veranlasste den Nuntius zu der euphorischen Äußerung, nun stünde zum ersten Mal die Möglichkeit eines realen Friedens vor der Tür. Über die weiteren Verhandlungen zwischen Nuntius und Kaiser liegen von beiden Seiten nicht leicht harmonisierbare Darstellungen vor. Als gesichert darf immerhin gelten, dass Pacelli zufrieden nach München zurückkehrte und erwartete, dass ein Waffenstillstand, verbunden mit einem deutschen Verzicht auf Belgien, un-

---

[206] Eine wichtige Rolle nahm bei diesen Friedensvermittlungen auch Victor Naumann (1865–1927) ein. Dieser war zunächst krankheitsbedingt aus dem preußischen Justizdienst ausgeschieden und lebte als freier Schriftsteller, wurde dann aber 1919 als Direktor der Nachrichtenabteilung in das Auswärtige Amt nach Berlin berufen und konvertierte kurz vor seinem Tode zur katholischen Kirche. DBE 7 (1998), S. 351. Seine Eindrücke von Frühwirth, Aversa und Pacelli hat er schriftlich festgehalten. V. NAUMANN, Profile, S. 321–334.

[207] Matthias Erzberger (1875–1921), katholischer Politiker, seit 1903 für das Zentrum (als damals jüngstes Mitglied) im Reichstag, wandelte sich 1917 vom bedingungslosen Expansionisten zum Vorkämpfer eines Verständigungsfriedens, unterzeichnete als Leiter der Waffenstillstandskommission den Waffenstillstand in Compiègne, seit 1919 im Kabinett zunächst als Minister ohne Ressort, dann unter Kanzler Gustav Bauer (SPD) (1919/20) kurzzeitig Vizekanzler und Reichsfinanzminister. Erzberger wurde Opfer einer hemmungslosen politischen Verleumdung durch die antirepublikanische Rechte und am 28. August 1921 von zwei Mitgliedern einer nationalistischen Organisation erschossen. Erzberger war ein Informant und enger Vertrauter Pacellis. LChD, S. 233–235 (R. MORSEY).

[208] Vgl. A. MARTINI, Preparazione, S. 124–127.

[209] Vgl. G. SCHWAIGER, Papsttum, S. 173.

[210] Vgl. A. MARTINI, Preparazione, S. 122 f.

[211] Vgl. EBD., S. 128 f.

[212] Theobald Theodor Friedrich Alfred von Bethmann Hollweg (1856–1921), nach einer Verwaltungslaufbahn wurde er, gefördert durch Bülow, 1909 Reichskanzler, preußischer Ministerpräsident und preußischer Minister für auswärtige Angelegenheiten; am 13. Juli 1917 nach der Friedensresolution vom 6. Juli durch Hindenburg und Ludendorff gestürzt. NDB 2 (1955), S. 188–193 (W. FRAUENDIENST); BBKL 1 (1990), S. 565 f. (F. W. BAUTZ); G. WOLLSTEIN, Bethmann Hollweg.

mittelbar bevorstehe. Der Kaiser hatte im Gegenzug das päpstliche Friedensenga-
gement als Waffe gegen den Sozialismus begrüßt[213]. Jedenfalls hielten Papst und Kardinalstaatssekretär die Gelegenheit für eine päpstliche Vermittlertätigkeit für äußerst
günstig[214].

Inzwischen hatte in Deutschland jedoch Georg Michaelis[215] das Amt des Reichskanzlers angetreten. Die Römische Kurie glaubte blauäugig, die Zusagen, die Michaelis' gestürzter Vorgänger von Bethmann Hollweg ohne Rückversicherung bei
Kaiser und Oberster Heeresleitung gemacht hatte, würden faktisch auch weiterhin
die Maximen der deutschen Politik bestimmen[216]. Darüber hinaus setzte man sich
selbst auch zeitlich wegen des bevorstehenden dritten Jahrestags des Kriegsaus-
bruchs unter zusätzlichen Druck[217]. Am 24. Juli unterbreitete Pacelli auf seiner zweiten Berlinreise in einem Promemoria[218] sieben konkrete Friedensbedingungen, zu
denen Berlin mündliche Einwendungen vorbrachte, die die Römische Kurie – mit
Ausnahme des entscheidenden Punktes der geforderten Garantien für den deutschen
Rückzug aus Belgien – auch aufgriff: Zurückdatiert auf den 1. August trat der Papst
mit seinem Friedensappell an die kriegführenden Mächte an die Öffentlichkeit[219].
Inhaltlich waren die Forderungen nach der Freiheit der Meere, wechselseitiger Abrüstung, Deutschlands Rückzug aus Frankreich, Englands Rückzug aus den deutschen Kolonien, vor allem aber die vollständige Unabhängigkeit Belgiens die wesentlichen päpstlichen Friedensvorschläge. Hier glaubte man sich in Rom mit der
deutschen Seite nach den Sondierungen Pacellis einig; auf diese deutschen Vorlei-
stungen hin – so hoffte man – werde auch die Entente sich bewegen und so ein entscheidender Verhandlungsdurchbruch erreicht werden können.

Doch im Gegensatz zu diesen römischen Erwartungen konnte sich nicht einmal die
deutsche Regierung zu konkreten Zusagen – vor allem nicht zum Verzicht auf das vom
Militär als »Faustpfand« betrachtete Belgien – durchringen und gab daher nur aus-

---

[213] Vgl. hierzu: Pacelli an Gasparri, München, 30. Juni 1917, zitiert in: P. CHENAUX, Pie XII, S. 112; WIL-
HELM II., Ereignisse, S. 225–230.

[214] »Ambedue stimarono che forse era giunto il momento propizio per un passo ufficiale della Santa Sede.
Difatti le potenze centrali sembravano inclini a discutere su proposte concrete, e disposte a concessio-
ni sulle quali finora si erano rifiutate di entrare in argomento«. A. MARTINI, Preparazione, S. 130.

[215] Georg Michaelis (1857–1936), Jurist, erwarb sich das Vertrauen Erich Ludendorffs und wurde nach
einer administrativen Laufbahn am 14. Juli 1917 zum Reichskanzler und preußischen Ministerpräsi-
denten ernannt; zögernd und ohne Durchsetzungskraft gegen die Oberste Heeresleitung agierend,
wurde er am 1. November 1917 aus diesem Amt entlassen. NDB 17 (1994), S. 432–434 (R. MORSEY).

[216] »Geht man von der (wohl zwingenden) Annahme aus, dass er sich Erfolgschancen ausgerechnet hat,
so muss man auch vermuten, dass er … Bethmanns Zusage vom 26. Juni als reaktivierbar eingeschätzt
hätte«. HKG 7, S. 48 (K. REPGEN).

[217] »Sein Nachfolger Michaelis war zu innenpolitisch nicht abgesicherten Zusagen nicht bereit. Das konnte die Kurie nicht wissen, überschätzte die tatsächlichen Erfolgschancen, setzte sich anscheinend auch
selbst unter einen verhängnisvollen Zeitdruck, weil sie offenbar unbedingt zu Beginn des vierten
Kriegsjahres am 1. August an die Öffentlichkeit treten wollte«. EBD., S. 47.

[218] *Vom Apostolischen Nuntius Pacelli dem Staatssekretär des deutschen Auswärtigen Amtes übergebene
Denkschrift*, 24. Juli 1917, in: W. STEGLICH, Friedensappell, S. 133 f., Nr. 99.

[219] Vgl. *Papst Benedikt XV. an die Oberhäupter der kriegführenden Völker*, Rom, 1. August 1917, in:
EBD., S. 160–162, Nr. 124.

weichende Antworten[220]. Von den übrigen Krieg führenden Mächten wurde das päpstliche Vermittlungsangebot sogar eindeutig abgelehnt[221]. Nach diesem diplomatischen
Fehlschlag unternahm der Papst im weiteren Verlauf des Ersten Weltkrieges keine Ver-
mittlungsinitiative mehr. Pacelli scheint dahin gehende Bemühungen sogar ausdrücklich gebremst zu haben[222]. Wenn es wahr ist[223], dass die Haltung Benedikts XV. und das
Scheitern seiner Friedensinitiative sich dem späteren Papst Pius XII. als ein negatives
Handlungsmuster für sein eigenes Verhalten im Zweiten Weltkrieg anbot[224], dann gilt
ähnliches auch für die Erinnerung an das eigene Scheitern als Nuntius in einer konkreten inhaltlichen Vermittlung und Einmischung auf diplomatischem Weg. Den Fehler seines Vorvorgängers, die unbedingte Neutralität und Überparteilichkeit des Hl.
Stuhles aufgegeben zu haben, wollte Pius XII. auf keinen Fall wiederholen. Vielleicht
muss man hier die letzten Motive seines Schweigens zum Holocaust suchen.

Nach Beendigung des Krieges und der revolutionären Wirren kehrten Pacelli und
die kuriale Politik wieder zu den vorher im Staatssekretariat vorherrschenden ka-
nonistischen Leitsätzen von der Kirche als einer *societas perfecta*, deren Rechte kon-
kordatsmäßig zu schützen und zu fördern seien, zurück. Entscheidende Bedeutung
erlangte dabei der vom Papst am 21. November 1921 im Konsistorium der Kardinäle geäußerte Grundsatz, dass sich der Apostolische Stuhl nicht mehr an die alten
mit den Monarchien vor dem Krieg geschlossenen Verträge gebunden wisse. Denn
mit dem vielfach erfolgten Übergang zur Republik und der Neuordnung des europäischen Staatenwesens seien die Empfängersubjekte der vom Papsttum verliehe-
nen Privilegien untergegangen[225]. Ganz gemäß den neuen zentralistischen, in den
CIC von 1917 eingegangenen Rechtsgrundsätzen der Römischen Kurie, sowie

---

[220] Vgl. *Note des deutschen Reichskanzlers Michaelis an Kardinalstaatssekretär Gasparri*, 20. Sept. 1917,
in: EBD., S. 193–202, Nr. 140; *Der deutsche Reichskanzler Michaelis an den Apostolischen Nuntius in
München Pacelli*, Berlin, 24. Sept. 1917, in: EBD., S. 361–363, Nr. 307.

[221] Vgl. HKG 7, S. 49 f. (K. REPGEN).

[222] »Bien que sollicité de divers cotés, Benoit XV s'abstint de toute nouvelle initiative en faveur de la paix
dans la dernière année de guerre. Après avoir, on l'a vu, clairement poussé à la roue dans le courant de
l'été 1917, Eugenio Pacelli chercha au contraire à freiner toute ›nouvelle action‹ dans le premiers mois
de 1918«. P. CHENAUX, Pie XII, S. 119.

[223] Obwohl Pius XII. als Papst im Zweiten Weltkrieg sich dem Prinzip der Überparteilichkeit verpflichtet wusste, muss beachtet werden, dass er als Staatssekretär 1938 mit Hilfe des amerikanischen Präsi-
denten Franklin D. Roosevelt eine Koalition der Moralität gegen Bolschewismus und Nazismus initi-
ieren wollte. Vgl. T. BRECHENMACHER, Vatikan, S. 201.

[224] Vgl. HKG 7, S. 41 (K. REPGEN); auch P. CHENAUX, Pie XII, S. 121.

[225] »Nemo est, qui ignoret, post recens immane bellum vel novas natas esse Respublicas vel Respublicas
veteres provinciis sibi adiunctis crevisse. Iam vero, ut alia omittamus, quae huc possumus afferre, patet, quae privilegia pridem haec Apostolica Sedes per pactiones sollemnes conventionesque aliis con-
cesserat, eadem nullo iure posse hasce Respublicas sibi vindicare, cum res inter alios acta neque emol-
umentum neque praeiudicium ceteris afferat. Item Civitates nonnullas videmus ex hac tanta conver-
sione rerum funditus novatas extitisse, adeo ut, quae nunc est, non illa ipsa possit haberi moralis, ut ai-
unt, persona, quacum Apostolica sedes olim convenerat. Ex quo illud natura consequitur, ut etiam pacta et conventa, quae inter Apostolicam Sedem et eas Civitates antehac intercesserant, viam iam suam
omnes amiserint«. Allokution vom 15. November 1921, AAS 13 (1921), S. 521–524, hier S. 521. Zu Pacellis Haltung vgl. S. SAMERSKI, Aufnahme, S. 337 Anm. 89.

unter weitgehender Ausschaltung der herkömmlichen Rechte der Ortskirchen und des Gewohnheitsrechts, konnte in den nächsten Jahren mittels Konkordatsverhandlungen beinahe das gesamte katholische Kirchenwesen sukzessive in kurialem Sinne umgestaltet werden[226]. Unter diesen Vorzeichen, sowie unter der nach wie vor gültigen, an die neue Situation aber anzupassenden Generalinstruktion für seinen Vorgänger Aversa, stand auch das weitere Wirken des Nuntius Eugenio Pacelli in Deutschland[227]. Gerade aus diesen Gründen gehört »die Ernennung Pacellis zum Nuntius in München ... zu den wichtigsten Daten des deutschen Katholizismus im 20. Jahrhundert«[228].

3. PACELLI ALS NUNTIUS BEIM DEUTSCHEN REICH UND IN PREUSSEN

Der Erste Weltkrieg brachte die Römische Kurie einem längstverfolgten Ziel entscheidend näher, nämlich der Aufnahme fester diplomatischer Beziehungen zu Preußen und vor allem zum Deutschen Reich sowie der Entsendung eines eigenen Nuntius nach Berlin. Nach vorsichtigen Interessensbekundungen Otto von Bismarcks (1815–1898), die durch das Erste Vatikanische Konzil und den darauf folgenden Kulturkampf im Ansatz erstickt und am Widerstand des Kaisers und des deutschen Protestantismus gescheitert waren[229], signalisierte die deutsche Regierung ab dem Winter 1916 erneut die Bereitschaft zu einem intensiveren diplomatischen Zusammengehen[230]. Im Februar 1917 forderte die katholische Tageszeitung *Germania* in zwei Artikeln die Akkreditierung eines eigenen Nuntius in Berlin[231], was Aversa mit Genugtuung und einer gewissen Emphase nach Rom meldete: Die große Politik werde eben in Berlin und nicht in München gemacht[232]. Um München nicht zu sehr herabzusetzen und die bayerische Regierung nicht zu verärgern, schlug er bereits die Form einer Doppelakkreditierung in Berlin und in München vor[233]. Der Zentrumsabgeordnete Matthias Erzberger, sein Vertrauensmann, sollte beim Kaiser »vorta-

---

[226]   Vgl. U. STUTZ, Konkordat, S. 10–12. – »Bei alldem ist nun aber – und damit kommen wir wieder zurück auf die Frage der Einbürgerung des C.i.c. – seitens der Kirche unter Zugrundelegung ihres neuen gemeinen Rechtes verhandelt und in erheblichem Umfange eine Annäherung oder gar Angleichung an dieses erreicht worden. ... Auch die Konkordate und Konventionen von heute dienen also trotz mancherlei Abweichungen und Eigenregelungen mit der Verwirklichung und Durchsetzung des Rechtes des Codex und können und müssen unter diesem Gesichtspunkte betrachtet werden«. EBD., S. 15; »Auch in ihnen und durch sie marschiert der Codex«. EBD., S. 21.

[227]   Vgl. bereits die Überschrift: S. SAMERSKI, Primat des Kirchenrechts.

[228]   K. SCHOLDER, Kirchen, Bd. 1, S. 84.

[229]   Vgl. F. HANUS, Preußische Vatikangesandtschaft, S. 86.

[230]   Vgl. S. SAMERSKI, Aufnahme, S. 325–337.

[231]   Vgl. *Germania*, Nr. 68, 10. Februar 1917; *Germania*, Nr. 96, 27. Februar 1917.

[232]   Vgl. Aversa an Gasparri, München, 11. Februar 1917, gedruckt bei S. SAMERSKI, Aufnahme, S. 362 f.

[233]   »Se così fosse, e per ogni eventualità, debbo dire francamente che esso, nel momento attuale e per le circonstanze di fatto che attraversiamo, porrebbe il Nunzio di Monaco in una condizione di inferiorità, che mal si converrebbe alla sua dignità. Siccome la grande politica si fa a Berlino, è chiaro che

sten, ob eine Doppelbeglaubigung ... in Berlin überhaupt gewünscht werde«[234]. Dieser konnte bald vom prinzipiellen Einverständnis der Reichsregierung zu einer diplomatischen Vertretung des Hl. Stuhls in Berlin berichten. Diese hatte ihrerseits den ehemaligen päpstlichen Kammerherren Monsignore Rudolf von Gerlach[235] zur Beförderung dieses Projektes eingeschaltet. Allerdings hatte man gegen die Form der Doppelakkreditierung Einwände; alle diese Pläne scheiterten während des Krieges letztlich am Partikularismus Bayerns[236].

Nach dem Krieg waren es die außenpolitische Isolierung Deutschlands nach dem Versailler Friedensabkommen, die Interessen der nun unter fremder Landeshoheit stehenden deutschstämmigen Katholiken sowie nicht zuletzt die Regierungsbeteiligung des Zentrums, die die Reichsregierung die Aufnahme von diplomatischen Beziehungen mit dem Hl. Stuhl vorantreiben ließ[237]. Im Gegensatz zu Preußen wollte Bayern trotz Artikel 78[238] der Weimarer Reichsverfassung weder auf seine Gesandtschaft beim Papst noch auf die Nuntiatur in München verzichten, die auch Pacelli erhalten wissen wollte. In Rom stand man so »vor dem Dilemma, die Münchener Nuntiatur nicht aufgeben, gleichzeitig aber eine Reichsbotschaft errichten zu wollen«, wobei man die eigentliche Unvereinbarkeit beider Institutionen zunächst nicht erkannte[239]. Doch schließlich war man in Berlin gezwungen, nicht nur die vatikanische Nuntiatur in München, sondern auch in Rom neben einem Gesandten des Reichs ebenfalls einen bayerischen Diplomaten zu akzeptieren. Nur das Einlenken Preußens verhinderte die Existenz von drei deutschen Gesandtschaften an der päpstlichen Kurie[240]. Am 16. April 1920 konnte Pacelli auch zum Nuntius beim Reich in Berlin ernannt werden; am 30. Juni übergab er Reichspräsident Frie-

---

l'importanza di un Incaricato d'Affari a Berlino sarebbe assai superiore a quella del Nunzio di Monaco. D'altronde, il Nunzio accreditato a Monaco ed a Berlino contemporaneamente, con residenza abituale a Monaco, potrebbe in alcune occasioni recarsi a Berlino senza difficoltà e rimanervi qualche settimane per attendere agli affari, che richiedono la sua presenza. Ove fosse il caso, il Nunzio, accreditato presso i due Governi, potrebbe lasciare ordinariamente l'Uditore o il Segretario a Berlino, e recarvisi di persona in casi straordinari«. EBD., S. 363.

[234] S. SAMERSKI, Aufnahme, S. 331.

[235] Rudolf von Gerlach (geb. 1885), studierte am *Collegium Capranicum* Theologie und Kirchenrecht, nach der Priesterweihe Eintritt in die *Accademia dei Nobili Ecclesiastici*, wo in der spätere Papst Benedikt XV. kennen lernte, der ihn nach seiner Wahl zum Dienst tuenden päpstlichen Geheimkämmerer ernannte. Nach dem Kriegseintritt Italiens war er der einzige zuverlässige inoffizielle Verbindungsmann zwischen Hl. Stuhl und deutscher Reichsregierung. Er geriet in den Verdacht der Spionage für die Mittelmächte und wurde am 27. Juni 1917 von einem römischen Militärgericht zu lebenslanger Zuchthausstrafe verurteilt. E. GATZ, Anton de Waal, S. 128 f. Anm. 535.

[236] Vgl. G. FRANZ-WILLING, Bayerische Vatikangesandtschaft, S. 140–151; S. SAMERSKI, Aufnahme, S. 333–335.

[237] Vgl. EBD., S. 338 f.

[238] »Die Pflege der Beziehung zu den auswärtigen Staaten ist ausschließlich Sache des Reichs. In Angelegenheiten, deren Regelung der Landesgesetzgebung zusteht, können die Länder mit auswärtigen Staaten Verträge schließen; die Verträge bedürfen der Zustimmung des Reichs«. Weimarer Reichsverfassung, Artikel 78, Absatz 1 und 2. – Insbesondere für das bayerische Konkordat zog man sich in der Folge auf die Lösung zurück, beim Hl. Stuhl handele es sich um keine auswärtige Macht.

[239] Vgl. S. SAMERSKI, Aufnahme, S. 349.

[240] Vgl. EBD., S. 349–352; M. FELDKAMP, Pius XII., S. 43 f.

drich Ebert (1871–1925) sein Beglaubigungsschreiben[241]. Da man in Rom an einen baldigen Erfolg der Konkordatsverhandlungen in München, die unbedingt Pacelli zu Ende führen sollte, glaubte, verzichtete man vorläufig darauf, einen Nachfolger für ihn nach Bayern zu senden, ohne doch formell an eine Doppelakkreditierung zu denken[242]. Erst nach dem lange verzögerten Konkordatsabschluss siedelte Pacelli am 18. August 1925 endgültig nach Berlin über, um seinem bereits am 18. November 1920 ernannten Nachfolger in München, Alberto Vassallo di Torregrossa[243], das dortige Terrain zu überlassen. Wohl um eine konkordatäre Abmachung auch mit Preußen zu erreichen, erwirkte man überdies seine gleichzeitige Akkreditierung bei der preußischen Regierung am 24. Juni 1925, obwohl nicht nur Pacelli selbst diesen Gedanken als »unlogisch und eigenartig« empfand[244]. Seither bestand somit eine neue Personalunion für die beiden Berliner Nuntiaturen, diejenige beim Deutschen Reich und diejenige beim Preußischen Staat. *De facto* war Pacelli nun bis zum Ende seiner Amtszeit Nuntius in Deutschland – allerdings mit Ausnahme Bayerns[245].

IV. PACELLIS FINALRELATION ÜBER DIE LAGE DER DEUTSCHEN KIRCHE VOM 18. NOVEMBER 1929

1. Archivalischer Fundort und Beschreibung der Quelle

Die fortwährenden Diskussionen und Verdächtigungen gegen Kirche und Papst und ihr Verhalten in der NS-Zeit einerseits, das Scheitern der zwischen 1999 und 2001 arbeitenden gemeinsamen Kommission katholischer und jüdischer Forscher[246] andererseits, veranlassten Papst Johannes Paul II., wenigstens für das Pontifikat Pius' XI. die sonst übliche Sperrfrist für Archivalien des *Archivio Segreto Vaticano* vor-

---

[241] Ebert und Pacelli waren sich am 27. August 1919 erstmals bei einer Einladung des Geschäftsträgers der preußischen Gesandtschaft in München, Julius Graf von Zech-Burkersroda, begegnet. Vgl. zur Akkreditierung des Nuntius beim Reichspräsidenten und zur Vorgeschichte E. Deuerlein, Reichskonkordat, S. 1–15; Ders., Erste Begegnung.

[242] So richtig S. Samerski, Aufnahme, S. 353, gegen Emma Fattorini.

[243] Alberto Vassallo di Torregrossa (1865–1959), 1914 Bischof, Nuntius in Argentinien, 1925–1934 Nuntius in München, 1936 Rückkehr nach Italien. BBKL 21 (2003), S. 1504–1506 (E. Sauser). – Immer wieder wird der Ausspruch Pacellis berichtet, in München habe er die glücklichsten Jahre seines Lebens verbracht. Vgl. H. Lang, Papst Pius XII., S. 54. Vgl. auch: »In Deutschland war es Bayern und in Bayern war es München, denen seine besondere Neigung gehörte«. E. Franzel, Pius XII., S. 357.

[244] Vgl. S. Samerski, Aufnahme, S. 359; M. Feldkamp, Pius XII., S. 44 f.

[245] Vgl. M. Feldkamp, Pius XII., S. 45.

[246] Dieses achtköpfige Gremium wurde im Oktober 1999 gemeinsam von der vatikanischen Kommission für die religiösen Beziehungen zum Judentum und vom Internationalen Jüdischen Komitee für interreligiöse Kontakte eingesetzt. Ein ohne Absprache im Oktober 2000 im Internet veröffentlichter vertraulicher Zwischenbericht dieser Internationalen Katholisch-Jüdischen Historikerkommission (»The

zeitig aufzuheben und das die Beziehungen zu Deutschland betreffende Quellenmaterial des päpstlichen Staatssekretariats der Forschung vorzeitig zugänglich zu
machen. Seit Februar 2003 sind im Vatikanischen Geheimarchiv somit für den Zeitraum 1922–1939 die Bestände des *Archivio della Nunziatura Apostolica in Monaco*
und des *Archivio della Nunziatura Apostolica in Berlino* zugänglich, dazu als vatikanische Gegenüberlieferung aus der *Sacra Congregazione degli affari ecclesiastici
straordinari* (AES) die Fondi *Germania* und *Baviera*.

Bei den ersten beiden Serien handelt es sich um die Archive der jeweiligen Nuntiaturen in München und Berlin selbst, die seit dem 19. Jahrhundert immer häufiger
nach Rom überführt wurden[247]. Sie enthalten in der Regel die Weisungen der römischen Behörden, v. a. des Kardinalstaatssekretärs, den sonstigen Briefeinlauf und die
Entwürfe der eigentlichen Nuntiaturberichte. Dieses Material ist in Schachteln (*sca-
tole*) nach Betreffen geordnet, diese sind wiederum in Faszikel mit Einzelbetreffen
unterschiedlichen Umfangs gegliedert.

Die Kongregation für die außerordentlichen Angelegenheiten wurde von Papst
Pius VII. (1800–1823) im Jahre 1814 mit der für die Kurienkongregationen typischen
Struktur der kollegialen Beratung und Beschlussfassung von Konsultoren und Kardinälen ins Leben gerufen. Wie beim Hl. Offizium und der Konsistorialkongregation führte ein Sekretär die Geschäfte. Die Beratungsgegenstände wurden der AES
vom Papst oder dem Kardinalstaatssekretär zugewiesen, ihre Beschlüsse bedurften
der Approbation des Papstes[248]. Dabei wurden als außerordentliche Angelegenheiten in der Regel solche angesehen, für die Verhandlungen mit den weltlichen Staaten vonnöten waren[249], so etwa Bistumsgründungen, Konkordate, in Deutschland
auch Bischofsernennungen bzw. -wahlen. Die Apostolische Konstitution Pius' X.
Sapienti consilio ordnete 1908 diese Kongregation noch mehr dem päpstlichen Staatssekretariat zu, als dessen erste Abteilung sie nun erschien[250]. Diese Kurienreform

---

Vatican and the Holocaust: A Preliminary Report«) liegt inzwischen auch in einer auszugsweisen deutschen Übersetzung vor: Der Vatikan und der Holocaust, in: Freiburger Rundbrief N.F. 8 (2001), S.
162–173; im Jahre 2001 platzte diese Kommission, als die jüdischen Historiker ihre Mitarbeit aufkün-
digten, da der Vatikan angeblich einschlägige Materialien zurückhalte. Vgl. zum Stand der Diskussion
zusammenfassend: D. CAVALLI, The commission that couldn't shoot straight, http://www.ewtn.com/
library/issues/cmmssP12.htm (15.08.2005); K. REPGEN, Im Haus. – Für diese Informationen sei K.-J.
Hummel herzlich gedankt.

[247] Vgl. E. GREIPL, Geschichte, S. 93.

[248] Vgl. K. MÖRSDORF, Der Kardinalstaatssekretär – Aufgabe und Werdegang eines Amtes, in: W. SAND-
FUCHS, Außenminister, S. 11–25, hier S. 22–25; E. GREIPL, Archiv der Sacra Congregazione.

[249] »*Congregatio pro Negotiis ecclesiasticis extraordinariis*. In ea tantum negotia sacra haec Congregatio
incumbit, quae eius examini subiiciuntur a Summo Pontifice per Cardinalem Secretarium Status, praesertim ex illis quae cum legibus civilibus coniunctum aliquid habent et ad pacta conventa cum variis
civitatibus referuntur.« Apostolische Konstitution *Sapienti consilio*, 29. Juni 1908, AAS 1 (1909), S.
7–19, hier S. 14.

[250] »*Secretaria Status*. Officium hoc, cuius est supremus moderator Cardinalis a secretis Status, hoc est a
publicis Negotiis, triplici parte constabit. Prima pars in negotiis extraordinariis versabitur, quae Congregationi iisdem praepositae examinanda subiici debent, ceteris, pro diversa eorum natura, ad peculi-
ares Congregationes remissis ... . – Prima praeerit Secretarius Congregationis pro Negotiis extraordinariis ...«. EBD., S. 17.

stärkte so nicht unwesentlich die Stellung des Kardinalstaatssekretärs. Freilich sind der Forschung die eigentlichen Sitzungsprotokolle der Kongregation für die außerordentlichen Angelegenheiten für die Zeit nach 1922 noch nicht zugänglich gemacht worden. Damit steht eine entscheidende Quelle für die innerkurialen Entscheidungsprozesse noch nicht zur Verfügung. Die Kongregationsakten selbst sind geographisch nach Ländern bzw. Staaten (soweit diese in die Kompetenz der AES und nicht in die der Propagandakongregation fielen) geordnet und bilden so jeweils eine Länderserie, in der alles Material zum Staat-Kirche-Verhältnis in diesem Staat gesammelt ist, soweit die Kongregation sich damit zu befassen hatte[251]. Von diesen *Fondi* sind der Forschung nur die Abteilungen *Germania* (für Deutschland) und *Baviera* (für Bayern) zur Benutzung freigegeben. Diese sind thematisch in *Posizioni* (Sachakten) untergliedert, die wiederum mehrere Faszikel umfassen können. Positionen und Faszikel sind für jeden geographischen Fond fortlaufend nummeriert. Zumeist handelt es sich – anders als für den Zeitraum vor 1922 – um die Berichte der jeweiligen Nuntien an den Kardinalstaatssekretär mit entsprechenden Beiakten, die nach Sachbetreffen geordnet sind. Bis zum Ende des Pontifikates Benedikts XV. fanden sich diese Berichte hingegen chronologisch fortlaufend in den entsprechenden Rubriken des Staatssekretariates. Nur für wenige politisch relevante Fragen wurden damals Selekte gebildet, in der AES beraten und deren Archiv einverleibt. Um also für die Nuntiatur Pacellis alle Nuntiaturberichte fortlaufend zu rekonstruieren, sie aus der in Rom hergestellten sachlichen Ordnung wieder in ihren chronologischen Kontext zu stellen, müssen diese erst mühsam aus den verschiedenen Positionen zusammengesucht werden.

Die lediglich partikulare Archivöffnung des Jahres 2003 bringt somit für die Forschung empfindliche Einschränkungen mit sich: (1.) Die vatikanische Politik gegenüber einem Land – hier Deutschland und Bayern – ist letztlich nur vor dem internationalen Hintergrund der gesamten Kirchenpolitik eines Pontifikats beurteilbar. Gerade die europäische und später weltweite Perspektive[252] der Nuntiaturberichte eröffnet der Historiographie weitergehende komparatistische und gewichtende Fragestellungen und Möglichkeiten; für die deutsche Kirche ist dabei insbesondere an Österreich, Polen und Italien zu denken. (2.) Bereits im 19. Jahrhundert war zwar der Staatssekretär der eigentliche Auftraggeber und Korrespondenzpartner des jeweiligen Nuntius; dieser stand jedoch auch zu den übrigen römischen Kongregationen und Behörden in Kontakt, erstattete auch diesen in den sie betreffenden Angelegenheiten Bericht und empfing deren Weisungen. Soweit hierüber nicht in den beiden Nuntiaturarchiven Unterlagen aufzufinden sind, bleiben diese ebenfalls Deutschland betreffenden Quellen bis auf weiteres unzugänglich. Dies gilt in jedem Fall für innervatikanische Entscheidungsabläufe, die sich in internen Gutachten oder Protokollen von Kongregationssitzungen niederschlagen. Der durch den kurialen Zentralismus

---

[251] Vgl. E. Greipl, Archiv der Sacra Congregazione, S. 258 f.
[252] Vgl. H. Lutz, Bedeutung.

seit dem Ersten Vatikanum und die moderneren Formen der Kommunikation er-
möglichte Kompetenzzuwachs des Nuntius bringt es jedoch mit sich, dass die jetzt
bereits zugänglichen Quellen einen deutlichen Erkenntnisgewinn für die Kirchengeschichte Deutschlands und die vatikanische Deutschlandpolitik ermöglichen.

Von besonderem Interesse für die Forschung sind die Hauptinstruktionen und
Finalrelationen am Beginn und am Ende einer Nuntiatur. Für die gesamte Münchener Nuntiaturüberlieferung sind diese nicht ohne weiteres aufzufinden, da sie
nicht selten an chronologisch unerwarteten Stellen eingeordnet wurden oder sogar
als verschollen gelten müssen[253]. Dies gilt auch für die Münchner Nuntiatur Eugenio Pacellis. Eine eigene Generalinstruktion ist für ihn nicht ausgefertigt worden;
vielmehr galt auch für ihn die oben ausführlich analysierte Instruktion für Aversa.
Ein Abschlussbericht für seine Münchner Zeit ist weder im Archiv der bayerischen
Nuntiatur noch in der entsprechenden Gegenüberlieferung im Bestand *Baviera* der
Kongregation für die außerordentlichen Angelegenheiten erhalten.

Doch findet sich unter der Signatur *AES Germania, 1922–1930, Pos. 511 P.O.,
Fasc. 24* zusammen mit Themen völlig anderen Inhalts[254] eine ausführliche *Relazione sulla situazione della Chiesa cattolica in Germania*.[255] Sie beinhaltet auf den Blättern 3r–49v einen maschinenschriftlichen, mit gelegentlichen handschriftlichen Kor-
rekturen versehenen Bericht Pacellis an den Sekretär der Konsistorialkongregation
Kardinal Carlo Perosi[256] in italienischer Sprache (und mit einigen von Pacelli auf
deutsch in Klammern eingefügten Fachtermini) vom 18. November 1929[257]. Er ist
auf dem Papier der *Nunziatura Apostolica Germania* in Berlin geschrieben und trägt
die interne Registraturnummer *42602*. Handelt es sich bei ihm auch in formaler Hinsicht nicht im eigentlichen Sinn um eine Finalrelation[258], so gibt dieser Bericht am
Ende von Pacellis langjährigem Wirken als Nuntius und vor Antritt seines neuen
Amtes als Kardinalstaatssekretär faktisch doch einen zusammenfassenden Überblick
über die gesamte deutsche katholische Kirche mit Ausnahme Bayerns, für das seit
1925 Nuntius Vasallo di Torregrossa zuständig war. Dem Wunsch und dem Aufga-
benfeld der Konsistorialkongregation gemäß hat der Bericht eine eindeutig inner-

---

[253] So fanden sich die »schon länger gesuchten« Hauptinstruktionen für die Münchener Nuntien des 20.
     Jahrhunderts in zehn großen, bislang kaum beachteten Schachteln mit der Aufschrift *Spogli e deposi-
     ti*. E. GREIPL, Archiv der Münchener Nuntiatur, S. 406.
[254] Der unmittelbar vorhergehende Faszikel 23 etwa beinhaltet den Bericht *Viaggio a Rottenburg per le
     feste centenarie della erezione della diocesi – Visita al Convitto teologico di Tübingen – Sulle future
     trattative concordatarie col Württemberg*. Vgl. hierzu H. WOLF, Tübinger Theologie.
[255] E. PACELLI, Über die Lage der katholischen Kirche in Deutschland. Bericht an Kardinal Carlo Pero-
     si, Sekretär der Konsistorialkongregation, 18. November 1929, ASV, AES Germania, Pos. 511, Fasc.
     24 [künftig zitiert als: BERICHT].
[256] Carlo Perosi (1868–1930), 1915 Konsultor und 1916 Assessor des Hl. Offiziums, 1926 Kardinal, 1928
     Sekretär der Konsistorialkongregation. H. WOLF, Prosopographie.
[257] Inzwischen haben Gerhard Besier und Francesca Piombo, freilich ohne nähere Analyse, einige Inhal-
     te des Berichts referierend bekannt gemacht. Vgl. G. BESIER, Der Heilige Stuhl, S. 122–126. Ebenso
     zuletzt E. GATZ, Ringen, S. 97 f., 141; CHENAUX, Pie XII, S. 391.
[258] Eine Finalrelation hätte wohl an den Kardinalstaatssekretär adressiert sein müssen.

kirchliche und nur mitlaufend diplomatisch-politische Zielsetzung. Das erhöht den ohnehin herausragenden Quellenwert, weil so ein weithin unerforschtes Terrain berührt wird.

2. Quellen und Wertungen in Pacellis Bericht

a) Aufbau und Quellen

Der Aufbau von Pacellis Bericht und die Auswahl der darin behandelten Gegenstände geben einen vorzüglichen Einblick in seine Gedankenwelt und seine Wertmaßstäbe. Auch wenn ein bestimmtes Frageraster von der Konsistorialkongregation vorgegeben gewesen sein dürfte, so ist die konkrete Gestaltung der Antworten doch das genuine Werk des Nuntius[259]. Inhaltlich berichtet Pacelli nach einem allgemeinen statistischen Überblick[260] über die Laien, also das Kirchenvolk, einerseits und über die kirchliche Hierarchie andererseits. Am ausführlichsten werden die einzelnen Diözesanbischöfe[261] behandelt, dazu aber auch der Welt-[262] und Ordensklerus[263], wobei vor allem Studium und Ausbildung der Alumnen die besondere Aufmerksamkeit des Nuntius auf sich ziehen. Bei den Laien stehen die Teilnahme am Gottesdienst[264], das sittliche Leben (Ehe, Scheidung, Empfängnisverhütung, Abtreibung)[265] und das *sentire cum ecclesia*[266] im Zentrum des Interesses. Ferner war das Leben der Katholiken in Staat und Gesellschaft ein wichtiger Gegenstand. Hier gerieten insbesondere drei neuralgische Punkte in den Blick: das Verhältnis der Katholiken zu den politischen Parteien[267], der konfessionelle Charakter des Schulunterrichts[268] sowie die Wirksamkeit der katholischen Vereine und der Grad ihrer Abhängigkeit von der kirchlichen Hierarchie[269].

Natürlich waren Pacellis eigene Erfahrungen und Impressionen, die er während seiner langjährigen Wirksamkeit in Deutschland gewonnen hatte, die Grundlage für jene »eingeforderten Informationen« (*informazioni richieste*)[270], die der scheidende

---

[259] Vgl. bereits vor dem ersten Teilkapitel seine Einleitung: »Affinche di fornire a Vostra Eminenza, in quanto mi è possibile, le informazioni richieste, sembrami necessario di dare innanzi tutto alcune notizie su ...«. BERICHT, fol. 4r.

[260] Vgl. BERICHT, Kapitel I.

[261] Vgl. EBD., Kapitel XI.

[262] Vgl. EBD., Kapitel IX.

[263] Vgl. EBD., Kapitel X.

[264] Vgl. EBD., Kapitel II.

[265] Vgl. EBD., Kapitel III und IV.

[266] Vgl. EBD., Kapitel V.

[267] Vgl. EBD., Kapitel VII.

[268] Vgl. EBD., Kapitel VI.

[269] Vgl. EBD., Kapitel VIII.

[270] EBD., fol. 4r.

Nuntius der Konzilienkongregation lieferte. Doch stützte er sich immer wieder –
auch zur Objektivierung seiner eigenen Eindrücke – auf unterschiedliche schriftli-
che und mündliche Quellen, wobei schon die von Pacelli getroffene Auswahl von
Interesse ist.

Innerhalb der von ihm herangezogenen schriftlichen Quellen lassen sich verschiedene Teilgruppen unterscheiden. Hier sind

1. jene Werke zu nennen, die Pacelli statistische Angaben zum deutschen Katholizismus liefern, die aus der Erfahrung allein nicht zu gewinnen waren, in seinem
Bericht jedoch einen breiten Raum einnehmen. Die wichtigste Grundlage ist das of-
fiziöse, von dem Jesuiten Hermann A. Krose[271] 1908, übrigens nach protestanti-
schem
Vorbild[272], begründete »Kirchliche Handbuch für das katholische Deutschland«[273].
Dieses wurde von der Zentralstelle für kirchliche Statistik des katholischen Deutschlands in Köln herausgegeben, und nach einem Beschluss der Fuldaer Bischofskonferenz durfte es von den katholischen Pfarrämtern »auf Kosten der Kirchenkasse«
angeschafft werden[274]. Dieses Handbuch wird von Pacelli explizit 20-mal und damit quantitativ am häufigsten zitiert. In zwei Bereichen musste er freilich ergänzende
Werke heranziehen: zum einen zur Beschreibung der Kirchenfinanzierung in
Deutschland die entsprechenden Artikel zum Finanzwesen des von der Görres-Gesellschaft herausgegebenen Staatslexikons[275], dessen Ende der zwanziger Jahre erschienene fünfte Auflage neben dem 1878 aufgestellten staatskirchenrechtlichen
Grundsatz-Programm vermehrt statistische Angaben zur Gegenwart zu integrieren
suchte[276]; zum anderen für den Bereich Kirche und Schule den Bericht der »Zentralstelle der Katholischen Schulorganisation« an die Fuldaer Bischofskonferenz von
1929, der für dieses Themenfeld ebenfalls offiziös-statistische Angaben lieferte[277].
Die aus diesen Werken gewonnenen und von Pacelli häufig verwendeten Angaben
geben für seine Ausführungen den empirischen Unterbau ab.

2. Als weitere Quellen sind jene Schriften zu erwähnen, über die Pacelli berichtete, weil er von ihnen eine Gefahr für die Reinheit des Glaubens ausgehen sah. Auf-
fallend häufig wird hier Ernst Michel[278], vor allem sein Werk »Politik aus dem Glauben«[279], zitiert. Es scheint, als ob Pacelli insbesondere die Kritik am bayerischen

---

[271] Hermann Krose (1867–1949), Jesuit 1891, Mitarbeiter der »Stimmen der Zeit« und Gründer des
    »Kirchlichen Handbuchs«. BBKL 24 (2005), S. 983–986 (B. ZIEMANN).
[272] Vgl. Kirchliches Handbuch 1 (1907–1908), S. V (H. KROSE).
[273] Vgl. Kirchliches Handbuch 15 (1927–1928) (H. KROSE).
[274] Vgl. EBD., S. IV.
[275] Vgl. Staatslexikon⁵.
[276] Vgl. Staatslexikon⁵ 1 (1926), S. V f. (Vorwort).
[277] Vgl. Bericht der Zentralstelle. – Für den Bereich der Privatschulen wird noch M. LICHIUS, Handbuch,
    herangezogen.
[278] Ernst Michel (1889–1964), katholischer Schriftsteller und Psychotherapeut, 1921 Dozent an der *Akade-
    mie der Arbeit* in Frankfurt a.M., 1931 zugleich Honorarprofessor für Soziale Betriebslehre und Sozial-
    politik an der Universität ebd., 1933 Entzug der Lehrbefugnis, bis zu ihrem Verbot 1943 Mitarbeiter der
    Frankfurter Zeitung, 1940 Eröffnung einer psychotherapeutischen Privatpraxis. H. WOLF/C. ARNOLD,
    Rheinischer Reformkreis, Bd. 1, S. 163; U. BRÖCKLING, Katholische Intellektuelle; Weltverantwortung.
[279] Vgl. E. MICHEL, Politik.

Konkordat von 1924, das für Rom »als eine Art Musterkonkordat«[280] gelten konnte, nur schwer verwinden konnte. Michels Kritik, die Rechte der Ortskirche seien darin klar übergangen worden, fasste er wohl als sehr fundamentalen Angriff auf sein Wirken auf[281].

3. Eine weitere gelegentlich herangezogene Quelle sind die offiziellen Verlautbarungen der deutschen Bischöfe, vor allem die Amtsblätter und die gedruckten Protokolle der Fuldaer Bischofskonferenz[282].

4. Interessant ist zudem, aus welchen Tageszeitungen Pacelli seine Informationen bezog. Er zitiert mehrmals aus der Berliner *Germania*[283], aber auch aus der *Kölnischen Volkszeitung*[284], also den beiden größten und wichtigsten (außerbayerischen) Zentrumsorganen. Dazu kommt das offizielle vatikanische Organ, der *Osservatore Romano*[285].

5. Ferner sind für ihn die gültigen und von ihm selbst für den Hl. Stuhl ausgearbeiteten Konkordate eine wichtige Autorität. An zwei Stellen führt er das 1924 ausgehandelte bayerische Konkordat[286], 16-mal jedoch das soeben abgeschlossene Preußenkonkordat an[287]. Den Staatskirchenverträgen kommt dabei eine eigenartige Mittelstellung zwischen Deskription und normativer Vorgabe zu.

6. Eindeutig normativ sind für Pacelli die Weisungen der vatikanischen Dikasterien[288], vor allem aber der CIC von 1917[289], der an sieben Stellen mit insgesamt 12 *canones*[290] zitiert wird.

Damit lässt sich zugleich eine Aussage über die Funktion der von Pacelli herangezogenen schriftlichen Quellen treffen: Sie dienen entweder deskriptiv als Nachweis einer faktischen Zustandsbeschreibung, sei es empirisch-statistischer Art, sei es als klassisches Zitat aus einem von ihm analysierten bzw. kritisierten Werk. Oder sie sind normativ, wie vor allem das neue Kirchenrecht, insbesondere insofern dessen Vorstellungen in Konkordate als völkerrechtlich bindende bilaterale Verträge eingegangen sind, sowie die einschlägigen Vorgaben der unterschiedlichen römischen Dikasterien. Daraus ergibt sich, dass vor allem die im CIC von 1917 zumindest implizit vorgegebene ekklesiologische Norm für Pacelli der entscheidende Beurtei-

---

[280] K. SCHOLDER, Pacelli, S. 102.

[281] Vgl. E. MICHEL, Politik, S. 46–58. – Alle übrigen für den Glauben »gefährlichen Äußerungen«, die Pacelli notiert, haben einen unmittelbaren aktuellen Bezug für ihn. Nur jene von ihm angeführten Aussagen Michels (BERICHT, fol. 16v) liegen bereits einige Jahre zurück.

[282] Vgl. EBD., fol. 9r, 13v.

[283] Vgl. EBD., fol. 12r, 23v, 24r.

[284] Vgl. EBD., fol. 24r.

[285] Vgl. EBD., fol. 26v, 38v–39r, 48r.

[286] Vgl. EBD., fol. 16v.

[287] Vgl. EBD., fol. 4rv, 6v, 16v, 19r, 22v–23r, 30v–31v, 32v, 35v–36r, 40v–41v, 43v, 49v.

[288] So etwa der Kongregation für Wissenschaft, Erziehung und Unterricht (BERICHT, fol. 30v); vor allem aber natürlich die Weisungen des Staatssekretärs.

[289] Vgl. CIC 1917.

[290] Zitiert werden als normative Vorgabe die Canones CIC 1917 cc. 972, 1186, 1234, 1235, 1355, 1356, 1365 (2x), 1366, 1385, 1386 und 1394.

lungsmaßstab der Kirche in Deutschland war. Erfüllten Kirche und Katholiken in Deutschland die vatikanischen (dogmatischen und insbesondere kirchenrechtlichen) Vorgaben, wurden sie von Pacelli positiv gewürdigt. War dies nicht oder in geringerem Maße der Fall, erfuhren die deutschen kirchlichen Zustände und die dafür verantwortlichen Personen entsprechende Kritik. Nicht unerwähnt bleiben sollte, dass Pacelli darüber hinaus durchaus vertrauliche mündliche Quellen ohne Namensnennung heranzog[291]. Er blieb also durchaus der üblichen Praxis der Nuntien vor ihm treu, die sich eines Netzwerkes von Informanten und Denunzianten vor Ort bedienten, ohne deren Identität nach außen – auch dem Kardinalstaatssekretär und Präfekten römischer Kongregationen gegenüber – offen zu legen.

b) Inhaltliche Werturteile

In einem zweiten Schritt soll nun nach der Analyse der von ihm verwendeten Quellen gezeigt werden, wann Pacelli jeweils positive oder negative Wertungen in seinen Bericht einfließen ließ und welche thematischen Bereiche und Personen mit welchen Urteilen belegt wurden. Zunächst lassen sich aus seiner Finalrelation zwei Pole eines ekklesiologischen Ideals herausdestillieren: einerseits das den kirchlichen Wert- und Normvorstellungen gemäß lebende, den katholischen Glauben eifrig praktizierende Volk, dessen Frömmigkeit traditionell und ultramontan geprägt sein sollte; andererseits der hierarchisch verfasste Klerus aus Bischöfen und Priestern, dessen entscheidendes Qualitätsmerkmal die treue Anhänglichkeit an den Hl. Vater und dessen Statthalter vor Ort, den Apostolischen Nuntius, war. Diese Hirten hatten die ihnen anvertraute Herde zu schützen und zu leiten. Wie für das Verhältnis Papst-Bischöfe und Bischöfe-Pfarrer musste nach Pacellis Grundüberlegung auch für das Verhältnis Klerus-Laien das Prinzip der »gehorsamen Anhänglichkeit«[292] gelten.

Zu schützen war das gläubige katholische Volk nach Pacellis Ansicht zunächst vor den glaubensfeindlichen weltanschaulichen Gegnern Liberalismus, Materialismus, Hedonismus, Sozialismus und Protestantismus sowie vor dem Einfluss von Bewegungen, Parteien und Schriften, die diese Ideologien vertraten[293]. Weiter musste das Kirchenvolk angeleitet werden zur Reinheit des Glaubens, d. h. bewahrt werden vor Häresie und falschen Auffassungen bezüglich des religiösen Lebens[294]. Es war in Fragen der Moral und der Lebensführung zu leiten und streng zu kontrollieren, wobei in diesem Bereich der Akzent klar auf der lehramtlich verkündeten Ehe-, Familien-

---

[291] Vgl. etwa BERICHT, fol. 12r, 15v, 31r, 34v.
[292] Vgl. EBD., fol. 15v, 45v.
[293] Vgl. EBD., fol. 13v–15v, 17r, 19v, 21r, 24rv, 29r, 36v.
[294] Vgl. etwa: »Die Gefahr, die aus dieser Bewegung herrührt, ist nicht klein, besonders unter der Jugend, die es nicht mehr wie in der Vergangenheit gewohnt ist, sich ohne weiteres der kirchlichen Autorität zu unterwerfen«. EBD., fol. 17v, zudem fol. 9r–17v.

und Sexualmoral liegt[295]. Immerhin beweist Pacelli eine gewisse Sensibilität für so-
zialethische Probleme der modernen deutschen Gesellschaft. So sollten etwa angehende Priester in diesen Fragen besser ausgebildet werden, nicht zuletzt, um besser
der sozialistisch-kommunistischen Gefahr begegnen zu können[296]. Zentrale und stets
wiederkehrende Prädikate und Werturteile in Pacellis Bericht sind daher »Gefahr«
und »Sicherheit« sowie »Gesetzesanhänglichkeit und -übertretung«[297].

Aus dieser Kriteriologie für die Laien ergibt sich umgekehrt ein Beurteilungs- und
Bewertungsmaßstab für den katholischen Klerus im Allgemeinen und für den deutschen Episkopat im Besonderen, nämlich Wachsamkeit und Eifer in der Anleitung
und Kontrolle der Laien sowie Schutz für das katholische Volk vor den glaubensfeindlichen Grundströmungen der Gesellschaft[298]. Zentrales Begriffspaar ist hier für
Pacelli Eifer bzw. Nachlässigkeit in der Amtsausübung. Dazu kommt die charak-
terliche und gesinnungsmäßige, nicht zuletzt aus einer soliden, möglichst römischen
Ausbildung erwachsende Befähigung hierzu[299].

Das Pacellis Urteilen inhaltlich zugrunde liegende Wertesystem ist somit eindeutig weltkirchlich-römisch und nicht partikularkirchlich-deutsch geprägt, freilich in
jener Form, die sich im Zuge des Ultramontanismus des 19. Jahrhunderts ausgebildet und eine entscheidende Prägung durch den geschlosseneren Katholizismus der
romanischen Länder und insbesondere Roms erhalten hatte. Eigenarten des deutschen Katholizismus, etwa das ausgeprägte Vereinswesen, werden durchaus auch positiv gesehen, soweit sie für die Durchsetzung römischer Vorstellungen nützlich erscheinen[300]. Gleichzeitig versuchte Pacelli jedoch, die Vereinsorganisation in eine von
der Kurie favorisierte Form zu überführen. Die Selbstverantwortung und Mündig-
keit der Laien, die sich in Deutschland gerade in den katholischen Vereinen und ihren Generalversammlungen, den Katholikentagen, zeigte, sollte möglichst durch das
römische Modell der Katholischen Aktion ersetzt werden, das die Laien einer star-
ken hierarchischen Kontrolle unterstellte und lediglich als »Transmissionsriemen«
der päpstlichen und bischöflichen Verkündigung in die Gesellschaft hinein auffasste.
Uneingeschränktes Lob von Pacelli erhält als partikularkirchliche Besonderheit
ausdrücklich nur das deutsche Kirchenlied, das erbaulich sei, vom Volk geliebt wer-

---

[295] Vgl. EBD., fol. 9r–15v.

[296] »Es wäre auch nötig, dass die Theologiestudenten eine weitreichendere und solidere Ausbildung in
den sozialen Fragen gemäß der Lehre der Kirche bekämen. Wenn nämlich ein Teil des jungen Klerus
– wie ich nicht selten habe beklagen hören – radikale Ideen zu diesem Thema hat, liegt dies hauptsächlich am Fehlen der genannten Ausbildung«. EBD., fol. 31r.

[297] »Es scheint, dass in Deutschland der Klerus mit größerem Eifer die Hl. Kommunion der Kinder befördern sollte, die ein so wirksames Mittel ist, um sie vor den zahlreichen Gefahren der Verderbnis,
denen sie ausgesetzt sind, zu bewahren. An den Orten, wo die Kinder sich häufig dem eucharistischen
Tisch nähern, sieht man Wunder an moralischer Verbesserung und Standhaftigkeit in der Tugend«.
EBD., fol. 5v. Vgl. auch fol. 10v, 13v, 14v–15r, 21v, 30v, 37r, 40v, 42rv.

[298] Vgl. EBD., fol. 18r, 28r, 30v.

[299] Vgl. EBD., fol. 5v, 38v, 41v, 49r.

[300] »Deutschland, das klassische Land der Vereine, ist sehr reich an katholischen Vereinen, die in der Gesamtheit ein schöner Beweis des guten Willens und der lebendigen Arbeitsamkeit der Katholiken
Deutschlands sind«. EBD., fol. 25r.

de und daher letztlich zu einer stärkeren Identifikation mit der Kirche führe[301]. Doch zugleich sollte nach dem Wunsch des scheidenden Nuntius das deutsche Gewohnheitsrecht, das Frauen erlaubte, in Kirchenchören zu singen, vom deutschen Episkopat möglichst rasch ausgemerzt werden[302].

c) Die im Codex Iuris Canonici von 1917 implizierte Ekklesiologie als Maßstab

Zu einem ähnlichen Ergebnis führt auch die genauere Betrachtung der als letztverbindlicher normativer Autorität herangezogenen Bestimmungen des kirchlichen Gesetzbuches von 1917. Dieses erwies sich nicht nur als Produkt, sondern auch als Mittel zu einer umfassenden kirchlichen Vereinheitlichung und Zentralisation, auch auf der Ebene der diözesanen Verfassung und Verwaltung[303]. In diesem Zusammenhang lassen sich folgende Beobachtungen machen:

1. An keiner Stelle, an der Pacelli das neue kirchliche Gesetzbuch in seiner Schlussrelation zitiert, wird dieses in irgendeiner Form hinsichtlich einer abweichenden Praxis in Deutschland in Frage gestellt. Vielmehr sollte nach seiner Intention die kirchliche Wirklichkeit verstärkt den Maßgaben und Vorschriften des neuen römischen Kirchenrechtes gemäß ausgestaltet werden.

2. Inhaltlich sind es insbesondere drei Themenbereiche, in denen der Nuntius die deutsche Kirche anhand der gesamtkirchlichen Rechtsnormen kritisch beurteilt und nach den römischen Vorgaben verändert sehen möchte: a) Pacelli forderte eine strengere Handhabung der kirchlichen Druckerlaubnis durch die Bischöfe (*Imprimatur*) für alle Schriften von Klerikern im Allgemeinen[304] und für theologische Schriften[305] im Besonderen. b) Er verlangte weiter eine konsequente Romanisierung des Theologiestudiums und somit der Priesterausbildung. Es hatte sechs Jahre zu dau-

---

[301] »Das Volk liebt diese Gesänge sehr, die wirksam zur Frömmigkeit und zum häufigeren Besuch der Gottesdienste beitragen«. EBD., fol. 8v.

[302] Vgl. EBD., fol. 8v–9r.

[303] »Und wie dieses wird auch das neue kirchliche Recht sich als starke Klammer der Einheit neben den anderen noch stärkeren erweisen, welche die katholische Kirche und ihre Angehörigen zusammenhalten. Diese ziemlich sicher und stetig fortschreitende Einbürgerung aber beschränkt sich auch nicht auf Materien, die im Gesetzbuch erstmals geregelt sind und wesentlich der Einwirkung der Zentralstelle unterliegen wie etwa das Recht des Beatifikations- und des Kanonisationsprozesses oder das der Religiosen. Vielmehr scheint die Vereinheitlichung mehr und mehr auch bezüglich altgeregelter Teile der diözesanen Verfassung und Verwaltung Fortschritte zu machen …«. U. STUTZ, Konkordat, S. 8; »Man muß, um die Bedeutung Pacellis für die katholische Kirchenpolitik in Deutschland zu begreifen, von einem Ereignis ausgehen, das wahrscheinlich … das wichtigste Ereignis für die Geschichte im 20. Jahrhundert darstellt: die Publizierung des Codex Juris Canonici im Jahre 1917. Mit diesem neuen Gesetzbuch wurde die Entwicklung zur Zentralisierung, Vereinheitlichung und Verrechtlichung der katholischen Kirche abgeschlossen«. K. SCHOLDER, Pacelli, S. 100.

[304] »Vetantur clerici seculares sine consensu suorum Ordinariorum, religiosi vero sine licentia sui Superioris maioris et Ordinarii loci, libros quoque, qui de rebus profanis tractent, edere, et in diariis, foliis vel libellis periodicis scribere vel eadem moderari«. CIC 1917, c. 1386 § 1.

[305] Vgl. EBD., c. 1385.

ern[306] und strikt thomistisch ausgerichtet zu sein[307], wobei die ersten beiden Jahre ganz der scholastischen Philosophie gewidmet sein sollten[308]. Außerdem sollten alle Alumnen während ihres Theologiestudiums in der Regel in einem Priesterseminar wohnen[309]. c) Schließlich favorisierte der Nuntius eine Orientierung der Kirchenfinanzierung an den älteren (spätmittelalterlich-frühneuzeitlichen) Abgaben des *Cathedraticums*[310], des *Seminaristicums*[311] und der Stolgebühren[312]; er verband damit zugleich eine gewisse Kritik am deutschen Kirchensteuersystem[313].

3. Nicht zufällig berühren alle unter Rekurs auf den CIC von 1917 von Pacelli angesprochenen Themenbereiche die konkrete Ausgestaltung des bischöflichen Lehr-, Hirten- und Wächteramtes sowie das Verhältnis von Klerus und Laien.

Eine erste Analyse von Aufbau, Quellen und Wertmaßstäben in Pacellis Schlussrelation zeigt somit klar: Die römisch-ultramontane Ekklesiologie des neuen kirchlichen Gesetzbuches war für ihn der entscheidende Beurteilungsmaßstab für die kirchlichen Verhältnisse seines Nuntiaturbezirkes. Im Codex Iuris Canonici sah er das innere Leben und das Recht der katholischen Kirche vorgegeben, die zu ihrer notwendigen Entfaltung im Gemeinwesen ein natürliches und von Gott gegebenes Recht besaß. Weltliche und politische Verhältnisse, Parteien wie Personen werden von ihm strikt nach diesem Maßstab beurteilt. Wer die so gesehene Wesensverwirklichung der katholischen Kirche ermöglicht und fördert, erntet Lob und Anerkennung, wer sie hemmt oder gar verhindert, erfährt Kritik. Zu Recht kann man daher von einem gewissen »Primat des Kirchenrechts« in Pacellis Sicht auf die deutschen Verhältnisse sprechen[314]. In einem weiteren Schritt soll untersucht werden, welche Auswirkungen dieser Maßstab auf die Beurteilung der Themenfelder, die der Bericht im einzelnen anspricht, konkret hatte.

---

[306] Vgl. EBD., c. 1365.
[307] »Philosophiae rationalis ac theologiae studia et alumnorum in his disciplinis institutionem professores omnino pertractent ad Angelici Doctoris rationem, doctrinam et principia, eaque sancte teneant«. EBD., c. 1366 § 2.
[308] »In philosophiam rationalem cum affinibus disciplinis alumni per integrum saltem biennium incumbant«. EBD., c. 1365 § 1.
[309] »Curandum ut ad sacros ordines adspirantes inde a teneris annis in Seminario recipiantur; sed omnes ibidem commorari tenentur saltem per integrum sacrae theologiae curriculum, nisi Ordinarius in casibus peculiaribus, gravi de causa, onerata eius conscientia, dispensavit«. EBD., c. 972 § 1.
[310] Vgl. EBD., c. 1504.
[311] Vgl. EBD., c. 1355 f.
[312] Vgl. EBD., c. 1234 f.
[313] Pacelli zitiert CIC 1917, c. 1186, der gesamtkirchlich, ohne partikulares Gewohnheitsrecht beseitigen zu wollen, die Finanzierung der Kathedral- und Pfarrkirchen regelt. – Zu den Kirchenfinanzen vgl. E. GATZ (Hg.), Geschichte des kirchlichen Lebens, Bd. 6.
[314] Vgl. S. SAMERSKI, Primat.

V. DIE DEUTSCHE KIRCHE IN DER SICHT PACELLIS: EINE INHALTLICHE ANALYSE

1. Der deutsche Episkopat

Mit rund einem Viertel Textumfang ist das letzte Kapitel von Pacellis Relation das umfangreichste und wohl auch bedeutsamste, auf das der gesamte Bericht gleichsam hinzielt. Es handelt sich um »die Informationen über die einzelnen Ordinarien in Deutschland«[315], die jeden der nichtbayerischen deutschen Diözesanbischöfe – und häufig jeweils weitere leitend in der Diözesanverwaltung tätige Geistliche – eingehend charakterisieren. Beurteilt werden 15 Diözesanbischöfe, im Falle von Hildesheim, wo soeben ein Wechsel im Bischofsamt stattgefunden hatte, zusätzlich auch der Vorgänger[316], dazu zwei Weihbischöfe, von denen einer, Hermann Joseph Sträter[317], wenig später Bischof von Aachen werden sollte. Bei der Bewertung dieser 18 Bischöfe durch Pacelli fällt zunächst der überwiegend kritische Blick auf den deutschen Episkopat auf. In der Charakteristik jedes Oberhirten wird zuerst jeweils kurz der biographische Werdegang geschildert. Dann folgen klare Urteile Pacellis, die stets drei Themenbereiche berücksichtigen: a) Ausbildung und Reinheit der Lehre, b) Ergebenheit gegenüber dem Hl. Stuhl und seinem Vertreter vor Ort, dem Apostolischen Nuntius in Berlin (also Pacelli selbst), und schließlich c) Charakter, Lebensführung und Umgangsformen. Dabei lassen sich folgende grundsätzliche Beobachtungen machen:

An der sittlichen Lebensführung wurde bei keinem einzigen der 18 Bischöfe nennenswerte Kritik geübt. Als positive Charaktereigenschaften konnte Pacelli bei einigen Episkopen Frömmigkeit und priesterliche Lebensführung[318], Eifer und Gewissenhaftigkeit sowie Ordnungsliebe[319] vermerken. Wichtig waren ihm auch Intelligenz, gute Umgangsformen und Gewandtheit – Eigenschaften, die die Bischöfe von Münster[320], Rottenburg[321] und Paderborn[322] in seinen Augen zumindest teil-

---

[315] Vgl. Bericht, fol. 38r.
[316] Wenigstens eine grundsätzliche Charakteristik, vgl. Bericht, fol. 48v–49r. – Joseph Ernst (1863–1928), 1915–1928 Bischof von Hildesheim. E. Gatz (Hg.), Bischöfe 1789/1803–1945, S. 70–74 (H. G. Aschoff).
[317] Hermann Joseph Sträter (1866–1943), 1922–1931 Weihbischof in Köln mit Sitz in Aachen, 1931–1938 Weihbischof in Aachen, 1931–1937 Generalvikar in Aachen, 1938–1943 Apostolischer Administrator von Aachen. E. Gatz (Hg.), Bischöfe 1789/1803–1945, S. 742–744 (E. Gatz).
[318] Vgl. Bericht, fol. 38r, 40v, 45v u.ö.
[319] Vgl. Ebd., fol. 41r, 45v u.ö.
[320] »Ein einfacher und bescheidener Prälat, ein überaus eifriger Hirte, weist er allerdings keine besonders bemerkenswerten Begabungen auf, er hat spärliches Interesse für das Studium und nicht besonders feine Umgangsformen«. Ebd., fol. 42v.
[321] »... er ist ein einfacher und bescheidener Prälat, vom Volk geliebt, während das alte Herrscherhaus von Württemberg und der Adel ihm gegenüber eine gewisse Kühle zeigen, da ihm die Vornehmheit der Umgangsformen und das feine Taktgefühl seines Vorgängers abgehen«. Ebd., fol. 47v.
[322] Vgl. zu Bischof Kaspar Klein von Paderborn die Charakteristik »Sohn frommer und gläubiger Bauern«, der als Seelenhirte geschätzt werde, »ohne sich durch Lehre und Geisteshöhe auszuzeichnen«. Ebd., fol. 44v.

weise vermissen ließen. Negativ wurde etwa an Adolf Kardinal Bertram[323] und Erzbischof Karl Fritz[324] ihr autoritärer Charakter, an Bischof Berning von Osnabrück sein Hang zu übereilten Handlungen[325] und am ermländischen Bischof Bludau seine fortwährende Untätigkeit in wichtigen Belangen seiner Diözese hervorgehoben[326].

Besonders markant ist Pacellis Gewichtung der Faktoren »Ergebenheit bzw. Anhänglichkeit« gegenüber dem Hl. Stuhl sowie Ausbildung in Rom und daher doktrinelle Zuverlässigkeit – Themenbereiche, die für ihn nicht nur in offenkundigem Zusammenhang standen, sondern auch das wichtigste Beurteilungskriterium für den deutschen Episkopat überhaupt bildeten. Die neuen Möglichkeiten, die die Konkordate dem Hl. Stuhl für die Besetzung der deutschen Bischofsstühle boten, gedachte Pacelli entsprechend diesem Bischofsideal extensiv zu nutzen. Von den von ihm charakterisierten, sich in Amt und Würden befindenden 18 Bischöfen hatten nur vier ihre Ausbildung am *Collegium Germanicum* in Rom, 14 jedoch in Deutschland erhalten, wobei jeder Oberhirte, der seine Studien in Deutschland absolviert hatte, zumindest zur Promotion an einer staatlich-theologischen Fakultät inskribiert war. Manche der älteren Bischöfe hatten ihre Studien oder wenigstens einen Teil davon an den bayerischen Universitäten Würzburg und München oder am Lyzeum Eichstätt absolviert. Ansonsten aber war Münster der mit Abstand wichtigste Studienort, gefolgt von Bonn und Breslau – also die drei preußischen staatlichen katholisch-theologischen Fakultäten –, während Tübingen und Freiburg i. Br. jeweils nur ihren eigenen Ortsordinarius hervorgebracht hatten.

Bei allen vier in Rom bzw. von Jesuiten ausgebildeten Bischöfen konnte Pacelli die Eigenschaften, die einen guten katholischen Oberhirten auszeichneten, in besonderer Weise feststellen: Rechtgläubigkeit bzw. entschiedene Ablehnung des Modernismus und enge Romverbundenheit. Sie ergaben sich wie von selbst aus ihrer wissenschaftlichen und aszetischen Ausbildung am rechten Ort. Für Pacelli war eben

---

[323] »... andererseits ist er von nicht leichtem Charakter, autoritär und reizbar«. BERICHT, fol. 38v. – Adolf Bertram (1859–1945), 1905 Generalvikar in Hildesheim, 1906–1914 Bischof von Hildesheim, 1914–1945 Fürstbischof von Breslau, seit 1930 Erzbischof, 1916 Kardinal. E. GATZ (Hg.), Bischöfe 1789/1803–1945, S. 43–47 (B. STASIEWSKI).

[324] »Von etwas kühlem autoritärem Charakter, vielleicht übertrieben bürokratisch ... ist er im allgemeinen eher gefürchtet als geliebt«. BERICHT, fol. 41r. – Karl Fritz (1864–1931), 1918–1920 Generalvikar in Freiburg, 1920–1931 Erzbischof von Freiburg. E. GATZ (Hg.), Bischöfe 1789/1803–1945, S. 217–219 (R. BÄUMER). – Zu seiner Wahl vgl. E. GATZ, Ringen, S. 108 f.

[325] »... die Schnelligkeit seines Tuns und seiner Entscheidungen ist vielleicht der Grund dafür, dass diese in einigen Einzelfällen nicht ganz klug und zweckmäßig waren«. BERICHT, fol. 44r. – Hermann Wilhelm Berning (1877–1955), 1914–1955 Bischof von Osnabrück, 1914–1930 Apostolischer Provikar der Norddeutschen Missionen und Apostolischer Präfekt von Schleswig-Holstein. E. GATZ (Hg.), Bischöfe 1789/1803–1945, S. 40–43 (W. SEEGRÜN); C.-A. RECKER, Berning.

[326] »Von gutmütigem und sanftem Charakter, vom Klerus und Volk geliebt, scheint es allerdings, nach dem, was man mir berichtet, dass er gegenüber den neuen religiösen und sozialen Bedürfnissen untätig bleibt und auch nicht erlaubt, dass andere Initiativen ergreifen, da er das ›quieta non movere‹ bevorzugt und lieber inmitten seiner geliebten Studien der Hl. Schrift lebt«. BERICHT, fol. 42r. – Augustinus Bludau (1862–1930), 1909–1930 Bischof von Ermland. E. GATZ (Hg.), Bischöfe 1789/1803–1945, S. 56–58 (A. TRILLER).

nur römische Theologie wirklich rechtgläubige Theologie. Hingegen wurde die Ausbildung der 14 übrigen Bischöfe niemals gelobt, in drei Fällen sogar ausdrücklich als schlecht bzw. mangelhaft bezeichnet[327].

Ein Studium an einer staatlichen katholisch-theologischen Fakultät war Pacelli von vornherein suspekt, obwohl dieses für einen Großteil der deutschen Bischöfe und Priester die Regel war. Auch nach einem Dutzend Jahren in Deutschland blieb dem Nuntius und späteren Papst somit ein Grundcharakteristikum deutscher katholischer Theologie, die in der *Universitas litterarum*, im Dialog mit allen anderen Wissenschaften, besonders der Philosophie, der Geschichte und der modernen evangelischen Theologie, betrieben wurde, innerlich fremd.

In Bezug auf die Orthodoxie und Romverbundenheit der in Deutschland an den Staatsuniversitäten ausgebildeten späteren Bischöfe zeigt sich ein durchaus unterschiedliches Bild: Sie werden entweder nicht erwähnt oder aber ausdrücklich positiv bzw. negativ konstatiert. Allerdings ergeben sich – zumindest aus der Sicht Pacellis – diese beiden erwünschten Eigenschaften nicht wie bei einem Studium in Rom sozusagen automatisch. Im Gegenteil: Trotz aller Befürchtungen hat vielen späteren deutschen Oberhirten das deutsche Universitätsstudium nicht bleibend geschadet. Man gewinnt den Eindruck, dass nur das Fehlen von Orthodoxie oder Papstverbundenheit auf die deutsche Universität zurückzuführen sind, während das Vorhandensein dieser Haltungen eher trotz des Studiums an einer staatlichen Hochschule konstatiert wird[328].

Weiter fällt auf: Ausgerechnet die dienstältesten Bischöfe, die ihre Ernennung noch vor dem Ersten Weltkrieg und unter stärkerer Mitwirkung der preußischen Regierung, jedenfalls aber vor den Nuntiaturjahren Pacellis, erhalten hatten, nämlich Adolf Kardinal Bertram[329] von Breslau, Augustin Bludau[330] von Ermland und der eben verstorbene Joseph Ernst[331] von Hildesheim, erfahren die einschneidendste Kritik. Daher kann man *ex negativo* darauf schließen, dass die sukzessive Verbesserung und Auswechslung des deutschen Episkopats durch verstärktes römisches Mitspracherecht bei Wahl und Ernennung zu den wichtigsten Anliegen Pacellis zählte. Darüber hinaus ist als ein wichtiges Charakteristikum der römischen Bischofsernennungspolitik für die Zeit des Pontifikats Pius' XI. eine klare Bevorzugung von an Jesuitenhochschulen oder Jesuitenfakultäten ausgebildeten Kandidaten zu verzeichnen[332].

---

[327] »… vielleicht infolge von Unzulänglichkeiten in seiner theologischen Ausbildung«. BERICHT, fol. 38v; »Erzogen an der Schule von Tübingen, kann er natürlich nicht für die Richtlinien und Reformen bezüglich der Ausbildung des Klerus das Verständnis aufbringen, das man in den Prälaten antrifft, die z.B. in Rom am Collegium Germanicum et Hungaricum ausgebildet wurden«. EBD., fol. 48r; »Obwohl seine philosophisch-theologische und kirchenrechtliche Bildung, da er seine Studien einzig an der theologischen Fakultät Breslau betrieb, an den Mängeln dieser Ausbildung leidet …«. EBD., fol. 49r.

[328] Vgl. EBD, fol. 30rv.

[329] Ernannt 1914.

[330] Ernannt 1909.

[331] Ernannt 1915.

[332] Germaniker waren die Bischöfe Johann Baptist Dietz (Fulda), Matthias Ehrenfried (Würzburg), Konrad Gröber (Meißen, dann Freiburg), Antonius Hilfrich (Limburg), Josef Kumpfmüller (Augsburg), Joseph Wendel (Speyer, später München-Freising). – Jesuitenschüler in Innsbruck waren Josef Frings

Ein weiterer wichtiger Punkt, der sich aus der Auswertung seiner Charakterisierung der Bischöfe ergibt, ist das eher distanzierte Verhältnis, das Pacelli zu den meisten nichtbayerischen Bischöfen und insbesondere zum Vorsitzenden der Fuldaer Bischofskonferenz, Adolf Kardinal Bertram, besaß. Dies ist einerseits wegen Bertrams dominierender Stellung in der Bischofskonferenz von grundlegender Bedeutung[333]. Andererseits starb bis 1935 rund die Hälfte der hier behandelten Bischöfe, so dass die wesentlichen Verbindungen Pacellis seither eher zu jenen Bischöfen bestanden, die nach 1929 unter seinem maßgeblichen Einfluss als Staatssekretär ernannt worden waren[334]. Ein besonders sprechendes Beispiel ist der spätere Gegenspieler Bertrams in der Fuldaer Bischofskonferenz während des Zweiten Weltkrieges, der Berliner Bischof Konrad Graf von Preysing[335], der zum Vertrauensmann Pius' XII. im deutschen Episkopat schlechthin werden sollte. Ihn hatte Pacelli 1932 in Eichstätt gegen den Widerstand von Domkapitel und bayerischer Regierung durchgedrückt und vom Papst ernennen lassen. Von dort wurde Preysing, sobald sich in Berlin die Gelegenheit bot, wieder unter Nichtberücksichtigung der Vorschläge des dortigen Kapitels, von Pacelli zum Bischof in der Reichshauptstadt befördert[336].

Diese Skepsis dem »alten« Episkopat gegenüber gilt allerdings nicht für Pacellis Beziehungen zu dem in seiner Berliner Schlussrelation als Vorsitzender der bayerischen Bischofskonferenz nicht behandelten Michael Faulhaber, Erzbischof von München und Freising[337], mit dem Pacelli seit der Zeit seiner Münchner Nuntiatur bekanntermaßen sehr enge Beziehungen pflegte[338]. Dieser konnte in Bayern – neben einigen Germanikern – auch zahlreiche ihm vertraute Mitarbeiter als neue Bischöfe gemeinsam mit Pacelli durchsetzen[339]. Im Übrigen wurde gerade für die folgenden Jahre die gehäufte Zahl von Bischofsernennungen bereits konstatiert, die entweder Schüler des *Collegium Germanicum* oder einer anderen Jesuitenfakultät (Innsbruck) an die Spitze deutscher Bistümer brachten – sicherlich nicht ohne entscheidenden Einfluss Pacellis.

(Köln), Clemens August Graf von Galen (Münster), Joseph Otto Kolb (Bamberg), Graf Konrad von Preysing (Eichstätt, später Berlin). Hinzu kommen zahlreiche Weihbischöfe.

[333] Diese hatte schon Pacelli registriert. Vgl. BERICHT, fol. 38v–39r.

[334] Zu denken ist hier vor allem an Erzbischof Gröber und die Bischöfe Preysing und Galen.

[335] Konrad Graf von Preysing (1880–1950), 1932 Bischof von Eichstätt, 1935 Bischof von Berlin, 1935–1937 auch Apostolischer Administrator von Meißen, 1946 Kardinal. E. GATZ (Hg.), Bischöfe 1789/1803–1945, S. 573–576 (M. CLAUSS/E. GATZ).

[336] Eine Studie von H. Wolf ist hierzu in Vorbereitung; vgl. auch T. BRECHENMACHER, Teufelspakt.

[337] Michael von Faulhaber (1869–1952), 1911 Bischof von Speyer, 1917 Erzbischof von München und Freising, 1921 Kardinal. E. GATZ (Hg.), Bischöfe 1785/1803–1945, S. 177–181 (L. VOLK).

[338] »Fast zur gleichen Stunde begann der neuernannte Nuntius Eugenio Pacelli seine Mission in der bayerischen Landeshauptstadt. Zwischen beiden Kirchenmännern bildete sich bald ein enges Vertrauensverhältnis, das sich in schwierigsten Entscheidungssituationen bewährte«. EBD., S. 178. – Vgl. hierzu: Kardinal Michael von Faulhaber, S. 204–219.

[339] So wohl Michael Buchberger in Regensburg, Simon Landersdorfer in Passau und Martin Rackl in Eichstätt, dazu zahlreiche Weihbischöfe.

2. Theologie und Priesterausbildung

Diese Beobachtungen zum deutschen Episkopat passen zur Einschätzung Pacellis über den Zustand von Welt- und Ordensklerus in Deutschland. Mit diesem war der Nuntius im Allgemeinen zwar durchaus zufrieden[340], drei Punkte erfüllten ihn jedoch mit einer gewissen Sorge: (1.) Im Klerus habe sich eine gewisse Unsicherheit und ein nicht zu übersehender Relativismus im Hinblick auf die katholische Sexualmoral ausgebreitet[341]. (2.) Der jüngere Klerus lasse es an Gebet und an Gehorsam gegen die kirchliche Autorität mangeln[342]. (3.) Auch wenn insbesondere im Süden Deutschlands noch immer eine große Anzahl Kleriker wirke, gehe die Zahl der Berufungen des Welt- und Ordensklerus doch Besorgnis erregend zurück[343]. Als Grund hierfür machte Pacelli eine materialistische und hedonistische Grundstimmung aus[344], die nicht nur viele junge Männer vor dem Priestertum zurückschrecken lasse, sondern – neben anderen Faktoren – die Hauptschuld trage am Geburtenrückgang bei der katholischen Landbevölkerung, aus der sich angehende Kleriker bislang vorwiegend rekrutiert hätten[345].

Am meisten reformbedürftig war in den Augen Pacellis jedoch die Ausbildung des Klerus, also das Theologiestudium in Deutschland, was in Konvergenz zu seiner geschilderten Bevorzugung von Bischöfen steht, die in Rom studiert hatten. Zwar würden viele der aus einem gläubigen Elternhaus stammenden Alumnen nach ihrem Studium zur frommen Gesinnung ihrer Kindheit zurückkehren, doch stelle das Studium an den staatlichen deutschen katholisch-theologischen Universitätsfakultäten für diese eher eine Zeit der Gefährdung als der Auferbauung dar[346]. Die Mängel der deutschen Universitätsausbildung in Theologie zeigten sich für den Nuntius in dreifacher Weise: a) in einer übermäßigen Kritiksucht an der amtlichen kirchlichen Lehre; b) in einem Übermaß an positiver und einem Mangel an speku-

---

[340] »Man muss anerkennen, dass die Priester in Deutschland in ihrer Mehrheit gut, eifrig und aktiv sind«. Bericht, fol. 35v.

[341] »Gibt es eine ähnliche Verwirrung der Ideen auch im Klerus? Im Allgemeinen nicht, aber dennoch beginnt sich in einigen etwas Unsicherheit und ein gewisser Relativismus zu zeigen«. Ebd., fol. 12r.

[342] »Dem jungen Klerus sollte man besonders das Gebet und den Gehorsam anempfehlen«. Ebd., fol. 35v.

[343] Vgl. Ebd., fol. 28v–29r.

[344] »Die Abnahme, die den Großteil der Diözesen traf, erklärt auch die Tatsache, dass viele weibliche Ordensgemeinschaften wegen Mangels an Personal verschiedene neue Stiftungen nicht annehmen können, die ihnen angeboten würden. Die Verschärfung der materialistischen Gesinnungen und der Suche nach Vergnügungen in einem Großteil der Jugend und der Geburtenrückgang werden wahrscheinlich in den kommenden Jahren noch lebhafter die Notwendigkeit spüren lassen, mit aller Sorgfalt gute und viel versprechende Berufungen zu pflegen«. Ebd., fol. 36v.

[345] »Als Grund für den Mangel an einer ausreichenden Zahl priesterlicher Berufungen werden vor allem genannt: der Geburtenrückgang; der Einfluss des modernen materialistischen Geistes; die moderne Schule; die wirtschaftlichen Schwierigkeiten«. Ebd., fol. 29r.

[346] »Viele der besagten Studenten, die aus tief religiösen Familien stammen, kehren, wenn sie dann Priester geworden sind, schnell zu den Gefühlen zurück, die sie schon im Elternhaus empfangen hatten. Aber es ist sehr schmerzlich, dass sie die Jahre ihres Theologiestudiums fast wie eine Gefahr durchmachen mussten«. Ebd., fol. 30rv.

lativer Theologie; und schließlich c) in einer ungenügenden Ausrichtung des Studiums an der Neuscholastik und insbesondere dem Neuthomismus.

Zu a) Zwar muss Pacelli konzedieren, die staatlichen Universitätsfakultäten seien, was die Forschung anbelange, in der Regel produktiver als kirchliche Priesterseminare[347]. Doch führe insbesondere die finanzielle Unabhängigkeit der Staatsprofessoren von der kirchlichen Hierarchie zu einer übergroßen Kritiksucht, vor allem aber zu Stolz und Hochmut, ja Unfehlbarkeitsdünkel[348]. Die Haltung der akademischen Lehrer der Staatsfakultäten sah Pacelli als zu einseitig an der Wissenschaft orientiert an, woraus ein schädlicher Einfluss auf die Priesteramtskandidaten resultiere, ähnlich dem der staatlichen Religionslehrer auf die Gymnasiasten[349]. Während die theologischen Fakultäten in ihrer Mehrzahl nur jene Lehren von einer kritischen wissenschaftlichen Untersuchung ausnähmen, die das kirchliche Lehramt unfehlbar *ex cathedra* definiert habe, möchte Pacelli diesen Bereich auf alle päpstlichen Äußerungen ausgedehnt sehen, die grundsätzlich nicht mehr kritisch diskutiert werden dürften[350]. Sowohl der den »Staats-Theologen« gemachte Vorwurf des Hochmuts als auch die möglichst umfängliche Einschränkung der wissenschaftlichen Kritik in der Theologie stehen dabei in einer langen ultramontanen Traditionslinie[351].

Zu b) Bis ins 18. Jahrhundert hinein hatten die häufig von Jesuiten besetzten theologischen Fakultäten in Europa ihren Schwerpunkt in der scholastischen systematischen Theologie, was erst durch das zunehmend historische Denken der Aufklärung überwunden wurde. Vor allem die Studienreformen unter Maria Theresia (1740–1780) und Joseph II. (1765/80–1790) brachten einen sukzessiven Ausbau der biblischen Fächer und der Kirchengeschichte, aber auch der Pastoraltheologie, im gesamten Gebiet des Alten Reichs mit sich[352]. Anders dagegen verhielt es sich in den römischen Kollegien, die bereits bei ihrer Neugründung nach 1814 bewusst antiaufklärerisch an die alte Tradition anschlossen – eine Tendenz, die während der Re-

---

[347] Vgl. EBD., fol. 29v–30r.

[348] »Obwohl man an jeder theologischen Fakultät Professoren findet, die der Lehre der Kirche treu sind, lassen andere unter diesem Gesichtspunkt viel zu wünschen übrig, oft weil sie selbst unzureichend oder schlecht ausgebildet sind, während sie mit dem ganzen Korpus der staatlichen Universitätsprofessoren die stolze Überzeugung gemein haben, unfehlbar, unantastbar und von jeder Autorität unabhängig zu sein«. EBD., fol. 30r.

[349] Vgl. EBD., fol. 29r.

[350] »So geschieht es, dass nicht wenige Studenten von einem Geist des Misstrauens gegenüber dem Hl. Stuhl infiziert werden und in der theologischen Lehre von einem Bewusstsein, das ›Minimismus‹ genannt werden könnte, das nichts zulässt als nur das, was strenggenommen Dogma ist, und sich für den gesamten Rest, auch gegenüber den Entscheidungen des Hl. Stuhls, volle Kritikfreiheit erlaubt«. EBD., fol. 30r.

[351] »Den Vorwurf des Stolzes erhob man von römischer Seite gern gegen die deutschen Universitätstheologen. Auch Denzinger schlug in diese Kerbe«. M. WEITLAUFF, Entstehung, S. 172 Anm. 119. Der Vorwurf war etwa der Standardvorwurf gegen Ignaz von Döllinger; vgl. F. X. BISCHOF, Theologie und Geschichte.

[352] Vgl. E. WINTER, Josephinismus, S. 91–97.

staurationszeit des 19. Jahrhunderts noch verstärkt wurde[353]. Für die überarbeitete Studienordnung der Gesellschaft Jesu[354] wurde es geradezu zu einem Kennzeichen, historisches Denken, aus welchem bekanntlich so viele Irrlehren hervorgegangen seien, möglichst aus den Jesuitenkollegien zu verbannen[355]. So war die Kirchengeschichte nach einem Wort von Paul Maria Baumgarten[356] an der römischen *Gregoriana* »ein ganz verlassenes Stiefkind«[357]; für das gesamte Studium dort glaubte er sogar einen »fast völligen Mangel der historischen Fächer« diagnostizieren zu müssen[358]. Alle übrigen theologischen Fächer kamen während des viersemestrigen theologischen Kurses an dieser von Jesuiten geleiteten Universität zusammen nicht auf die Stundenzahl der dogmatischen Vorlesungen[359]. Überdies war die Kirchengeschichte 1832 in der jesuitischen Studienordnung als bloße Hilfsdisziplin der Dogmatik konzipiert worden[360].

Diese antihistorische und antiaufklärerische Ausrichtung wurde auch vom päpstlichen Lehramt unterstützt, und Papst Pius XI., obwohl er an der *Ambrosiana* einst selbst kirchenhistorisch gearbeitet hatte[361], versuchte, das Theologiestudium weltweit in diesem neuscholastischen Sinn zu reformieren. Bereits im ersten Jahr seines Pontifikats traf er in einem Apostolischen Schreiben an den Präfekten der Seminar- und Universitätskongregation, Kardinal Gaetano Bisleti[362], einige folgenschwere Anordnungen für das Studium der katholischen Theologie, auf deren strikte Durchsetzung insbesondere in Deutschland die Studienkongregation in den kommenden Jahren mit besonderer Sorgfalt achten sollte[363]:

---

[353]   Vgl. etwa V. PAGLIA, Note, S. 200–203, über die Einführung des Thomismus am *Apollinare*; Christliche Philosophie, Bd. 2, S. 110–121 (P. WALTER).

[354]   Vgl. B. CASPER, Studienpläne, S. 133: »Nach dem Gesagten dürfte deutlich sein, daß sich die eigentliche Entwicklung der römischen Theologie, die dann zur Neuscholastik hinführt, in der Theologie der wiedererrichteten Gesellschaft Jesu zuträgt«.

[355]   In den Reformvorschlägen der deutschen Jesuitenprovinz von 1830 findet sich folgende Begründung: »... nulla enim est fere disciplina, e qua tantum malum emanavit et emanat quantum ex historia«. G. M. PACHTLER, Ratio studiorum, Bd. 4, S. 423. Zum Ganzen vgl. B. CASPER, Studienpläne.

[356]   Paul Maria Baumgarten (1860–1948), Prälat und Historiker. Zu ihm die Einleitung von Christoph WEBER, in: P. M. BAUMGARTEN, Römische Kurie.

[357]   EBD., S. 145.

[358]   Vgl. EBD., S. 146.

[359]   Vgl. EBD., S. 144–147. Vgl. B. CASPER, Studienpläne.

[360]   Vgl. *Regulae Professoris Historiae Ecclesiasticae*, in: G. M. PACHTLER, Ratio studiorum, Bd. 2, S. 320–322. – 1599 kam die Kirchengeschichte in der bis ins 18. Jahrhundert hinein unveränderten Studienordnung noch gar nicht vor. Vgl. EBD.

[361]   Seit 1888 forschte Achille Ratti an der *Biblioteca Ambrosiana* in Mailand, 1907 wurde er deren Präfekt, edierte vor allem die *Acta ecclesiae Mediolanensis* und das *Missale duplex Ambrosianum*. C. MARCORA, Achille Ratti e la Biblioteca Ambrosiana, in: Achille Ratti, S. 53–67; J. RUYSSCHAERT, Pie XI, un bibliothécaire devenu pape et resté bibliothécaire, in: Achille Ratti, S. 245–253; G. SCHWAIGER, Papsttum, S. 201 f.

[362]   Gaetano Bisleti (1856–1937), Kardinal 1911, 1915–1937 Präfekt der Kongregation für die Seminare und Universitäten, Großprior des souveränen Malteserordens. H. MUSSINGHOFF, Theologische Fakultäten, S. 335 Anm. 664.

[363]   Pius XI., Apostolisches Schreiben an den Präfekten der Kongregation für die Seminarien und Universitäten Cajetan Bisleti, 1. August 1922, AAS 14 (1922), S. 449–458.

1. vermehrten Unterricht in Latein, das man als die »katholische Sprache« schlecht-hin ansah[364];
2. zwei volle Jahre Studium der scholastischen Philosophie vor dem eigentlichen (vierjährigen) Theologiestudium[365]; schließlich
3. die stärkere Gewichtung der »spekulativen« scholastischen Theologie gegenüber der *theologia positiva*, die, in den Augen des Papstes zumeist als Geschichte der Lehrentwicklung einseitig betrieben, vielleicht Kirchengeschichte, aber niemals im eigentlichen Sinne Theologie sein konnte[366].

Dieses Programm, später von Pius XI. noch erweitert und modifiziert sowie von der zuständigen römischen Kongregation entschieden forciert, sollte zu einer Uni-formierung und Romanisierung der theologischen Studien führen und insbesonde-re die deutsche Universitätstheologie treffen, die – auch in Konkurrenz zur evan-gelischen Theologie und herausgefordert durch deren historisch-kritische Methode – seit dem späten 18. und dann im 19. Jahrhundert im Unterricht mehr und mehr die deutsche Sprache verwendet und die moderne Philosophie rezipiert hatte[367]. Vor allem aber gerieten die exegetischen und historischen theologischen Fächer[368] und ansatzweise auch die Dogmengeschichte[369] ins Kreuzfeuer römischer Kritik, weil man sie in Deutschland nicht mehr nur als Hilfswissenschaft für die Dogmatik – als *ancilla theologiae* – zu betreiben suchte.

Diese von Pius XI. erneut eingeschärften römischen Vorgaben bilden das ent-scheidende Kriterium für die Bewertung des deutschen Theologiestudiums durch Pacelli. Des Öfteren wird in der Finalrelation Klage geführt, die Priesterausbildung in Deutschland lasse zu wünschen übrig, weil die akademischen Lehrer an den Staats-fakultäten ihrerseits schlecht, d. h. nicht in Rom, ausgebildet worden seien[370]. Schlimm stellte sich für den scheidenden Nuntius die Situation an den katholisch-

---

[364] Vgl. EBD., S. 452–454.

[365] »Confecto igitur litterarum curriculo, nostri alumni, ut sacrae Theologiae aptam praeparationem adhibe-ant, minimum biennio diligentissime in Philosophia studio versentur. *Scholasticam* intelligimus philoso-phiam, a Sancti Patribus Scholaeque Doctoribus quadam laborum continuatione naviter expolitam, ac de-nique opera et ingenio Thomae Aquinatis ad summum perfectionis gradum adductam ...«. EBD., S. 454.

[366] »Consequens est, non bene sacrae iuventuti consulere, qui omnem de Theologia institutionem, scho-lastica ratione neglecta, ad positivam methodum, ut dicitur eligendam putent ... Fidei autem dogma-ta contrariosque errores ex ordine temporum recensere, ecclesiasticae quidem historiae est, non vero munus Theologiae«. EBD., S. 455 f.

[367] Vgl. N. HINSKE, Kant; Christliche Philosophie, Bd. 1.

[368] Vgl. die Beiträge von Henning Graf REVENTLOW, Hans-Josef KLAUCK und Hubert WOLF in: H. WOLF, Die katholisch-theologischen Disziplinen. – Zur restriktiven Haltung der römischen Kirche zu bibel-exegetischen Fragen zu dieser Zeit vgl. B. MONTAGNES, La question biblique au temps de Pie XI, in: Achille Ratti, S. 255–275.

[369] Dogmengeschichtliche Methodik wurde an theologischen Einzelfragen oder an bestimmten Epochen entwickelt, so etwa bei dem Münchener Dogmenhistoriker Joseph Bach (1833–1901) oder bei Hugo Koch (1869–1940) und Joseph Schnitzer (1859–1939), wo unter anderem die frühkirchliche Primats-entwicklung Gegenstand dogmenevolutionärer Überlegungen wurde, die die beiden letzteren freilich in Konflikt mit dem kirchlichen Lehramt brachten.

[370] Vgl. bes. BERICHT, fol. 29v–30r. – Zur Priesterausbildung am *Collegium Germanicum* vgl. P. WALTER, Collegium Germanicum, in: E. GATZ (Hg.), Geschichte des kirchlichen Lebens, Bd. 4, S. 253–263.

theologischen Fakultäten in Bonn[371], Breslau[372] und Braunsberg[373] dar. Die Fakultät in Münster wurde in etwas helleren Farben geschildert, wohl nicht zuletzt wegen der von Pacelli geschätzten Professoren Franz Diekamp[374], Arnold Struker[375] und Joseph Mausbach[376], die dort die systematischen Fächer vertraten[377]. Pacelli wollte »erreichen, dass diejenigen, die sich der Lehre der heiligen Wissenschaften widmen wollen, vom Anfang ihrer Ausbildung an die Möglichkeit eines soliden und tiefgründigen Studiums nicht nur des positiven Teils, sondern auch des spekulativen Teils nach der Lehre des hl. Thomas und der anderen großen Scholastiker haben werden«[378]. Daher erstrebte er eine Umgewichtung der Stundenzahl der Fächer vor allem zum Vorteil der Dogmatik und auf Kosten der historisch-kritisch arbeitenden Disziplinen Exegese und Kirchengeschichte an. Dies hätte eine Annäherung an den Studienplan der römischen Universitäten und insbesondere der Ausbildungsstätten des Jesuitenordens bedeutet.

Zu c) Von Beginn an stand die Restauration der Neuscholastik im 19. Jahrhundert im Kontext einer dezidiert aufklärungs- und modernitätsfeindlichen Sicht der Gegenwart, die durch die gesunde Lehre der *philosophia perennis*, insbesondere des Aquinaten, Heilung finden sollte. Diese vor allem von den großen Orden getragene Bewegung bekam innerkirchlich durch den Pontifikat Pius' IX. und namentlich durch die Enzyklika Leos XIII. *Aeterni patris* vom 4. August 1879[379] entscheidenden Auftrieb und lehramtliche Förderung. Auch in diesem päpstlichen

[371] Vgl. BERICHT, fol. 30r. – Zur Katholisch-Theologischen Fakultät in Bonn vgl. H.-P. HÖPFNER, Universität, S. 37 f., 181–217.

[372] Vgl. BERICHT, fol. 30r, 38v. – Zur Katholisch-Theologischen Fakultät in Breslau vgl. E. KLEINEIDAM, Fakultät.

[373] Vgl. BERICHT, fol. 42rv. – Zur Katholisch-Theologischen Fakultät an der Staatlichen Akademie in Breslau vgl. G. REIFFERSCHEID, Ermland, S. 34–78.

[374] Franz Diekamp (1864–1943), 1902 a.o. Professor für Kirchengeschichte, Dogmengeschichte, Patrologie und christliche Archäologie, 1907 o. Professor für Dogmatik in Münster, 1924 Domkapitular. Er vertrat das Fach Dogmatik im streng-thomistischen Sinne, in welchem er auch sein Dogmatiklehrbuch ausgearbeitet hat. E. HEGEL, Katholisch-Theologische Fakultät Münster, Bd. 2, S. 13 f.

[375] Arnold Struker (1878–1948), studierte als Alumnus des *Collegium Germanicum* an der *Gregoriana* in Rom, 1917 a.o. Professor für Dogmatik, Apologetik und philosophische Propädeutik in Münster, 1920 persönlicher Ordinarius, 1946 Emeritierung und persönlicher Domkapitular ebd. EBD., S. 93 f.

[376] Joseph Mausbach (1861–1931), seit 1892 Professor für Moraltheologie und Apologetik in Münster, seit 1918 Dompropst, 1919 Mitglied der verfassunggebenden deutschen Nationalversammlung. LThK³ 6 (1997), S. 1504 f. (S. FELDHAUS); W. RIBHEGGE, Kirche. – Zu Joseph Mausbach entsteht die erwähnte Dissertation von Jan Dirk Busemann in Münster.

[377] »Die theologische Fakultät an der Universität Münster ist vielleicht die verhältnismäßig beste in Deutschland. Dort gibt es zur Zeit mehrere der Kirche treu ergebene Professoren, wie Mausbach ..., Diekamp, Strucker (ein ehemaliger Schüler des Collegium Germanicum et Hungaricum) und Donders, neben einigen allerdings von weniger sicherer Gesinnung, wie Schmidlin«. BERICHT, fol. 42v–43r. – Zur Katholisch-Theologischen Fakultät in Münster vgl. E. HEGEL, Katholisch-Theologische Fakultät Münster.

[378] Vgl. BERICHT, fol. 31r.

[379] Vgl. Enzyklika *Aeterni patris*, 4. August 1879, ASS 12 (1879), S. 97–115. Zum Ganzen vgl. Christliche Philosophie, Bd. 2, S. 310–332 (R. AUBERT).

Lehrschreiben wurden die Übel der Gegenwart auf eine falsche philosophische Ausrichtung, die den Menschen an die Stelle Gottes gesetzt habe, zurückgeführt[380]. Nur
durch die Rückkehr zur Philosophie des hl. Thomas könnten Familie und Gesellschaft wieder heilsame Ruhe und Sicherheit bekommen[381]. Seither gelang es der Neuscholastik, zumindest an den wichtigsten römischen Ausbildungsstätten die absolute Prädominanz zu erhalten, während sich die theologischen Universitätsfakultäten
in Deutschland trotz massiver »jesuitischer« Unterwanderungsversuche (vor allem
in Würzburg[382]) der mittelalterlichen Scholastik eher historisch näherten, diese jedoch nicht als modernitätsfeindliches restauratives Programm durchzusetzen suchten. Der so genannte »Neuthomismus« erfuhr durch Papst Pius X. eine weitere intensive Förderung in antimodernistischer Frontstellung: zunächst im Antimoder-
nisteneid[383], dann im Motuproprio *Doctoris Angelici* an die Bischöfe Italiens[384], in dem
die Lehre des hl. Thomas als Allheilmittel gegen die Ideologien des Materialismus,
Monismus, Pantheismus, Sozialismus und Modernismus gepriesen wurde[385], und
schließlich in jenen berühmten 24 Thesen, die die Studienkongregation rund einen
Monat später veröffentlichte[386]. Die Verpflichtung auf Methode und Lehre des Aquinaten ging überdies als Vorschrift für den theologischen Lehrbetrieb auch in das neue
kanonische Recht von 1917 ein, wo es heißt: »Philosophiae rationalis ac theologiae
studia et alumnorum in his disciplinis institutionem professores omnino pertractent
ad Angelici Doctoris rationem, doctrinam et principia, eaque sancte teneant«[387].

Die entschiedene politische Durchsetzung dieses Kanons des CIC von 1917 gehörte zu den bereits zu Beginn seines Pontifikats gefassten Zielen und Schwerpunk-
ten Pius' XI. Dieser Papst hat nicht nur anlässlich der 600–Jahr-Feier der Heilig-
sprechung Thomas' durch Papst Johannes XXII. (1316–1334) in Avignon die Enzyklika *Studiorum ducem* erlassen[388]. Diese erklärte den Aquinaten zum universalen
Lehrer der gesamten Kirche[389] und Vorbild der studierenden Jugend[390], dessen Leh-

---

[380] Vgl. Enzyklika *Aeterni patris*, S. 98 f., 103, 107.
[381] Vgl. EBD. Abs. Nr. 18, 27–29, S. 108 f., 112 f.
[382] Vgl. M. WEITLAUFF, Entstehung.
[383] Vgl. Konstitution *Sacrorum Antistitum*, 1. September 1910, AAS 2 (1910), S. 655–680.
[384] Pius X., Motuproprio *Doctoris Angelici*, 29. Juni 1914, AAS 6 (1914), S. 336–341.
[385] Vgl. EBD. S. 337 f.: »Eo vel magis quod si catholica veritas valido hoc praesidio semel destituta fuerit,
      frustra ad eam defendendam quis adminculum petat ab ea philosophia, cuius principia cum *Materia-
      lismi, Monismi, Pantheismi, Socialismi* variique *Modernismi* erroribus aut communia sunt aut certe non
      repugnant. Nam quae in philosophia sancti Thomae sunt capita, non ea haberi debent in opinionum
      genere, de quibus in utramque partem disputare licet, sed velut fundamenta in quibus omnis natura-
      lium divinarumque rerum scientia consistit«.
[386] Vgl. *Theses quaedam, in doctrina Sancti Thomae Aquinatis contentae, et a philosophiae magistris prae-
      positae, adprobantur*, AAS 6 (1914), S. 383–386. Sie wurden von Guido Mattiussi (1852–1925), einem
      an der *Gregoriana* lehrenden neuscholastischen Integralisten, redigiert. Vgl. Christliche Philosophie,
      Bd. 2, S. 326 f. (R. AUBERT).
[387] CIC 1917, c. 1366 §2.
[388] Vgl. Pius XI., Enzyklika *Studiorum ducem*, 5. Juli 1923, AAS 15 (1923), S. 309–326.
[389] Vgl. EBD., S. 314.
[390] Vgl. EBD., S. 320–322.

re alle Argumente der Modernisten[391] besiege, die daher keinen Kirchenlehrer derart fürchteten wie Thomas[392]. Pius XI. verfasste auch am 1. August 1922, also nur wenige Monate nach seiner Krönung, jenes oben zitierte folgenreiche Schreiben an den Präfekten der Kongregation für die Seminarien und Studien[393], in welchem er Methode, Prinzipien und Lehre des hl. Thomas von Aquin zur Grundlage schlechthin sowohl für die philosophischen als auch die theologischen Studien erklärte[394].

Diese Hochschätzung des Thomismus teilte auch Pacelli. Er setzte seine Hoffnung vor allem auf die Ausbildungsstätten der Jesuiten[395] in Rom, Frankfurt am Main und Innsbruck. Dort sollten nicht nur die angehenden Pfarrer, sondern vor allem die künftigen theologischen Lehrer an allen Fakultäten ausgebildet werden, die so »vom Anfang ihrer Ausbildung an die Möglichkeit eines soliden und tiefgründigen Studiums«, insbesondere eben auch der spekulativen Theologie im neuscholastisch-thomistischen Sinn hätten. Dies sah Pacelli als notwendige Bedingung für alle Maßnahmen »für eine bessere Vorbereitung der künftigen Professoren« auf ihre Aufgabe an[396]. Besonders heftige Kritik erfährt daher die staatliche Akademie in Braunsberg – verbunden mit Vorwürfen gegen den zuständigen Bischof –, weil dort Philosophie und Theologie offensichtlich und bewusst nicht im thomistischen Sinne gelehrt würden[397].

Dieser teils scharfen Kritik der deutschen katholisch-theologischen Fakultäten korrespondiert umgekehrt das ungeschmälerte Lob und Wohlwollen, das dem Jesuitenorden und seiner spirituellen Ausrichtung entgegengebracht wird, den ignatianischen Exerzitien[398] und der pastoralen Arbeit der Jesuiten[399]. Dies fällt weiter auf bei der bemerkenswert häufigen Herbeiziehung von Mitgliedern der Gesellschaft

---

[391] »Deinde ad errores effugiendos, in quibus omnium huius temporis miserarum fons est et caput, religiosius quam umquam alias, est in Aquinatis institutione consistendum. Omnino enim Modernistarum in omni genere Thomas opinionum commenta convincit …«. EBD., S. 322.

[392] »Hinc apparet satis esse causae quamobrem Modernistae nullum Ecclesiae Doctorem tam metuant quam Thomam Aquinatem«. EBD., S. 323.

[393] Pius XI., Apostolisches Schreiben an den Präfekten der Kongregation für die Seminarien und Universitäten Gaetano Bisleti, 1. August 1922, AAS 14 (1922), S. 449–458.

[394] Vgl. EBD., S. 454 f.

[395] Diese waren nach der 1832 in diesem Punkte einfach erneuerten Studienordnung von 1599 ganz auf die Lehre des hl. Thomas in der Theologie verpflichtet: »Sequantur nostri omnino in scholastica Theologia doctrinam S. Thomae eumque ut Doctorem proprium habent ponantque in eum omnem operam, ut auditores erga illum quam optime afficiantur«. G. M. PACHTLER, Ratio studiorum, Bd. 2, 2. Regel für die Professoren der Theologie, S. 300.

[396] BERICHT, fol. 31r.

[397] Vgl. EBD., fol. 42rv.

[398] Vgl. EBD., fol. 6v und dazu: »Die übertriebensten Anhänger der liturgischen Bewegung haben besonders die Methode der geistlichen Exerzitien nach dem heiligen Ignatius angegriffen, als ob dieser zu sehr auf der (wie man sagt) negativen Seite des religiösen Lebens beharre, d.h. auf dem Kampf gegen die Sünde. Nun ist es fast überflüssig, daran zu erinnern, dass auch der so genannte positive Teil, d.h. die Nachahmung Jesu Christi, in den besagten Exerzitien weitläufig behandelt wird, nämlich von der zweiten bis zur vierten Woche; und sie wird von den Patres des Ordens niemals übergangen, nicht einmal in den nur dreitägigen Kursen«. EBD., fol. 8r.

[399] Vgl. EBD., fol. 20r.

Jesu als theologischen Gewährsleuten[400], der Hochschätzung von Klerikern, die eine jesuitische Ausbildung erhalten haben[401] und der Ausbildungsstätten des Ordens selbst[402]. Immer wieder finden sich in Quellen der Nuntiatur Pacellis Gutachten von Jesuiten, in denen diese über den schlechten Zustand der deutschen Theologie klagten oder auch Denunziationen einzelner Professoren vor den Nuntius brachten[403].

Was schließlich die Mängel des deutschen Klerus im Allgemeinen sowie der Ausbildung desselben im Besonderen anging, so sah der Nuntius als wichtigstes Heilmittel eine striktere Überwachung der universitären Theologie durch den deutschen Episkopat sowie eine verstärkte Frequentierung der Ausbildungsstätten der Gesellschaft Jesu in Rom, Innsbruck und Frankfurt-St. Georgen an[404]. Da die Umsetzung beider Ziele von der Initiative der Bischöfe abhängig war, schließt sich hier der Kreis erneut: Durch eine gezielte Politik der Besetzung der Bischofsstühle sollten neuscholastisch-jesuitisch ausgebildete Bischöfe für eine bessere Ausbildung der Priester sorgen[405], aus deren Reihen wiederum geeignetere Professoren[406] und auch Bischofskandidaten hervorgingen. Dass Rom selbst auf diesem Feld zu entschiedenem Vorgehen bereit war und den deutschen Bischöfen misstraute[407], wird aus zwei bislang unbekannten Geheimerlassen der römischen Kongregation für die Universitäten und Seminarien vom 16. Juli 1927[408] und 14. Januar 1928[409] deutlich. Diese machten es den Ortsbischöfen zur Pflicht, vor Erteilung des bischöflichen *Nihil obstat* – eines den Bischöfen vom Staat in den Konkordaten eingeräumten Rechts bei der Besetzung von Professoren an den staatlichen theologischen Fakultäten – selbst wiederum bei der römischen Kongregation um Einverständnis zu bitten. Diese bis in die Gegenwart in modifizierter Weise gültige Anordnung war durchaus folgenschwer. Sie steht im Kontext zahlrei-

---

[400] Vgl. EBD., fol. 12v f., 13v u.ö. – Von Jesuiten verfasste Gutachten sind auch sonst häufig in der Nuntiaturüberlieferung zu finden.

[401] Vgl. EBD., fol. 12v, 41v, 43r, 44v, 45v, 46v, 47rv, 48r und 49r.

[402] Vgl. zu den eben zitierten Stellen noch: EBD., fol. 31r und 43v.

[403] Vgl. die Gutachten in ASV, ANB 67, fasc. 1, der überschrieben ist *Studi biblici in Germania*.

[404] »Eine bessere Ausbildung der Theologieprofessoren. Zu diesem Zweck sind auch die Anordnungen des bayerischen und des preußischen Konkordats nützlich, welche die an den Päpstlichen Hochschulen in Rom abgeschlossenen Studien mit den in Deutschland erbrachten gleichgesetzt haben. Gleichermaßen verfährt das preußische Konkordat im Schlussprotokoll … für die hervorragende theologische Fakultät, die von den Hochwürdigen Patres der Gesellschaft Jesu in Innsbruck (Österreich) unterhalten wird. Viel Gutes wird auch von dem philosophisch-theologischen Institut erwartet, das in Frankfurt am Main von der erwähnten Gesellschaft gegründet wurde«. BERICHT, fol. 31r.

[405] »Größere Sorgfalt in der Auswahl der Bischöfe, denen die Aufgabe obliegt, die Ausbildung der Priesteramtskandidaten zu überwachen«. EBD., fol. 30v.

[406] »Größere Wachsamkeit in der Ernennung der Professoren der theologischen Fakultäten …«. EBD., fol. 30v.

[407] »Da aber, wie die Erfahrung gezeigt hat, die Bischöfe zu oft leichtfertig waren, wenn sie den von der Regierung als Professoren Vorgeschlagenen das *Nulla osta* gewährten, waren die beiden geheimen Rundschreiben der Seminare und Universitäten … sehr zweckmäßig …«. EBD., fol. 30v–31r.

[408] Vgl. Geheimes Rundschreiben der Kongregation für Seminare und Universitäten, 16. Juli 1927, ASV, ANB 67, fasc. 16, fol. 3r; AEM NL Faulhaber 5850.

[409] Vgl. Geheimes Rundschreiben der Kongregation für Seminare und Universitäten, 14. Januar 1928, ASV, ANB 67, fasc. 16, fol. 36r; AEM NL Faulhaber 5850.

cher weiterer Weisungen desselben Dikasteriums sowie des 1931 erlassenen Apostolischen Schreibens Pius' XI. *Deus scientiarum Dominus*[410], das durch die wenig später herausgegebenen Durchführungsbestimmungen (die *Ordinationes*[411] und die *Instructio*[412]) ergänzt wurde. Zweck dieser Regelungen war eine Uniformierung, Romanisierung und neuscholastische Umformung des Theologiestudiums, gerade auch
in Bezug auf die deutschen theologischen Fakultäten. In diesen Planungen spielte der
Jesuit Augustin Bea[413] eine nicht unbedeutende Rolle.

3. Die katholischen Laien

In Hinblick auf die katholischen Laien lag die Hauptsorge des Nuntius darin, sie
vor Beeinflussung und Irreführung durch die Propaganda weltanschaulich feindlich
gesinnter Lager, namentlich des Sozialismus, Liberalismus, Freimaurertums, aber
auch des Protestantismus zu schützen. Hier hatte die Kirche zum einen durch ihr
Lehr- und Wächteramt Vorsorge zu treffen, zum anderen musste sie sich katholischer Vereine und Parteien zur wirksamen Durchsetzung ihrer Interessen im ge-
sellschaftlich-politischen Raum bedienen.

a) Sittlichkeit, Glaubensfestigkeit und christliche Bildung der Laien

Das Bild Pacellis von den Laien in Deutschland, dem »gemeinen Kirchenvolk« also,
erweist sich deutlich als zweigeteilt. Auf der einen Seite steht die »Masse der einfachen Gläubigen«, welche »dem Hl. Stuhl aufrichtig ergeben« ist[414]. Ihre Frömmigkeit und ihr Betragen bei den Gottesdiensten bezeichnet Pacelli ausdrücklich als
»sehr würdig und erbaulich«[415]. Soviel Disziplin und Innerlichkeit während der Liturgie dürfte der Römer in seiner italienischen Heimat kaum vorgefunden haben.
      Eine ganz andere Beurteilung erfahren hingegen die so genannten katholischen
Intellektuellen. Sie sah der Nuntius – damit ganz der Auffassung der ultramonta-

---

[410] Vgl. Apostolische Konstitution *Deus scientiarum Dominus*, 24. Mai 1931, AAS 23 (1931), S. 241–262.
       Vgl. hierzu H. Mussinghoff, Theologische Fakultäten.
[411] *Ordinationes ad constitutionem apostolicam ›Deus scientiarum Dominus‹ de universitatibus et facul-
       tatibus studiorum ecclesiasticorum rite exequendam*, 12. Juni 1931, AAS 23 (1931), S. 263–284.
[412] Vgl. die *Instructio*, 7. Juli 1932, gedruckt in: AfkKR 125 (1951/52), S. 262–267.
[413] Augustin Bea SJ (1881–1968), 1902 Jesuit, 1917 Professor für Exegese des Alten Testaments in Val-
       kenburg, lehrte seit 1924 in Rom, 1930 Rektor des päpstlichen Bibelinstituts, ab 1945 Beichtvater Pius'
       XII. 1959 Kardinal, entscheidend an der Begründung des Sekretariats für die Einheit der Christen be-
       teiligt, das er nach dem Konzil, auf dem er vor allem auf die Dogmatische Konstitution *Dei Verbum*
       einen wichtigen Einfluss ausübte, konkret ausgestaltete. LThK³ 2 (1994), S. 105 f. (H.-A. Raem). Zu
       seiner Rolle vgl. auch H. Mussinghoff, Theologische Fakultäten, S. 335–357.
[414] Bericht, fol. 15v.
[415] »Die Frömmigkeit und das Verhalten der Gläubigen in den Gottesdiensten lassen im Allgemeinen
       nichts zu wünschen übrig; das Betragen der Katholiken in den Kirchen ist sogar sehr würdig und er-
       baulich«. Ebd., fol. 7r.

nen katholischen Restauration folgend – in einer verderblichen Tradition des Auf-
ruhrs gegen die Kirche stehen, die in der Aufklärung erstmals zum Durchbruch gekommen sei und sich noch einmal verstärkt in den »modernistischen Strömungen«
der Jahrhundertwende gezeigt habe[416]. In diesen Kreisen habe auch das falsche System vom religiösen Leben, wie es die so genannte Liturgische Bewegung von Maria Laach vertreten habe, Fuß fassen können[417]. Die zu seiner Zeit wieder etwas rück-
läufige Richtung im deutschen Katholizismus galt Pacelli als sehr gefährlich[418]. Ihre
entscheidenden Wortführer seien Joseph Wittig[419], Johannes Hessen[420] und Ernst Michel gewesen[421]. Dazu kämen noch die *Rhein-Mainische Volkszeitung* als Tageszeitung und das *Hochland*[422] als Monatsschrift[423]. Wittig finde seine Leser(-innen) nicht
selten in den Kreisen katholischer Volksschullehrerinnen, was der Nuntius im Hinblick auf ihren Erziehungsauftrag als besonders problematisch ansah[424]. Nach Ansicht Pacellis zeichneten sich die falschen Strömungen durch einen scharfen Anti-
Kurialismus und eine ebenso heftige Ablehnung der Neuscholastik aus. Dafür neig-
ten sie Luther und dem Protestantismus umso mehr zu, dem vor allem die *Una Sancta*-Bewegung äußerst aufgeschlossen gegenüberstehe[425]. Pacelli fürchtete durch die-

---

[416] »Dasselbe kann man aber nicht ohne weiteres von den so genannten Intellektuellen sagen. Ihre Opposition gegen die Kirche begann in der Zeit der *Aufklärung* in der zweiten Hälfte des XVIII. Jahrhunderts,
und obwohl die Lage sich nach den *Kölner Wirren* und dem *Kulturkampf* gebessert hat, bildeten sich dennoch seit dem Anfang des Jahrhunderts von neuem ähnliche modernistische Strömungen, die besonders
nach dem Krieg die Haltung der gebildeten Klassen beträchtlich beeinflusst haben«. BERICHT, fol. 15v.

[417] Vgl. EBD., fol. 7v–8v. – Zu Maria Laach vgl. F. KOLBE, Liturgische Bewegung, S. 36–41; A. SCHILSON,
Theologie.

[418] So nach BERICHT, fol. 18r.

[419] Joseph Wittig (1879–1949), Patrologe und Schriftsteller, 1911 a.o. und 1915 o. Prof. für Kirchengeschichte in Breslau, 1925 Indizierung verschiedener Werke, 1926 Exkommunikation und Zwangs-
emeritierung, 1945 Rücknahme der Exkommunikation. H. WOLF/C. ARNOLD, Rheinischer Reformkreis, Bd. 1, S. 241; J. KÖHLER, Joseph Wittig; K. HAUSBERGER, Fall; E. ROSENSTOCK/J. WITTIG, Alter der Kirche; S. KLEYMANN, Theologie.

[420] Johannes Hessen (1889–1971), Religionsphilosoph, 1914 Priesterweihe in Münster, Promotion zum
Dr. theol. 1916 in Münster und zum Dr. phil. 1918 in Würzburg, 1920 Habilitation an der Philosophischen Fakultät in Bonn, eine Berufung auf eine Professur scheiterte an seinem frühen Ruf als »Modernist« und seiner von daher rührenden zahlreichen Gegnerschaft, 1927 nichtbeamteter a.o. Professor in Köln, seither zahlreiche kirchliche Bücherverbote; 1928 *suspensio ex informata conscientia* durch
den Kölner Erzbischof, von der er wenig später auf sein Ersuchen hin befreit wurde, nach früh ein-
setzenden Schwierigkeiten mit den neuen Machthabern seit 1933 wurde er 1939 aus dem Staatsdienst
entlassen (1945 aufgehoben). J. HESSEN, Geistige Kämpfe; H. WOLF/C. ARNOLD, Rheinischer Reformkreis, Bd. 2, S. 554–589; C. WEBER, Hessen; O. WEISS, Modernismus in Deutschland.

[421] Vgl. BERICHT, fol. 15v–16r.

[422] Vgl. zur Zeitschrift *Hochland* und der »Modernismus«-Problematik: M. WEITLAUFF, Modernismus
litterarius; K. UNTERBURGER, Hochland. Zu Pacellis Skepsis gegenüber Karl Muth und seiner Zeitschrift vgl. auch die Notiz des Jesuiten Hubert Becher: »Dieser Einseitigkeit gab der gewiß scharf-
sichtige Nuntius Pacelli Ausdruck, wenn er sagte, Muth gehe auf der äußersten Linie eines Kreises und
man wisse nie, ob er stolpernd nach innen oder außen fallen werde«. H. BECHER, Rezension, S. 318.

[423] Vgl. BERICHT, fol. 16r.

[424] Vgl. EBD., fol. 19v.

[425] Vgl. EBD., fol. 16v–17v. – Zur Una-Sancta-Bewegung vgl. den Überblick: Die Anfänge der ökumenischen Bewegung im katholischen Raum, in: E. GATZ (Hg.), Geschichte des kirchlichen Lebens, Bd. 3,
S. 145–164 (H.-A. RAEM).

se Richtung vor allem eine Gefährdung der Jugend, »die es nicht mehr wie in der
Vergangenheit gewohnt« sei, »sich ohne weiteres der kirchlichen Autorität zu unterwerfen«[426].

Aber nicht nur im Bereich der Glaubenslehre, sondern auch im Bereich der Moral und der praktischen Lebensführung waren die gläubigen Laien in der Perspektive des Nuntius vielen Gefährdungen ausgesetzt. Pacelli glaubte, in der Ehe- und
Sexualmoral und in der Abtreibungsfrage die ethischen Hauptprobleme seiner Zeit
festmachen zu können. Die Mischehen mit Protestanten, die die deutschen Bischöfe leider bislang viel zu großzügig toleriert hätten, identifizierte er als entscheidende Ursache für den zunehmenden Glaubensabfall der Kinder[427]. Zumindest in Dia-
sporagegenden ginge der katholischen Kirche der Nachwuchs aus solchen Ehen früher oder später weitgehend verloren[428]. Ein weiterer Konfliktfall mit der katholischen Ehelehre war für ihn die Praxis der Ehescheidungen[429]. Als gravierend und
alarmierend sah Pacelli – hier ganz auf jener lehramtlichen Linie liegend, die wenig
später zur Enzyklika *Casti conubii*[430] führte – die unerlaubte Anwendung künst-
licher empfängnisverhütender Mittel an. Diese Praxis hatte sich erstmals in Frankreich[431], im Verlauf des 19. Jahrhunderts dann auch in England und anderen Staaten
immer weiter ausgebreitet: Während die päpstliche Pönitentiarie anfangs weitgehend
tolerant reagierte und sich hier ein Umschwung der Lehrmeinung anzudeuten
schien[432] – bislang wurden derartige Praktiken immer als »Onanismus« eingeordnet
und deshalb abgelehnt –, machte ein Urteil der Römischen Inquisition vom 24. Mai
1851 solche Hoffnungen zunichte, freilich ohne dass man sich an der Kurie bis 1878
für das Problem in besonderer Weise lehramtlich interessiert hätte[433]. Seit dem Pontifikat Leos XIII. und dem aufkommenden Neuthomismus wurde aber auch in diesem Bereich verstärkt die Zuständigkeit der Kirche und ihrer Beichtväter betont[434]
und – etwa in Belgien – zu einem regelrechten Kampf gegen das »Übel« der Empfängnisverhütung durch ein gezieltes Nachfragen der Beichtväter aufgerufen[435]. Hier-

---

[426] BERICHT, fol. 17v–18r.
[427] Vgl. EBD., fol. 10v.
[428] »Die Erfahrung hat gezeigt, dass, wenigstens in den Gegenden der Diaspora, wo die Katholiken in der
      Minderheit sind, der größte Teil der aus Mischehen geborenen Nachkommenschaft, auch wenn alle
      vorgeschriebenen Sicherheitsleistungen gegeben sind, für die katholische Kirche, wenn nicht in der er-
      sten, wenigstens in den nachfolgenden Generationen verloren geht«. EBD., fol. 10rv.
[429] Vgl. EBD., fol. 10v–11r.
[430] Enzyklika *Casti conubii*, 31. Dezember 1930, AAS 22 (1930), S. 539–592. – Vgl. hierzu auch W. MO-
      LINSKI, Theologie, S. 189–196.
[431] Vgl. J. NOONAN, Empfängnisverhütung, S. 477–482.
[432] Vgl. EBD., S. 487–499.
[433] Vgl. EBD., S. 497–499. – »Diese Antwort unterhöhlte im wesentlichen die Entscheidung der Pöniten-
      tiarie aus dem Jahre 1842«. EBD., S. 498.
[434] Vgl. EBD., S. 514–521, etwa S. 519: »Im Beichtstuhl aber solle der Kampf gegen das Übel mit besonde-
      rer Härte geführt werden«.
[435] »Der eigentliche Kampfplatz war Belgien, wo in einem Teil des Volkes der katholische Glaube in be-
      sonderem Maße stark und lebendig war, während der Rest der Bevölkerung unter dem Einfluß anti-
      klerikaler und sozialistischer Ideologien stand. … Belgische Priester versuchten vor allem auf dem Lan-
      de, den neuen Praktiken mit aller Strenge zu begegnen«. EBD., S. 518.

bei erwies sich der Jesuit Arthur Vermeersch (1858–1936)[436] als eigentlicher geistiger Inspirator, der auch hinter der Enzyklika *Casti conubii* stehen sollte[437]. Die vermehrte Kenntnis und Anwendung dieser Praktiken unter den Katholiken Deutschlands betrachtete Pacelli als eine der moralisch schlimmsten Folgen des Ersten Weltkriegs[438]. Dabei hatte die Fuldaer Bischofskonferenz schon 1913 in einem Hirtenbrief vor diesem Übel gewarnt[439].

Bei den »so genannten Intellektuellen« hatten sich nach Pacelli zudem auch drei theoretische Irrtümer in Bezug auf die kirchliche Ehe- und Sexualmoral eingeschlichen, nämlich a) die Behauptung, die Kirche sei in diesen Dingen nicht kompetent; b) die Ansicht, diese Lehren ließen sich nicht naturrechtlich begründen und stellten lediglich positives und damit veränderbares Kirchenrecht dar; und schließlich c) die Meinung, es handle sich bei der kirchlichen Sexualmoral nicht um unfehlbare Kirchenlehre[440].

Ausführlich fiel ferner Pacellis Schilderung jener Gefahren für die Sittlichkeit aus, die etwa durch die Propaganda für Nudismus, Frauensport, öffentliches Baden von Frauen, Tanzveranstaltungen, unsittliche Filme und Literatur sowie unziemliche Mode drohten. Dagegen sollten katholische Publizistik und Politik wesentlich entschiedener im Sinne der Kirche vorgehen[441].

Das »vielleicht dornenreichste Problem des religiösen Lebens und der Seelsorge in Deutschland«[442] stellte für den Nuntius neben der Empfängnisverhütung vor allem die Abtreibungsproblematik dar, nachdem sich die Kirche in verschiedenen lehramtlichen Äußerungen klar zu einer Ablehnung jeglicher Indikationsregelung, auch im Falle der Lebensgefahr für die Mutter, durchgerungen hatte[443]. Lediglich bei Handlungen mit Doppelwirkung durfte der Tod des ungeborenen Kindes als nichtintendierte und nicht direkt herbeigeführte Nebenfolge des lebensrettenden Aktes für die Mutter erlaubterweise in Kauf genommen werden[444]. Das seit 1871 in Deutschland gültige Strafgesetzbuch verbot in seinen §§ 218–220 jede Form der Abtreibung und stellte sie unter Strafe; seit den ersten Jahren der Weimarer Republik unternahmen jedoch USPD und SPD wiederholt Versuche zur Abschaffung bzw. Reform (mit Einführung einer dreimonatigen Fristenregelung) dieser Paragra-

---

[436] Arthur Vermeersch SJ (1858–1936), 1893 Professor für Moraltheologie und Kirchenrecht in Löwen, 1918–1934 für Moraltheologie an der *Gregoriana* in Rom. LThK³ 10 (2001), S. 695 (V. WALZ).

[437] Vgl. J. NOONAN, Empfängnisverhütung, S. 525–527.

[438] »Diese Umstände erklären allerdings nicht gänzlich einen solchen Rückgang, und daher scheint man nicht leugnen zu können, dass leider auch der katholische Teil der Bevölkerung nicht unempfänglich gegen die Infizierung des Geburtenrückgangs geblieben ist. Er ist auf moralischem Gebiet sogar eine der traurigsten Auswirkungen des unglückseligen Krieges, der die Kenntnis und Anwendung unzulässiger Praktiken auch in katholischen Kreisen mit sich brachte, die vorher wegen ihrer christlichen Erziehung dagegen immun waren«. BERICHT, fol. 11v.

[439] Vgl. J. LAURENTIUS, Bischofswort.

[440] Vgl. BERICHT, fol. 11v–12r.

[441] Vgl. EBD., fol. 13v–15v.

[442] EBD., fol. 13r.

[443] Vgl. EBD.

[444] Vgl. I. RICHTER, Katholizismus, S. 143–145, die Position Franz Hürths SJ zusammenfassend.

phen[445]. Dagegen hatten sich die deutschen Bischöfe mit einem scharfen Hirtenwort zur Wehr gesetzt[446]. Eine in der Weimarer Zeit immer wieder intendierte Strafrechts-Reform wurde bis 1926 stets vom Zentrum und der Bayerischen Volkspartei blockiert, bis eine Gesetzesnovelle vom 18. Mai 1926 die Regelung des § 218 strafrechtlich deutlich abmilderte[447]. In den Jahren 1927 bis 1929 konzentrierten sich die Reformdiskussionen schließlich auf eine Freigabe der medizinischen Indikation auf Grundlage der Notstands-Argumentation[448], was teilweise auch in katholischen Kreisen – auch in der Zentrumspartei – nicht ohne Eindruck blieb, schließlich aber auf bischöflichen Druck hin abgelehnt wurde[449]. Jede noch so vorsichtige Revision des Abtreibungsrechtes wurde vom kirchlichen Lehramt und auch von Pacelli entschieden zurückgewiesen[450], wobei der Nuntius sich bewusst war, dass gerade diese Haltung zu einer fortschreitenden Entfremdung von Teilen »der gehobenen Klasse« Deutschlands von der katholischen Kirche geführt habe[451].

b) Der Kampf um die katholische Bekenntnisschule

Das kulturpolitisch wichtigste Feld, auf dem aus Sicht der kirchlichen Hierarchie die katholische Bevölkerung vor der Weltanschauung der Liberalen, Sozialisten und Freimaurer einerseits und der Protestanten andererseits unbedingt bewahrt werden musste, war zweifellos die Schulfrage. Hier hatte sich im 19. Jahrhundert die kirchliche Grundsatzposition herausgebildet, Erziehung sei primär ein Elternrecht, katholische Eltern hätten deshalb die Unterweisung in der katholischen Religion als oberstes Erziehungsziel zu verfolgen, was sie folglich auch von der Schule erwarten dürften, die somit eine konfessionelle Bekenntnisschule sein musste[452]. Katholische Kinder gehörten in dieser Sicht ausschließlich an katholische Schulen. Diese Konfessionsschulen sollten nach dem Sturz der Monarchie durch die revolutionären Maßnahmen des preußischen Kultusministers Adolf Hoffmann[453] völlig beseitigt

---

[445] Vgl. EBD., S. 145 f.
[446] Vgl. EBD., S. 146.
[447] Vgl. EBD., S. 146–153.
[448] Diese setzte sich de facto mit einer Entscheidung des Reichsgerichts vom 11. März 1927 bereits mit dem Argument der Güterabwägung nach dem Notstandsrecht als legitim durch. Vgl. EBD., S. 153–157.
[449] Vgl. EBD., S. 153–173.
[450] Vgl. BERICHT, fol. 12r–13r.
[451] EBD., fol. 13r.
[452] Vgl. H. KÜPPERS, Schulpolitik, S. 363–366. Als typisch für die Haltung kann etwa gelten: I. SILBERNAGL, Aufsicht.
[453] Adolf Hoffmann (1858–1930), sozialistischer Politiker; seine Agitationsschrift »Die Zehn Gebote und die besitzende Klasse«, 1891, brachte ihm die Gegnerschaft weitester kirchlicher Kreise und den Namen »Zehn-Gebote-Hoffmann« ein, 1904–1906 und 1920–1924 im Reichstag, 1908–1919 im preußischen Abgeordnetenhaus, sein politischer Weg führte ihn von der SPD zur USPD, weiter zur KPD und dann 1921 wieder zurück zur SPD. November und Dezember 1918 Kultusminister (mit K. Haenisch) in Preußen, wo seine radikalen Reformmaßnahmen (mit dem Ziel, Religion als eine Privatsache aus dem öffentlichen Raum, vor allem der Schule, zu verdrängen) einen kirchlichen Proteststurm hervorriefen. NDB 9 (1972), S. 402–404 (W. HOFMANN).

werden, wodurch besonders der katholische Bevölkerungsteil aufgeschreckt wurde[454]. Aufgrund der Schlüsselstellung des Zentrums in der Weimarer Koalition innerhalb der verfassunggebenden Nationalversammlung gelang nach zähem Ringen ein vorläufiger Kompromiss in der Schulfrage, der die endgültige Regelung einem später zu erlassenden Reichsschulgesetz überließ[455]. Damit konnte für die Mehrheit der katholischen Schüler der gegenwärtige *status quo* mit der Volksschule als Bekenntnisschule gesichert werden. Artikel 174, der Sperrartikel der Weimarer Reichsverfassung, verbot den Ländern vor Erlass des Reichsschulgesetzes einseitige Regelungen[456], während Artikel 146, Absatz 2, es den Erziehungsberechtigten möglich machte, neben einer bereits bestehenden Gemeinschaftsschule auf Antrag auch eine konfessionelle bzw. weltanschaulich gebundene Schule errichten zu lassen[457]. Seit 1920 legte entschiedener Druck des deutschen Episkopats dem Zentrum in dieser Frage überdies sehr enge Ketten an, so dass kaum Verhandlungsspielraum bestand[458].

Auch die Position der Römischen Kurie war hier wenig kompromissbereit. Eine umfassende Regelung der Schulfrage im kirchlichen Sinne machte man zur notwendigen Bedingung eines Reichskonkordats[459]. Aus diesen Gründen ließ das Zentrum 1923 einen ersten Entwurf des Schulgesetzes, der sich im Rahmen des in Artikel 146 Vorgezeichneten bewegte, mit Blick auf eine mögliche Zusammenarbeit mit den Parteien der Rechten scheitern[460]. Als jedoch ein vor allem von Zentrum und DNVP getragener zweiter Entwurf (Keudell-Entwurf) durch das Ausscheren der DVP ebenfalls scheiterte[461], drohte ein Zusammengehen von Sozialdemokraten und

[454] Vgl. R. MORSEY, Politischer Katholizismus, S. 135–137.
[455] Vgl. G. GRÜNTHAL, Reichsschulgesetz, S. 38–67.
[456] »Bis zum Erlaß des in Artikel 146 Abs. 2 vorgesehenen Reichsgesetzes bleibt es bei der bestehenden Rechtslage. Das Gesetz hat Gebiete des Reichs, in denen eine nach Bekenntnissen nicht getrennte Schule gesetzlich besteht, besonders zu berücksichtigen«. Weimarer Reichsverfassung, Artikel 174.
[457] »Innerhalb der Gemeinden sind indes auf Antrag von Erziehungsberechtigten Volksschulen ihres Bekenntnisses oder ihrer Weltanschauung einzurichten, soweit hierdurch ein geordneter Schulbetrieb, auch im Sinne des Abs. 1, nicht beeinträchtigt wird. Der Wille der Erziehungsberechtigten ist möglichst zu berücksichtigen. Das Nähere bestimmt die Landesgesetzgebung nach den Grundsätzen eines Reichsgesetzes«. Weimarer Reichsverfassung, Artikel 146, Absatz 2.
[458] »Erst die Stellungnahme des deutschen Episkopats zu dem bevorstehenden Reichsschulgesetz und die in der Denkschrift vom 20. November 1920 als verbindliche Grundlage für das Schulprogramm des katholischen Volkes und somit für die Schulpolitik der katholischen Abgeordneten begründeten Forderungen haben eine allmähliche Revidierung des bis dahin vertretenen Standpunktes der Zentrumspartei veranlaßt«. G. GRÜNTHAL, Reichsschulgesetz, S. 89 f.; »Dadurch wurde aber auf die Dauer einer gefährlichen Illusionierung des katholischen Volksteils Vorschub geleistet, die ihrerseits die Schulpolitik und den politischen Ermessensspielraum des Zentrums überhaupt in einem bedenklichen Ausmaß belastet weil präjudiziert hat; denn jedes Schulgesetz, das etwa nicht zum ›allerwenigsten‹ die Gleichberechtigung der Bekenntnisschule, die einklassige Schule als geordneten Schulbetrieb und die innere Ausgestaltung der Konfessionsschule im Sinne des katholischen Schulprogramms garantieren würde, war praktisch für das Zentrum unannehmbar«. EBD., S. 250.
[459] »Die Kurie hat stets – seit der schon 1919/20 bekundeten Bereitschaft, in Verhandlungen über ein Reichskonkordat eintreten zu wollen – unmißverständlich die Einbeziehung der Schulfrage als eine ›conditio sine qua non‹ einer vertraglichen Übereinkunft mit dem Reich bezeichnet …«. EBD., S. 259 mit Anm. 30, Lit.
[460] Vgl. EBD., S. 114–144.
[461] Vgl. EBD., S. 186–244.

Liberalen ein den kirchlichen Idealen völlig konträres Schulgesetz hervorzubringen[462] – eine Befürchtung, die auch Pacelli in seiner Schlussrelation äußerte[463]. Die Ausführungen des Nuntius stellen ein klares Votum zur katholischen Bekenntnisschule, sei es als öffentliche oder als private Schule, dar. Seine besondere Sorge galt der politischen Durchsetzung dieses Ideals, wofür der Katholische Lehrerverband[464] und der Verein katholischer Lehrerinnen[465] für ihn ebenso wichtige Mittel[466] waren wie die 1911 von Wilhelm Marx[467] gegründete Katholische Schulorganisation. Diese war nach dem Krieg ausgebaut worden und hatte 1921 in Düsseldorf eine Zentralstelle eröffnet, von wo aus sie in strenger Unterordnung unter die Bischöfe vor allem publizistisch tätig geworden war[468]. Pacelli strebte zudem eine streng konfessionelle Lehrerausbildung an, die er weniger bei den Volksschullehrerinnen als bei den männlichen Volksschullehrern[469] gefährdet sah, so dass die deutschen Bischöfe sich hier verstärkt engagieren sollten. Dass Patres aus dem Jesuitenorden die angehenden Lehrer in Weltanschauungskursen schulten, reichte ihm offensichtlich nicht aus[470]. Die streng konfessionelle Regelung – unabhängig vom während der Weimarer Jahre nie beschlossenen Reichsschulgesetz – war für Pacelli auch ein entscheidender Verhandlungspunkt bei all seinen Gesprächen über die verschiedenen gescheiterten und realisierten Länderkonkordate wie das künftige Reichskonkordat – ein Ziel, das bekanntlich erst 1933 erreicht werden konnte[471].

---

[462] »Diese fatale Situation eines Waffenstillstands auf Zeit, die eine kräftemäßige Parität der Ohnmacht darstellte, und die im Grunde als ein Indiz für den inzwischen erreichten Säkularisierungsgrad im schulpolitischen Bewusstsein der deutschen Öffentlichkeit zu werten ist, hat wesentlich zum Entfremdungsprozeß des Katholizismus vom liberal-demokratischen Verfassungsstaat der Weimarer Republik beigetragen«. H. Küppers, Schulpolitik, S. 378.

[463] »Aber jetzt scheint es dagegen, dass die Sozialisten gemeinsame Sache mit den Liberalen machen wollen …«. Bericht, fol. 21r.

[464] Er wurde 1889 anläßlich des Bochumer Katholikentages ins Leben gerufen. Vgl. H. Küppers, Katholischer Lehrerverband.

[465] Gegründet 1885 von Pauline Herber. Vgl. ebd., S. 31–33.

[466] Vgl. Bericht, fol. 19v–20r.

[467] Wilhelm Marx (1863–1946), 1899–1921 Mitglied des preußischen Abgeordnetenhauses, seit 1910 im Reichstag, 1921 Fraktionsvorsitzender des Zentrums im Reichstag, 1923–1925 und 1926–1928 Reichskanzler, 1925 Ministerpräsident in Preußen, 1922–1928 Vorsitzender der Zentrumspartei, verlor im selben Jahr die Wahl zum Reichspräsidenten gegen Hindenburg, nachdem die BVP (und Teile des Episkopats) letzteren unterstützt hatten. 1925 Dr. theol. h.c. Bonn. NDB 16 (1990), S. 348–350 (H. Stehkämper); U. v. Hehl, Marx; LChD, S. 324 f. (U. v. Hehl).

[468] Vgl. zur Katholischen Schulorganisation: G. Grünthal, Reichsschulgesetz, S. 70–79.

[469] Vgl. Bericht, fol. 19v.

[470] Vgl. ebd., fol. 20r.

[471] »Denn das Bedeutsame der Schulartikel des Reichskonkordats ist doch wohl vor allem darin zu sehen, dass die Garantie für die Beibehaltung und Neueinrichtung von katholischen Bekenntnisschulen ausgesprochen worden ist, ohne dass dem Reichskonkordat ein Reichsschulgesetz vorausgegangen war, dass die bestehenden Rechtsverhältnisse vertraglich fixiert und darüber hinaus die katholischen Forderungen in bezug auf die innere Ausgestaltung der Bekenntnisschule weitgehend erfüllt wurden, ohne dass gleichzeitig die Nachteile der Reichsverfassung hätten in Kauf genommen werden müssen«. G. Grünthal, Reichsschulgesetz, S. 260.

c) Pacellis Verhältnis zur Zentrumspartei

Die Parteienstruktur in Deutschland, wie sie sich in der zweiten Hälfte des 19. Jahrhunderts herausgebildet hatte, blieb in ihren Grundstrukturen auch in den Jahren nach 1918, also während Pacellis Nuntiatur in München und Berlin, erhalten[472]. Dabei erwies sich das Zentrum auch während dieser Jahrzehnte nicht nur in allen religiös-kulturellen Fragen als die Interessenvertretung der katholischen Kirche, vielmehr agierte es zugleich als ständeübergreifende Gesinnungs- und Weltanschauungspartei, deren immer noch stark rückständige Organisationsstruktur durch die kräftige Unterstützung des Klerus vor den Wahlen weitgehend ausgeglichen werden konnte[473]. Trotz der kontroversen Reaktionen auf den berühmten Artikel Julius Bachems[474] von 1906 »Wir müssen aus dem Turm heraus«[475] und trotz einzelner Versuche der Neugründung einer interkonfessionellen Partei 1919[476] gelang es dem Zentrum kaum, seine Wählerschaft über den Kreis der praktizierenden kirchentreuen Katholiken hinaus auszudehnen. Dabei war die Partei seit Beendigung des Kulturkampfes und auch noch im ersten Jahrzehnt der Weimarer Republik von einer ständigen und mit der Zeit immer deutlicheren Wählererosion betroffen, die einherging mit der bereits in diesen Jahren sinkenden Zahl der Gottesdienstbesucher[477]. In Zeiten des Drucks gegen die Kirche von außen hingegen, namentlich im preußischen Kulturkampf und während der antiklerikalen Maßnahmen unter dem radikalsozialistischen Kultusminister Adolf Hoffmann im Verlauf der Revolution 1918/19, waren die Integrationskraft der Partei und auch die Wählerzahl deutlich gestiegen[478]. Seit diesen Jahren hatten sich freilich zwei einschneidende Änderungen vollzogen: Zum einen spaltete sich in Bayern während der Revolutionswirren die Bayerische Volkspartei ab, die konservativer, föderalistischer und mittelständisch-agrarischer geprägt war als das Zentrum[479]. Zum anderen war das Zentrum infolge seiner Position in der Mitte des Parteienspektrums zur fast ständigen Regierungsverantwortung gelangt. Dabei war man zu wechselnden Koalitionsregierungen und daraus resultierenden Kompromissen gezwungen. Diese Konstellation führte am linken wie am rechten Rand der katholischen Partei zu Abspaltungen, die allerdings nie eine breitere Wählerbasis erreichten. Allerdings verfügte vor allem die vom katholischen Adel getragene Rechte über nicht unbeträchtlichen Einfluss und vermochte daher einigen Druck auszuüben[480].

---

[472] Vgl. R. MORSEY, Politischer Katholizismus, S. 110.

[473] Vgl. EBD., S. 152–155.

[474] Julius Bachem (1845–1918), arbeitete in der Schriftleitung der *Kölnischen Volkszeitung* und trug so publizistisch zur Herausbildung des rheinischen Zentrumskatholizismus bei. Sein Aufsatz löste den sog. »Zentrumsstreit« aus. LChD, S. 184 f. (H. STEHKÄMPER).

[475] Julius BACHEM, Wir müssen aus dem Turm heraus, HPBl 137 (1906), S. 376–386. Vgl. hierzu R. MORSEY, Zentrumspartei, S. 33–49; E. DEUERLEIN, Verlauf.

[476] Vgl. R. MORSEY, Zentrumspartei, S. 79–109.

[477] Vgl. R. MORSEY, Politischer Katholizismus, S. 148–150.

[478] Vgl. R. MORSEY, Zentrumspartei, S. 110–142.

[479] Vgl. Art. »Bayerische Volkspartei (BVP)«, in: LChD, S. 430–432 (W. BECKER); K. SCHÖNHOVEN, Bayerische Volkspartei.

[480] Vgl. hierzu H. LUTZ, Demokratie; G. CLEMENS, Martin Spahn; H. GRÜNDER, Rechtskatholizismus.

Seit dem 19. Jahrhundert bestand zwischen der Parteiführung des Zentrums und der Römischen Kurie ein nicht unproblematisches und nie ganz spannungsfreies Verhältnis. Als politische Partei setzte das Zentrum alles daran, seine Unabhängigkeit von der kirchlichen Hierarchie zu wahren, zumal es von seinen politischen Gegnern ohnehin als von Rom ferngesteuert diffamiert wurde. Von Seiten der Bischöfe und der Römischen Kurie wurde diese Selbständigkeit niemals völlig anerkannt. Des Öfteren kam es sogar zu konkreten Beeinflussungsversuchen der Hierarchie, die das Zentrum als »Transmissionsriemen« des Lehramts im Bereich der Politik instrumentalisieren wollte[481]. Bei der Beilegung des Kulturkampfes dagegen war das Zentrum in den Verhandlungen der Kurie mit der preußischen Regierung regelrecht übergangen worden. Papst Leo XIII. wählte hier und auch in der folgenden Zeit lieber den Weg von direkten Verhandlungen oder setzte den Breslauer Oberhirten Georg Kardinal Kopp als Mittelsmann ein[482]. Diese Tradition des Misstrauens gegen den deutschen politischen Katholizismus hielt sich an der Römischen Kurie in manchen Kreisen auch nach dem Krieg. Bereitwillig schenkten diese einer Gruppe »rechts« stehender, integralistischer und häufig dem Adel angehörender Katholiken Gehör, die gegen die offiziellen kirchlichen und politischen Amtsträger agierten[483]. Die päpstliche Politik im Modernismus- und Gewerkschaftsstreit trug ebenfalls nicht dazu bei, das Vertrauen zwischen Zentrum und Vatikan zu stärken[484].

In den 1920er Jahren wurden schließlich die Interessengegensätze innerhalb des Zentrums selbst immer stärker, nicht zuletzt, weil die integrative Kraft der konfessionellen Verbundenheit mehr und mehr nachließ[485]. Nach einer Kampfabstimmung gegen Adam Stegerwald[486] und Joseph Joos[487] wurde 1928 mit Ludwig Kaas erstmals ein eher konservativ gesinnter Geistlicher an die Spitze der Partei berufen, der seit längerem

---

[481] »Aus der römischen Sicht beobachtete man noch jahrzehntelang jede selbständige politische und kirchenpolitische Regung im deutschen Katholizismus mit Mißtrauen«. R. Morsey, Probleme, S. 241. – Traumatisierend wirkten vor allem die Meinungsverschiedenheiten zwischen Papst und Partei bzgl. der Zustimmung zu Bismarcks Septennatsvorlage von 1887. Vgl. C. Weber, Kirchliche Politik, S. 148–158; R. Morsey, Probleme, S. 225–235. Nach K. Buchheim, Ultramontanismus, S. 388, hat das Zentrum seither »besonders wegen der Dreibundpolitik« immer in der Furcht gelebt, »dass ihr das eigene politische Porzellan ... durch kuriale Politik zerschlagen werden könnte«.

[482] Vgl. C. Weber, Kirchliche Politik, S. 158–186; vgl. zu späteren Beeinflussungsversuchen durch rechte Kreise und Kardinal Kopp auch Ders., Quellen, S. 512–551. Zum Ganzen R. Morsey, Georg Kardinal Kopp.

[483] Vgl. R. Morsey, Probleme, S. 24.

[484] Zur Modernismuskrise vgl. T. M. Loome, Liberal Catholicism; O. Weiss, Modernismus in Deutschland; H. Wolf, Antimodernismus; N. Trippen, Theologie. Zum Gewerkschaftsstreit vgl. E. Deuerlein, Gewerkschaftsstreit; R. Brack, Episkopat; M. Schneider, Die Christlichen Gewerkschaften; J. Aretz, Katholische Arbeiterbewegung.

[485] Vgl. R. Morsey, Politischer Katholizismus, S. 149 f.

[486] Adam Stegerwald (1874–1845), christlicher Gewerkschaftsführer, 1921 Preußischer Ministerpräsident, 1919/20 Mitglied der Nationalversammlung und 1920–1933 im Reichstag, 1929/30 Reichsverkehrsminister, 1930–1932 Reichsarbeitsminister. R. Morsey, Zeitgeschichte in Lebensbildern, Bd. 1 (1973), S. 206–219 (R. Morsey); LChD, S. 372 f. (B. Forster).

[487] Joseph Joos (1878–1965), Redakteur, Politiker und Arbeiterführer, 1920–1933 für das Zentrum Abgeordneter im Reichstag, 1941–1945 im KZ Dachau. NDB 10 (1974), S. 595 f. (J. Giers); LChD, S. 290 (R. Morsey).

dem Berliner Nuntius als kanonistischer Berater zur Seite stand und dessen enge Kontakte zu dem von ihm hochverehrten Eugenio Pacelli allgemein bekannt waren. Damit begann ein »Klerikalisierung der Partei« genannter Prozess[488], der in der Folge auch an die Spitze nahezu aller Landesverbände Geistliche brachte. Mit der Berufung Kaas' verband sich so eine Annäherung der Partei an die römisch-kurialen Interessen. Von einem geistlichen Vorsitzenden erwartete man sich wohl eine im religiösen Fundament begründete verstärkte Integrations- und Klammerfunktion[489]. Kaas wiederum förderte den Aufstieg Heinrich Brünings[490] zum Reichskanzler[491]. Natürlich begrüßte Pacelli die Karriere seines Vertrauten an die Parteispitze; nicht zuletzt deshalb ist seine Abschlussrelation voller Lob für Kaas[492]. In ihm wichtig erscheinenden politischen Fragen war Pacelli stets geneigt, über Kaas auf die Zentrumspolitik entscheidenden Einfluss zu nehmen[493], wie er in seinem Bericht auch selbst schreibt[494].

Im Übrigen war es nicht zuletzt die Einstellung der einzelnen Parteien zu Konkordatsverhandlungen, die den Nuntius erneut – nicht zum ersten[495] und nicht zum letzten[496] Mal – zum Urteil veranlasste: »Sicherlich war das Zentrum nicht frei von Mängeln und Irrtümern, aber es bleibt dennoch die einzige Partei (gemeinsam mit der *Bayerischen Volkspartei* für Bayern), auf die man zählen kann, wenn es darum geht, im Parlament die Interessen der katholischen Religion zu verteidigen«[497]. Die Deutschnationale Volkspartei hatte sich zur Enttäuschung Pacellis zum wiederholten Male als Interessenwalterin des deutschen Protestantismus erwiesen[498]. Von den

---

[488] Vgl. R. MORSEY, Untergang, S. 27–33.

[489] »Die Wahl von Kaas zielte gleichzeitig darauf ab, wieder stärker die Kirchennähe und damit die weltanschauliche Grundlage des Zentrums als seine letzte Klammer zu betonen«. R. MORSEY, Politischer Katholizismus, S. 151.

[490] Heinrich Brüning (1885–1970), 1924–1933 für das Zentrum im Reichstag, 1930–1932 Reichskanzler, 1934 Emigration. R. MORSEY, Zeitgeschichte in Lebensbildern, Bd. 1 (1973), S. 251–262 (R. MORSEY); LChD, S. 206–209 (R. MORSEY).

[491] »Der neue Parteivorsitzende (seit Dezember 1928) Ludwig Kaas hatte diesen Aufstieg entscheidend gefördert«. R. MORSEY (Hg.), Zeitgeschichte in Lebensbildern, Bd. 1 (1973), S. 255 (R. MORSEY).

[492] »Äußerst lobenswert ist der Kanoniker Mons. Dr. Ludwig Kaas, auch er Ex-Schüler des *Collegium Germanicum et Hungaricum*, ein Kirchenmann von außergewöhnlicher Begabung und Bildung, dem Hl. Stuhl und der Nuntiatur überaus treu. Nach dem Rücktritt des Herrn Marx wurde er trotz seines Widerstandes an die Spitze der Zentrumspartei gewählt, auf die er einen sehr guten Einfluss wird ausüben können, vor allem aus religiöser Sicht«. BERICHT, fol. 47rv.

[493] Vgl. EBD., 12v.

[494] Diese Bemerkung führt mitten hinein in die Scholder-Repgen-Kontroverse, ob er das auch im Kontext der Zustimmung des Zentrums zum Reichskonkordat getan hat oder nicht – eine Frage, die sich aufgrund der bislang zugänglichen römischen Akten noch nicht beantworten lässt.

[495] Vgl. schon: »Il Centro, cioè, malgrado le sue debolezze ed i suoi errori, rimane pur sempre ancora l'unico partito, su cui posse farsi sicura assegnamento, allorche si tratta di questioni concernenti gl'interessi della religione«. Pacelli an Gasparri, Berlin, 1. Dezember 1926, ASV, ANB 92, fasc. 4, fol. 49r–52v, Nr. 34117, hier fol. 49r.

[496] Vgl. Pacelli an Unterstaatssekretär Pizzardo, Rorschach, 28. September 1932, abgedruckt in: L. VOLK, Brüning, S. 319 f.

[497] BERICHT, fol. 23v.

[498] »Auch diese Partei hat sich allerdings, vor allem angelegentlich der Abstimmung des Konkordats mit Preußen im vergangenen Monat Juli, klar als die Wortführerin der Protestanten erwiesen«. EBD., fol. 22v.

sozialistischen, kommunistischen, liberalen und völkisch-nationalen wusste Pacelli sich ohnehin weltanschaulich völlig getrennt[499]. Er berichtete zwar von der
Abspaltung einer Gruppe Katholiken nach rechts zur DNVP im Jahr 1918[500], hielt
jedoch die linken katholischen Splittergruppen für wesentlich gefährlicher[501].

Im Hinblick auf den Untergang der Zentrumspartei und den Abschluss des
Reichskonkordats mit Hitler durch Pius XI. und Pacelli wurde immer wieder jene
Stelle aus Heinrich Brünings nicht immer zuverlässigen Memoiren diskutiert, in welcher er von seinem Staatsbesuch im Vatikan und insbesondere bei Kardinalstaatssse-
kretär Pacelli im August 1931 berichtet: »Pacelli schnitt die Frage des Reichskonkordats an … Pacelli meinte, ich müsse eben mit Rücksicht auf ein Reichskonkordat eine Regierung der Rechten bilden und dabei zur Bedingung machen, dass sofort ein Konkordat abzuschließen sei«[502]. Schon als Nuntius habe Pacelli, »obwohl
er nahezu dreizehn Jahre ununterbrochen in Deutschland gelebt hatte, … weder die
Grundbedingungen der deutschen Politik noch die besondere Stellung der Zentrumspartei je richtig verstanden. Fest im konkordatären System stehend, glaubte
er, durch Verträge zwischen dem Vatikan und den einzelnen Ländern die Interessen
der Katholiken besser wahrnehmen zu können als durch die Macht katholischer Lai-
enpolitiker«[503]. Eine Gegenüberlieferung zur historisch-kritischen Kontrolle dieser
Erinnerungen liegt bislang nicht vor. Gegen diese Einschätzung Brünings wurden
ebenso Einwände erhoben wie gegen seine Behauptung, der Kardinalstaatssekretär
habe vom deutschen Reichskanzler den Bruch mit der SPD und ein Rechtsbündnis
unter Einschluss der NSDAP verlangt – Bemühungen, die Kaas und Brüning in einer späteren Situation von sich aus tatsächlich, wenn auch vergeblich, unternommen haben. Man wandte ein, »ein ausgeprägter Antikurialismus und spürbarer Anti-
klerikalismus«[504] habe Brüning die Geschehnisse tendenziös verformen lassen. Seine Schilderungen schienen aufgrund der ansonsten bekannten Äußerungen Pacellis

---

[499] Vgl. Pacelli an Gasparri, Berlin, 1. Dezember 1926, ASV, ANB 92, fasc. 4, fol. 49r–52v, Nr. 34117.
[500] Vgl. BERICHT, fol. 22v.
[501] »Andererseits, auch wenn man von jenen absieht, die zur sozialistischen oder zur kommunistischen
       Partei übergetreten sind, hat der linke Flügel der Katholiken seinerseits extreme und gefährliche Strö-
       mungen hervorgebracht«. EBD., fol. 23r. Gemeint waren EBD., fol 23rv, Ernst Michel, die Pazifisten um
       Vitus Heller und die katholischen Sozialisten.
[502] H. BRÜNING, Memoiren, S. 358.
[503] EBD., S. 135 f.
[504] R. MORSEY, Entstehung, S. 45. Am eindringlichsten findet sich dies bei Ludwig Volk: »Vernichtender
       kann das Urteil über die diplomatischen Fähigkeiten eines Nuntius schwerlich ausfallen. Es ist im Fal-
       le Pacellis so evident falsch, dass sich eine Widerlegung erübrigt. Die Sätze, mit denen der Kardinal-
       staatssekretär im Pizzardo-Brief auf Rolle und Wirken der Zentrumspartei eingeht, sind nur ein win-
       ziger Ausschnitt aus einer Fülle von Zeugnissen und Erfahrungen, die das Gegenteil beweisen. In Pa-
       celli personifiziert sich für Heinrich Brüning die vatikanische Bürokratie, auf ihn überträgt er darum
       die leidenschaftliche Aversion, die er gegen diesen Apparat empfindet. Das trübt unvermeidlich den
       Blick. Nichts zwingt Brüning dazu, den Konkordatsenthusiasmus Pacellis zu teilen. Nur macht sein
       eigenes Mißtrauen gegen Kirchenverträge diese noch nicht, wie vorgibt, zu Herrschaftsinstrumen-
       ten der römischen Zentrale«. L. VOLK, Brüning, S. 318 f.

zum Zentrum, namentlich aufgrund des oben zitierten Briefs an Pizzardo von 1932[505], »wenig wahrscheinlich, wenn auch nicht völlig ausgeschlossen« zu sein[506].

Nun läßt sich über den Anti-Kurialismus Brünings je nach theologischem Standpunkt zumindest streiten. Es dürfte aber sowohl durch die Finalrelation von 1929 als auch durch andere Äußerungen feststehen, dass Pacelli das Zentrum als einzig zuverlässige Stütze im deutschen Parteienspektrum ansah. Trotz aller »Gebrechen« des Zentrums hielt Pacelli diese Sicht während der ganzen Weimarer Zeit konsequent durch. Davon zu unterscheiden ist das Problem, welche Koalitionen die katholische Partei im Interesse der Kirche jeweils am besten eingehen sollte: mit den Parteien der Rechten oder – wie während Pacellis Nuntiatur-Jahren im Prinzip durchgehend – mit den Parteien der gemäßigten Linken, insbesondere der SPD. Aus dem nun verfügbaren Quellenmaterial lassen sich zur Beantwortung dieser Frage einige Hinweise entnehmen:

1. Pacelli stand in deutlicher Distanz zum republikanischen Flügel des deutschen politischen Katholizismus. Den Christlichen Gewerkschaften etwa warf er vor, sie verträten parteiisch die politischen und wirtschaftlichen Klasseninteressen der Arbeiter und huldigten einem beinahe sozialistischen Ideal in der Sozialgesetzgebung[507].

2. Er scheute sich nicht, etwa im Fall der medizinischen Indikation in der Abtreibungsfrage, über den Episkopat und den Zentrumsvorsitzenden Kaas direktiv bei führenden Zentrumspolitikern vorstellig zu werden[508].

3. Bereits Ende des Jahres 1925 erörterte Pacelli ausführlich – bei beinahe identisch ausgedrückter Hochschätzung für die Zentrumspartei – die Frage nach der für die Kirche günstigsten Koalition. Hier plädierte er klar für eine Koalition der Rechten[509], zum damaligen Zeitpunkt natürlich ohne Einschluss der Nationalsozialisten. Während die Sozialdemokratie, trotz taktisch bedingter parlamentarischer Zusammenarbeit mit dem Zentrum, in einer Fundamentalopposition zum Christentum verharre[510] und die Deutsche Volkspartei weiter den liberalistischen Prinzipien

---

[505] Vgl. EBD.

[506] R. MORSEY, Entstehung, S. 47.

[507] Vgl. BERICHT, fol. 24r.

[508] Vgl. EBD., fol. 12v.

[509] »Tra queste due contrarie correnti il Centro, dovendosi appoggiare sull'una o sull'altra parte, ha sinora generalmente preferito, - per razioni di necessità o di opportunità, di politica sociale, di politica estera, per avversione contro la caduta dinastia degli Hohenzollern persecutrice dei cattolici, ecc.; – la coalizione coi partiti di sinistra ... Sebbene ineluttabili considerazioni di prudenza, affinche di non compromettere la posizione già difficilissima della incipiente Nunziatura di Berlino, mi abbiano obbligato ad una grande conspezione e riserva in simili questioni di partito, confesso, che, dal punto di vista degli interessi della Chiesa, mi dispiace questa quasi costante tendenza del Centro al allearsi coi socialisti«. Pacelli an Gasparri, Berlin, 1. Dezember 1926, ASV, ANB 92, fasc. 4, fol. 49r–52v, Nr. 34117 Konz.

[510] »... i membri della socialdemocrazia, i cui principi, malgrado certe attenuazioni dovute a motivi transeunti di tattica parlamentare, sono in opposizione fondamentale colle massime del Cristianesimo«. EBD.

des Kulturkampfs[511] folge, sei die DNVP zwar die Partei des Protestantismus – auch von dessen *furor protestanticus* mitgeprägt[512] –, nichtsdestoweniger (*nondimeno*) erweise sie sich als die einzige Partei, mit der es eine tief greifende Interessenkonvergenz gebe, gerade auch im Interesse von Konkordaten und Staatskirchenverträgen sowie der Sicherung der Bekenntnisschule[513]. Einschränkend sah es Pacelli allerdings Ende 1925 – die Mitte-Rechts-Koalition war wegen der Ablehnung des Locarno-Abkommens durch die DNVP gerade zerbrochen – als unklug an, wenn der Papst zu diesem Zeitpunkt öffentlich eine Koalition des Zentrums mit der Sozialdemokratie verurteile[514].

Im Gegensatz dazu warnte Kardinal Bertram, laut Brüning der einzige Kirchenmann, der in der Frage des Konkordats mit dem Deutschen Reich von Anfang an klar gesehen habe[515], Pacelli davor, den politisch rechts vom Zentrum stehenden politischen Kreisen und Parteien ein zu starkes Gehör zu schenken[516]. Gestützt auf die neuen vatikanischen Quellen wird man bis zum Beweis des Gegenteils Heinrich Brünings Memoiren in diesem Punkt eher Glauben schenken können als bisher.

d) Vereine und Katholische Aktion

Das im Gefolge der revolutionären Ereignisse von 1848 sich ausbildende katholische Vereinswesen[517] stellte eine der wichtigsten und augenscheinlichsten Eigenarten des deutschen Katholizismus dar. Geradezu revolutionär war vor allem der Cha-

---

[511] »… la Deutsche Volkspartei, – vale a piu gli antichi nazionali liberali, che già menarono il Kulturkampf …«. EBD.

[512] »… il partito dei tedesco-nazionali (Deutschnationale Volkspartei) formato nella massima parte dei protestanti, nei quali, abbattuti già dalla immane sconfitta, ora, colla progressiva ricostituzione della potenza della Germania, ritorna a farsi sempre più aperto ed aspero l'odio erediato, non mai assopito, contro Roma …«. EBD.

[513] Vgl. EBD.

[514] Vgl. EBD.

[515] »Ich muss hiervon den Kardinal von Breslau ausnehmen, der von vornherein klar sah und die allergrößten Bedenken hatte. Im Jahre 1932 hatte ich mit ihm eine lange Unterredung gehabt, in der er in seiner gütigen Art mir in allen meinen Befürchtungen recht gab«. H. BRÜNING, Memoiren, S. 663. – Im Besonderen ist hier auch auf die Beurteilung Franz von Papens angespielt.

[516] »Es würde deprimierend wirken, wenn Referenten, die keine Verantwortung tragen, leichthin Glauben finden, und wenn die, die von Verantwortung und Sorgen und Angriffen fast erdrückt werden, nichts Anderes ernteten als kritisches Mißtrauen und Vorhaltungen. Die direkten Folgen der Aktion Praschma-Magnis können sehr schädlich werden. Es würde einen deprimierenden Eindruck machen, wenn die irrige Meinung aufkäme, dass Querulanten, malcontenti und outsiders mit Nörgeleien über Episkopat und treu katholische Abgeordnete im Vatikan zu liebenswürdiges Gehör fänden. Ich sage das nicht, um zu kritisieren, sondern weil ich in den 41 Jahren, die ich im Dienste und in Leitung bischöflicher Verantwortung stehe, viel Beobachtungen und Imponderabilien gemacht habe«. Bertram an Pacelli, Breslau, 25. Juni 1925, ASV, ANB 92, fasc. 4, fol. 103rv Or., Nr. 33059.

[517] Vgl. H. HÜRTEN, Kurze Geschichte, S. 79–108. Zusammenfassend S. 108: »So bedeutet die Revolution von 1848 in der Entwicklung des deutschen Katholizismus die entscheidende Zäsur. Durch sie wurde eine Vereinsbewegung geschaffen, die in der politischen Gesellschaft für die Kirche eintrat,

rakter der neuen Verbände als Laienvereine, der Geistliche zwar nicht ausschloss, sie aber beinahe egalitär als Mitglieder neben anderen behandelte[518]. Durch sie – so Heinz Hürten – »gewann … erstmals der deutsche Katholizismus eine historisch unverwechselbare Gestalt«[519], waren sie doch Institutionen *des* katholischen Volkes und nicht nur *für* das Volk, trotz der Beteiligung von Geistlichen also originäre Laieninstitutionen[520]. Während der einstmals äußerst bedeutsame Volksverein seit dem Ersten Weltkrieg mehr und mehr an Gewicht und Mitgliedern verlor[521], bildete sich eine ganze Reihe neuer Vereinstypen, die zumindest teilweise von der Jugendbewegung bzw. der Gemeinschaftslehre Ferdinand Tönnies'[522] beeinflusst[523] waren. Eine weitere Tendenz führte in den 1920er Jahren zur Entwicklung so genannter »Standesvereine«[524]. Für Pacelli war das deutsche katholische Vereinswesen immerhin »ein schöner Beweis des guten Willens und der lebendigen Arbeitskraft der Katholiken Deutschlands«[525]. Er unterschied in seiner Aufzählung zwischen religiösen Vereinen, Vereinen für die soziale Wohlfahrt, Gruppierungen zur Förderung von Kultur und Bildung sowie Jugend- und berufsständischen Vereinen[526]. Im eigentlichen Sinne unkirchliche Tendenzen vermochte er dabei in drei Bereichen zu erkennen:

a) Einige Mitglieder des katholischen Frauenbundes hätten in der Frage der medizinischen Indikation im Kontext der Abtreibungsdiskussion eine vom kirchlichen Lehramt abweichende Meinung vertreten[527]. Ferner habe der Frauenbund keine ausreichenden Anstrengungen unternommen, um gegen Gefahren, die »von unanständiger Mode« für die katholischen Frauenwelt ausgingen, entschieden genug vorzugehen[528].

---

[518]   sich der Mittel dieser Gesellschaft bediente und zugleich deren Gesamtordnung nicht aus den Augen verlor. Diese Vereine verkörperten einen neuen Typus des Engagements für die Kirche, das nicht mehr nur einzelnen, besonders Befähigten und an wichtiger Stelle Stehenden möglich ist, sondern dem Menschen des Alltags in seiner gewohnten Umwelt«. Hierzu auch H. WOLF, Der deutsche Katholizismus; DERS., Freiheit.

[518] Vgl. H. HÜRTEN, Kurze Geschichte, S. 85.

[519] EBD., S. 90.

[520] »Nur sehr entfernt unter der Leitung der Hierarchie und der Mechanik der Gesellschaft entsprechend konstruiert, wirkten sie auf die Gesellschaft nach deren immanenten Strukturgesetzen. Weil sie für die Kirche handelten, machten sie diese innerhalb der Gesellschaft präsent und ermöglichten ihr eine neue Form der Wirksamkeit in der Welt«. EBD., S. 108.

[521] Vgl. G. KLEIN, Volksverein.

[522] Ferdinand Tönnies (1855–1939), 1909–1933 Präsident der deutschen Gesellschaft für Soziologie, prägte die begriffliche Unterscheidung von »Gemeinschaft«, die aus dem Wesenswillen hervorgehe (aus Abstammung, Freundschaft etc.) und »Gesellschaft«, die Produkt zweckrationaler Planung sei. LThK³ 10 (2001), S. 107 (A. BAUMGARTNER); H. HÜRTEN, Deutsche Katholiken, S. 153.

[523] Vgl. KLEIN, Volksverein, S. 184 f., 190–195.

[524] Vgl. EBD., S. 202 f.

[525] Vgl. BERICHT, fol. 25r.

[526] Vgl. EBD., fol. 25–28r.

[527] Vgl. EBD., fol. 12r.

[528] Vgl.: »Dagegen lassen in anderen katholischen Kreisen die Tänze und die Kleider hinsichtlich der Moral noch viel zu wünschen übrig. Und der große Bund der katholischen Frauen … hat nach dem, was mir berichtet wird, nicht alles getan, was er hätte tun können, um die weibliche katholische Welt vor der unanständigen Mode zu bewahren«. EBD., fol. 15v.

b) Der Liturgischen Bewegung wurde ein objektivierender Ästhetizismus vorge-
worfen, der das subjektiv-innerliche Gebetsleben ebenso wie – jedenfalls die Richtung von Maria Laach – die Religiosität der einfachen Bevölkerung vernachlässigte[529].
Besondere Kritik erfuhr daneben die katholische Jugendbewegung. Hier stand insbesondere der Quickborn, weniger jedoch der 1919 »von oben« gegründete Bund
Neudeutschland, für einen übertriebenen Subjektivismus unter Vernachlässigung
des Autoritätsprinzips[530].

c) Schließlich habe sich der Volksverein trotz anderweitiger großer Verdienste zumindest in der Vergangenheit – so Pacelli – »zu unabhängig von der kirchlichen Hierarchie gehalten und die Bedeutung der Kultur zum Schaden der Religion zu sehr
akzentuiert«[531].

Erneut war für eine Gesamtbeurteilung des deutschen katholischen Vereinswesens
für den Nuntius maßgebend, inwiefern dieses dazu beitrug, dass die Katholiken der
Kirche die Treue hielten und nicht Opfer anderer Ideologien wurden. »Im Allgemeinen« – so resümierte er – blieben die Mitglieder der katholischen Vereine zumindest »äußerlich der katholischen Sache verbunden« und erwiesen sich sogar, falls
sie eine gute Ehe eingingen, »auch innerlich der Kirche treu«[532]. Umso mehr müssten die aufgezeigten Mängel der Vereine die Bischöfe dazu veranlassen, gute Priester zur Überwachung und Leitung der Laien in religiösen und moralischen Belangen bereitzustellen, um Irrwege künftig zu vermeiden[533].

Im Zusammenhang mit diesen Hoffnungen auf eine stärkere klerikale Aufsicht
über das deutsche Vereinswesen steht auch Pacellis energisches Eintreten für eine
Leitidee Pius' XI.[534]: die Einführung der Katholischen Aktion, verstanden als »Teilnahme der Laien am hierarchischen Apostolat« der Kirche, wie er programm-
matisch in seiner Katholikentagsrede am 5. September 1928 in Magdeburg ausführ-
te[535]. In Italien, wo sich aus historischen Gründen kein vergleichbares katholisches
Vereinswesen ausgebildet hatte und unter der faschistischen Herrschaft nicht mehr
entwickeln konnte, suchte diese Organisation – zugleich ständisch und nach Diözesen und Pfarreien gegliedert – unter Führung des katholischen Klerus, mithilfe
von Laien den Einfluss der Kirche auf die Gesellschaft – nicht jedoch auf die Par-

---

[529] Vgl. EBD., fol. 7r–8r.
[530] »Die so genannte *Jugendbewegung* hat allerdings in der letzten Zeit einen übertriebenen Subjektivismus
und eine Schwächung des Autoritätsprinzips mit sich gebracht, Unannehmlichkeiten, die besonders in
dem Verein zu beklagen waren, der *Quickborn* genannt wird. Sehr viel besser ist dagegen der andere,
der *Neu-Deutschland* heißt … und der stärkste und sicherste Verein für die katholische Jugend der höheren Schulen wird werden können, wenn man seinen Mitgliedern in immer höherem Maß klare Ideen
und feste Überzeugungen bezüglich des Autoritätsprinzips zu inspirieren wissen wird«. EBD., fol. 27r.
[531] Vgl. EBD., fol. 26v.
[532] Vgl. EBD., fol. 28r.
[533] Vgl. EBD.
[534] Vgl. P. BARRAL, Le magistère de Pie XI sur l'Action catholique, in: Achille Ratti, S. 591–603.
[535] E. PACELLI, Wesen und Aufgabe der katholischen Aktion, in: DERS., Gesammelte Reden, S. 137–140,
hier S. 138.

teipolitik – zu sichern[536]. Mit der Übertragung dieser Idee auf Deutschland war, auch wenn die bestehenden Vereine grundsätzlich nicht gefährdet werden sollten[537], eine strenge Unterordnung aller Laienaktivitäten unter die kirchliche Hierarchie und damit ein eher paternalistisch-klerikales Seelsorge-Konzept intendiert: »Einbau des Laienapostolats in die Verfassung der Kirche, wie Christus sie gewollt, freudige Bereitschaft gegenüber den Weisungen der Führer, die Christus ihr gegeben hat. Die Katholische Aktion will die apostolische Tätigkeit der Laien jener der Priester angliedern und ihre geschlossenen Reihen zu einer machtvollen Phalanx, zu einer *acies bene ordinata* in der Hand der Bischöfe und des Stellvertreters Christi auf Erden machen«[538].

Für diese römische Konzeption eignete sich in den Augen des Nuntius der Volksverein gerade nicht als organisatorische Basis. Dieser hatte sich den Bischöfen zwar hierfür angeboten, in der Vergangenheit aber zu hierarchiekritisch und eigenständig agiert[539]. Nicht zuletzt durch Pacellis Rede und ein päpstliches Schreiben sah sich der Vorsitzende der Fuldaer Bischofskonferenz Kardinal Bertram veranlasst, der Idee der Katholischen Aktion auch in Deutschland Raum zu verschaffen, was zu den maßgebend von ihm verfassten Richtlinien der Fuldaer Bischofskonferenz von 1930 führte. Dabei war es Bertram seiner eigenen Ansicht nach durchaus gelungen, die römischen Vorgaben umzuformen und auf deutsche Verhältnisse zu adaptieren[540], indem a) diese in das Ermessen eines jeden Ortsbischofs gestellt wurden, um sie den lokalen Bedürfnissen seiner Diözese anzupassen; b) überdiözesane und diözesane Gliederungen vermieden werden sollten, um die Katholische Aktion weitgehend zu Arbeitsausschüssen für eine Zusammenarbeit auf der Ebene von Städten,

---

[536] Vgl. H. HÜRTEN, Kurze Geschichte, S. 202.

[537] »Die Katholische Aktion wird also in keiner Weise wertvolle und lebendige katholische Organisationen mit religiösem Ziele, an denen das katholische Deutschland so reich ist, zerstören oder beeinträchtigen. Diese Organisationen mögen alle unter Wahrung ihrer Eigenart und Eigentätigkeit dem einen Leib der Katholischen Aktion als Glieder eingefügt werden, von ihr Geist und Richtung empfangend und wiederum deren Leben bereichern«. E. PACELLI, Wesen und Aufgabe der katholischen Aktion, in: DERS., Gesammelte Reden, S. 137–140, hier S. 139. Dass die Vereine in ihrer grundsätzlichen Existenz nur eingebunden, nicht aber aufgelöst werden sollten, hatte Pacelli in einer Unterredung auch dem besorgten Vorsitzenden des Zentralkomitees der deutschen Katholiken, Fürst Löwenstein, zugesagt. Vgl. A. STEINMAUS-POLLAK, Katholische Aktion, S. 223.

[538] E. PACELLI, Wesen und Aufgabe der katholischen Aktion, in: DERS., Gesammelte Reden, S. 137–140, hier S. 139.

[539] Vgl. G. KLEIN, Volksverein, S. 213–240; A. STEINMAUS-POLLAK, Katholische Aktion, S. 213–247.

[540] Nicht erfasst hat dessen Beitrag J. KÖHLER, Bertram, S. 107–109. Er glaubte, Bertram hätte »die römische Zielsetzung« in seinem Konzept übernommen, welche dann auch »in der praktischen Durchführung dominierend geworden sei«. – Vgl. dagegen: »Um diese Handlungsweise zu erläutern, muss man erstens wissen, dass Kardinal Bertram die Katholische Aktion wohl nicht so ganz ernst genommen hat, was man ihm nachfühlen kann. Es sind mir Äußerungen von ihm zu Ohren gekommen, die etwa besagten: ›Jeder Papst hat sein Steckenpferd. Das kommt und geht, man muss sich nicht allzu sehr beunruhigen.‹ … Mit Recht konnten sich die deutschen Katholiken sagen, dass sie in ihrem vielgegliederten Vereinsleben ja unendlich mehr besaßen, als die sogenannte Katholische Aktion ihnen hätte bieten können. Kardinal Bertram war ein sehr kluger Mann, übrigens nicht nur fromm und gelehrt, sondern ein Geist von klassischer Prägung mit der Gabe für klassischen Witz«. F. MUCKERMANN, Zwischen zwei Epochen, S. 383.

Pfarreien oder auch Dekanaten umzuwandeln; und c) die bestehende Vereins- und Parteiorganisation auf überörtlicher Ebene weitgehend unverändert bestehen blieben. Eine Analyse der konkreten Umsetzung der Fuldaer Richtlinien in den einzelnen Diözesen bis 1933 zeigt darüber hinaus, dass diese nur sehr vereinzelt und sporadisch erfolgte. Die 1931 nachträglich beschlossene Ausbildung diözesaner Strukturen unterblieb sogar ganz[541]. So verwundert es nicht, dass sowohl die Rolle des Breslauer Kardinals als Fuldaer Konferenzvorsitzenden als auch die 1929 von den Bischöfen ausgearbeiteten Richtlinien, die letztlich alles beim Alten belassen wollten[542], die Kritik Pacellis auf sich zogen[543].

e) Die Sorben-Frage in der Diözese Meißen

Vereinzelt wurde der Vorwurf erhoben, Pacelli habe in der Frage der slawischen Minderheiten – um Deutschland als antibolschewistisches Bollwerk zu stärken – einen gezielt pro-deutschen Standpunkt eingenommen[544]. Wenigstens ansatzweise ist diese Frage auch in seiner Abschlussrelation berührt: Unter der damals fast 200.000 Mitglieder zählenden sorbischen Bevölkerung in Deutschland befanden sich knapp zehn Prozent Katholiken, die im Reformationsjahrhundert dem alten Glauben die Treue gehalten hatten und deren Religionsstatus nach dem Dreißigjährigen Krieg auch offiziell anerkannt worden war[545]. Dabei hatte sich gerade für diesen Bevölkerungsteil durch die Jahrhunderte eine enge Wechselwirkung zwischen der katholischen Religionspraxis, dem Gebrauch seiner Muttersprache sowie dem Bestand seiner kulturell-nationalen Eigenheiten und Traditionen entwickelt. Große Bedeutung für diese Identitätssicherung erlangte das 1728 eingeweihte Wendische Seminar in Prag, wo die meisten der sorbischen Priesteramtskandidaten ihre theologischen Universitätsstudien absolvierten[546]. Kirchenrechtlich unterstanden sie der Apostolischen Administratur in Meißen. Seit 1815/21 war das sorbische Gebiet politisch gespalten:

---

[541] Vgl. A. STEINMAUS-POLLAK, Katholische Aktion, S. 281.

[542] »Die Richtlinien für die Arbeit der Katholischen Aktion, die von Seiner Eminenz Bertram vorbereitet und am 6. August dieses Jahres von der Fuldaer Bischofskonferenz gebilligt wurden – wo er immer seinen Willen zu behaupten weiß -, sind nichts als eine Aufzählung der schon lange in Deutschland bestehenden Vereine und sehen nichts als eine Pfarr- oder Diözesan-Organisation der Katholischen Aktion vor. In Wirklichkeit ist alles mehr oder minder wie früher geblieben«. BERICHT, fol. 38v–39r.

[543] »Für die Katholische Aktion zeigt Seine Eminenz … äußerlich Interesse und Eifer. Tatsächlich aber hat er, dessen Autorität in diesem überaus wichtigen Thema groß ist (wie mir von unterschiedlichen Seiten berichtet wurde), alle Versuche und Initiativen – sit venia verbo ›sabotiert‹, eine Organisation oder einen Zentralausschuss zu bilden, so wie er in Italien existiert und auch die Bischöfe entschieden haben, in der dortigen Nation ins Leben zu rufen … So blieben die Hoffnungen und Pläne, die der katholische Kongress von Magdeburg im letzten Jahr erweckt hatte, in dieser Hinsicht ohne Wirkung«. EBD., fol. 38v.

[544] Vgl. E. RUPPEL, Tätigkeit, etwa S. 305: »Die wendischen Katholiken sollten also in aller Heimlichkeit durch ihren Seelenhirten an das Deutsche Reich gefesselt werden«.

[545] Vgl. E. GATZ (Hg.), Geschichte des kirchlichen Lebens, Bd. 2, S. 151 (S. MUSIAT).

[546] Vgl. T. KOWALCZYK, Katholische Kirche, S. 34 f.

Ein kleinerer Teil wurde abgetrennt und fiel an Preußen bzw. kirchlich an das Bistum Breslau[547]. Seit der Jahrhundertwende war die Ausbildung der angehenden sorbischen Priester in Prag der deutschen Regierung ein Dorn im Auge, da man eine panslawistische antideutsche Beeinflussung befürchtete. Von verschiedenen Seiten wurde daher der Plan zur Wiedererrichtung des katholischen Bistums Meißen ventiliert[548].

Nach dem Ersten Weltkrieg stimmte die deutsche Seite diesen Absichten grundsätzlich zu, allerdings unter der Bedingung der Schließung des Wendischen Seminars in Prag und mit dem klaren Ziel einer weitergehenden Germanisierung der damals noch »Wenden« genannten Sorben[549]. Pacelli setzte den Germaniker und Regens des Fuldaer Priesterseminars Christian Schreiber[550] als ersten Bischof von Meißen durch[551], der den sorbischen Interessen einer kulturell-sprachlichen Identitätswahrung jedoch weitgehend verständnislos gegenüberstand und in dieser Frage keinerlei Kompromissbereitschaft zeigte[552]. So wurde das Wendische Seminar in Prag aus wirtschaftlichen Schwierigkeiten und anderen Gründen[553] veräußert und 1927 in Schmochtitz bei Bautzen den Vorschriften des kirchlichen Rechts gemäß ein für beide Bevölkerungsgruppen gemeinsames Diözesanseminar[554] eingerichtet, das mit einem einzigen Lektor für polnische und sorbische Sprache den Bedürfnissen der nichtdeutschen Seminaristen nur sehr unzureichend entgegenkam. Gegen seinen erklärten Willen wurde der Leiter des Prager Seminars zum Weiterstudium nach Rom versetzt[555]. Vor allem aufgrund dieser Maßnahmen regte sich unter der sorbischen Geistlichkeit entschiedener Widerstand gegen den Bischof[556], nachdem sie die Wiedererrichtung der Diözese Meißen durchaus noch unterstützt hatte. Pacelli hin-

---

[547] Vgl. EBD., S. 13.
[548] Vgl. EBD., S. 18–30.
[549] Vgl. EBD., S. 37.
[550] Christian Schreiber (1872–1933), 1921–1930 Bischof von Meißen, 1930–1933 Bischof von Berlin. E. GATZ (Hg.), Bischöfe 1789/1803–1945, S. 673–675 (M. CLAUSS/E. GATZ); A. STREHLER, Schreiber. Zu seiner Wahl vgl. E. GATZ, Ringen, S. 113–118.
[551] Vgl. T. KOWALCZYK, Katholische Kirche, S. 24–28. Kardinal Bertram hatte im Gegensatz zum Nuntius noch daran gedacht, dem Bautzener Kapitel ein beschränktes Wahlrecht zuzugestehen.
[552] So erklärte er am 25. September 1921 auf dem III. Bautzener Katholikentag »vor zahlreichen Teilnehmern beider Nationalitäten, er sei ›als katholischer Bischof und deutscher Mann‹ nach Sachsen gekommen. Diese Formulierung rief verständlicherweise unter den sorbischen Katholiken starke Beunruhigung hervor … Seine Predigten vom 25. September sowie vom 21. November signalisierten den deutschen staatlichen Behörden, dass der neue Meißener Oberhirte die in ihn gesetzten Hoffnungen nicht enttäuschen wollte«. T. KOWALCZYK, Katholische Kirche, S. 71.
[553] Vgl. EBD., S. 45; D. GRANDE/D. FICKENSCHER (Hg.), Eine Kirche.
[554] Vgl. CIC 1917, c. 1354.
[555] »Stattdessen war Jakubaš im November 1923 vom Meißener Bischof zum Studium nach Rom beordert worden, um ihn ›einerseits nicht sofort in der wendischen Seelsorge beschäftigen zu müssen, um ihm anderseits durch seinen hiesigen Aufenthalt Gelegenheit zu geben, in einer international eingestellten Umgebung seine einseitig-nationalen Auffassungen zu korrigieren‹«. T. KOWALCZYK, Katholische Kirche, S. 53.
[556] Vgl. EBD., bes. S. 72–75.

gegen nahm ganz den Standpunkt des von ihm durchgesetzten Bischofs ein[557], von dessen Berichten er sich auch in seinem Meinungsbild vollkommen abhängig zeigte[558]. So vermutete er hinter dem sorbischen Selbstbehauptungswillen nichts anderes als »tschechischen Hussitismus«[559], also eine kirchlich verurteilte Häresie.

VI. DEUTSCHE PRÄGUNGEN FÜR EINE RÖMISCHE ZUKUNFT?

Philippe Chenaux konnte auf der Basis der Analyse der römischen Akten für die Jahre vor 1917 zeigen, welche entscheidenden Prägungen Pacelli bereits in frühen Jahren, insbesondere während seiner Ausbildungszeit und der Tätigkeit im päpstlichen Staatssekretariat, erfahren hat. Auf eine andere Weise haben ihn seine Nuntiaturjahre in München und Berlin geprägt, auch wenn der scheidende Nuntius sich dies in seiner eingangs zitierten Berliner Abschiedsrede von 1929 selbst nicht ausdrücklich eingestand, wenn er Deutschland nur als Durchgangsstation von Rom nach Rom ansah. Für sein Verhältnis zum deutschen Katholizismus, der seit dem Jahre 1933 besonderen Gefahren ausgesetzt war und die besondere Aufmerksamkeit des nunmehrigen Kardinalstaatssekretärs und künftigen Papstes bedurfte, waren die zwölf deutschen Jahre von entscheidender Bedeutung, wie eine erste Analyse seiner Finalrelation zeigt.

1. Im Gegensatz zur Fokussierung der bisherigen Forschung auf den Diplomaten und Kirchenpolitiker Pacelli setzt die hier edierte Schlussrelation einen deutlich anderen Akzent: Pacellis Blickwinkel erweist sich als primär innerkirchlich und nicht zuerst politisch bestimmt. Das Politische war für ihn vor allem ein Mittel, um die Interessen der katholischen Kirche als Heilsvermittlerin und Lehrerin der Menschen zu fördern und zu schützen. Pacellis Bild von der Kirche ist dabei zutiefst von der römisch-neuscholastischen Ekklesiologie, von dem von ihm selbst wesentlich mitausgearbeiteten *Codex Iuris Canonici* und von der 1917 für die Münchener Nuntien verfassten Generalinstruktion geprägt.

2. Wichtigstes Mittel, die Interessen der Kirche gegenüber Staat und Gesellschaft zu sichern, waren für ihn Konkordate. Hier steht er ganz in der Tradition der *societas-perfecta*-Lehre seiner Ausbildungszeit. So erwies sich seine Nuntiaturzeit in

---

[557]　»Der Bischof wird in seinen Pastoralvisitationen oder anlässlich der Verleihung des Sakraments der Firmung mit Vertrauen und Ergebenheit empfangen, und auch der Klerus zeigt ihm gegenüber in der großen Mehrheit Verehrung und Liebe. Einige allerdings von den besagten Wenden, angetrieben von übertriebenem nationalistischen Geist und – nach dem, was erzählt wird – aufgestachelt vom tschechischen Hussitismus, machten zum Gegenstand heftiger Angriffe sowohl ihren Ordinarius als auch die Wiederherstellung der Diözese Meißen …«. BERICHT, fol. 45v–46r.

[558]　Für seine Finalrelation ist vor allem der Brief Schreibers an Pacelli vom 6. Dezember 1928 die entscheidende Quelle, wie ein Vergleich der Fakten ohne weiteres ergibt. Vgl. das bei T. KOWALCZYK, Katholische Kirche, S. 74 f., zitierte Schreiben mit der Darstellung der Ereignisse durch den Nuntius.

[559]　Vgl. BERICHT, fol. 46r.

Deutschland vor allem durch zahlreiche Verhandlungen mit fast allen deutschen
Ländern und dem Reich selbst geprägt, von denen jedoch viele scheiterten. Die Konkordate mit Bayern und Preußen waren Pacellis größte diplomatische Erfolge. Insbesondere der letztere Vertragsschluss steht immer wieder im Hintergrund seines
Finalberichtes.

3. Auch die politischen Parteien waren für ihn in diesem Sinne Mittel, die ihrem
inneren Wesen gemäße Entfaltung der Kirche in der Gesellschaft zu ermöglichen.
Sie spiegelten für Pacelli dabei jeweils geschlossene weltanschauliche Blöcke wider
(Sozialismus, Liberalismus, Katholizismus, Protestantismus). Der Grad ihrer Nähe
zur Kirche zeigte sich für ihn gerade aus ihrem Verhalten bei den Konkordatsverhandlungen. Dabei war für Pacelli in dieser Frage allein auf das Zentrum wirklich
Verlass. Konkordate waren freilich auch mit ideologischen Gegnern möglich – soweit sie guten Willen zeigten wie etwa die Sozialdemokratie in Preußen, die sich mit
der katholischen Partei in einer gemeinsamen Regierung befand. Allerdings tendierte
Pacelli eher zu einer Koalition des Zentrums mit der rechten als der linken Seite des
Parteienspektrums.

4. Eher ablehnend verhielt sich Pacelli im Hinblick auf eine Eigenständigkeit und
Unabhängigkeit der Zentrumspartei wie überhaupt katholischer Laienverbände
der kirchlichen Hierarchie gegenüber. So versuchte er, die katholischen Vereine
durch die *Azione cattolica* nach italienischem Vorbild enger an Papst und Bischöfe zu binden. Über Prälat Kaas hoffte er, dieses Ziel beim Zentrum erreichen zu
können.

5. Dabei stand Pacelli zu weiten Kreisen des deutschen Episkopats in einem eher
distanzierten Verhältnis. Dies gilt insbesondere für Kardinal Bertram, den Vorsitzenden der Fuldaer Bischofskonferenz. In den späteren Krisenzeiten während des
NS-Regimes sollte dieses Misstrauen nicht selten zu einer unzureichenden Abstimmung zwischen beiden führen. Hingegen waren Pacellis Vertrauensleute unter den
Bischöfen ausschließlich Männer, die an Jesuitenfakultäten und möglichst im *Germanicum* in einem neuthomistischen und römisch-ultramontanen Sinne ausgebildet worden waren. Deren Zahl suchte er in den künftigen Jahren, nicht zuletzt mit
Hilfe der Konkordate, zu vermehren. Die Karriere von Graf Preysing, den Pacelli
1932 gegen den Widerstand des Domkapitels und der bayerischen Regierung in Eichstätt zum Bischof ernennen ließ und den er 1935 auch in Berlin »durchdrückte«,
dürfte dafür exemplarisch sein. Preysing sollte während des Zweiten Weltkriegs Pacellis Vertrauensmann im deutschen Episkopat werden. Dessen Drängen nach öf-
fentlichkeitswirksamen Aktionen gegen die Nationalsozialisten fand seine Billi-
gung, während Pius XII. Bertrams Eingabepolitik offenbar als typisch für einen
deutschen »Staatsbischof« alter Prägung ansah. Freilich wird man aus der Tatsache,
dass Bertram in der Weimarer Zeit öfter durch geschicktes Agieren Personen und
Eigenheiten des deutschen Katholizismus vor römischen Sanktionen bewahrt hat,
nicht schon ohne weiteres auf eine größere Nähe zu den Machthabern nach 1933
schließen dürfen.

6. Zur deutschen Universitätstheologie und ihren methodischen Traditionen, insbesondere der historisch-kritischen Ausrichtung, scheint Pacelli während seines Deutschland-Aufenthalts keinen positiven Bezug gewonnen zu haben. Damit blieb dem Deutschlandfreund[560] die entscheidende Eigenart der deutschen Klerusausbildung fremd. Die Universitätsluft war ihm offenbar zu gefährlich für die angehenden Priester. Die Konzeption einer Glaubenswissenschaft in der *Universitas litterarum*, die in Kooperation und Konkurrenz mit den anderen Wissenschaften betrieben wurde und deutsche Pfarrer zu »Gebildeten« machen sollte, fand in seinen Augen wenig Gnade. Er favorisierte das Modell einer binnenkirchlichen Ausbildung nach jesuitischem Vorbild oder in einem geschlossenen »tridentinischen« Priesterseminar.

7. Personelle Netzwerke und Vertrauensverhältnisse, die seine Amtsführung als Papst später entscheidend prägen sollten, bildete Pacelli während seiner Nuntiaturjahre aus. Dabei waren es wiederum vor allem Jesuiten bzw. von Jesuiten ausgebildete Theologen, die dem Nuntius als Informanten und theologische Berater dienten. Neben Pater Robert Leiber SJ[561] sei der mehrmals im Text als theologische Autorität zitierte Franz Hürth SJ[562] genannt, ferner der Germaniker und »Zentrumsprälat« Ludwig Kaas. Von den deutschen Universitätstheologen hatten Joseph Mausbach und Martin Grabmann[563] einen nicht unbedeutenden Einfluss auf Pacelli, wobei beide – insbesondere Mausbach – eher dem gemäßigt konservativen Lager zuzurechnen waren.

8. Pacelli stand dem Nationalsozialismus als Weltanschauung gerade in seinem ideologischen Teil völlig fern. Seine italienisch-kuriale Prägung macht jedoch auch verständlich, dass er zur Sicherung der Wirkungsmöglichkeiten der Kirche in Deutschland sofort auf Konkordatsverhandlungen setzte. Um dieses Ziel zu errei-

---

[560] Als Pacelli als Nachfolger Gasparris zum Kardinalstaatssekretär berufen wurde, warf ihm die rechts stehende französische Presse Parteilichkeit für Deutschland vor. Am 26. Januar 1930 stattete er dem französischen Seminar in Rom einen Besuch ab und ging bei dieser Gelegenheit auch auf seine Beziehungen zu Deutschland ein: »Ihr Oberer hat auf die Gefühle angespielt, die mir unsere Brüder, die Katholiken Deutschlands, bezeugt haben. Ich kann die tiefe Zuneigung und priesterliche Dankbarkeit – und ich bin glücklich, das hier sagen zu können – nicht leugnen, die ich diesen Katholiken bewahre, die mich als den Boten Christi und das Sprachrohr des Papstes aufgenommen und die den Friedensworten, die ich an sie gerichtet habe, einen so guten Empfang bereitet haben. Im Herzen eines Priesters, eines Bischofes, eines Kardinals der Heiligen Römischen Kirche tut die Liebe zu einer Nation der Liebe keinen Eintrag, die er allen anderen schuldet«. Zitiert nach: Kardinal Eugen Pacelli, S. 563; zum gängigen Bild von Pacelli als Deutschlandfreund vgl. E. FRANZEL, Pius XII.

[561] Robert Leiber (1887–1967), 1906 Eintritt in den Jesuitenorden, anfangs kirchenhistorisch als Mitarbeiter Ludwig von Pastors tätig, war 1924–1958 gleichsam dauerhafter Sekretär von Pacelli, LThK³ 6 (1997), S. 777 (K. REPGEN); vgl. auch P. CHENAUX, Pie XII, S. 146.

[562] Franz Hürth SJ (1880–1963), 1896 Eintritt in den Jesuitenorden, 1918 Professor für Moraltheologie in Valkenburg, seit 1942 an der *Gregoriana* in Rom, wurde Berater von Papst Pius XII. in moraltheologischen Fragestellungen. LThK³ 5 (1996), S. 340 (S. FELDHAUS). Zu Hürth vgl. auch H. WOLF, Pius XI.; DERS., Pro perfidis judaeis.

[563] Martin Grabmann (1875–1949), 1906 Professor für Dogmatik in Eichstätt, 1913 in Wien, 1918 in München, bahnbrechende Forschungen zur Geschichte der mittelalterlichen Scholastik, stand in einem engen Vertrauensverhältnis zum Münchener Kardinal Faulhaber und genoss auch in römischen Kreisen Ansehen und Einfluss. LThK³ 4 (1995), S. 971 (U. HORST). M. WEITLAUFF, Kardinal Faulhaber, S. 328; H. MUSSINGHOFF, Theologische Fakultäten, S. 336–354.

chen, war er schon zu Weimarer Zeiten bereit, eigenständige kirchliche politische Parteien und Vereine nicht als unabdingbar notwendig für die Kirche anzusehen. Für die Zeit des Zweiten Weltkriegs legten gerade seine Erfahrungen als gescheiterter Friedensmittler im Auftrag Benedikts XV. während des Ersten Weltkriegs in Deutschland Pacelli einen strikten Neutralitätskurs nahe, um die Überparteilichkeit und Supranationalität des Hl. Stuhls und des Papstes als *padre comune* aller Gläubigen der katholischen Weltkirche nicht zu gefährden[564]. Es ist auch nicht verwunderlich, dass er aufgrund seiner Erfahrungen in der Konfrontation mit der Hitler-Herrschaft primär den Schutz des Seelenheils der Katholiken und des kirchlich-sakramentalen Lebens im Auge hatte.

9. Vielleicht kann man sogar noch weiter gehen und sagen: Die Erfahrungen, die Pacelli in Deutschland machte, erwiesen sich für ihn als so prägend, dass sie sich geradezu zu Handlungsmustern verdichteten, nach denen er in seiner Zeit als Kardinalstaatssekretär und vor allem als Papst agierte. So nahm er das Kulturkampftrauma, das in Deutschland nach der Jahrhundertwende im Katholizismus nachwirkte, intensiv wahr. Was damals geschehen war, dass Menschen ohne den Trost der Sakramente gestorben waren, weil Gemeinden verwaist waren und der Staat Priester und Ordensleute ins Exil gezwungen hatte, sollte nie mehr geschehen. Die Seelsorge musste daher auf jeden Fall gesichert werden – auch als klar war, dass die deutsche Regierung und die Partei das 1933 geschlossene Konkordat immer wieder brachen oder einseitig auslegten. Verbunden mit dem Fehlschlag der Friedensinitiative 1917, aus dem Pacelli wohl die Konsequenz gezogen hat, dass sein Lehrer Gasparri mit seinem Postulat einer absoluten Neutralität des Hl. Stuhls Recht gehabt hatte und Benedikts XV. Friedensplan ein Fehler war, bietet sich hier eine mögliche »deutsche« Erklärung für sein späteres Schweigen an. Der *cura animarum* durfte nichts vorgezogen werden – auch nicht die Aufgabe der Kirche als Anwältin aller Menschen und der Menschenrechte, die sich aus der Lehre von der Einheit des Menschengeschlechtes ergab.

10. Die hier vorgelegte Edition der Schlussrelation bietet Einblicke in die Wahrnehmung des deutschen Katholizismus der Weimarer Zeit aus der Perspektive Pacellis. Zugleich fällt aber auch ein Blick auf den Nuntius selbst sowie seine grundlegenden Einstellungen und Prägungen. Drittens wird ein dringendes Forschungsdesiderat deutlich: Wer Pacelli verstehen will, wer die Entwicklung seines Denkens, bevor er in Rom Staatssekretär und Papst wurde, minutiös nachvollziehen will, der braucht eine gründliche Analyse und (Auswahl-)Edition all seiner rund 3000 Nuntiaturberichte, die er zwischen 1917 und 1929 aus München und Berlin nach Rom geschickt hat. Sie zeigen Pacelli ohne den Schatten des Holocausts. Eine ständige Reprojektion der Ereignisse nach 1941 auf die früheren Jahrzehnte ist unhistorisch und wird Pacelli nicht gerecht. Aber dieses Unterfangen ist aufwendig, verlangt langen Atem und historische Präzision und stellt Grundlagenforschung im besten Sinn des Wortes dar.

---

[564] Vgl. P. CHENAUX, Pie XII, S. 121.

EUGENIO PACELLI
DIE LAGE DER KATHOLISCHEN KIRCHE
IN DEUTSCHLAND

Originaltext
und kommentierte Übersetzung

Eugenio Pacelli

Sulla situazione della Chiesa cattolica in Germania
A Sua Eminenza Reverendissima
il Signor Cardinale CARLO PEROSI
Segretario della S. Congregazione Concistoriale, Roma

ASV, AES, Germania 1922–1930, Pos. 511 P.O., Fasc. 24.

[4r] NUNZIATURA APOSTOLICA   N. 42602

_____

Germania   *Berlino W. 10,* 18 Novembre 1929.

Sulla situazione della Chiesa cattolica in Germania

A Sua Eminenza Reverendissima
il Signor Cardinale CARLO PEROSI
Segretario della S. Congregazione Concistoriale, Roma

Eminenza Reverendissima,
   I non facili lavori per la conclusione e la successiva esecuzione del Concordato
colla Prussia mi hanno pur troppo impedito sino ad ora di eseguire l'ordine impar-
titomi col venerato Dispaccio N. 36/29 in data del 29 Gennaio c.a.; per il che chiedo umilmente venia all'Eminenza Vostra Reverendissima.

Eugenio Pacelli

Über die Lage der katholischen Kirche in Deutschland.
Bericht an Kardinal Carlo Perosi,
Sekretär der Konsistorialkongregation, Rom
18. November 1929

ASV, AES Germania 1922-1930, Pos. 511 P.O., Fasc. 24[565].

[4r] APOSTOLISCHE NUNTIATUR   Nr. 42602

DEUTSCHLAND   *Berlin W. 10*, 18. November 1929.

Über die Lage der katholischen Kirche in Deutschland

An Seine Hochwürdigste Eminenz
den Herrn Kardinal CARLO PEROSI[566]
Sekretär der Hl. Konsistorialkongregation, Rom

Hochwürdigste Eminenz,
    die nicht leichten Bemühungen um den Abschluss und die darauf folgende Umsetzung des Konkordats mit Preußen[567] haben mich leider bisher daran gehindert, die mir mit der verehrten Mitteilung Nr. 36/29 mit dem Datum des 29. Januar[568] dieses Jahres erteilte Weisung auszuführen; hierfür bitte ich Eure Hochwürdigste Eminenz demütig um Verzeihung.

---

[565] Editorische Vorbemerkung: Auf handschriftliche und maschinenschriftliche Ergänzungen Pacellis wird im deutschen Text durch eine Anmerkung hingewiesen. Im italienischen Text sind die Passagen durch a-a, b-b etc. gekennzeichnet. Von Pacelli Unterstrichenes ist *kursiv* wiedergegeben.

[566] Zu Carlo Perosi (1868-1930) s. Anm. 256.

[567] Konkordat zwischen dem Heiligen Stuhl und dem Freistaat Preußen, 14. Juni 1929, gedruckt in: E. R. HUBER/W. HUBER, Staat und Kirche, Bd. 4, S. 322-328, Nr. 183 (künftig zitiert als: Preußisches Konkordat). Zur Entstehung des Konkordats vgl. S. GOLOMBEK, Entstehung; H. MUSSINGHOFF, Theologische Fakultäten; R. MORSEY, Geschichte; M. HÖHLE, Gründung.

[568] Dieses Dokument konnte bislang nicht nachgewiesen werden.

Affine di fornire a Vostra Eminenza, in quanto mi è possibile, le informazioni richieste, sembrami necessario di dare innanzi tutto alcune notizie su

I. La situazione generale della Chiesa cattolica in Germania.

La Germania secondo il censimento del 16 Giugno 1925 conta 62.348.782 abitanti. Tra questi (cfr. *Kirchliches Handbuch für das katholische Deutschland*, vol. XV, 1927/1928, pag. 418–421) 20.758.125 sono cattolici, così distribuiti in base all'antica circoscrizione diocesana, che sarà però, come è noto, modificata a norma del recente Concordato colla Prussia:

		cattolici	non cattolici
a)	Baviera (senza il territorio della Sarre)	5.163.224	2.216.370
	nella parte bavarese del territorio della Sarre (diocesi di Spira)	69.552	30.749
[4v] b)	Prussia *Archidiocesi di Colonia* (in virtù del Concordato colla Prussia sarà da essa staccato il territorio della nuova diocesi di Aquisgrana con circa un milione di cattolici)	3.399.750	1.723.374
	Diocesi di Treviri (compresa la parte prussiana del territorio della Sarre)	1.449.169	515.598
	Diocesi di Münster	1.762.147	1.002.791
	Diocesi di Paderborn (sarà, secondo il Concordato, elevata a Metropolitana, cedendo alcuni territori alla diocesi di Fulda)	1.718.001	6.143.204

Um Eurer Eminenz, soweit es mir möglich ist, die geforderten Informationen zu liefern, scheint es mir notwendig, vor allem einige Angaben zu geben über:

I. Die allgemeine Lage der katholischen Kirche in Deutschland

Nach der Volkszählung vom 16. Juni 1925 zählt Deutschland 62.348.782 Einwohner. Von diesen (vgl. *Kirchliches Handbuch für das katholische Deutschland*, Bd. XV, 1927/1928, S. 418-421)[569] sind 20.758.125 Katholiken, die auf der Grundlage der alten Diözesanzirkumskription, die jedoch bekanntermaßen gemäß dem jüngsten Konkordat mit Preußen verändert werden wird, folgendermaßen verteilt sind:

		Katholiken	Nicht-Katholiken
a)	Bayern (ohne das Saargebiet)	5.163.224	2.216.370
	im bayerischen Teil des Saargebietes (Diözese Speyer)	69.552	30.749
[4v] b)	Preußen		
	Erzdiözese Köln (aufgrund des Konkordats mit Preußen wird das Gebiet der neuen Diözese Aachen mit zirka einer Million Katholiken von ihr abgetrennt[570])	3.399.750	1.723.374
	Diözese Trier (einschließlich des preußischen Teils des Saargebiets)	1.449.169	515.598
	Diözese Münster	1.762.147	1.002.791
	Diözese Paderborn (gemäß dem Konkordat wird sie künftig zur Metropole erhoben, wobei sie einige Gebiete an die Diözese Fulda abtritt[571])	1.718.001	6.143.204

---

[569] Vgl. Gesamtstatistik der kirchlichen Jurisdiktionsbezirke des Deutschen Reiches im Jahre 1926, Kirchliches Handbuch 15 (1927-1928), S. 418-421.

[570] »In Aachen wird wieder ein Bischöflicher Stuhl errichtet und das Kollegiat- in ein Kathedralkapitel umgewandelt. Das Bistum Aachen wird den Regierungsbezirk Aachen sowie die Kreise Grevenbroich, Gladbach, M.Gladbach, Rheydt, Krefeld (Stadt und Land) und Kempen umfassen und der Kölner Kirchenprovinz angehören«. Preußisches Konkordat, Artikel 2, Absatz 2, E. R. Huber/W. Huber, Staat und Kirche, Bd. 4, S. 323.

[571] »Dem Bischöflichen Stuhle zu Paderborn wird der Metropolitancharakter verliehen; das dortige Kathedralkapitel wird Metropolitankapitel. Zur Paderborner Kirchenprovinz werden außer dem Erzbistum Paderborn die Bistümer Hildesheim und Fulda gehören. An die Diözese Fulda tritt die Paderborner die Bezirke ihres Kommissariats Heiligenstadt und ihres Dekanats Erfurt ab«. Preußisches Konkordat, Artikel 2, Absatz 4, E. R. Huber/W. Huber, Staat und Kirche, Bd. 4, S. 323. Vgl. hierzu H. J. Brandt/K. Hengst, Erzbistum Paderborn, S. 54 f., 252-254 mit Lit.

	cattolici	non cattolici
Diocesi di Fulda	224.175	1.344.958
Diocesi di Limburg	474.751	743.306
Diocesi di Osnabrück	238.541	403.367
Ad essa saranno incorporati i territori		
a) del *Vicariato Apostolico della*	133.091	2.433.328
Germania settentrionale e		
b) della *Prefettura Apostolica dello*	42.045	1.748.230
Schleswig-Holstein		
Diocesi di Hildesheim	208.495	2.183.335
Diocesi di Breslavia	2.476.341	9.737.119
(sarà elevata ad Arcivescovato e da essa		
verrà staccata la diocesi di Berlino con		
circa un mezzo milione di cattolici)		
Diocesi di Warmia	336.616	1.773.396
Amministrazione Apostolica	113.697	281.006
di Schneidemühl		
(in virtù del nuovo Concordato		
Prelatura nullius)		
c) *Archidiocesi di Friburgo*	1.430.578	958.297
(Baden e Hohenzollern)		
[5r] *Diocesi di Magonza* (Hessen)	417.543	887.573
Diocesi di Rottenburg	806.929	1.715.440
(Württemberg)		
Diocesi di Meißen	225.790	4.517.847
(Stato di Sassonia)		

Dell'attuale popolazione tedesca il 35,65% abita la campagna, il 64,35% la città, il 26,65% le grandi città, vale a dire quelle con più di 100.000 abitanti. La popolazione delle città è quindi di gran lunga superiore a quella della campagna, e sotto questo punto di vista la proporzione si è radicalmente cambiata dai tempi della fondazione dell'Impero germanico. Nel 1871 infatti il 63,90% della popolazione abitava la campagna ed il 36,10% le città (cfr. *Krose* nel citato *Kirchliches Handbuch*, pag. 248 e segg.). Questo mutamento ha avuto naturalmente una profonda influenza anche sulla situazione religiosa. Innanzi tutto vengono sempre più scomparendo le regioni con abitanti di una unica confessione, mentre, d'altra parte, au-

	Katholiken	Nicht-Katholiken
Diözese Fulda	224.175	1.344.958
Diözese Limburg	474.751	743.306[572]
Diözese Osnabrück In sie werden künftig einverleibt die Gebiete	238.541	403.367
a) des *Apostolischen Vikariats von* *Norddeutschland* und	133.091	2.433.328
b) der *Apostolischen Präfektur von* *Schleswig-Holstein*	42.045	1.748.230
Diözese Hildesheim	208.495	2.183.335
Diözese Breslau (sie wird künftig zum Erzbistum erhoben und von ihr wird künftig die Diözese Berlin mit zirka einer halben Million Katholiken abgetrennt)	2.476.341	9.737.119
Diözese Ermland	336.616	1.773.396
Apostolische Administratur von *Schneidemühl* (gemäß dem neuen Konkordat Praelatura nullius)	113.697	281.006
c) *Erzdiözese Freiburg* (Baden und Hohenzollern)	1.430.578	958.297
[5r] *Diözese Mainz* (Hessen)	417.543	887.573
Diözese Rottenburg (Württemberg)	806.929	1.715.440
Diözese Meißen (Staat Sachsen)	225.790	4.517.847

Von der jetzigen deutschen Bevölkerung wohnen 35,65% auf dem Lande, 64,35% in der Stadt, 26,65% in den Großstädten, d.h. in Städten mit mehr als 100.000 Einwohnern. Die Bevölkerung der Städte liegt demnach bedeutend über der des Landes, und unter diesem Gesichtspunkt hat das Verhältnis sich seit der Gründung des Deutschen Reiches radikal geändert. 1871 wohnten nämlich 63,90% der Bevölkerung auf dem Land und 36,10% in den Städten (vgl. *Krose* im zitierten *Kirchlichen Handbuch*, S. 248 ff.)[573]. Diese Veränderung hatte natürlich einen tiefen Einfluss auch auf die religiöse Lage. Vor allem verschwinden zunehmend die Gebiete mit Ein-

---

[572] Dies wurde korrigiert nach Kirchliches Handbuch 15 (1927-1928), S. 418 (anstatt der Zahl 713.306 in Pacellis Bericht).
[573] Vgl. Konfessionsstatistik Deutschlands, EBD., S. 248-306 (H. A. KROSE).

mentano le minoranze confessionali. Ciò porta con sè alla sua volta un aumento dei matrimoni misti con tutte le loro dannose conseguenze. Inoltre la cura delle anime nelle grandi città è divenuta sempre più difficile e si trova dinanzi a nuovi e ognora più ardui compiti. Nel 1871 si contavano nell'Impero germanico otto grandi città con una popolazione complessiva di 1.968.537 abitanti. Oggi la sola Berlino ha un numero di abitanti doppio di quello di tutte le grandi città di allora (cfr. *Krose* l.c., pag. 253).

Nel 1910 il 32,62 per cento degli abitanti della Germania erano cattolici, il 65,98 protestanti. Le corrispondenti percentuali per il 1925 sono di 32,36 e 64,12 (*Krose*, l.cit., pag. 259). **[5v]** Ora, avendo ancora le famiglie cattoliche prole più numerosa delle acattoliche ed essendo, d'altra parte, le perdite dei cattolici in seguito alle uscite dalla Chiesa (*Kirchenaustrittsbewegung*) molto minori di quelle dei protestanti, la percentuale dei cattolici dovrebbe essere per sè molto più favorevole. Tale guadagno però è pur troppo eliminato dalle perdite derivanti soprattutto dai matrimoni misti.

II. La vita religiosa dei cattolici

In base alle statistiche compiute da vari anni in Germania risulta che 57,32% dei cattolici soddisfano all'obbligo della comunione pasquale. Quasi la stessa percentuale (55%) indica la frequenza alla S. Messa nella domenica. Nel 1926 si ebbero 206.371.163 s. comunioni; 12.332.456 persone (non compresi tuttavia i decanati di Aschaffenburg, Würzburg, Treviri e Wadern e le città di Osnabrück ed Amburgo) adempirono il precetto pasquale (cfr. citato *Kirchliches Handbuch*, pag. 421).

Sembra che in Germania si dovrebbe promuovere dal clero con maggior zelo la s. comunione dei fanciulli, la quale è un mezzo così efficace per preservarli dai tanti pericoli di corruzione, cui sono esposti. Nei luoghi, ove i fanciulli si accostano frequentemente alla Mensa eucaristica, si vedono miracoli di miglioramento morale e di costanza nella virtù.

Dopo la rivoluzione del Novembre 1918 si sono avute pur **[6r]** troppo numerose uscite dalla Chiesa. Così nel 1926, di fronte a 7.583 conversioni alla fede cattolica (fra le quali 6.957 dal protestantesimo) e 3.204 ritorni alla Chiesa, si sono avute in tutta

wohnern einer einzigen Konfession, während andererseits die konfessionellen Minderheiten zunehmen. Dies wiederum bringt eine Zunahme der Mischehen mit all ihren schädlichen Auswirkungen mit sich. Außerdem wurde die Seelsorge in den Großstädten immer schwieriger und steht vor neuen und immer schwerer lösbaren Aufgaben. 1871 wurden im Deutschen Reich acht Großstädte mit einer Gesamteinwohnerzahl von 1.968.537 gezählt. Heute hat allein Berlin die doppelte Einwohnerzahl wie die aller damaligen Großstädte (vgl. *Krose*, a.a.O., S. 253)[574].

1910 waren 32,62% der Einwohner Deutschlands Katholiken, 65,98% Protestanten. Die entsprechenden Zahlen für 1925 sind 32,36 und 64,12 (*Krose*, a.a.O., S. 259)[575]. **[5v]** Da freilich die katholischen Familien noch eine zahlreichere Nachkommenschaft als die nichtkatholischen haben und da andererseits die Verluste der Katholiken in Folge der Austritte aus der Kirche (*Kirchenaustrittsbewegung*) viel geringer sind als jene der Protestanten, müsste der Prozentsatz der Katholiken an sich sehr viel günstiger sein. Dieser Gewinn wird leider aufgehoben durch die Verluste, die vornehmlich von den Mischehen herrühren.

II. Das religiöse Leben der Katholiken

Auf der Basis der seit einigen Jahren in Deutschland erhobenen Statistiken ergibt sich, dass 57,32% der Katholiken der Verpflichtung der österlichen Kommunion nachkommen. Fast derselbe Prozentsatz (55%) zeigt den sonntäglichen Besuch der hl. Messe an. 1926 gab es 206.371.163 hl. Kommunionen; 12.332.456 Personen (nicht enthalten jedoch die Dekanate von Aschaffenburg, Würzburg, Trier und Wadern sowie die Städte Osnabrück und Hamburg) erfüllten die österliche Vorschrift (vgl. das zitierte *Kirchliche Handbuch*, S. 421)[576].

Es scheint, dass in Deutschland der Klerus mit größerem Eifer die hl. Kommunion der Kinder befördern sollte, die ein so wirksames Mittel ist, um sie vor den zahlreichen Gefahren der Verderbnis, denen sie ausgesetzt sind, zu bewahren. An den Orten, wo die Kinder sich häufig dem eucharistischen Tisch nähern, sieht man Wunder an moralischer Besserung und Standhaftigkeit in der Tugend.

Nach der Novemberrevolution 1918 hat es leider **[6r]** zahlreiche Kirchenaustritte gegeben. 1926 gab es so gegenüber 7.583 Konversionen zum katholischen Glauben (davon 6.957 vom Protestantismus) und 3.204 Wiedereintritten in die Kirche in

---

[574] »Insbesondere das Großstadtproblem, das die Seelsorge vor ganz neue, überaus schwierige Aufgaben gestellt hat, ist durch den oben geschilderten Verstaatlichungsprozeß erst akut geworden. Im Jahre 1871 zählte man im deutschen Reiche erst 8 Großstädte mit insgesamt 1968537 Einwohnern. Heute zählt Berlin allein doppelt so viel Einwohner wie damals alle Großstädte zusammen«. EBD., S. 253.

[575] Vgl. Religionszugehörigkeit der Bevölkerung der deutschen Länder und Landesteile am 16. Juni 1925 im Vergleich mit der Zählung von 1910, EBD., S. 259.

[576] Vgl. Gesamtstatistik der kirchlichen Jurisdiktionsbezirke des Deutschen Reiches im Jahre 1926, EBD., S. 418-421, hier S. 421 (J. SAUREN).

la Germania 43.316 uscite, fra cui però soltanto 4.334 con passaggio ad altra religione (cfr. citato *Kirchliches Handbuch*, pag. 361). Tali uscite, le quali sono state naturalmente più frequenti nelle grandi città e nei territori della diaspora, sono così distribuite (prescindendo dalle diocesi della Baviera, che non formano oggetto del presente rispettoso Rapporto): Archidiocesi di Friburgo 1.521; diocesi di Fulda 667; diocesi di Limburgo 1.908; diocesi di Magonza 1.204; diocesi di Rottenburg 262; Archidiocesi di Colonia 7.823; diocesi di Münster 3.521; diocesi di Paderborn 5.413; diocesi di Treviri 527; diocesi di Breslavia (compreso il territorio della Delegazione di Berlino) 8.887; diocesi di Ermland 176; diocesi di Hildesheim 1.072; diocesi di Meißen 3.158; diocesi di Osnabrück 74; Vicariato Apostolico della Germania settentrionale 315; Prefettura Apostolica dello Schleswig-Holstein 401; Amministrazione Apostolica di Schneidemühl 61. Causa di queste uscite sono: la intensa propaganda (*Kirchenaustrittspropaganda*) promossa specialmente dai comunisti, i quali, per es. a Berlino hanno istituito degli uffici centrali, ove dietro il pagamento di soli due marchi si compiono tutte le pratiche ufficiali necessarie per la uscita dalla Chiesa; la cattiva situazione economica e la disoccupazione; le tasse ecclesiastiche, in sè odiose e riscosse talvolta duramente, per sottrarsi alle quali non pochi cattolici già non più praticanti escono dalla Chiesa; la indiffe[6v]renza religiosa ed il rispetto umano. Le varie sette (Avventisti, Metodisti ecc.), le quali dopo la guerra hanno fatto una estesa propaganda in Germania, non hanno guadagnato che pochissimi cattolici, ed anzi nelle regioni con popolazione prevalentemente cattolica quasi nessuno. Deve infine rile-

ganz Deutschland 43.316 Austritte, von diesen jedoch nur 4.334 mit dem Übertritt zu einer anderen Religionsgemeinschaft (vgl. das zitierte *Kirchliche Jahrbuch*, S. 361)[577]. Diese Austritte, die natürlich in den Großstädten und in den Diaspora-Gebieten häufiger waren, verteilen sich folgendermaßen (mit Ausnahme der Diözesen Bayerns, die in diesem ehrerbietigen Bericht nicht behandelt werden)[578]: Erzdiözese Freiburg 1.521; Diözese Fulda 667; Diözese Limburg 1.908; Diözese Mainz 1.204; Diözese Rottenburg 262; Erzdiözese Köln 7.823; Diözese Münster 3.521; Diözese Paderborn 5.413; Diözese Trier 527; Diözese Breslau (einschließlich des Gebietes der Delegatur Berlin) 8.887; Diözese Ermland 176; Diözese Hildesheim 1.072; Diözese Meißen 3.158; Diözese Osnabrück 74; Apostolisches Vikariat Norddeutschland 315; Apostolische Präfektur Schleswig-Holstein 401; Apostolische Administratur Schneidemühl 61[579]. Gründe für diese Austritte sind[580]: die intensive Propaganda (*Kirchenaustrittspropaganda*), die besonders von den Kommunisten betrieben wird, die z.B. in Berlin Zentralbüros errichtet haben, wo gegen die Zahlung von nur zwei Mark alle offiziellen Dokumente erstellt werden, die für den Kirchenaustritt erforderlich sind[581]; die schlechte wirtschaftliche Lage und die Arbeitslosigkeit; die Kirchensteuern, die an sich verhasst sind und manchmal mit Härte eingetrieben werden: um sich ihnen zu entziehen, treten nicht wenige bereits nicht mehr praktizierende Katholiken aus der Kirche aus; die [6v] religiöse Gleichgültigkeit und die Furcht vor menschlichen Instanzen. Die unterschiedlichen Sekten (Adventisten[582], Methodisten[583], etc.), die nach dem Krieg in Deutschland eine ausgedehnte Propaganda betrieben, haben nur sehr wenige Katholiken hinzugewonnen, und in den Gebieten mit vornehmlich katholischer Bevölkerung sogar fast niemanden[584]. Schließ-

---

[577] Vgl. Übertritte, Austritte und Rücktritte im Jahre 1926 in den deutschen Jurisdiktionsbezirken, EBD., S. 353-421, hier S. 361.

[578] »Zur Konsolidierung der Verhältnisse scheint es doch auf dem Lande weit eher als in den Städten zu kommen«. EBD., S. 363.

[579] Vgl. Übertritte, Austritte und Rücktritte im Jahre 1926 in den deutschen Jurisdiktionsbezirken, EBD., S. 361.

[580] »Fernerhin geht die Kirchenaustrittspropaganda der Sekten und Parteien doch weniger auf das Land hinaus. Hinzu kommt die nach wie vor in aller Schärfe anhaltende wirtschaftliche Notlage, dazu die Belastung durch die Kirchensteuer außerhalb der Reichs- und sonstigen Steuern und insbesondere die Gleichgültigkeit und Verflachung weiter Volkskreise«. EBD.

[581] Zur vielgestaltigen freidenkerischen und kommunistischen Kirchenaustrittspropaganda vgl. G. BESIER, Dogmatische Neuansätze, S. 194-198.

[582] Die der englischen Erweckungsbewegung des 18. Jahrhunderts entstammenden und durch Charles und John Wesley geprägten »Methodisten« fassten in Deutschland im 19. Jahrhundert als Rückwirkung der deutschen Auswanderbewegung Fuß. 1897 vereinigten sich in Deutschland die Wesleyanische Gemeinschaft und die bischöfliche Methodistenkirche, die insbesondere seit dem Ersten Weltkrieg einen deutlichen Aufschwung nahm. K. ALGERMISSEN, Konfessionskunde, S. 614-656.

[583] Sie wurden durch den Baptisten Farmer William Miller (1782-1849) in Massachusetts begründet, der aufgrund apokalyptischer Berechnung das Jahr der Wiederkunft Christi auf 1843 datierte; nach 1844 zersplitterte die Bewegung, die in Deutschland vor allem seit dem Ende des 19. Jahrhunderts von Hamburg aus von 2.387 Erwachsenen (1903) auf 36.820 (1939) anwuchs. EBD., S. 814-825.

[584] Dies ist weitgehend aus folgender Tabelle zu entnehmen: Übertritte, Austritte und Rücktritte im Jahre 1926 in den deutschen Jurisdiktionsbezirken, Kirchliches Handbuch 15 (1927-1928), S. 361. Nach dieser gab es in ganz Deutschland 4.334 Übertritte von Katholiken zu anderen Religionsgemeinschaften.

varsi che il numero delle uscite dalle confessioni protestanti è stato assai maggiore, ossia quasi il sestuplo. Del resto molti protestanti, compresi gli stessi pastori, hanno perduto qualsiasi fede religiosa, anche nella divinità di N. S. Gesù Cristo.

Dal 1922 si è organizzato nelle singole diocesi il movimento per gli esercizi spirituali. Nel 1925 si ebbero già 1.312 mute con 62.554 partecipanti, comprendenti tutte le classi e professioni, e negli anni seguenti il numero si è notevolmente accresciuto. In Germania si hanno ora 74 case speciali per esercizi, fra le quali quella dei RR. PP. Gesuiti in Biesdorf presso Berlino, ed altre 150, in cui gli esercizi si danno in tempi determinati.

Ad assicurare l'assistenza spirituale delle minoranze nazionali, specialmente polacche, in Prussia, che fu oggetto anche di uno scambio di Note col Governo (in data del 10 ed 11 Giugno c.a.), giovano l'articolo 9 capov. 2 del recente Concordato, il quale ammette la possibilità, mediante intesa tra le Autorità ecclesiastica e civile, che anche a sacerdoti non tedeschi venga conferito uno degli uffici enumerati nel capov. 1, e l'articolo 10 capov. 1, il quale permette agli Ordinari, senza bisogno di alcun

lich muss noch betont werden, dass die Zahl der Austritte aus den protestantischen Konfessionen sehr viel höher war, nämlich fast das Sechsfache. Im Übrigen haben viele Protestanten, sogar einschließlich von Pastoren, jeglichen religiösen Glauben verloren, auch an die Göttlichkeit unseres Herrn Jesus Christus.

Seit 1922 organisierte sich in den einzelnen Diözesen die Bewegung für die geistlichen Exerzitien. 1925 gab es bereits 1.312 Kurse mit 62.554 Teilnehmern, die alle Klassen und Berufe umfassten, und in den Folgejahren stieg die Zahl beträchtlich an. In Deutschland gibt es derzeit 74 besondere Häuser für Exerzitien, unter diesen jenes der Hochwürdigen Jesuitenpatres in Biesdorf bei Berlin[585], und weitere 150 Häuser, in denen die Exerzitien zu bestimmten Zeiten abgehalten werden.

Um den nationalen Minderheiten, vor allem den polnischen, in Preußen den geistlichen Beistand zu sichern, der auch Gegenstand eines Notenwechsels mit der Regierung (mit Datum vom 10. und 11. Juni dieses Jahres) war[586], sind besonders hilfreich: Artikel 9 Absatz 2 des jüngsten Konkordats[587], der die Möglichkeit einräumt, dass durch Absprache zwischen den kirchlichen und zivilen Autoritäten auch nicht-deutschen Priestern eines der in Absatz 1 aufgezählten Ämter[588] verliehen werden kann, sowie Artikel 10 Absatz 1, der den Ortsbischöfen[589] ohne die

---

[585] Trotz des Jesuitengesetzes des Kulturkampfs hielten sich etwa ab 1893 erstmals Jesuiten für längere Zeit in Berlin auf, um in der Seelsorge der neuerrichteten Pfarreien mitzuwirken. Durch das Wirken des Jesuitenschülers und späteren Münsteraner Bischofs Clemens August Graf von Galen, der 1908 an der neuerrichteten, dem hl. Clemens Maria Hofbauer geweihten Kirche die Seelsorge übernahm, kamen die Patres an seine Kirche und das benachbarte Kolping-Gesellenhaus in der Wilhelmstraße. Mit der Aufhebung des Jesuitenverbots 1917 wurde dem Orden dann die Kuratie übertragen; schon vor dem Ersten Weltkrieg hatten Laien am östlichen Stadtrand den Jesuiten zudem ein Grundstück in Biesdorf für die Errichtung eines Exerzitienhauses erworben. 1920 fand der erste Kurs statt. Hinzu kam seit 1921 auf Betreiben Bernhard Lichtenbergs in Charlottenburg die Petrus-Canisius-Gemeinde, später erweitert durch ein Jesuitenkolleg und ein Gymnasium. H. G. Lachmund, Jesuiten.

[586] Vgl. hierzu S. Golombek, Politische Vorgeschichte, S. 97.

[587] »Bei kirchlichem und staatlichem Einverständnis kann von den in Abs. 1 zu a, b und c genannten Erfordernissen abgesehen werden; insbesondere kann das Studium an anderen deutschsprachigen Hochschulen als den zu c genannten anerkannt werden«. Preußisches Konkordat, Artikel 9, Absatz 2, E. R. Huber/W. Huber, Staat und Kirche, Bd. 4, S. 327.

[588] »Angesichts der in diesem Vertrag zugesicherten Dotation der Diözesen und Diözesananstalten wird ein Geistlicher vom Ordinarius eines Erzbistums oder Bistums oder der *Praelatura Nullius*, zum Weihbischof, zum Mitglied eines Domkapitels, zum Domvikar, zum Mitglied einer Diözesanbehörde oder zum Leiter oder Lehrer an einer Diözesanbildungsanstalt nur bestellt werden, wenn er a) die deutsche Reichsangehörigkeit hat, b) ein zum Studium an einer deutschen Universität berechtigendes Reifezeugnis besitzt, c) ein mindestens dreijähriges philosophisch-theologisches Studium an einer deutschen staatlichen Hochschule oder an einem der gemäß Artikel 12 hierfür bestimmten bischöflichen Seminare oder an einer päpstlichen Hochschule in Rom zurückgelegt hat«. Preußisches Konkordat, Artikel 9, Absatz 1, E. R. Huber/W. Huber, Staat und Kirche, Bd. 4, S. 325 f.

[589] »Die Diözesanbischöfe (der *Praelatus nullius*) werden an die Geistlichen, denen ein Pfarramt dauernd übertragen werden soll, die in Artikel 9 Abs. 1 zu a bis c, und an die sonstigen in der Pfarrseelsorge anzustellenden Geistlichen mindestens die dort zu a und b genannten Anforderungen stellen. Für beide Fälle gilt Artikel 9 Abs. 2«. Preußisches Konkordat, Artikel 10, Absatz 1, E. R. Huber/W. Huber, Staat und Kirche, Bd. 4, S. 326.

intervento dello Stato, di impiegare in modo transitorio nella [7r] cura parrocchiale delle anime ecclesiastici, che non hanno la cittadinanza tedesca. Scambi di vedute
a tale riguardo sono stati, del resto, iniziati tra l'Episcopato tedesco ed il polacco,
massime dopo la visita fatta nell'inverno dell'anno scorso dall'Eṁo Sig. Cardinale
Hlond, Arcivescovo di Gnesna e Posnania, a vari Ordinari della Germania.

La devozione ed il portamento dei fedeli nelle funzioni sacre non lasciano in genere nulla a desiderare; la condotta dei cattolici nelle chiese è anzi molto degna ed
edificante.

Negli ultimi dieci anni si è molto sviluppato il cosiddetto movimento liturgico. A
questo proposito occorre distinguere due movimenti liturgici: quello popolare e
quello di Maria Laach.

Il movimento liturgico popolare è promosso da un gran numero di scritti popolari sulla liturgia, fra i quali due meritano speciale menzione: *Das Meßbuch der hl.
Kirche* (Il Messale della S. Chiesa) del P. Anselmo Schott, Benedettino dell'Arciabbazia di Beuron, in latino e tedesco, con spiegazioni liturgiche e con brevi vite dei
Santi. La prima edizione del 1884 fu in seguito riveduta e migliorata da vari confratelli dell'Autore; quella del 1921 ebbe l'onore di una lusinghiera lettera di elogio del-
l'Eminentissimo Sig. Cardinale Segretario di Stato in data del 31 Agosto 1926. Finora se ne sono stampati circa 600.000 esemplari; anzi colle edizioni abbreviate e
semplificate per i fanciulli ed i giovani si arriva ad un milione. L'altra pubblicazione
è il *Liturgischer Kalender* (Calendario liturgico) di Klosterneuburg in Austria. Questo movimento non mira ad altro che a rendere i fede[7v]li familiari colle funzioni
sacre e soprattutto colla S. Messa e merita quindi ogni lode ed incoraggiamento.

Notwendigkeit irgendeiner staatlichen Einschaltung gestattet, übergangsweise für die **[7r]** Pfarrseelsorge Geistliche zu verwenden, die nicht die deutsche Staatsbürgerschaft haben. Im Übrigen wurde ein Meinungsaustausch diesbezüglich zwischen dem deutschen und dem polnischen Episkopat begonnen, besonders nachdem Seine Eminenz Herr Kardinal Hlond[590], Erzbischof von Gnesen und Posen, im Winter des vergangenen Jahres mehrere deutsche Diözesanbischöfe besucht hat.

Die Frömmigkeit und das Verhalten der Gläubigen in den Gottesdiensten lassen im Allgemeinen nichts zu wünschen übrig; das Betragen der Katholiken in den Kirchen ist sogar sehr würdig und erbaulich.

In den letzten zehn Jahren hat sich die so genannte liturgische Bewegung sehr entwickelt. Diesbezüglich muss man zwei liturgische Bewegungen unterscheiden: die volksliturgische und diejenige von Maria Laach.

Die volksliturgische Bewegung wird von einer großen Zahl von volkstümlichen Schriften über die Liturgie propagiert, unter denen zwei eine besondere Erwähnung verdienen: *Das Meßbuch der hl. Kirche* von P. Anselm Schott[591], Benediktiner der Erzabtei Beuron, auf Latein und Deutsch, mit liturgischen Erläuterungen und mit Kurzviten der Heiligen. Die Erstausgabe von 1884 wurde im Folgenden von verschiedenen Mitbrüdern des Autors durchgesehen und verbessert; derjenigen von 1921 wurde die Ehre eines aufmunternden Lobbriefes Seiner Eminenz des Herrn Kardinal Staatssekretärs[592] mit dem Datum 31. August 1926[593] zuteil. Bisher wurden davon etwa 600.000 Exemplare gedruckt; zusammen mit den gekürzten und vereinfachten Ausgaben für Kinder und Jugendliche kommt man sogar auf eine Million. Die andere Veröffentlichung ist der *Liturgische Kalender* von Klosterneuburg[594] in Österreich. Diese Bewegung zielt auf nichts anderes als darauf, die **[7v]** Gläubigen mit den Gottesdiensten und

---

[590] Augustyn Hlond SDB (1881-1948), 1922-25 Administrator des an Polen gefallenen Teiles der Erzdiözese Breslau, 1925 erster Bischof des daraus entstandenen Bistums Kattowitz, seit 1926 Erzbischof von Gnesen und Primas von Polen, 1927 Kardinal, »glühender Verfechter der Polonisierung der deutschen Gebiete jenseits von Oder und Neiße«. LThK³ 5 (1996), S. 172 f. (R. GRULICH).

[591] Anselm (Friedrich August) Schott OSB (1843-1896), in vielen Neugründungen Beurons tätig, zuletzt seit 1892 in Maria Laach. Seine Übersetzung des *Missale Romanum* für Laien konnte »seit etwa 1910 bis zum Vatikanum II im deutschen Sprachraum eine fast monopolartige Stellung als Meß-Gebetbuch« gewinnen. LThK³ 9 (2000), S. 242 f. (A. HÄUSSLING).

[592] Zu Pietro Gasparri OSB (1852-1934) s. Anm. 101.

[593] »Die 29.-30. Auflage samt den verschiedenen Ausgaben des Schottmeßbuchwerkes wurde am 31. August 1926 durch ein huldvolles *Handschreiben Papst Pius XI.* ausgezeichnet. Es hieß darin: ›Der fromme Geist, der diese Veröffentlichungen durchhaucht, die Reichhaltigkeit der doch in maßvoller Art gegebenen Erläuterungen, ... der schöne und gefällige Druck empfehlen sie angelegentlich den Gläubigen, die aus der Sprache des liturgischen Gebetes die Einladung vernehmen, Quellwasser des geistlichen Lebens daraus zu schöpfen: Kommet, ihr Durstigen, zu den Wassern und trinket mit Freude!‹«. Geschichte des Laien-Messbuches, S. 15.

[594] Der Liturgiekalender des Augustinerchorherren Pius Parsch (1884-1954) von Klosterneuburg »»Das Jahr des Heiles‹ erschien seit 1923 in vielen, immer größer werdenden Auflagen, zuletzt in drei Bänden«. F. KOLBE, Liturgische Bewegung, S. 52.

Ben diverso è invece quel movimento liturgico, che ha la sua sede nell'Abbazia di Maria Laach, la quale fa parte della Congregazione benedettina di Beuron. Ne sono promotori quel Revm̃o P. Abbate D. Ildefonso Herwegen, il Priore P. D. Alberto Hammenstede, i Padri Odo Casel e Atanasio Wintersig. Non tutti i Padri di quell'Abbazia favoriscono però quel movimento, ed ancor meno quelli dell'Arciabbazia di Beuron. Esso si è indirizzato finora piuttosto agli intellettuali, ed il suo carattere distintivo consiste in ciò che non è soltanto una introduzione nella liturgia della Chiesa, ma altresì un sistema di vita religiosa. Ora tale sistema, almeno come viene proposto da alcuni fautori più esagerati, pare che non meriti una lode incondizionata, ma presenti inesattezze ed eccessi, sebbene in questi ultimi tempi i promotori del medesimo si siano dimostrati alquanto più cauti e ritenuti.

[a]Tuttavia il P. Odo Casel ha recentemente espresso opinioni, che sembra non possano conciliari col dogma cattolico, specialmente del sacerdozio e sulla potestà da consacrare il Corpo ed il Sangue di Gesu Cristo (cfr. Klerusblatt N. 40, 2. Oktober

besonders mit der Hl. Messe vertraut zu machen, und verdient daher jedes Lob und jede Ermutigung.

Ganz anders ist dagegen jene liturgische Bewegung, die ihren Sitz in der Abtei von Maria Laach[595] hat, die Teil der benediktinischen Kongregation von Beuron ist. Ihre Promotoren sind jener gewisse Hochwürdigste P. Abt D. Ildefons Herwegen[596], der Prior P. D. Albert Hammenstede[597], die Patres Odo Casel[598] und Athanasius Wintersig[599]. Nicht alle Patres jener Abtei befürworten jedoch jene Bewegung, und noch weniger die Patres der Erzabtei von Beuron[600]. Die Bewegung wandte sich bisher vornehmlich an die Intellektuellen, und ihr unterscheidendes Merkmal liegt darin, dass sie nicht nur eine Einführung in die Liturgie der Kirche darstellt, sondern darüber hinaus ein System des religiösen Lebens. Nun scheint, dass dieses System, wenigstens so, wie es von einigen besonders überspannten Befürwortern vorgeschlagen wird, nicht ein uneingeschränktes Lob verdient, sondern Ungenauigkeiten und Übertreibungen aufweist, wenn auch die Befürworter derselben sich in der letzten Zeit um einiges vorsichtiger und bedachtsamer zeigten.

P. Odo Casel hat jedoch erst neulich Meinungen zum Ausdruck gebracht, die nicht vereinbar erscheinen mit dem katholischen Dogma, besonders vom Priesteramt und von der Vollmacht, den Leib und das Blut Christi zu konsekrieren (vgl. Klerusblatt

---

[595] Zu der 1892 erneut von Benediktinern besiedelten Abtei Maria Laach vgl. M. ALBERT, Benediktinerabtei. Sie übte vor allem seit dem Ersten Weltkrieg einen großen Einfluß auf katholische Akademiker, bald in enger Abstimmung mit dem Katholischen Akademikerverband, aus. Die Liturgie sollte organisch-ganzheitlich und so als Gegengewicht zum Subjektivismus der Zeit gesehen werden. Die Liturgie wurde in ihrer überlieferten Form, weitgehend ohne moderne Elemente einer stärkeren Einbindung des Volks, gefeiert. F. KOLBE, Liturgische Bewegung, S. 36-41.

[596] Ildefons Herwegen OSB (1874-1946), seit 1913 Abt der Benediktinerabtei Maria Laach, Liturgie- und Ordenshistoriker. LThK³ 5 (1996), S. 48 (E. V. SEVERUS).

[597] Albert Hammenstede OSB (1876-1955), 1895 Eintritt in das neubesiedelte Maria Laach, 1915-1938 dort Prior, bemühte sich in Schriften und Vorträgen um eine Fruchtbarmachung der Theologie für Frömmigkeit, Aszese und Leben, reiste im Dienste seines »liturgischen Apostolats« 1929, 1936 und 1937 nach Rom an die Kurie. Vgl. A. HAMMENSTEDE, Erinnerungen.

[598] Odo (Johannes) Casel OSB (1886-1948), Liturgiewissenschaftler in Maria Laach, bedeutendster Vertreter der die Religionsgeschichte der Antike rezipierenden Mysterientheologie, welche die Präsenz des Heilshandelns Christi in den Sakramenten der Kirche betonte. LThK³ 2 (1994), S. 966 f. (A. HÄUSSLING); A. SCHILSON, Theologie.

[599] Athanasius (Ludwig) Wintersig OSB (1900-1942), 1921 Mönch in Maria Laach, 1932 Promotion und Ordensaustritt, seither unter dem Namen Ludwig A. Winterswyl freier theologischer Schriftsteller v.a. pastoralliturgischer Schriften. LThK³ 10 (2001), S. 1229 (B. JEGGLE-MERZ).

[600] 1863 gründeten die Brüder Maurus und Placidus Wolter in Beuron ein neues Benediktinerkloster, nachdem sie vorher einige Monate in Solesmes bei Prosper Guéranger verbracht hatten. Neben der Erneuerung des ursprünglichen Benediktinertums standen die Feier der lateinischen römischen Liturgie und die Pflege des Gregorianischen Choralgesanges im Zentrum ihrer Spiritualität. Wie Guéranger lehnte man auch in Beuron die Volkssprache ab und war streng kurial-zentralistisch ausgerichtet. Vgl. hierzu F. KOLBE, Liturgische Bewegung, S. 22 f.

1929: »Konnten jemals Laien die heilige Messe feiern?« von Prälat Dr. Ludw. Eisenhofer, Hochschulprofessor in Eichstätt.)[a]

Infatti:

Il detto movimento esagera il valore della liturgia, volendo quasi sostituire forme esteriori al contenuto essenziale della fede cattolica. Così, ad esempio, si è manifestato il parere che la liturgia sia l'unico mezzo per mantenere gl'intellettuali nella Chiesa cattolica. Ora l'esperienza non ha confermato una simile opinione. Ancor meno il movimento liturgico sembra sufficiente da solo a ricondurre alla Chiesa le masse operaie perdute. I capi delle organizzazioni cattoliche per operai, lavoranti, artigiani, i quali hanno partecipato a settimane liturgiche in Maria Laach, non si ripromettono molto da tale movimento per la massa dei semplici [8r] fedeli, anzi si sono espressi in modo piuttosto negativo.

Il movimento liturgico afferma che vuol creare una devozione ed una vita religiosa più oggettiva e sociale, e meno soggettiva e personale, e che ciò è un mezzo eccellente per combattere l'esagerato soggettivismo della razza germanica. Ma, da una parte, questo soggettivismo non è così profondo nella parte cattolica del popolo tedesco, almeno per ciò che concerne i semplici fedeli, e, dall'altra, il movimento liturgico sembra trascurare troppo la vita ascetica personale.

Nr. 40, 2. Oktober 1929: »Konnten jemals Laien die heilige Messe feiern?«[601] von Prälat Dr. Ludw. Eisenhofer[602], Hochschulprofessor in Eichstätt).[603]

In der Tat:

Die besagte Bewegung übertreibt den Wert der Liturgie, wobei sie den wesentlichen Inhalt des katholischen Glaubens gleichsam durch äußere Formen ersetzen will. So wurde zum Beispiel die Meinung zum Ausdruck gebracht, die Liturgie sei das einzige Mittel, die Intellektuellen in der katholischen Kirche zu halten. Nun hat die Erfahrung eine so beschaffene Meinung nicht bestätigt. Noch weniger scheint die liturgische Bewegung allein hinreichend, um die verlorenen Arbeitermassen zur Kirche zurückzuführen. Die Führer der katholischen Organisationen für Arbeiter, Gesellen und Handwerker, die an liturgischen Wochen in Maria Laach teilnahmen, versprechen sich nicht viel von dieser Bewegung für die Masse der einfachen **[8r]** Gläubigen, sie drückten sich im Gegenteil auf eher ablehnende Weise aus.

Die liturgische Bewegung behauptet, eine Frömmigkeit und ein religiöses Leben hervorrufen zu wollen, die mehr objektiv und gemeinschaftlich und weniger subjektiv und persönlich sind, und dass dies ein hervorragendes Mittel sei, um den übertriebenen Subjektivismus der deutschen Rasse zu bekämpfen. Aber einerseits ist dieser Subjektivismus im katholischen Teil des deutschen Volkes nicht so tiefgehend, wenigstens was die einfachen Gläubigen angeht, und andererseits scheint die liturgische Bewegung zu sehr das persönliche aszetische Leben zu vernachlässigen.

---

[601] Vgl. L. EISENHOFER, Konnten jemals Laien die hl. Messe feiern?, in: Klerusblatt, Nr. 40, 2. Oktober 1929, S. 541-543. Der Eichstätter Liturgiewissenschaftler nahm Anstoß an zwei Stellen Odo Casels, die dieser eher en passant geschrieben hatte: O. CASEL, Die Mönchsweihe, in: Jahrbuch für Liturgiewissenschaft 5 (1925), S. 1-47, hier S. 2: »Die Liturgie, in der das Pneuma der Christusgemeinde sich zu feierlichem Kulte entfaltet, sehen wir zunächst gehalten und geführt von Geistträgern, vor allem den Aposteln und Propheten. ... Aber sobald sich die Scheidung von Amt und Pneuma schärfer herausstellt, ergreifen die Amtsträger mehr ausschließlich die Leitung des Gottesdienstes. Die Liturgie wird nun immer ausschließlicher Herrschgebiet der Hierarchie.« Dazu O. CASEL, Rezension zu H. Lietzmann, Messe und Herrenmahl, in: Jahrbuch für Liturgiewissenschaft 6 (1926), S. 209-217, hier S. 217: »... die (konsekrierende) Eucharistia des Propheten oder Bischofs wird nicht mitgeteilt, weil die Did[ache] an die Gemeinde gerichtet ist ...«. Casel replizierte in seiner Abhandlung »Prophetie und Eucharistie«, in: Jahrbuch für Liturgiewissenschaft 9 (1929), S. 1-19. Er entgegnete, dass die altchristlichen Apostel, Propheten und Lehrer nicht Laien gewesen seien, sondern zu den Führern der altchristlichen Gemeinden und von deren Gottesdiensten und somit zur urchristlichen Hierarchie gehört hätten. Freilich seien sie noch nicht durch Handauflegung ordiniert, sondern wie die Apostel unmittelbar durch Gott berufen worden und hätten so gemeinsam mit diesen und noch vor den sakramental ordinierten Bischöfen das Fundament der Kirche gebildet. – Eisenhofer fürchtete um das kirchliche Dogma (Trient, ses. XXIII, cap. 4) und die kirchliche Disziplin, wenn man zugestehen würde, dass die altchristlichen Propheten, die Laien gewesen seien, konsekratorische Vollmachten besessen hätten.

[602] Ludwig Karl August Eisenhofer (1871-1941), seit 1898 Professor für Patrologie und Liturgik, seit 1900 auch für Kirchengeschichte in Eichstätt, führte die von Valentin Thalhofer begründete Handbuchtradition weiter und zeigte »wenig Verständnis« für die Liturgische Bewegung. LThK³ 3 (1995), S. 563 f. (T. MAAS-EWERD).

[603] Bei dem letzten Absatz handelt es sich um eine handschriftlich von Pacelli hinzugefügte Anmerkung.

I fautori più esagerati del movimento liturgico hanno specialmente attaccato il metodo degli Esercizi spirituali secondo S. Ignazio, quasi che esso insista troppo sul lato negativo (come si suol dire) della vita religiosa, vale a dire la lotta contro il peccato. Ora invece è quasi superfluo di ricordare come anche la parte cosiddetta positiva, cioè la Imitazione di Gesù Cristo, è trattata ampiamente in detti Esercizi, cioè dalla seconda alla quarta Settimana; e non viene mai trascurata dai Padri della Compagnia nemmeno nelle mute di soli tre giorni. Il movimento liturgico considera come norma ed ideale della vita interna quella dei primitivi cristiani. Ora questi si sarebbero semplicemente offerti al mistero, senza ulteriore collaborazione personale. La vita religiosa consisteva dunque in quei tempi nel lasciare influire il mistero sui membri della comunità cristiana. L'idea di una ascesi personale si sarebbe introdotta coll'entrata nella Chiesa della razza germanica, molto inclinata al soggettivismo. In seguito S. Francesco avrebbe sostituito alla venerazione di Gesù Cristo Re eterno quella [8v] troppo personale e soggettiva di Gesù sofferente; gli Esercizi di S. Ignazio sarebbero l'opposizione della vita cristiana primitiva. Queste idee stanno in relazione colla teoria sugli antichi misteri pagani del Prof. Reitzenstein, di cui il P. Odo Casel è discepolo, e sembra che importino il pericolo di un certo quietismo religioso.

Il movimento liturgico è inoltre contrario alle devozioni popolari ed alle pie pratiche (*Volksandachten*), che non si trovano nella liturgia, come, ad es., il Rosario.

Occorre aggiungere che l'Episcopato tedesco è in generale sfavorevole al movimento in discorso.

In alcune chiese moderne si notano talvolta, sia nell'architettura, come nelle immagini rappresentanti Nostro Signore Gesù Cristo ed i Santi, delle nuove e strane

Die extremsten Anhänger der liturgischen Bewegung haben besonders die Methode der geistlichen Exerzitien nach dem heiligen Ignatius[604] angegriffen, als ob dieser zu sehr auf der (wie man sagt) negativen Seite des religiösen Lebens beharre, d.h. auf dem Kampf gegen die Sünde. Nun ist es fast überflüssig, daran zu erinnern, dass auch der sogenannte positive Teil, d.h. die Nachahmung Jesu Christi, in den besagten Exerzitien ausführlich behandelt wird, nämlich von der zweiten bis zur vierten Woche; und sie wird von den Patres des Ordens niemals übergangen, nicht einmal in den nur dreitägigen Kursen. Die liturgische Bewegung betrachtet als Norm und Ideal des inneren Lebens das der ersten Christen. Diese hätten sich aber dem Mysterium einfach hingegeben, ohne weitere persönliche Mitwirkung. Das religiöse Leben bestand also zu jenen Zeiten darin, das Mysterium auf die Mitglieder der christlichen Gemeinschaft einwirken zu lassen. Die Idee einer persönlichen Aszese sei mit dem Kirchen-Eintritt der sehr zum Subjektivismus neigenden deutschen Rasse eingeführt worden. In der Folgezeit habe der hl. Franziskus[605] die Verehrung des ewigen Königs Jesus Christus durch die [8v] allzu persönliche und subjektive Verehrung des leidenden Jesus ersetzt; die Exerzitien des hl. Ignatius stünden im Widerspruch zum ursprünglichen christlichen Leben. Diese Ideen stehen in Bezug zur Theorie über die antiken heidnischen Mysterien des Prof. Reitzenstein[606], dessen Schüler P. Odo Casel ist[607], und es scheint, dass sie die Gefahr eines gewissen religiösen Quietismus mit sich bringen.

Die liturgische Bewegung ist außerdem gegen die *Volksandachten* und frommen Übungen, die sich nicht in der Liturgie finden, wie zum Beispiel der Rosenkranz.

Man muss hinzufügen, dass die deutschen Bischöfe im Allgemeinen der Bewegung, von der die Rede ist, abgeneigt gegenüber stehen[608].

In einigen modernen Kirchen bemerkt man manchmal, sowohl in der Architektur als auch in den Unseren Herrn Jesus Christus und die Heiligen darstellenden

---

[604] Ignatius von Loyola (1591-1556), Gründer des Jesuitenordens, erteilte seine Exerzitien – »um den Seelen zu helfen« – seit den 20er Jahren des 16. Jahrhunderts und redigierte sie auch zu einem Grunddokument christlicher Spiritualität, dem freilich insbesondere in späterer Zeit auch der Vorwurf der Verformung und Brechung der natürlichen Persönlichkeit gemacht wurde. Zu Ignatius und seinen Exerzitien vgl. das klassische Werk von H. BÖHMER, Ignatius von Loyola.

[605] Franz von Assisi (1181/82-1226), radikal die Christusnachfolge und Armut lebender Heiliger. Aus der von ihm initiierten Bewegung ging der Franziskanerorden hervor, der – wie die Gotik als Kunstrichtung der Zeit generell häufig – die Verehrung des armen und leidenden Christus in den Mittelpunkt seiner Spiritualität rückte. Vgl. H. FELD, Franziskus.

[606] Richard Reitzenstein (1861-1931), klassischer Philologe und Religionshistoriker, lehrte zuletzt ab 1914 in Göttingen. RGG⁴ 7 (2004), S. 256 f. (P. NAGEL). Seine Theorie ist vor allem grundgelegt in der Schrift »Die hellenistischen Mysterienreligionen«, Leipzig ³1927.

[607] Zwar rezipierte Casel in modifizierter Weise Reitzensteins Theorie der Mysterienreligionen, studierte freilich Altphilologie in Bonn und Theologie in Rom und kann so kaum als wirklicher Schüler Reitzensteins bezeichnet werden.

[608] Bereits in den 20er und 30er Jahren wurden gegen die Liturgische Bewegung häufig die Vorwürfe der »Übertreibung« und der »Einseitigkeit« erhoben. Dies kumulierte schließlich in einer großen Krise zwischen 1939 und 1944, in der deutsche Bischöfe die Bewegung teilweise massiv kritisierten, was schließlich zu einem Eingreifen der Römischen Kurie führte. Vgl. T. MAAS-EWERD, Krise.

forme di arte, le quali, salvo errore, non sembrano nè corrispondenti al decoro della Casa di Dio nè atte a promuovere la devozione nei fedeli.

Per terminare questi cenni intorno alla vita religiosa dei cattolici, mi sia lecito di
accennare altresì ai canti sacri tedeschi, raccolti nei libri di devozione delle singole
diocesi. Così, ad es., la nuova edizione del »*Magnificat*« per l'Archidiocesi di Friburgo (*Katholisches Gebet- und Gesangbuch für die Erzdiözese Freiburg*) contiene
non meno di 264 canti sacri popolari in lingua tedesca ed alcuni in latino. Il popolo
ama molto questi canti, i quali contribuiscono efficacemente alla pietà ed alla maggior frequenza delle funzioni sacre. Non conforme invece alle prescrizioni liturgiche sembra l'uso vigente in molte parti della Germania (com[9r]presa la Baviera) di
ammettere anche donne nei cori durante la Messa solenne. Il Revᵐᵒ Vescovo di Fulda nel Bollettino diocesano (*Kirchliches Amtsblatt*) del 17 Dicembre 1926 pubblicò
i decreti della S. Sede (S. C. Rituum, d. 17 Sept. 1897; Motu proprio Pii PP. X, d. 22.
Nov. 1903; S. C. Rituum, d. 18 Dec. 1908), in cui si dichiara abusiva la consuetudine che le donne e le ragazze facciano parte del coro nelle Messe solenni. In conformità di tali disposizioni il sullodato Vescovo ordinava quindi ai Rev. Rettori delle
chiese di eliminare prudentemente quanto prima una simile consuetudine, dove essa
esisteva. I bollettini diocesani hanno inoltre riportata la recente Costituzione Apostolica del Sommo Pontefice Pio XI gloriosamente regnante in data del 20 Dicembre 1928, nella quale sono impartite sapienti norme riguardo alla musica sacra. È da
sperare che in tal guisa il menzionato abuso, ove esso esiste, venga man mano a cessare, sebbene la cosa presenterà in molti luoghi, soprattutto della Diaspora, non lie-
vi difficoltà.

Bildern, neue und seltsame Kunstformen, die, wenn ich mich nicht irre, weder dem Anstand des Gotteshauses zu entsprechen scheinen noch geeignet, die Frömmigkeit der Gläubigen zu fördern.

Um diese Hinweise zum religiösen Leben der Katholiken abzuschließen sei es mir gestattet, auch auf die deutschen Kirchenlieder hinzuweisen, die in den Andachtsbüchern der einzelnen Diözesen gesammelt sind. So enthält zum Beispiel die neue Ausgabe des »*Magnificat*« für die Erzdiözese Freiburg (*Katholisches Gebet- und Gesangbuch für die Erzdiözese Freiburg*)[609] nicht weniger als 264 Volkskirchenlieder in deutscher Sprache und einige auf Latein. Das Volk liebt diese Gesänge sehr, die wirksam zur Frömmigkeit und zum häufigeren Besuch der Gottesdienste beitragen. Nicht den liturgischen Vorschriften gemäß scheint dagegen der in vielen Teilen Deutschlands [9r] (einschließlich Bayerns) herrschende Brauch, auch Frauen während der feierlichen Hochämter zu den Chören zuzulassen. Der Hochwürdigste Bischof von Fulda veröffentlichte im Amtsblatt der Diözese (*Kirchliches Amtsblatt*) vom 17. Dezember 1926 die Dekrete des Hl. Stuhls (*S. C. Rituum*, vom 17. September 1897; *Motu proprio Pii PP. X.*, vom 22. November 1903; *S. C. Rituum*, vom 18. Dezember 1908)[610], in denen die Gewohnheit, dass Frauen und Mädchen in den Hochämtern Mitglieder des Chores sind, für rechtswidrig erklärt wird. In Übereinstimmung mit diesen Anordnungen befahl der erwähnte Bischof daher den Hochwürdigen Kirchenrektoren, auf umsichtige Weise möglichst schnell eine solche Gewohnheit auszumerzen, wo sie bestünde. Die Amtsblätter der Diözesen veröffentlichten außerdem die jüngste Apostolische Konstitution des ruhmreich regierenden Papstes Pius XI. mit dem Datum 20. Dezember 1928, in der weise Bestimmungen bezüglich der Kirchenmusik erteilt werden[611]. Es ist zu hoffen, dass auf diese Weise der erwähnte Missbrauch, wo er besteht, nach und nach aufhören wird, obwohl die Sache an vielen Orten, besonders in der Diaspora, nicht unerhebliche Schwierigkeiten bereiten wird.

---

[609] Bereits seit dem Jahre 1892 gab es ein Freiburger Gesangbuch mit dem Namen »Magnifikat«, etwa seit dem Ende des Ersten Weltkriegs plante man eine vollständige Überarbeitung, womit sich auch die Diözesansynode von 1921 auseinandersetzte. Schließlich leitete seit 1925 der zum Domkapitular ernannte Dr. Conrad Gröber das im erzbischöflichen Ordinariat zuständige Referat. Das neue Magnifikat wurde 1929 im Erzbistum eingeführt. Vgl. B. AMANN, Geschichte.

[610] Vgl. das Verbot, Mädchen und Frauen in Kirchenchören singen zu lassen und die Weisung, diesen »Missbrauch« baldigst zu beseitigen: Kirchliches Amtsblatt Fulda, Nr. 164, 17. Dezember 1926. Darin zitiert die einschlägigen Passagen aus folgenden Dokumenten: *Responsum S. Congregationis Rituum*, 17. September 1897, *Motu proprio Papst Pius' X.*, 22. November 1903, *Responsum S. Congregationis Rituum*, 18. Dezember 1908.

[611] Gemeint ist die Apostolische Konstitution *Divini cultus sanctitatem* vom 20. Dezember 1928, AAS 21 (1929), S. 33-41.

III. La vita morale dei cattolici

1.) Il matrimonio

Nella Germania vige, come è noto, il cosiddetto matrimonio civile obbligatorio. Ora nel 1926 furono compiuti 126.491 atti civili e 122.680 matrimoni religiosi, nei quali ambedue le parti erano cattoliche (cfr. citato *Kirchliches Handbuch*, pag. 420). Dunque 97% delle unioni matrimoniali fra due cattolici sono state in [9v] quell' anno veri matrimoni. Nello stesso anno furono contratti 57.388 unioni civili miste e 21.185 matrimoni religiosi misti (ibid.). Dunque soltanto il 37% dei matrimoni misti furono celebrati secondo la forma prescritta dal diritto canonico e colle dovute cauzioni. Dei 299.073 cattolici, che sposarono in Germania nel 1925, 243.966 (81,6%) contrassero matrimoni puramente cattolici, 55.107 (18,4%) matrimoni misti (cfr. op. cit., pag. 270).

     Negli anni susseguenti alla guerra si è notato nella maggior parte delle regioni un aumento dei matrimoni misti, come risulta dalla seguente tabella, in cui è indicata la percentuale dei detti matrimoni per gli anni 1913 e 1925 nelle varie provincie della Prussia (cfr. op. cit., pag. 271).

		1913	*1925*
Prussia orientale (diocesi di Warmia)		11,7	17,6
nella futura diocesi di Berlino	(città di Berlino	56,9	69,0
	(Brandenburgo	60,5	56,1
	(Pomeriana	47,3	44,2
nella Slesia inferiore (parte della diocesi di Breslavia, nella quale i cattolici sono in minoranza)			36,1
		12,7	
nell'Alta Slesia (parte della diocesi di Breslavia, in cui i cattolici, fra i quali trovansi quasi un mezzo milione di polacchi, formano l'assoluta maggioranza della popolazione)			4,2

III. Das moralische Leben der Katholiken

1.) Die Ehe

In Deutschland gilt bekanntermaßen die sogenannte obligatorische Zivilehe. 1926 wurden 126.491 zivile Handlungen und 122.680 religiöse Eheschließungen vorgenommen, bei denen beide Seiten katholisch waren (vgl. das zitierte *Kirchliche Handbuch*, S. 420[612]). Demnach waren 97% der Ehebünde zwischen zwei Katholiken [9v] in jenem Jahr wahre Ehen. In demselben Jahr wurden 57.388 gemischte zivile Trauungen und 21.185 gemischte religiöse Eheschlüsse vorgenommen (ebd.)[613]. Demnach wurden nur 37% der Mischehen nach der vom Kirchenrecht vorgeschriebenen Form und mit den gebotenen Kautelen[614] zelebriert. Von den 299.073 Katholiken, die 1925 in Deutschland heirateten, gingen 243.966 (81,6%) rein katholische Ehen ein, 55.107 (18,4%) Mischehen (vgl. das zitierte Werk, S. 270)[615].

In den auf den Krieg folgenden Jahren bemerkte man in den meisten Regionen einen Zuwachs der Mischehen, wie aus der folgenden Tabelle hervorgeht, in welcher der Prozentsatz der besagten Eheschlüsse für die Jahre 1913 und 1925 in den verschiedenen Provinzen Preußens angegeben wird (vgl. das zitierte Werk, S. 271)[616].

		1913	*1925*
Ostpreußen (Diözese Ermland)		11,7	17,6
in der künftigen Diözese Berlin	(Stadt Berlin	56,9	69,0
	(Brandenburg	60,5	56,1
	(Pommern	47,3	44,2
in Niederschlesien (Teil der Diözese Breslau, wo die Katholiken in der Minderheit sind)			36,1
in Oberschlesien (Teil der Diözese Breslau, wo die Katholiken, von denen fast eine halbe Million Polen sind, die absolute Mehrheit der Bevölkerung bilden)		12,7	4,2

---

[612] Gesamtstatistik der kirchlichen Jurisdiktionsbezirke des Deutschen Reiches im Jahre 1926, Kirchliches Handbuch 15 (1927-1928), S. 418-421, hier S. 420 (J. SAUREN).

[613] EBD.

[614] »Severissime Ecclesia ubique prohibet ne matrimonium ineatur inter duas personas baptizatas, quarum altera sit catholica, altera vero sectae haereticae seu schismaticae adscripta; quod si adsit perversionis periculum coniugis catholici et prolis, coniugium ipsa etiam lege divina vetatur«. CIC 1917, c. 1060; »§ 1: Ecclesia super impedimento mixtae religionis non dispensat, nisi: 1.o Urgeant iustae ac graves causae; 2.o Cautionem praestiterit coniux acatholicus de amovendo a coniuge catholico perversionis periculo, et uterque coniux de universa prole catholice tantum baptizanda et educanda; 3.o Moralis habeatur certitudo de cautionum implemento. § 2. Cautiones regulariter in scriptis exigantur«. CIC 1917, c. 1061.

[615] Vgl. Konfessionsstatistik Deutschlands, Kirchliches Handbuch 15 (1927-1928), S. 248-306, hier S. 270 (H. KROSE).

[616] EBD., S. 271.

nella provincia di Sassonia (territorio di diaspora, appartenente alla diocesi di Paderborn)	40,8	41,4
nella provincia di Schleswig-Holstein (diocesi di Osnabrück)	66,2	69,1
nella provincia di Hannover (diocesi di Hildesheim)	23,4	28,0
[10r] nella provincia di Westfalen (diocesi di Paderborn e di Münster)	10,6	17,2
nella Renania (Archidiocesi di Colonia, diocesi di Treviri e futura diocesi di Aquisgrana)	9,6	13,3
nella provincia di Hessen-Nassau (diocesi di Fulda e di Limburgo)	26,3	29,1
nella Prussia occidentale (Amministrazione di Schneidemühl)	–	16,1
nella provincia di Hohenzollern (territorio cattolico, facendo parte dell' Archidiocesi di Friburgo)	2,7	2,3

Specialmente triste è la situazione nello Stato di Sassonia (diocesi di Meißen), ove i cattolici, come si è veduto in principio, non formano se non una piccola minoranza. Ivi infatti su 2.790 cattolici, che sposarono nell'anno 1924, il 23,80% contrassero matrimoni puramente cattolici, il 76,20% matrimoni misti. Nel 1925 la proporzione fu un poco migliore. Su 3.054 sposi cattolici 772 (ossia il 25,28%) contrassero matrimoni cattolici (cfr. op. cit., pag. 279).

Nell'Assia (diocesi di Magonza) nell'anno 1926 più di un quarto degli sposi cattolici (27,1%) contrassero matrimoni misti. Nella città di Darmstadt essi superarono i 2/3 (68,4%); nelle città di Offenbach (50,6), di Gießen (56,3) e di Worms (50,2) superarono la metà. Nella città di Magonza, a maggioranza cattolica, i matrimoni misti furono il 33,6% (cfr. op. cit., pagg. 281–282.).

La esperienza ha dimostrato che, almeno nelle regioni della diaspora, ove i cattolici sono in minoranza, la maggior [10v] parte della prole nata da matrimoni misti, anche quando son date le prescritte cauzioni, va perduta per la Chiesa cattolica, se non nella prima, almeno nelle seguenti generazioni. È ben vero che in Germania, ove le popolazioni sono così miste dal punto di vista della confessione religiosa, sarebbe, se non erro, impossibile una proibizione generale ed incondizionata dei detti matrimoni; ciò non farebbe del resto che aumentare le unioni miste puramente civili. Tuttavia è possibile che i Revᵐⁱ Ordinari siano forse troppo condiscendenti nel concedere la relativa dispensa, massime in quei casi, in cui vengono bensì date le cauzioni, ma nei quali si sa che praticamente la fede della parte cattolica e della prole

in der Provinz Sachsen (Diasporagebiet, zur Diözese Paderborn gehörig)	40,8	41,4
in der Provinz Schleswig-Holstein (Diözese Osnabrück)	66,2	69,1
in der Provinz Hannover (Diözese Hildesheim)	23,4	28,0
[10r] in der Provinz Westfalen (Diözesen Paderborn und Münster)	10,6	17,2
im Rheinland (Erzdiözese Köln, Diözese Trier und die künftige Diözese Aachen)	9,6	13,3
in der Provinz Hessen-Nassau (Diözesen Fulda und Limburg)	26,3	29,1
in Westpreußen (Administratur Schneidemühl)	–	16,1
in der Provinz Hohenzollern (katholisches Gebiet, das zur Erzdiözese Freiburg gehört)	2,7	2,3

Besonders traurig ist die Lage im Staat Sachsen (Diözese Meißen), wo die Katholiken, wie anfänglich dargelegt, nur eine kleine Minderheit bilden. Dort gingen von 2.790 Katholiken, die im Jahre 1924 heirateten, 23,80% rein katholische Ehen ein, 76,20% Mischehen. 1925 war das Verhältnis ein wenig besser. Von 3.054 katholischen Brautleuten gingen 772 (oder 25,28%) katholische Ehen ein (vgl. das zitierte Werk S. 279)[617].

In Hessen (Diözese Mainz) gingen im Jahre 1926 mehr als ein Viertel der katholischen Brautleute (27,1%) Mischehen ein. In der Stadt Darmstadt waren es mehr als zwei Drittel (68,4%); in den Städten Offenbach (50,6%), Gießen (56,3%) und Worms (50,2%) mehr als die Hälfte. In der Stadt Mainz, mit katholischer Mehrheit, gab es 33,6% Mischehen (vgl. das zitierte Werk S. 281-282)[618].

Die Erfahrung hat gezeigt, dass, wenigstens in den Gegenden der Diaspora, wo die Katholiken in der Minderheit sind, der größte [10v] Teil der aus Mischehen geborenen Nachkommenschaft, auch wenn alle vorgeschriebenen Kautelen gegeben wurden, für die katholische Kirche, wenn nicht in der ersten, wenigstens in den nachfolgenden Generationen verloren geht. Es ist wohl wahr, dass in Deutschland, wo die Bevölkerung hinsichtlich der Konfessionen so sehr vermischt ist, ein allgemeines und unbedingtes Verbot besagter Eheschließungen, wenn ich nicht irre, unmöglich wäre; das würde übrigens nur die rein zivilen Mischehen vermehren. Dennoch ist es möglich, dass die Hochwürdigsten Diözesanbischöfe vielleicht allzu nachgiebig in der Gewährung der entsprechenden Dispens sind, vor allem in jenen Fällen, in denen zwar die Kautelen gegeben werden, in denen man aber weiß, dass

---

[617] Vgl. EBD., S. 279.
[618] Vgl. EBD., S. 281 f.

verranno a trovarsi in grandissimo pericolo. I migliori rimedi, però, contro i matrimoni misti e le loro funeste conseguenze saranno pur sempre il mantenimento del
fervore della fede nel popolo cattolico ed una zelante azione preventiva in mezzo
alla gioventù.

2.) Il divorzio

In Germania nel 1925 si ebbero 35.451 divorzi, vale a dire 56,8 su ogni 100.000 abitanti. In Berlino anzi la proporzione è stata di 186,3; in Amburgo 168,5; in Brema
104,5; nella Sassonia 72,3 (cfr. cit. *Kirchliches Handbuch*, pag. 303). La situazione è
migliore nella Estonia (50,1), in Francia (41,9), nella Romania (42,7), nella Cecoslo-
vacchia (35,9), nel Belgio (29,9), nell'Olanda (29,8), nella Svezia (29,4), nel Lussemburgo (28,5), nella Norvegia (24,5), nella Finlandia (18,9), nella Scozia (8,7), [11r]
nell'Inghilterra col paese di Galles (6,7), in Italia e nella Spagna (0,0). È pressoché la
stessa in Danimarca (55) e nella Svizzera (55,91). È peggiore nell'Ungheria (69,6),
nel Giappone (82,8), nell'Austria (84,5), negli Stati Uniti (152,1), nella Russia europea senza l'Ucraina (166,4), nell'Ucraina (175,2). Cfr. *Schröteler, Die geschlechtliche
Erziehung*, Düsseldorf 1929, pag. 18.

Quale parte abbiano in Germania i cattolici nel surriferito numero dei divorzi,
non può indicarsi esattamente, mancando sufficienti dati statistici. Si calcola che in
Prussia negli anni 1919–1925 si ebbero in media su 1000 matrimoni fra protestanti
57 divorzi, su 1000 matrimoni fra cattolici 30, su 1000 matrimoni misti 70 (cfr. cit.
Kirchliches Handbuch, pag. 304).

3.) La diminuzione delle nascite

II numero delle nascite nei matrimoni cattolici è in Germania ancora molto maggiore che nei matrimoni protestanti e misti. – Negli anni 1924–1925 si ebbero nella
Prussia in media per ogni matrimonio cattolico 3,65 nascite, per ogni matrimonio
protestante 2,43. Tale cifra è per i cattolici tuttora relativamente elevata; ma, se si pa-
ragona con quella degli anni 1906–1910 (5,17) o 1911–1913 (4,79), appare un regresso anche nei matrimoni puramente cattolici. Questo regresso si deve in parte a
circostanze di ordine estraneo al campo morale. Il distacco di territori nell'est, ab-

sich praktisch der Glaube des katholischen Teils und der Nachkommenschaft in höchster Gefahr befinden werden. Die besten Heilmittel gegen die Mischehen und ihre verhängnisvollen Folgen werden allerdings immer die Aufrechterhaltung des Glaubenseifers im katholischen Volk und ein eifriges Werk der Vorbeugung unter der Jugend sein.

2.) Die Ehescheidung

1925 gab es in Deutschland 35.451 Scheidungen, d.h. 56,8 auf 100.000 Einwohner. In Berlin lag das Verhältnis sogar bei 186,3; in Hamburg 168,5; in Bremen 104,5; in Sachsen 72,3 (vgl. *Kirchliches Handbuch*, S. 303)[619]. Die Lage ist besser in Estland (50,1), in Frankreich (41,9), in Rumänien (42,7), in der Tschechoslowakei (35,9), in Belgien (29,9), in Holland (29,8), in Schweden (29,4), in Luxemburg (28,5), in Norwegen (24,5), in Finnland (18,9), in Schottland (8,7), [11r] in England mit dem Land Wales (6,7), in Italien und in Spanien (0,0). Sie ist ungefähr gleich hoch in Dänemark (55) und in der Schweiz (55,91). Sie ist schlimmer in Ungarn (69,6), in Japan (82,8), in Österreich (84,5), in den Vereinigten Staaten (152,1), im europäischen Russland ohne die Ukraine (166,4), in der Ukraine (175,2). Vgl. *Schröteler, Die geschlechtliche Erziehung*, Düsseldorf 1929, S. 18[620].

Welchen Anteil in Deutschland die Katholiken an der oben wiedergegebenen Anzahl der Scheidungen haben, kann nicht genau angegeben werden, da ausreichende statistische Daten fehlen. Man rechnet, dass es in Preußen in den Jahren 1919-1925 durchschnittlich 57 Scheidungen auf 1000 Eheschließungen zwischen Protestanten gab, 30 auf 1000 Eheschließungen zwischen Katholiken, 70 auf 1000 Mischehen (vgl. das zit. *Kirchliche Handbuch*, S. 304[621]).

3.) Der Geburtenrückgang

Die Zahl der Geburten in den katholischen Ehen ist in Deutschland noch sehr viel höher als in den protestantischen oder in den gemischten Ehen. – In den Jahren 1924-1925 gab es in Preußen im Durchschnitt auf jede katholische Ehe 3,65 Geburten, auf jede protestantische Ehe 2,43. Diese Ziffer ist für die Katholiken noch relativ hoch; aber wenn man sie mit jener der Jahre 1906-1910 (5,17) oder 1911-1913 (4,79) vergleicht, wird ein Rückgang auch in den rein katholischen Ehen offenbar. Dieser Rückgang ist teilweise auf Umstände zurückzuführen, deren Natur außerhalb des

---

[619] Vgl. EBD., S. 303.
[620] Vgl. Joseph SCHRÖTELER, Die sexuelle Not der Jugend und die Aufgaben der Sexualpädagogik, in: DERS., Geschlechtliche Erziehung, S. 1-26, hier S. 18. Einige dort aufgeführte Länder lässt Pacelli beiseite, dafür fügt er von sich aus Italien und Spanien mit 0% ein.
[621] Vgl. Kirchliches Handbuch 15 (1927-1928), S. 248-306, hier S. 304 (H. KROSE).

itati principalmente da cattolici polacchi, ha portato come conseguenza necessaria una diminuzione del numero delle nascite nella popolazione cattolica della Prussia. Non [11v] può nemmeno negarsi che le grandi difficoltà economiche e la scarsezza delle abitazioni non sono restate senza influenza a tale riguardo. Queste circostanze non spiegano tuttavia intieramente un simile regresso, e non sembra quindi potersi negare che pur troppo anche la parte cattolica della popolazione non è rimasta esente dal contagio della diminuzione delle nascite. È dessa anzi nel campo morale una delle più tristi conseguenze della infausta guerra, la quale ha portato la conoscenza e l'uso di illecite pratiche anche in ambienti cattolici, che per la loro educazione cristiana ne erano rimasti prima immuni (cfr. op. cit., pagg. 297–298).

È stato pur troppo inevitabile che colle illecite pratiche si siano introdotte nel campo cattolico anche opinioni erronee, massime presso i cosiddetti intellettuali. Esse sono principalmente tre: 1.) Che l'uso o l'abuso del matrimonio non cade sotto la competenza della Chiesa. Vi sono così dei cattolici intellettuali, che si accostano ai sacramenti, forse anche ogni domenica, ma vivono nel matrimonio del tutto »modernamente«, nè parlano di ciò in confessione, affermando che in tale materia non è competente il confessore o la Chiesa. 2.) Altri sostengono che i comandamenti intorno al sesto non sono di diritto divino naturale, ma positivo ecclesiastico, e quindi sottoposti a mutamenti. A questa sentenza si ricollega l'altra, la quale afferma che, se, per esempio, l'aborto è necessario dal punto di vista medico, sebbene proibito secondo la dottrina teologica, si può ben seguire l'esigenza della medicina contro la proibizione dei [12r] teologi. 3.) Si assicura da taluni che la dottrina cattolica morale circa sextum è ancora incerta, perchè la Chiesa non ha ancora parlato o non ha parlato definitivamente.

Esiste una simile confusione di idee anche nel clero? Generalmente no, ma pur comincia a manifestarsi in alcuni una qualche incertezza ed un certo relativismo. Si narra che il Sac. Keller, professore di teologia morale nella Facoltà teologica di Friburgo, in una conferenza in cui si parlò dell'abuso del matrimonio, si sia così espresso: non si deve dire, ma si può fare (*man darf es nicht sagen, aber man darf es tun*). Si

moralischen Bereichs liegt. Die Abtrennung von Gebieten im Osten, die vornehmlich von polnischen Katholiken bewohnt sind, hat als notwendige Folge eine Abnahme der Geburtenzahl in der katholischen Bevölkerung Preußens mit sich gebracht. [11v] Man kann auch nicht leugnen, dass die großen wirtschaftlichen Schwierigkeiten und der Wohnungsmangel diesbezüglich nicht ohne Einfluss geblieben
sind. Diese Umstände erklären allerdings nicht gänzlich einen solchen Rückgang,
und daher scheint man nicht leugnen zu können, dass leider auch der katholische
Teil der Bevölkerung nicht unempfänglich für die Ansteckung durch den Geburtenrückgang geblieben ist. Er ist auf moralischem Gebiet sogar eine der traurigsten
Auswirkungen des unglückseligen Krieges, der die Kenntnis und die Anwendung
unzulässiger Praktiken auch in katholischen Kreisen mit sich brachte, die vorher
wegen ihrer christlichen Erziehung dagegen immun waren. (Vgl. das zitierte Werk
S. 297-298[622]).

Leider war es unvermeidlich, dass mit den unzulässigen Praktiken auch irrige Meinungen in den katholischen Bereich Eingang fanden, vor allem bei den sogenannten Intellektuellen. Drei sind vor allem zu nennen: (1.) Dass der Vollzug oder der
Missbrauch der Ehe nicht unter die Kompetenz der Kirche falle. So gibt es intellektuelle Katholiken, welche die Sakramente empfangen, vielleicht sogar jeden Sonntag, aber in der Ehe ganz »modern« leben, und davon nicht in der Beichte reden,
wobei sie behaupten, dass der Beichtvater oder die Kirche in dieser Materie nicht
kompetent seien. (2.) Andere behaupten, dass die Vorschriften bezüglich des sech-
sten Gebotes nicht göttliches Naturrecht, sondern positives Kirchenrecht seien, und
daher Veränderungen unterworfen. An dieses Urteil knüpft das andere, das behauptet, dass, wenn zum Beispiel die Abtreibung vom medizinischen Standpunkt
notwendig, aber nach der theologischen Lehre verboten sei, man sehr wohl der Notwendigkeit der Medizin gegen das Verbot der Theologen folgen könne. [12r] (3.) Einige versichern, dass die katholische Morallehre *circa sextum* noch ungewiss sei, weil
die Kirche noch nicht gesprochen oder noch nicht definitiv gesprochen habe.

Gibt es eine ähnliche Verwirrung der Ideen auch im Klerus? Im Allgemeinen nicht,
aber dennoch beginnt sich in einigen etwas Unsicherheit und ein gewisser Relativismus zu zeigen. Man erzählt, dass der Priester Keller[623], Professor für Moraltheologie an der theologischen Fakultät von Freiburg, sich in einem Vortrag, in dem
vom Missbrauch der Ehe die Rede war, so ausgedrückt haben soll: *man darf es nicht*

---

[622] Vgl. EBD., S. 297 f.
[623] Franz Xaver Keller (1873-1944), Dr. rer pol. (1903) und Dr. theol. (1905), 1912 Habilitation und 1924
o. Professur für Moraltheologie in Freiburg i. Br., 1934 aufgrund des Gesetzes zur Wiederherstellung
des Berufsbeamtentums vom 7. April 1933 in den Ruhestand versetzt. Er war nach dem Ersten Weltkrieg stark im »Friedensbund deutscher Katholiken« engagiert und gehörte als katholischer Pazifist
der Friedensbewegung an. Keller gründete das »Institut für Caritaswissenschaft« in Freiburg. Mit dem
neuen Erzbischof Gröber kam es zu einer schweren Entfremdung, so trat Keller 1938 aus der katholischen Kirche aus, um der Jurisdiktion seines Ortsordinarius zu entkommen, kehrte kurz vor seinem
Tode aber zu dieser zurück. Vgl. B. SCHWALBACH, Gröber, S. 242 f.; C. ARNOLD, Katholizismus, S.
381-385.

raccontano in Berlino risposte date da confessori come le seguenti: che dopo il terzo figlio è lecito di impedire positivamente ulteriori concezioni, che il timore grave toglie all'aborto il carattere di peccato, ecc. Non vi è dubbio che i lamenti incessanti dei penitenti (massime nelle grandi città, ove somma è talvolta la miseria e pessimo lo stato delle abitazioni) mettono non di rado il confessore in grave imbarazzo; se egli quindi non è bene istruito e fermo nella dottrina teologica, è facilmente indotto ad illecite condiscendenze.

Nella seduta della Commissione del Reichstag per il nuovo Codice penale tedesco del 6 Giugno corr. anno (cfr. *Germania* N. 258) il Ministro della Giustizia, Sig. von Guérard, cattolico e membro del Centro, affermò che »il frutto nel seno materno è vita umana. Il diritto di distruggere la vita può essere permesso nell'interesse pubblico soltanto in casi assolutamente necessari dal punto [12v] di vista medico e quindi moralmente leciti«. Egli ammise così che la diretta procurazione dell'aborto è lecita nei casi della cosiddetta indicazione medica (*medizinische Indikation*) e non può essere perciò sottoposta a pena. L'umile sottoscritto ritenne conveniente di richiamare subito su simili dichiarazioni l'attenzione così del capo del partito del Centro, Revm̃o Mons. Ludovico Kaas, già alunno del Collegio Germanico-Ungarico ed ottimo teologo, come pure dell'Ordinario del luogo, Eminentissimo Sig. Cardinale Bertram, Vescovo di Breslavia, il quale in realtà non mancò d'invitare il menzionato Ministro a rettificare pubblicamente le sue asserzioni. Queste infatti provocarono non lieve confusione tra i cattolici. Due articoli del Rev. P. Francesco Hürth S.J., apparsi sulla »Germania« (NN. 384 e 385 del 20 Agosto c.a.) contribuirono poi

sagen, aber man darf es tun. Man erzählt sich in Berlin von Antworten wie den folgenden, die von Beichtvätern gegeben wurden: dass es nach dem dritten Kind rechtmäßig sei, weitere Empfängnisse positiv zu verhüten, dass durch die schwere Furcht die Abtreibung den Charakter der Sünde verlöre, usw. Es besteht kein Zweifel daran, dass die unaufhörlichen Klagen der Beichtkinder (vor allem in den Großstädten, wo manchmal das Elend enorm und der Zustand der Wohnungen äußerst schlecht ist) nicht selten den Beichtvater in schwere Verlegenheit bringen; wenn er daher nicht gut instruiert und fest in der theologischen Lehre ist, ist er leicht verführt zu unerlaubten Zugeständnissen.

In der Sitzung der Reichstagskommission für das neue deutsche Strafgesetzbuch vom 6. Juni diesen Jahres (vgl. *Germania* Nr. 258[624]) behauptete der Justizminister Herr von Guérard[625], Katholik und Mitglied des Zentrums: »Die Frucht im mütterlichen Schoß ist menschliches Leben. Das Recht, das Leben zu zerstören, kann im öffentlichen Interesse nur in aus medizinischer Sicht absolut notwendigen [12v] und daher moralisch zulässigen Fällen gestattet werden.« Auf diese Weise gestattete er also die direkte Herbeiführung der Abtreibung in den Fällen der sogenannten *medizinischen Indikation*[626], die so keiner Strafe unterworfen wäre. Der ergebene Unterzeichnete hielt es für angemessen, auf solche Erklärungen sofort die Aufmerksamkeit sowohl des Führers der Zentrumspartei, des Hochwürdigsten Herrn Ludwig Kaas[627], eines ehemaligen Schülers des *Collegium Germanicum et Hungaricum* und hervorragenden Theologen, als auch des Ortsordinarius, Seiner Eminenz Kardinal Bertram, des Bischofs von Breslau, zu lenken, welcher es in der Tat nicht unterließ, den erwähnten Minister aufzufordern, öffentlich seine Behauptungen richtig zu stellen. Diese verursachten tatsächlich eine nicht unerhebliche Verwirrung unter den Katholiken. Zwei Artikel des Hochwürdigen P. Franz Hürth S.J.[628], die

---

[624] Schutz dem ungeborenen Leben. Der Reichsjustizminister über die Neufassung des Abtreibungsparagraphen, *Germania*, Nr. 258, 6. Juni 1929 (Abendausgabe). Der eigentliche Zielpunkt seiner Rede war, eine weitere Liberalisierung des Abtreibungsrechtes zu verhindern. Wörtlich sein Resümee: »Die Frucht im Mutterleib ist menschliches Leben. Das Recht zur Vernichtung von Leben kann nur in den medizinisch unbedingt notwendigen und dadurch sittlich erlaubten Fällen im Interesse des Volksganzen zugelassen werden. Ein weiteres Umsichgreifen der Abtreibung muß das deutsche Volk physisch und moralisch zugrunde richten.«

[625] Theodor von Guérard (1863-1943), Politiker, 1920-1930 für den Wahlkreis Koblenz-Trier als Zentrumsabgeordneter im Reichstag, wurde zunächst dem konservativen Flügel zugerechnet und setzte sich für eine Koalition mit den Deutschnationalen ein; seit 1926 befürwortete er freilich eine Linksorientierung, 1928 Verkehrsminister, 1929 Justiz- und 1930-1931 wieder Verkehrsminister. NDB 7 (1966), S. 280 f. (J. BECKER).

[626] Zur Diskussion um die Abtreibung, näherhin zur Frage der medizinischen Indikation im deutschen Katholizismus der Weimarer Zeit vgl. I. RICHTER, Katholizismus, S. 140-176; F. HÜRTH, Zum Eingriffsrecht in das keimende Leben, in: StZ 116 (1929), S. 33-47. Der Schwangerschaftsabbruch wurde durch die §§ 218-220 StGB gesetzlich geregelt. Die Schwere der Strafe bei Abtreibungen wurde durch ein Gesetz vom 18. Mai 1926 gemildert (Gefängnis statt Zuchthaus). Eine Entscheidung des Reichsgerichts vom 11. März 1927 stellte Arzt und Schwangere bei der medizinischen Indikation (Lebensgefahr für die Mutter) straffrei, ohne die Frage der Sittlichkeit der Handlung tangieren zu wollen.

[627] Zu Ludwig Kaas (1881-1952) s. Anm. 10.

[628] Zu Franz Hürth SJ (1880-1963) s. Anm. 562

a chiarire la situazione. Bisogna tuttavia aggiungere che, mentre molte Signore, appartenenti al *Katholischer Frauenbund* o Lega delle donne cattoliche tedesche, ne rimasero del tutto soddisfatte, altre invece chiesero alla direzione del sunnominato giornale di pubblicare altri articoli contro quelli del P. Hürth, la cui sentenza sarebbe, a loro avviso, antiquata e non più praticabile. Lo stesso Ministro von Guérard si è scusato dicendo aver egli appreso la surriferita sentenza da teologi cattolici. Ed infatti il già più sopra menzionato sac. Prof. Keller ed il Sac. Dr. Giuseppe Mayer, libero docente nella stessa Facoltà teologica della Università di Friburgo, sembrano sostenere quella tesi, contro la quale il sullodato P. Hürth S.J. ha [13r] scritto un dotto articolo nell'ultimo fascicolo dell'ottima Rivista »*Scholastik*« (vol. IV, pag. 534 e segg.): »*Zur Frage des Tötungsrechtes aus Notstand*«. Il »Tuto doceri non potest« della Suprema S. Congregazione del S. Offizio circa la craniotomia e la diretta procurazione dell'aborto è interpretato dal menzionato Dr. Mayer nel senso che »non può dirsi essere una dottrina morale sicura che simili interventi medici siano leciti. Essi non sono stati però sino ad ora strettamente proibiti« (cfr. l. cit. pag. 554). Inoltre è stata diffusa fra i deputati cattolici la notizia: che esistono risposte del S. Offizio, secondo le quali le note decisioni della medesima Suprema (28 Maggio 1884, 19 Agosto 1889, 25 Luglio 1895, 4 Maggio 1898, 5 Marzo 1902) altro non intendono se non di negare il diritto formale di fare, *per se* o *per alium*, quelle operazioni,

in der »Germania« erschienen (Nr. 384 und 385 vom 20. August diesen Jahres)[629], trugen dann dazu bei, die Lage zu klären. Man muss allerdings hinzufügen, dass, während viele Damen, die zum *Katholischen Frauenbund*[630] gehören, damit ganz zufrieden waren, andere dagegen die Leitung der erwähnten Zeitung baten, andere Artikel gegen jene P. Hürths zu veröffentlichen, dessen Urteil ihrer Meinung nach antiquiert und nicht mehr praktikabel sei. Derselbe Minister von Guérard entschuldigte sich, indem er sagte, er habe das oben wiedergegebene Urteil von katholischen Theologen vernommen. Und tatsächlich scheinen der bereits oben genannte Priester Prof. Keller und der Priester Dr. Joseph Mayer[631], Privatdozent an derselben theologischen Fakultät Freiburg, jene These zu verfechten, gegen die der erwähnte P. Hürth S.J. [13r] einen gelehrten Artikel im letzten Heft der hervorragenden Zeitschrift *Scholastik«* (Bd. IV, S. 534 ff.) schrieb: *»Zur Frage des Tötungsrechtes aus Notstand«*[632]. Das »Tuto doceri non potest« der Höchsten Hl. Kongregation des Hl. Offiziums bezüglich der Kraniotomie und der gezielten Herbeiführung der Abtreibung wird vom genannten Dr. Mayer in dem Sinn verstanden, dass »man nicht sagen kann, es sei eine sichere Morallehre, dass solche medizinischen Eingriffe zulässig wären. Sie wurden aber bisher auch nicht streng verboten« (vgl. am zitierten Ort S. 554)[633]. Außerdem wurde unter den katholischen Abgeordneten die Information verbreitet, dass es Antworten des Hl. Offiziums gäbe, wonach die bekannten Entscheidungen derselben Obersten [Kongregation] (28. Mai 1884[634], 19. August 1889[635], 25. Juli 1895[636], 4. Mai 1898[637], 5. März 1902[638]) nichts anderes intendieren

---

[629] Franz HÜRTH, Um das Leben der Ungeborenen. Ein Wort zur medizinischen Indikation, *Germania*, Nr. 384, 20. August 1929 (Morgenausgabe), und Nr. 385, 20. August 1929 (Abendausgabe).

[630] Der Katholische Deutsche Frauenbund wurde am 16. November 1903 (nach vorherigem Beschluss der 50. Generalversammlung der deutschen Katholiken) gegründet; bestimmend blieb bis 1925 Hedwig Dransfeld (1871-1925) als dessen Vorsitzende (von 1926-1952 dann Dr. Gerta Krabbel [1881-1961]), in Bayern Ellen Ammann (1870-1932), die als zweite Vorsitzende agierte. Zur Stellung des Frauenbunds zu Eheberatung, Eugenik und § 218 vgl. v.a. I. RICHTER, Von der Sittlichkeitsreform zur Eugenik. Katholischer Deutscher Frauenbund und eugenische Eheberatung, in: G. MUSCHIOL, Katholikinnen, S. 255-279; DIES., Katholizismus.

[631] Joseph Mayer (1886-1967), Caritaswissenschaftler, 1928 Privatdozent in Freiburg, 1930 a.o. Prof. ebd., 1930-1945 o. Professor für Moral, Ethik und Sozialethik an der Philosophisch-Theologischen Akademie Paderborn, danach in München Schriftleiter des Klerusblatts. H. DROBNER, Professoren, S. 430; D. DIETRICH, Joseph Mayer; C. ARNOLD, Katholizismus, S. 382-384.

[632] Franz HÜRTH SJ, Zur Frage des Tötungsrechtes aus Notstand, in: Scholastik 4 (1929), S. 534-560.

[633] Vgl. EBD., S. 554.

[634] *Responsum S. Officii ad Archiepiscopum Lugdunensem*, 31. Mai 1884, zu: *De operatione chirurgica, quae craniotomia audit*, ASS 17 (1884), S. 556.

[635] *Responsum S. Officii ad Archiepiscopum Cameracensem*, zu: *De craniotomia*, 19. August 1889, ASS 22 (1889/90), S. 748.

[636] *Responsum S. Officii ad Archiepiscopum Cameracensem*, 24. Juli 1895, zu: *De craniotomia et abortu*, ASS 28 (1895/96), S. 383 f.

[637] *Responsum S. Officii ad episcopum Sinaloensem*, zu: *Dubia, quoad accelerationem partus*, 4. Mai 1898, ASS 30 (1898), S. 703.

[638] *Responsum S. Officii ad Facultatem theologicam Universitatis Marianopolensem*, zu: *De modis extrahendi fetum*, 25. März 1902, ASS 35 (1902/03), S. 162.

ma che il S. Offizio non ha voluto dire nè ha detto nulla circa la pratica attuazione di esse da parte del medico e sulla liceità morale delle medesime.

Questa materia costituisce forse il problema più spinoso della vita religiosa e della cura delle anime in Germania ed è causa che non pochi, massime fra le classi più elevate, abbandonino le pratiche religiose (soprattutto la confessione) e si alienino dalla Chiesa, la cui dottrina non si concilia col tenore della loro vita matrimoniale.

Mi sia permesso di aggiungere che sugli scritti del Sac. Dr. Mayer, i quali, del resto, presentano oscurità e contraddizioni, l'umile sottoscritto ha avuto già occasione di richiamare l'attenzione della Suprema S. Congregazione del S. Offizio (Rap[13v]porto N. 40258 del 21 Ottobre 1928), della Segreteria di Stato (Rapporto N. 40328 del 7 Novembre 1928) e del Revᵐᵒ Mons. Arcivescovo di Friburgo (lettera N. 40791 del 14 Gennaio c.a.).

Sembra infine che i Revᵐⁱ Vescovi emaneranno quanto prima istruzioni sul presente argomento, giacché nel Protocollo della Conferenza di Fulda dello scorso Agosto al n. 11 si legge: »Nel libro, che vedrà fra poco la luce: *Instructio de matrimonio*, dovrà essere aggiunta un'appendice sulla procuratio abortus«.

IV. La moralità pubblica ed i cattolici

Di fronte alle manifestazioni sempre più preoccupanti della invadente immoralità, ed in modo speciale contro la perversa propaganda della »cultura del nudo«

würden, als das formale Recht abzulehnen, *per se* oder *per alium* jene Operationen durchzuführen, dass jedoch das Hl. Offizium zu ihrer praktischen Durchführung seitens der Ärzte und zur moralischen Zulässigkeit derselben nichts habe sagen wollen und nichts gesagt habe.

Diese Materie stellt vielleicht das dornenreichste Problem des religiösen Lebens und der Seelsorge in Deutschland dar und ist der Grund, warum nicht wenige, besonders unter den gehobenen Klassen, die religiösen Handlungen (vor allem die Beichte) aufgeben und sich der Kirche entfremden, deren Lehre nicht mit der Weise ihres Ehelebens in Einklang steht.

Es sei mir gestattet, hinzuzufügen, dass der ergebene Unterzeichnete bereits Gelegenheit hatte, auf die Schriften des Priesters Dr. Mayer, welche übrigens Unklarheiten und Widersprüche aufweisen, die Aufmerksamkeit der Höchsten Hl. Kongregation des Hl. Offiziums[639] (Bericht [13v] Nr. 40258 vom 21. Oktober 1928[640]), des Staatssekretariats (Bericht Nr. 40328 vom 7. November 1928[641]) und des Hochwürdigsten Herrn Erzbischofs von Freiburg (Brief Nr. 40791 vom 14. Januar diesen Jahres[642]) zu lenken.

Es scheint schließlich, dass die Hochwürdigsten Bischöfe baldmöglichst Anweisungen über dieses Problem erlassen werden, da im Protokoll der Konferenz von Fulda vom vergangenen August unter Nr. 11 zu lesen ist: »Dem in Kürze erscheinenden Buch: *Instructio de matrimonio*, soll ein Anhang betreffend procuratio abortus[643] hinzugefügt werden«[644].

IV. Die öffentliche Moral und die Katholiken

Gegenüber den immer besorgniserregenderen Kundgebungen der um sich greifenden Unsittlichkeit, und besonders gegen die perverse Propaganda der *Nacktkultur*[645],

---

[639] Vgl. die Joseph Mayer betreffenden Aktenbestände des Hl. Offiziums, ACDF, S.O. C.L. 1797/28i und 1855/30i; S.O. R.V. 1933, Nr. 1.

[640] Pacelli an den Sekretär des Hl. Offiziums Merry del Val, Berlin, 21. Oktober 1928, Nr. 40258, ASV, ANB 40, fasc. 8, fol. 8r Konz.

[641] Pacelli an Kardinalstaatssekretär Gasparri, Berlin, 7. November 1928, Nr. 40328, ASV, ANB 40, fasc. 8, fol. 11r-13r Konz.

[642] Pacelli an Erzbischof Fritz, 14. Januar 1929, Nr. 40791, EAF, Personalia, Mayer Dr. Joseph, Egg. a. d. Gunz, Or.; ASV, ANB 40, fasc. 8, fol. 16r Kopie.

[643] Darunter ist die bewusst herbeigeführte und nicht nur als nicht intendierte Nebenwirkung einer Handlung hingenommene Abtreibung zu verstehen.

[644] DAL, Protokoll der Verhandlungen der Fuldaer Bischofskonferenz vom 6. bis 8. August 1929. Als Manuskript gedruckt, S. 9, Nr. 11.

[645] »Mit der Neuentdeckung des Körpers, des ›Leibes‹, wie man an der Jahrhundertwende gern sagt, hängt eine ganze Bewegung zusammen, die der Freikörperkultur, der Nacktkultur. Das Verhältnis zum Leib sollte von den Zwängen der Zivilisation befreit werden: der Körper, der nackte – darum ging es. Nackt sein war gesund, war natürlich und echt, war lebendig-vital, war – schön, ästhetisch ... Aber von ihrer Fixierung auf Probleme der Sexualität kamen die Nudisten ... nicht los«. T. NIPPERDEY, Deutsche Geschichte, Bd. 1, S. 110 f.

(*Nacktkultur*), la quale – sia nella forma estrema della nudità assoluta, sia in quella, non meno pericolosa, della mezza nudità o di parziali veli – fa del tutto per attirare anche i cattolici, i Revᵐⁱ Vescovi della Germania emanarono nel 1925 dettagliate norme ed istruzioni circa vari problemi morali attuali (*Katholische Leitsätze und Weisungen zu verschiedenen modernen Sittlichkeitsfragen*). Di esse diede un ampio commento il Rev. P. Schröteler S.J. nel volume: *Um Sitte und Sittlichkeit – Ein Kommentar zu den Katholischen Leitsätzen und Weisungen zu verschiedenen modernen Sittlichkeitsfragen – In Verbindung mit anderen katholischen Verbänden herausgegeben von der Zentralstelle der Katholischen Schulorganisation*, **[14r]** Düsseldorf 1926. Le direttive pratiche date dai sullodati Vescovi possono riassumersi come appresso:

die – sei es in der extremen Form der absoluten Nacktheit, sei es in jener nicht weniger gefährlichen der teilweisen Nacktheit oder partiellen Verhüllung – alles tut, um auch die Katholiken anzulocken, erließen die Hochwürdigsten Bischöfe Deutschlands 1925 detaillierte Richtlinien und Anweisungen zu unterschiedlichen aktuellen moralischen Problemen (*Katholische Leitsätze und Weisungen zu verschiedenen modernen Sittlichkeitsfragen*). Zu diesen gab Hochwürden P. Schröteler S.J.[646] einen ausführlichen Kommentar im Band: *Um Sitte und Sittlichkeit – Ein Kommentar zu den Katholischen Leitsätzen und Weisungen zu verschiedenen modernen Sittlichkeitsfragen – In Verbindung mit anderen katholischen Verbänden herausgegeben von der Zentralstelle der Katholischen Schulorganisation*[647], [14r] Düsseldorf 1926. Die von den erwähnten Bischöfen ausgegebenen praktischen Richtlinien lassen sich wie folgt zusammenfassen:

---

[646] Christian Josef Schröteler SJ (1886-1955), trat 1906 in den Jesuitenorden ein, Promotion 1923 in München, 1923 Professor für Pädagogik in Valkenburg, 1928 für Pädagogik und praktische Theologie in St. Georgen; seine Pädagogik war »geprägt durch die Erziehung zum ›Autoritätsgehorsam‹«. Schröteler hatte aber auch maßgeblichen Anteil an der kirchlichen Akzeptanz der Montessori-Pädagogik. 1933 trat er zunächst für eine freundliche Begegnung von katholischer Kirche und Nationalsozialismus ein. BBKL 20 (2002), S. 1305-1310 (M. BERGER).

[647] Vgl. Um Sitte und Sittlichkeit. Vgl. auch: »17. Die *Leitsätze der deutschen Bischöfe zu modernen Sittlichkeitsfragen* haben in den weitesten Kreisen des Volkes Beachtung gefunden. Eine Änderung des Wortlautes wird weder für notwendig noch für ratsam gehalten. Es wird mit Befriedigung davon Kenntnis genommen, daß zu den Leitsätzen ein Kommentar von *P. Schröteler S. J.* bei der Zentralstelle der Schulorganisation herausgegeben wird, in dem die einzelnen Punkte näher erläutert und die entstandenen Fragen und Schwierigkeiten besprochen werden sollen. In den Bemerkungen über Turnen soll in dem Kommentar ausgeführt werden, daß der Episkopat daran festhält, daß in der Regel das Turnen nach Geschlechtern getrennt geschehen muß; es soll darin näher dargetan werden, ob und wieweit ein Schulturnen der Mädchen in anständiger Kleidung vor den geladenen Eltern zugelassen werden kann; dem orthopädischen Turnen ist Beachtung zu schenken. – Über moderne Tänze, die und insoweit sie die Sittlichkeit gefährden, sollen darin nähere Mitteilungen gemacht werden. 17.a. Der Deutschen Turnerschaft soll auf ihre Eingabe eine Antwort zu den einzelnen Punkten ihrer Eingabe auf Grund eines vorgelegten Gutachtens zugehen. 17.b. Die katholischen Vereine, die sich auf den Boden der bischöflichen Leitsätze gestellt haben, sollen in ihrem Vorgehen bestärkt und ermuntert werden; es wird in Aussicht genommen, eine Reihe von Vorträgen über die Leitsätze für die Vereinsversammlungen vorzubereiten. 17.c. Der Deutschen Jugendkraft soll die Anerkennung für ihren engen Anschluß an den katholischen Jugendverband und ihr mutiges Befolgen der Leitsätze über Turnen ausgesprochen werden. 17.d. Der Klerus soll aufgefordert werden, auch fernerhin umsichtig und gewissenhaft an der Durchführung der Leitsätze mitzuwirken. Im Anschluß daran wird ein nicht zu billigender Artikel in der Wochenschrift für kath. Lehrerinnen (vom 7. Februar 1925) besprochen, welcher eine Intimität, die mit dem Zölibat nicht vereinbar ist, als vollkommenheitsfördernd hinstellt. Entsprechende Warnungen sollen den Leitern der Priesterseminare und der Exerzitienkurse gegeben werden. 17.e. Die Konferenzmitglieder werden, soweit sie es noch nicht getan haben, eine Verordnung erlassen, wonach als eine für das Gotteshaus und den Sakramentenempfang passende weibliche Kleidung nur eine solche bezeichnet werden kann, die bis zum Halse geschlossen ist, bei der die Arme bis über die Ellenbogen und der Unterkörper bis über die Knie bedeckt sind, und nicht zu durchsichtige Stoffe verwendet werden. Diese Verordnung ist des öftern (alle paar Monate) in der Kirche zu verlesen. 17 f. Die Leitsätze der deutschen Bischöfe sollen in kleinem Format für allgemeine Verbreitung von der Schulorganisation herausgegeben werden«. DAL, Protokoll der Verhandlungen der Fuldaer Bischofskonferenz vom 18. bis 20. August 1925. Als Manuskript gedruckt, S. 14.

1.) La ginnastica deve aver luogo separatamente per i due sessi, e le lezioni di ginnastica debbono essere impartite da maestri dello stesso sesso degli alunni. L'abito ginnastico non deve offendere il pudore. Il costume da bagno nell'insegnamento della ginnastica non deve tollerarsi nè per i ragazzi nè per le ragazze. Esercizi al nudo, di qualsiasi genere, sono da riprovarsi. – Per le ragazze deve evitarsi ogni costume ginnastico, che accentui le forme in modo provocante o che altrimenti non si confaccia al carattere femminile. La ginnastica per le ragazze deve aver luogo soltanto in sale od in luoghi non accessibili al pubblico. Se ciò non è possibile o se non può aversi un proprio costume ginnastico, occorre di limitarsi a quegli esercizi ginnastici, che possono essere eseguiti colle vesti ordinarie. – Esibizioni ginnastiche o gare sportive di ragazze o di donne non debbono ammettersi; esse creano per lo più un carattere, che non si confà alla donna. Lo stesso si dica per simili esercizi in seno alle Associazioni (Su questo primo punto il sottoscritto riferì più ampiamente in un apposito Rapporto alla S. Congregazione del Concilio N. 39528 del 29 Maggio 1928).

2.) Le stesse regole valgono a più forte ragione per i bagni ed il nuoto. I sessi debbono essere separati. La sorveglianza dei bagni prescritti nelle scuole per intiere classi deve essere fatta da persone dello stesso sesso. Pubblici esercizi di nuoto di donne e ragazze sono da respingersi. – Lo stesso deve **[14v]** esigersi per i bagni sulle spiagge o all'aria libera.

3.) Nella visita medica prescritta nelle scuole deve aversi il più stretto riguardo al pudore, specialmente delle ragazze.

4.) I principi suindicati debbono applicarsi anche allo sport, nel quale è da evitarsi tutto ciò che espone a pericolo la sanità, i buoni costumi ed il carattere. Si deve lasciare tempo e libertà per l'adempimento dei doveri religiosi, massime nella Domenica. Si deve mettere in guardia contro le escursioni in comune di ragazzi e ragazze.

5.) Uno speciale pericolo rappresentano le cosiddette »scuole ritmiche«, le quali si ricollegano in gran parte ad idee panteistiche e materialistiche e, sotto il pretesto della bellezza delle linee e della estetica delle movenze, favoriscono la perdita del pu-

1.) Gymnastik[648] soll nach den beiden Geschlechtern getrennt stattfinden, und die Gymnastikstunden sollen von Lehrern desselben Geschlechts der Schüler erteilt werden. Die Gymnastikkleidung darf nicht die Scham verletzen. Ein Badeanzug darf im Gymnastikunterricht weder für Jungen noch für Mädchen geduldet werden. Nacktübungen jedweder Art sind zu missbilligen. – Für die Mädchen soll jeder Gymnastikanzug, der die Formen auf provozierende Art unterstreicht oder sich ansonsten nicht für den weiblichen Charakter schickt, gemieden werden. Die Gymnastik für die Mädchen soll nur in Sälen oder an nicht der Öffentlichkeit zugänglichen Orten stattfinden. Wenn dies nicht möglich ist oder kein geeigneter Gymnastikanzug zur Verfügung steht, muss man sich auf solche gymnastischen Übungen beschränken, die mit den normalen Kleidern durchgeführt werden können. – Gymnastische Darbietungen oder sportliche Wettkämpfe von Mädchen oder Frauen sollen nicht geduldet werden, da sie gewöhnlich einen Charakter bilden, der sich für die Frau nicht schickt. Dasselbe soll für ähnliche Übungen innerhalb der Vereine gelten. (Über diesen ersten Punkt berichtete der Unterzeichnete ausführlicher in einem eigenen Bericht an die Hl. Konzilskongregation Nr. 39528 vom 29. Mai 1928[649]).

2.) Dieselben Regeln gelten umso mehr für die Bäder und das Schwimmen. Die Geschlechter müssen getrennt sein. Die Überwachung des Badens, das in den Schulen für ganze Klassen vorgeschrieben ist, muss von Personen desselben Geschlechts ausgeübt werden. Öffentliche Schwimmübungen von Frauen und Mädchen sind abzulehnen. – Dasselbe muss [14v] für das Baden an Stränden oder unter freiem Himmel verlangt werden.

3.) Bei der an den Schulen vorgeschriebenen ärztlichen Untersuchung muss es die strikteste Achtung vor der Scham, besonders der Mädchen, geben.

4.) Die oben angegebenen Richtlinien sollen auch auf den Sport[650] angewandt werden, in dem alles vermieden werden soll, was die Gesundheit, die guten Sitten und den Charakter gefährdet. Man soll Zeit und Freiheit für die Erfüllung der religiösen Pflichten lassen, besonders am Sonntag. Man soll vor gemeinsamen Ausflügen von Jungen und Mädchen warnen.

5.) Eine besondere Gefahr stellen die sogenannten »Rhythmus-Schulen« dar[651], die großteils an pantheistische und materialistische Ideen anknüpfen und unter dem

---

[648] »Es gibt freilich ... nach der Jahrhundertwende noch ein anderes Element. Das ist der Zug zur Natur, zum Natürlichen. Das gilt fürs Wandern, Bergsteigen und Schwimmen, als Ausdruck des neuen Körpergefühls – oder für den Volkstanz; das gilt besonders für die neue Gymnastik. Sie ist nicht auf Leistungssteigerung, Wettbewerb und Spezialisierung aus, sondern auf ganzheitliche harmonische ›Ausdrucksbewegung‹, auf den ›fließenden Bewegungsstil‹ gegen das Geometrische der älteren Gymnastik, jetzt mit Tanz und Musik verbunden. Das gehört in den Kontext der Lebensreformbewegungen«. T. NIPPERDEY, Deutsche Geschichte, Bd. 1, S. 175.

[649] Dieses Dokument konnte bislang nicht nachgewiesen werden.

[650] Zum damaligen Sport vgl. T. NIPPERDEY, Deutsche Geschichte, Bd. 1, S. 171-175.

[651] »Es entstehen Schulen und Internate, besonders für Mädchen (Darmstadt, Berlin, Lohland z.B.), die auf neuer rhythmischer Bewegung eine neue Bildung und Charakterbildung begründen wollen. In einem weiteren Zusammenhang gehört hierher auch der ›neue Tanz‹ – rhythmische Bewegung, Eurhythmie, kultisch, archaisch, gegen alles ›artifizielle‹ und raffinierte Ballett; Isadora Duncan ist die Kult- und Gründerfigur: allein, griechisch, gewandt, kultisch«. EBD., S. 175.

dore e la cultura del nudo. Essendo tali scuole in opposizione colla legge morale cristiana, non è lecito ai cattolici di appartenervi. Con ciò non si intende tuttavia di proibire l'uso di alcuni irreprensibili esercizi ritmici nella ginnastica.

6.) I circoli cattolici debbono tornare nella vita di società e nella ospitalità all'antica semplicità e costumatezza. Le danze moderne, quasi tutte di pessima origine, le quali minacciano i buoni costumi ed il pudore, non debbono essere tollerate più a lungo in alcun modo, nemmeno in forme, come si pretende, migliorate.

7.) I cattolici debbono lottare contro la immoralità nella letteratura, nel cinematografo e nel teatro, sforzandosi [15r] di ottenere provvedimenti legislativi per la tutela dei veri principi morali ed evitando di comprare alcunchè nelle librerie e nei chioschi, che espongono pubblicazioni indecenti. I librai e negozianti cattolici non debbono lasciarsi indurre da nessun motivo d'interesse a vendere o raccomandare simile letteratura.

8.) Per quanto la morale cattolica non abbia per sè da eccepire contro vestiti convenienti e di gusto e nemmeno contro i cambiamenti della moda, altrettanto deve risolutamente ed incondizionatamente riprovare e respingere con orrore la moda attualmente imperante colle sue tendenziose denudazioni ed accentuazioni delle forme del corpo, perchè in ultima analisi trae la sua origine da una cinica e pagana concezione della vita e tende alla eccitazione di sensi libidinosi. I genitori, e soprattutto le madri, sono responsabili per gli abiti delle loro figlie.

9.) I genitori vengono gravemente ammoniti di non lasciare, secondo l'uso introdottosi con inescusabile leggerezza, i loro figli e le loro figlie senza sorveglianza nelle società, e specialmente nei corsi di ballo, ma di fare il loro dovere conformemente alle antiche, serie e cristiane costumanze.

10.) I membri cattolici del Parlamento e dei Consigli municipali debbono con energia e costanza adoperarsi affinchè lo Stato ed i Comuni prendano seri ed efficaci provvedimenti contro la invadente immoralità. Specialmente la stampa cattolica deve aver coscienza della sua grave responsabilità ed attenersi a queste istruzioni sia nel testo, come anche negli annunzi ed in modo particolare nella scelta delle illustrazioni.

[15v] L'effetto delle surriferite direttive vescovili è stato in realtà notevole, massime per ciò che concerne gli esercizi ginnastici delle donne e delle ragazze. Un numero

Vorwand der Schönheit der Linien und der Ästhetik der Bewegungen den Scham-
verlust und die Nacktkultur begünstigen. Da diese Schulen im Gegensatz zum
christlichen Moralgesetz stehen, ist es Katholiken nicht gestattet, ihnen anzugehö-
ren. Damit ist allerdings nicht intendiert, die Verwendung einiger tadelloser rhythmischer Übungen in der Gymnastik zu verbieten.

6.) Die katholischen Kreise müssen im gesellschaftlichen Leben und in der Gast-
freundschaft zur alten Einfachheit und zum alten Anstand zurückkehren. Die modernen Tänze, fast alle sehr üblen Ursprungs, welche die guten Sitten und die Scham
bedrohen, sollen auf keine Weise weiterhin geduldet werden, auch nicht in den, wie
man sich einbildet, verbesserten Formen[652].

7.) Die Katholiken sollen gegen die Unsittlichkeit in der Literatur, im Kino[653] und
im Theater kämpfen, indem sie sich darum bemühen, [15r] gesetzliche Verfügungen
zum Schutz der wahren moralischen Grundsätze zu erwirken und indem sie vermeiden, irgend etwas in den Büchereien und Kiosken zu kaufen, die unanständige
Veröffentlichungen ausstellen. Katholische Buchhändler und Kaufleute sollen sich
aus keinerlei Interessensgründen dazu verleiten lassen, eine solche Literatur zu ver-
kaufen oder zu empfehlen[654].

8.) Obwohl die katholische Moral an sich nichts gegen geziemende und ge-
schmackvolle Kleidung einzuwenden hat, und auch nicht gegen die Wechsel der
Mode, muss sie genauso resolut und unbedingt die gerade herrschende Mode mit
ihren tendenziösen Entblößungen und Unterstreichungen der Körperformen mit
Abscheu missbilligen und zurückweisen, da sie letztendlich von einer zynischen und
heidnischen Lebensauffassung ausgeht und zur Aufreizung der lüsternen Sinne ten-
diert. Die Eltern, und besonders die Mütter, sind für die Kleider ihrer Töchter verantwortlich.

9.) Die Eltern werden ernstlich ermahnt, ihre Söhne und Töchter nicht nach dem
Brauch, der sich mit unentschuldbarem Leichtsinn eingenistet hat, in den Gesell-
schaften und besonders in den Tanzkursen ohne Aufsicht zu lassen, sondern ihre
Pflicht gemäß den alten, ernsten und christlichen Gewohnheiten zu erfüllen.

10.) Die katholischen Mitglieder des Parlaments und der Stadträte sollen sich mit
Energie und Beharrlichkeit dafür einsetzen, dass der Staat und die Gemeinden ernsthafte und wirksame Vorkehrungen gegen die um sich greifende Unsittlichkeit treffen. Besonders die katholische Presse soll ein Bewusstsein für ihre schwerwiegende
Verantwortung haben und sich an diese Anweisungen sowohl im Text als auch in
den Anzeigen und besonders in der Auswahl der Illustrationen halten.

[15v] Die Wirkung der oben aufgeführten bischöflichen Richtlinien war in der Tat
beträchtlich, vor allem was die gymnastischen Übungen von Frauen und Mädchen

---

[652] Zu den Tänzen im Kontext der Jugendbewegung vgl. R. CHRISTL, Jugend.
[653] Zur päpstlichen Lehrentwicklung zum Kino und dem Einfluss Pacellis auf das Zustandekommen der
Enzyklika vgl. M. LAGRÉE, L'encyclique *Vigilanti cura* sur le cinéma (1936), in: Achille Ratti, S. 838-853.
[654] Zum Index der verbotenen Bücher vgl. H. SCHWEDT, Index; H. WOLF, Kontrolle.

non piccolo di giovani cattolici si tengono lodevolmente lontani dai divertimenti immorali. Invece in alcuni altri circoli cattolici le danze e gli abiti lasciano ancora molto a desiderare riguardo alla moralità. Nè, secondo che mi si riferisce, la grande Lega delle donne cattoliche (*Katholischer Frauenbund*) ha fatto quanto avrebbe potuto per preservare il mondo cattolico femminile dalla moda disonesta.

V. Il sentire cum Ecclesia ed i cattolici

La grande massa dei semplici fedeli è in generale sinceramente attaccata alla Chiesa ed alla S. Sede. Lo stesso non può invece affermarsi senz'altro dei cosiddetti intellettuali. La loro opposizione contro la Chiesa cominciò dal tempo dell'*Aufklärung* nella seconda metà del secolo XVIII, e, sebbene poi, in seguito alle *Kölner Wirren* ed al *Kulturkampf*, la situazione si fosse migliorata, tuttavia sin dal principio del secolo presente si vennero di nuovo formando simili correnti modernistiche, le quali specialmente dopo la guerra hanno notevolmente influito sull'attitudine delle classi colte. Fra gli esponenti più noti di tale movimento si possono citare, fra gli altri, il sacerdote Giuseppe Wittig, già professore nella Facoltà teologica di Breslavia ed ora apostata, di cui varie opere furono condannate dalla Suprema S. Congre[16r]gazione del S. Offizio, il Sac. Dr. Giovanni Hessen, della diocesi di Münster e professore di filosofia nella

betrifft. Eine nicht kleine Zahl junger Katholiken hält sich löblicherweise fern von den unmoralischen Vergnügungen. Dagegen lassen in anderen katholischen Kreisen die Tänze und die Kleider hinsichtlich der Moral noch viel zu wünschen übrig. Und der große Bund der katholischen Frauen (*Katholischer Frauenbund*)[655] hat, nach dem, was mir berichtet wird, nicht alles getan, was er hätte tun können, um die weibliche katholische Welt vor der unanständigen Mode zu bewahren.

V. Das Sentire cum Ecclesia und die Katholiken

Die große Masse der einfachen Gläubigen ist im Allgemeinen der Kirche und dem Hl. Stuhl aufrichtig ergeben. Dasselbe kann man aber nicht ohne weiteres von den sogenannten Intellektuellen behaupten. Ihre Opposition gegen die Kirche begann in der Zeit der *Aufklärung*[656] in der zweiten Hälfte des 18. Jahrhunderts, und obwohl die Lage sich dann nach den *Kölner Wirren*[657] und dem *Kulturkampf*[658] besserte, bildeten sich dennoch seit dem Anfang des Jahrhunderts von neuem ähnliche modernistische Strömungen, die besonders nach dem Krieg die Haltung der gebildeten Klassen beträchtlich beeinflusst haben. Von den bekanntesten Wortführern dieser Bewegung kann man neben anderen den Priester Joseph Wittig[659] nennen, einen ehemaligen Professor an der theologischen Fakultät Breslau und jetzt Apostat, von dem verschiedene Werke durch die Höchste Hl. Kongregation des Hl. Offiziums verboten wurden[660], **[16r]** den Priester Dr. Johannes Hessen[661] aus der Diözese

---

[655] Vgl. hierzu I. Weber, Kann denn Mode katholisch sein? Katholischer Modediskurs und die Modekommission des KDFB, in: G. Muschiol, Katholikinnen, S. 143-162.

[656] Tatsächlich war die Aufklärung eine vielschichtige Bewegung, die in einem moderaten katholischen Zweig auch kirchlich bzw. reformkatholisch geprägt war und vor allem in Deutschland und im Habsburger Reich auch vielgestaltig rezipiert wurde. Die pauschale Verurteilung der Aufklärung ist hingegen das bis in die Gegenwart nachwirkende Erbe des Ultramontanismus. Vgl. H. Klueting, Katholische Aufklärung; E. Kovács, Katholische Aufklärung.

[657] Als »Kölner Wirren« (1837-1841) werden die Ereignisse um die Einkerkerung des Kölner Erzbischofs Clemens August von Droste zu Vischering in der Festung Minden durch den preußischen Staat in den Jahren 1837-1839 bezeichnet. Der Erzbischof hatte sich geweigert, von der kanonischen Position in der Frage der »Mischehen« abzurücken. Vor allem durch die Publizistik Joseph von Görres' (1776-1838) wirkte dieses Ereignis gleichsam als Initialzündung eines antiaufklärerischen und antietatistischen ultramontanen Katholizismus. Vgl. F. Keinemann, Kölner Ereignis; Ders., Das Kölner Ereignis, sein Widerhall; M. Hänsel-Hohenhausen, Clemens August Freiherr Droste zu Vischering; H. Schrörs, Kölner Wirren.

[658] Tatsächlich schweißte der von Preußen und anderen Staaten vor allem mit Mitteln der Gesetzgebung unternommene Versuch der Kontrolle, Einschränkung und Reglementierung des ultramontanen politischen Katholizismus (1871-1887) diesen enger zusammen. Vgl. C. Weber, Kirchliche Politik; R. Morsey, Kulturkampf.

[659] Zu Joseph Wittig (1879-1949) s. Anm. 419.

[660] Das Hl. Offizium beschloss in der Generalkongregation vom 22. Juli 1925, drei Aufsätze und drei Bücher Wittigs auf den Index zu setzen, Dekret 29. Juli 1929. Vgl. E. Rosenstock/J. Wittig, Alter der Kirche, Bd. 3, S. 85 f.

[661] Zu Johannes Hessen (1889-1971) s. Anm. 420.

Università di Colonia, ed il Sig. Ernesto Michel, di Francoforte sul Meno, intorno ai quali il sottoscritto ha avuto pure ripetutamente occasione di riferire alla S. Sede.

ᵇIl libro di Ernesto Michel, »*Politik aus dem Glauben*«, Eugen Diederichs Verlag in Jena 1926, è stato condannato e messo all'Indice dei libri proibiti con recentissimo Decreto della Suprema S. Congregazione del S. Offizio.ᵇ

Fra i giornali e le riviste, che, pur pubblicando normalmente buoni articoli, accolgono però scritti, i quali riflettono il suaccennato indirizzo, possono essere menzionati la *Rhein-Mainische Volkszeitung* di Francoforte (intorno alla quale riferii all'Emo Sig. Cardinale Segretario di Stato con Rapporto N. 37582 del 10 Giugno 1927) e l'*Hochland* di Monaco di Baviera.

Lo scopo di tale movimento è di avvicinare il più possibile i cattolici alla cultura moderna, ma i fautori del medesimo pretendono di fissare essi stessi i limiti di tale avvicinamento, indipendentemente ed anche contro l'Autorità ecclesiastica.

Le idee da essi propugnate sono ambigue od erronee sotto molti punti di vista. La loro filosofia si accosta a quella dei protestanti. La religione diviene una cosa del tutto soggettiva, una esperienza esclusivamente interna.

Le »fonti« della Chiesa sono fede, speranza e carità, la quale richiede oggi l'adattamento alla struttura ed ai sentimenti dei popoli moderni. La Chiesa »giuridica« è divenuta troppo **[16v]** forte contro la Chiesa »santificante e redentrice«; nel tempo della democrazia anche essa deve farsi democratica. Perciò il Michel (*Politik aus dem Glauben*, 1926, pag. 46 e segg.) attacca vivamente il Concordato colla Baviera, che, secondo lui, rappresenta la concezione medioevale dei rapporti fra Chiesa e Stato e costituisce una violenza fatta alla coscienza dei maestri nelle scuole cattoliche. Soprattutto poi egli critica nel Concordato medesimo la disposizione relativa alla scel-

Münster und Philosophieprofessor an der Universität Köln, und Herrn Ernst Michel[662] aus Frankfurt am Main, zu welchen der Unterzeichnete auch mehrmals Gelegenheit hatte, dem Hl. Stuhl zu berichten.

Das Buch von Ernst Michel »Politik aus dem Glauben«, Eugen Diederichs Verlag in Jena 1926[663], wurde vor kürzester Zeit per Dekret der Höchsten Hl. Kongregation des Hl. Offiziums verurteilt und auf den Index der verbotenen Bücher gesetzt[664].

Unter den Tageszeitungen und Zeitschriften, die, obwohl sie normalerweise gute Artikel veröffentlichen, dennoch Schriften aufnehmen, welche die oben erwähnte Ausrichtung widerspiegeln, können die *Rhein-Mainische Volkszeitung*[665] aus Frankfurt (über die ich Seiner Eminenz, Herrn Kardinal Staatssekretär mit dem Bericht Nr. 37582 vom 10. Juni 1927[666] Mitteilung machte) und das *Hochland*[667] aus München in Bayern genannt werden.

Das Ziel dieser Bewegung ist es, die Katholiken so weit wie möglich an die moderne Kultur heranzubringen, aber die Anhänger derselben beanspruchen, selbst die Grenzen einer solchen Annäherung festzulegen, unabhängig von der kirchlichen Behörde und auch gegen diese.

Die von ihnen verfochtenen Ideen sind mehrdeutig oder irrig unter vielen Gesichtspunkten. Ihre Philosophie nähert sich jener der Protestanten. Die Religion wird eine gänzlich subjektive Angelegenheit, eine ausschließlich innere Erfahrung.

Die »Quellen« der Kirche sind Glaube, Hoffnung und Nächstenliebe, die heute eine Anpassung an die Struktur und an die Empfindungen der modernen Völker erfordert. Die »juristische« Kirche ist zu **[16v]** stark geworden gegenüber der »heiligenden und erlösenden« Kirche; in Zeiten der Demokratie muss auch sie demokratisch werden. Daher attackiert Michel (*Politik aus dem Glauben*, 1926, S. 46 ff.)[668] heftig das Konkordat mit Bayern[669], das seiner Meinung nach die mittelalterliche Auffassung der Beziehungen zwischen Kirche und Staat repräsentiert und eine Gewaltausübung darstellt, die dem Gewissen der Lehrer an den katholischen Schulen angetan wird. Vor allem kritisiert er dann im Konkordat selbst die Bestimmung zur

---

[662] Zu Ernst Michel (1889-1964) s. Anm. 278.
[663] Vgl. E. MICHEL, Politik.
[664] Mit dem Dekret des Hl. Offiziums vom 30. Oktober 1929, Index librorum prohibitorum 319. – Bei dem letzten Abschnitt handelt es sich um eine maschinenschriftliche Fußnote Pacellis.
[665] Zur *Rhein-Mainischen Volkszeitung* vgl. B. LOWITSCH, Kreis; H. BLANKENBERG, Politischer Katholizismus.
[666] Pacelli an Kardinalstaatssekretär Gasparri, Berlin, 1. Juni 1927, Nr. 37582, ASV, ANB 97, fasc. 1, fol. 385rv Konz.
[667] Die Zeitschrift *Hochland* erschien seit 1903 unter der Herausgeberschaft von Carl Muth in München. Vgl. hierzu M. WEITLAUFF, Modernismus litterarius; K. UNTERBURGER, Verhältnis; J. OSINSKI, Katholizismus, S. 339-402; R. VAN DÜLMEN, Katholischer Konservativismus.
[668] Vgl. das Kapitel »Lehren des bayerischen Konkordats«, E. MICHEL, Politik, S. 46-58.
[669] Konkordat zwischen dem Heiligen Stuhl und dem Freistaat Bayern, 29. März 1924, E. R. HUBER/W. HUBER, Staat und Kirche, Bd. 4, S. 299-305, Nr. 174. – Zu den Verhandlungen: J. LISTL, Konkordatäre Entwicklung; L. SCHMIDT, Matt.

ta degli Arcivescovi e dei Vescovi, colla quale è rimasto consacrato e reso giuridicamente obbligatorio per il popolo bavarese il diritto di nomina della S. Sede. »Con ciò, aggiunge il Michel, è stata risoluta in trattative segrete fra il Governo bavarese e la Curia (= la S. Sede) senza partecipazione del popolo una questione costituzionale interna ecclesiastica in un senso ed in una maniera, che non è senz'altro comprensibile dal punto di vista ecclesiastico. Noi abbiamo infatti tuttora ovunque anche in Germania riservata la elezione del Vescovo, come affare proprio della diocesi, al Capitolo cattedrale del luogo. E la legittima tendenza attuale nella Chiesa non è verso la centralizzazione, ma verso la decentralizzazione e verso una più forte autonomia delle Chiese vescovili«. I cattolici tedeschi debbono perciò conquistare e tutelare i genuini diritti di libertà della Chiesa di fronte alle esigenze ed agli interessi del sistema giuridico curiale.

Il movimento in discorso mostra, come è naturale, una aperta antipatia verso la scolastica. La scolastica è logos; il [17r] cristianesimo primitivo era invece unicamente pneuma, e tale si trova ancora nel cristianesimo orientale. La concezione orientale è rimasta prescolastica, cioè non importa, come il pensiero scolastico, un aggiustamento tra logos e pneuma, tra la verità dell'intelletto e quella del cuore, ma sgorga indivisa dalla fonte della Chiesa. Così il Michel nella *Rhein-Mainische Volkszeitung* del 23 Ottobre 1925.

Si loda il protestantesimo e l'opera di Lutero. »Seppure noi respingiamo e deploriamo e all'occorrenza anche combattiamo gli errori protestanti, tuttavia alla fine di ᶜunaᶜ epoca più volte secolare di lotta abbiamo ormai il dovere di vedere anche l'altra parte e di riconoscere al Cristianesimo evangelico un sano nucleo ed una positiva missione storica. Questa e quello non furono potute vedere dalle generazioni della lotta della controriforma, ma noi oggi dobbiamo farlo. Giacchè, senza pregiudizio della nostra fedeltà e del nostro amore verso la Chiesa, sentiamo largamente nelle nostre file, specialmente delle giovani generazioni cattoliche, in noi anche la positiva forza del Vangelo, che era ed è precisamente il nucleo del Protestantesimo; noi sentiamo questa forza nella nuova concezione della fede, come atto personale ed al tempo stesso soprannaturale, e non più come un atto della volontà prevalentemente morale o psichico« (*Michel, Politik aus dem Glauben*, pag. 70). I membri delle tre confessioni (protestante, cattolica ed orientale) debbono andare ognuno per la sua propria via. Queste vie volute da Dio conducono esse soltanto alla vera riunione,

Auswahl der Erzbischöfe und der Bischöfe, durch die das Ernennungsrecht des Hl. Stuhls feierlich bekräftigt blieb und für das bayerische Volk rechtlich verpflichtend wurde. »Es ist hier«, fügt Michel hinzu, » in den geheimen Verhandlungen zwischen bayerischer Regierung und Kurie (= dem Hl. Stuhl) ohne Beteiligung des Kirchenvolkes eine innerkirchliche Verfassungsfrage in einem Sinne und in einer Art gelöst worden, die nicht ohne weiteres kirchlich selbstverständlich ist. Denn wir haben auch in Deutschland noch allenthalben die Wahl des Bischofs als eine eigene Angelegenheit des Bistums, dem örtlichen Domkapitel vorbehalten. Und die zeitberufene Tendenz in der Kirche geht nicht auf Zentralisation, sondern auf Dezentralisation und u. a. auch auf stärkere Verselbständigung der Bischofskirchen«[670]. Die deutschen Katholiken sollen daher die natürlichen Freiheitsrechte der Kirche gegenüber den Ansprüchen und den Belangen des kurialen juridischen Systems erringen und schützen.

Die Bewegung, von der die Rede ist, zeigt natürlicherweise eine offene Abneigung gegenüber der Scholastik. Die Scholastik ist Logos; das **[17r]** ursprüngliche Christentum war dagegen einzig Pneuma, so findet es sich noch im östlichen Christentum. Die östliche Auffassung blieb vorscholastisch, d.h. sie bringt nicht wie der scholastische Gedanke einen Ausgleich zwischen Logos und Pneuma, zwischen der Wahrheit des Intellekts und jener des Herzens mit sich, sondern entspringt ungeteilt aus der Quelle der Kirche. So Michel in der *Rhein-Mainischen Volkszeitung* vom 23. Oktober 1925[671].

Der Protestantismus und das Werk Luthers werden gelobt. »Wenn wir auch die protestantischen Irrlehren [...][672] ablehnen und bedauern und gegebenenfalls sie auch bekämpfen: wir haben am Ende einer[673] mehrhundertjährigen Epoche des Kampfes die Pflicht, nunmehr auch die andere Seite zu sehen und dem evangelischen Christentum einen gesunden Kern und eine positive geschichtliche Mission zuzugestehen. Diese und jenen konnten die gegenreformatorischen Kampfgenerationen nicht sehen und durften sie vielleicht auch nicht sehen, wir aber müssen sie heute sehen. Denn weithin in unseren Reihen, besonders der jüngern katholischen Generation, spüren wir, unbeschadet unserer Treue und Liebe zur Kirche, an uns auch die positive Kraft des Evangeliums, die eben der Kern des Protestantismus war und ist: wir spüren diese Kraft in der Neufassung des Glaubens, als eines personalen und zugleich übernatürlichen Aktes, nicht mehr als eines vorwiegend sittlichen bzw. psychischen Willenaktes« (*Michel, Politik aus dem Glauben*, S. 70)[674]. Die Mitglieder der drei Konfessionen (der protestantischen, katholischen und orientalischen) sollen jeweils ihren eigenen Weg gehen. Einzig und allein diese von Gott gewollten

---

[670] Dies wörtlich nach E. MICHEL, Politik, S. 57.

[671] Der Jahrgang der *Rhein-Mainischen Volkszeitung* scheint in Deutschland nicht mehr erhalten zu sein.

[672] Pacelli lässt die Parenthese aus: »– soweit sie uns noch wirklich und existenziell entgegentreten und nicht bloß in Büchern ein vergilbtes Scheinleben führen –«. E. MICHEL, Politik, S. 70.

[673] Dieses Wort ist eine handschriftliche Einfügung Pacellis.

[674] E. MICHEL, Politik, S. 70.

anzi sono già circondate e coperte, **[17v]** quasi sotto una volta, dalla mistica unità dell'*Una Sancta* (ib., pag. 72). – Simili idee circa il protestantesimo sono state espresse anche, ad es., dal Sac. Dr. Roberto Grosche, dell'archidiocesi di Colonia, predicatore per gli studenti universitari, dal parroco Nicola Hackl, della diocesi di Passavia, ecc.; ad esse si riconnettono gli articoli inneggianti pubblicati su una parte della stampa cattolica in occasione degli anniversari di Kant, Lessing e Pestalozzi. – È anche perciò che i fautori del movimento in esame chiedono insistentemente la collaborazione coi protestanti, reclamano che i cattolici escano dall'isolamento e si guardino dal rinchiudersi in un Ghetto (ib., pag. 224), sono contrari alla scuola confessionale. »Dalla coltura cattolica minacciano pericoli al regno di Dio« (*Rhein-Mai-*

Wege führen zur wahren Einigung, ja sie sind sogar schon umgeben und geschützt, [17v] fast wie unter einem Gewölbe, von der mystischen Einheit der Una Sancta (ebd., S. 72)[675]. – Solche Ideen zum Protestantismus wurden auch z.b. geäußert vom Priester Dr. Robert Grosche[676] aus der Erzdiözese Köln, Prediger für die Universitätsstudenten, vom Pfarrer Nikolaus Hackl[677] aus der Diözese Passau usw.; an diese knüpfen die Lobes-Artikel an, die in einem Teil der katholischen Presse zu den Jubiläen von Kant[678], Lessing[679] und Pestalozzi[680] veröffentlicht wurden. – Und auch deshalb fordern die Anhänger der hier untersuchten Bewegung nachdrücklich die Zusammenarbeit mit den Protestanten, sie fordern, dass die Katholiken aus der Isolierung heraustreten sollen und sich davor hüten sollen, sich in einem Ghetto einzuschließen (ebd., S. 224[681]), sie sind gegen die konfessionelle Schule[682]. »Aus der ka-

---

[675] Wörtlich heißt es bei Michel: »Mögen die Glieder der drei Bekenntnisse auch je ihren eigenen Weg gehen: als zubestimmte, wahrhaft gläubig begangene Wege führen sie, und nur sie allein, zur echten Wiedervereinigung. Ja, als gottgewollte Wege sind sie bereits umschlossen und überwölbt von der mystischen Einheit der Una Sancta«. EBD., S. 72.

[676] Robert Grosche (1888-1967), 1920 Studentenseelsorger in Köln, 1933 Entzug des Lehrauftrags an der Kunstakademie Düsseldorf, 1943 Stadtdechant von Köln. LThK³ 4 (1995), S. 1063 (H. WAGNER); R. GORITZKA, Seelsorger Robert Grosche.

[677] Nikolaus Hackl (1882-1963), 1907 Priesterweihe, 1923 Pfarrverwalter und 1925 Pfarrer von Außernzell, 1938 Pfarrer i. R. in Rinchnachmündt. H. WOLF/C. ARNOLD, Rheinischer Reformkreis, Bd. 1, S. 360 f.

[678] Immanuel Kant (1724-1804), Philosoph. Als Begründer der transzendentalen Erkenntniskritik galt er, nach einer partiellen Rezeption seines Denkens durch die katholische Aufklärung, insbesondere in katholisch-neuscholastischen Kreisen als Zerstörer der Metaphysik, dazu als Philosoph des Protestantismus, den es zu bekämpfen galt. Kants Gebot des »Selberdenkens«, die Erziehung zu eigenständiger denkerischer Reflexion, steht im Kern seines Erziehungskonzeptes. Vgl. W. FISCHER, Immanuel Kant I, in: DERS./D.-J. LÖWISCH, Pädagogisches Denken, S. 125-139; D.-J. LÖWISCH, Immanuel Kant II, in: EBD., S. 140-153.

[679] Gotthold Ephraim Lessing (1729-1781), Schriftsteller und Bibliothekar. In seinem Werk setzt er sich für ein durch die natürliche Vernunft und die von ihr erkannte Wahrheit bestimmtes Leben ein, erzieherisch für die Anleitung zu produktiver Kritik und zur Entfaltung der im Menschen angelegten humanen Möglichkeiten. Geschichtsphilosophisch soll der Mensch so die Phase der dogmatischen christlichen Religion hin zu aufgeklärter Selbstbestimmtheit übersteigen. D.-J. LÖWISCH, Gotthold Ephraim Lessing, in: W. FISCHER/DERS., Pädagogisches Denken, S. 110-124.

[680] Johann Heinrich Pestalozzi (1746-1827) widmete sein Leben zunächst der schriftstellerischen Arbeit über Volkserziehung. Im Gegensatz zu Rousseau betonte er die ursprüngliche soziale Anlage des Menschen, die in der lebendigen Familiengemeinschaft ihre erste natürliche Entfaltung erfahre. In der 1797 geschaffenen »Helvetischen Republik« war er zunächst mit der Erziehung von Waisenkindern, dann als Volksschullehrer im Kanton Bern beschäftigt, wo er volkspädagogische Elementarbücher verfasste, bei denen die Pädagogik sich erstmals den Entwicklungsgesetzen des kindlichen Geistes anpassen und alle Grundkräfte des Menschen (»Kopf, Herz und Verstand«) entwickeln sollte. H. WEIMER, Geschichte, S. 144-151; T. BALLAUFF, Johann Heinrich Pestalozzi, in: W. FISCHER/D.-J. LÖWISCH, Pädagogisches Denken, S. 154-169.

[681] »Der Katholik, will er seinen Namen mit Recht führen, hüte sich deshalb vor allem, Schranken gegenüber seiner Mitwelt zu setzen, die keinen heilsgeschichtlichen Notwendigkeiten entsprechen; sich in ein Ghetto zurückzuziehen, das eine ›katholische Welt‹ neben der anderen abgrenzt. Denn die Ursünde ist die Absonderung, das echte christliche Leben aber wirkt die Befreiung von der Absonderung und die echte Freiheit zum vollwirklichen menschlichen Leben«. E. MICHEL, Politik, S. 224.

[682] Zum vor allem von der kirchlichen Hierarchie betriebenen Kampf um die katholische Konfessionsschule und die dadurch verhinderte größere Konzessionsbereitschaft von christlichen Politikern vgl. G. GRÜNTHAL, Reichsschulgesetz.

nische-Volkszeitung, 31 Dicembre 1925). »La coltura da noi aspettata non deve nè può essere cattolica« (lo stesso giornale, 4 Gennaio 1926). I loro scritti inoltre, pur riconoscendo teoricamente l'autorità ecclesiastica, ne criticano gli atti senza riguardo. Il loro metodo è: assicurare l'Autorità medesima del proprio rispetto, ma rimanere nelle proprie idee (*Man versichert die Autorität seiner Ehrfurcht und bleibt bei seinen Ideen*). Da tale spirito sono animate, ad es., le Riviste *Vom frohen Leben* (la cui direzione trovasi in Berlino-Weißensee, Elsaßstraße 57) e *Lotsenrufe* (il cui direttore è il Dr. Nicola Ehlen in Velbert-Renania).

Il pericolo, che deriva da tale movimento, non è piccolo, massime in mezzo alla gioventù, non più abituata, come per il passato, a sottomettersi senz'altro all'Autorità ecclesiastica.

[18r] Tuttavia si ha l'impressione che esso sia in regresso; così, ad es., l'influenza del Michel sembra ora diminuita.

Per rimediare al male, occorrerebbe soprattutto maggior vigilanza e coraggio da parte degli Ordinari nella difesa della sana dottrina, e quindi nella censura e nella proibizione dei libri nocivi. – Per citare qualche caso, fu soltanto dopo vive e ripetute insistenze dell'umile sottoscritto che i Reṽmi Vescovi di Fulda, di Limburgo e di Magonza si indussero nel Luglio 1927 a pubblicare nei loro Bollettini diocesani una assai blanda »Ammonizione« contro il succitato deplorevole libro di Ernesto Michel. Parimenti soltanto in seguito a simili pressioni l'Eṁo Sig. Cardinale di Colo-

tholischen Kultur drohen dem Gottesreich Gefahren« (*Rhein-Mainische Volkszeitung*, 31. Dezember 1925)[683]. »Die Kultur, die wir uns erwarten, soll und darf nicht katholisch sein« (dieselbe Zeitung, 4. Januar 1926)[684]. Obwohl ihre Schriften theoretisch die kirchliche Autorität anerkennen, kritisieren sie deren Handlungen ohne Rücksicht. Ihre Methode heißt: die Autorität selbst der eigenen Ehrfurcht zu versichern, dabei aber in seinen eigenen Ansichten zu verharren (*Man versichert die Autorität seiner Ehrfurcht und bleibt bei seinen Ideen*). Aus diesem Geist sind z.B. die Zeitschriften *Vom frohen Leben* (deren Leitung sich in Berlin-Weißensee, Elsaßstraße 57 befindet) und *Lotsenrufe*[685] (deren Herausgeber Dr. Nikolaus Ehlen[686] in Velbert-Rheinland ist) beseelt.

Die Gefahr, die aus dieser Bewegung herrührt, ist nicht klein, besonders unter der Jugend, die es nicht mehr wie in der Vergangenheit gewohnt ist, sich ohne weiteres der kirchlichen Autorität zu unterwerfen.

[18r] Dennoch hat man den Eindruck, dass sie rückläufig ist; so scheint z.B. der Einfluss Michels inzwischen gemindert.

Um dem Übel abzuhelfen, wäre vor allem mehr Wachsamkeit und Mut seitens der Ortsbischöfe in der Verteidigung der gesunden Lehre und demnach in der Zensur und im Verbot der schädlichen Bücher vonnöten. – Um einige Fälle zu zitieren, geschah es nur nach lebhaftem und wiederholtem Insistieren des ergebenen Unterzeichneten, dass die Hochwürdigsten Bischöfe von Fulda, Limburg und Mainz sich im Juli 1927 veranlasst sahen, in ihren diözesanen Amtsblättern eine ziemlich milde »Ermahnung« gegen das zitierte tadelnswerte Buch Ernst Michels zu veröffentlichen[687]. Gleichermaßen entschlossen sich nur nach ähnlichem Druck Seine Emi-

---

[683] Dieser Jahrgang der *Rhein-Mainischen Volkszeitung* scheint in Deutschland nicht mehr erhalten zu sein.

[684] Walter DIRKS, Zum Problem der katholischen Bildung. Die Recklinghauser Sondertagung des Akademikerverbandes, *Rhein-Mainische-Volkszeitung* Nr. 2, 4. Januar 1926, S. 1 f.; Nr. 3, 5. Januar 1926, S. 1 f. Darin schreibt Dirks: »Der Christ kann auch in einer profanen Kultur, ja sogar ohne Kultur selig werden, und zwar nicht nur behelfsweise und in Ermangelung des Besseren, sondern ganz und gar ohne Einschränkung. Es mag in einer Welt ohne Kultur traurig aussehen und wir Menschen von heute, die wir unter der Kulturkrise bitter leiden, haben allen Anlass, um die Ueberwindung der Krise zu kämpfen und den Versuch der Fundamentierung einer neuen Kultur zu machen, aber wir tun das in der geschöpflichen Sphäre und gemeinsam mit jenen, denen wir in der geschöpflichen Sphäre als Brüder verbunden sind. Das eine ist auch sicher: mag auch später einmal wieder eine katholische Kultur möglich sein: die, um die wir uns heute bemühen müssen, *kann und darf keine katholische Kultur sein*«. EBD., Nr. 2, 4. Januar 1926, S. 2.

[685] *Lotsenrufe*, erschien in Freiburg i. Br. als Beilage zu: *Das Heilige Feuer*. Monatsschrift für naturgemäße deutschvölkische Kultur und Volkspflege, Paderborn 1914-1931.

[686] Nikolaus Ehlen (1886-1985), Förderer des katholischen Siedlungsgedankens, seit 1919 Studienrat in Velbert, mit Johannes Hessen aktiv im »Friedensbund deutscher Katholiken«. LThK³ 3 (1994), S. 504 f. (K.-H. NIENHAUS); H. WOLF/C. ARNOLD, Rheinischer Reformkreis, Bd. 1, S. 533.

[687] »Nr. 97. Das Buch ›Politik aus dem Glauben‹ von Dr. Ernst Michel, erschienen bei Eugen Diederichs in Jena ohne kirchliche Druckerlaubnis, könnte leicht Verwirrung unter den Katholiken anrichten. Daher sehen sich die unterzeichneten Bischöfe zu nachstehender amtlichen Erklärung veranlaßt: Das Buch enthält mancherlei Unrichtigkeiten und Irrtümer bezüglich der Glaubenslehre und ist in seinen praktischen Folgerungen geeignet, den Gehorsam und die Ehrfurcht gegen die kirchliche Autorität zu unter-

nia ed il Revᵐᵒ Mons. Vescovo di Münster si decisero a vietare la lettura di due scritti del Rev. Sac. Dr. Giovanni Hessen, della diocesi di Münster e professore di filosofia nella Università di Colonia, mentre che numerose altre pubblicazioni, non meno erronee e perniciose, dello stesso Autore sono uscite col permesso dell'Autorità ecclesiastica, compresa l'ultima opera »*Das Kausalprinzip*« edita dalla Casa Bruno Filser in Augsburg (Baviera) coll'Imprimatur di quella Curia vescovile (Rapporto all'Emᵒ Signor Cardinale Segretario della Suprema S. Congregazione del Santo Offizio N. 40876 del 26 Gennaio 1929). Il caso dell'infelice sacerdote Wittig è troppo noto, perchè occorra qui di parlarne.

Una più vigile cura ed eventualmente più energici provvedimenti sarebbero necessari da parte della competente Autorità diocesana di fronte alla stampa cattolica o che si proclama come tale. Avendo nello scorso mese di Aprile richiamato l'attenzione [18v] dell'Eminentissimo Bertram, in occasione della sua venuta in questa capitale, su ripetuti lamenti giunti alla Nunziatura riguardo al succitato periodico »*Vom frohen Leben*«, egli si scusò rispondendo che non leggeva simili pubblicazioni, perchè non ne aveva il tempo; e soltanto dopo che mi permisi di fargli osservare con ogni delicatezza e rispetto che questo fatto ben comprensibile non sopprimeva però pur troppo nè l'esistenza della rivista nè soprattutto i danni che essa arrecava alla gioventù cattolica, l'Eminentissimo mi promise di occuparsi della cosa, non so però con quale effetto. Del resto, egli non è ora più Ordinario per il territorio di Berlino.

Sembrerebbe anche raccomandabile una più esatta osservanza dei canoni 1385 e 1394, relativi all'*Imprimatur* per tutti gli scritti, »in quibus aliquid sit quod religionis ac morum honestatis peculiariter intersit«, nonchè del can 1386 § 1, il quale ri-

nenz, der Herr Kardinal von Köln und der Hochwürdigste Herr Bischof von Münster, die Lektüre zweier Schriften des Hochwürdigen Priesters Dr. Johannes Hessen aus der Diözese Münster und Philosophieprofessors an der Universität Köln zu verbieten, während zahlreiche nicht weniger irrige und schädliche andere Veröffentlichungen desselben Autors mit der Erlaubnis der kirchlichen Autorität erschienen, einschließlich des jüngsten Werks »*Das Kausalprinzip*«[688], herausgegeben vom Verlagshaus Bruno Filser in Augsburg (Bayern) mit dem Imprimatur der dortigen bischöflichen Kurie (Bericht an Seine Eminenz den Herrn Kardinal Staatssekretär der Höchsten Hl. Kongregation des Heiligen Offizium Nr. 40876 vom 26. Januar 1929)[689]. Der Fall des unglückseligen Priesters Wittig ist zu bekannt, als dass es hier nötig wäre, davon zu sprechen.

Vonnöten wären eine wachsamere Sorgfalt und eventuell energischere Vorkehrungen seitens der zuständigen Diözesanautorität gegenüber der katholischen Presse oder der, die sich als solche bezeichnet. Nachdem ich im vergangenen Monat April die Aufmerksamkeit [18v] Seiner Eminenz Bertram gelegentlich seines Besuches in dieser Hauptstadt auf die wiederholten Beschwerden, welche bei der Nuntiatur bezüglich der oben zitierten Zeitschrift »*Vom frohen Leben*«[690] eingegangen waren, gelenkt hatte, entschuldigte er sich, indem er antwortete, dass er derlei Veröffentlichungen nicht läse, weil er keine Zeit dafür hätte; und erst, nachdem ich mir erlaubt hatte, ihn mit allem Taktgefühl und bei allem Respekt darauf hinzuweisen, dass dieser sehr verständliche Umstand leider aber weder die Existenz der Zeitschrift beseitigt noch vor allem die Schäden, die sie der katholischen Jugend beifügt, versprach mir Seine Eminenz, sich mit der Sache zu befassen, ich weiß aber nicht, mit welchem Ergebnis. Im Übrigen ist er jetzt nicht mehr Ortsordinarius für das Gebiet von Berlin.

Ratsam erschiene auch eine genauere Beachtung der Canones 1385 und 1394, die sich auf das *Imprimatur* für all jene Schriften beziehen, »in quibus aliquid sit quod religionis ac morum honestatis peculiariter intersit«[691], wie auch des Can. 1386 § 1,

---

graben und dem vom apostolischen Stuhle wiederholt verurteilten Laizismus Vorschub zu leisten. Fulda, Limburg und Mainz, den 10. Juli 1927 – Joseph Damian, Bischof von Fulda, Augustinus, Bischof von Limburg, Ludwig Maria, Bischof von Mainz.« Kirchliches Amtsblatt Fulda, Nr. 97, 5. August 1927, S. 53.

[688] Vgl. J. HESSEN, Kausalprinzip.

[689] Dieses Dokument konnte bislang nicht nachgewiesen werden. Vgl. hierzu auch C. WEBER, Hessen, S. 78-81; J. HESSEN, Geistige Kämpfe, S. 82 f.

[690] Vom frohen Leben. Der wesentliche Mensch. Monatsschrift zur deutschen Lebens- und Volksaufwartung durch die Einfachheit, Geistigkeit und Brüderlichkeit. Hg. von der Großdeutschen Volksgemeinschaft. Erschienen 1 (1921/22)-12 (1932/33).

[691] Also auf alle Schriften, die irgendetwas näher den Glauben oder die Sitten Berührendes enthalten: »§ 1. Nisi censura ecclesiastica praecesserit, ne edantur etiam a laicis: 1.o Libri sacrarum Scripturarum vel eorundem adnotationes et commentaria; 2.o Libri qui divinas Scripturas, sacram theologiam, historiam ecclesiasticam, ius canonicum, theologiam naturalem, ethicen aliasve huiusmodi religiosas ac morales disciplinas spectant; libri ac libelli precum, devotionis vel doctrinae institutionisque religiosae, moralis, asceticae, mysticae aliique huiusmodi, quamvis ad fovendam pietatem conducere videantur; ac generaliter scripta in quibus aliquid sit quod religionis ac morum honestatis peculiariter intersit; 3.o Ima-

chiede per i chierici (e per i religiosi) il consenso dell'Ordinario anche riguardo ai libri, »qui de rebus profanis tractent«.

VI. La scuola

1.) Le scuole elementari

Come è noto, in Germania sino alla emanazione della nuova legge del Reich prevista dalla Costituzione vigono le antiche leggi scolastiche. In conseguenza di ciò nella maggior parte **[19r]** dei Paesi le scuole elementari sono confessionali; si hanno quindi scuole cattoliche per i fanciulli cattolici. Ciò si verifica per la Prussia (eccettuato l'Hessen-Nassau), in Baviera (ove inoltre la questione scolastica trovasi regolata nel Concordato del 1924), nel Württemberg e nell'Oldenburg. In questi ultimi tre Stati la situazione, per ciò che concerne la frequenza delle scuole cattoliche da parte dei fanciulli cattolici, è assai favorevole. In Prussia il 7,2% dei fanciulli cattolici (vale a dire 104.202) frequentano scuole non cattoliche (cfr. *Bericht der Zentral-*

der für die Kleriker (und für die Ordensleute) die Zustimmung des Ortsbischofs auch bezüglich der Bücher fordert, »qui de rebus profanis tractent«[692].

VI. Die Schule

1.) Die Volksschulen

Bekanntermaßen gelten in Deutschland bis zum Erlass des von der Verfassung vorgesehenen neuen Reichsgesetzes die alten Schulgesetze[693]. Demzufolge sind in der Mehrheit **[19r]** der Länder die Volksschulen konfessionelle Bekenntnisschulen; daher gibt es katholische Schulen für die katholischen Kinder. Dies gilt für Preußen (mit Ausnahme von Hessen-Nassau), in Bayern (wo außerdem die Schulfrage im Konkordat von 1924 geregelt ist)[694], in Württemberg und in Oldenburg[695]. In diesen drei letzteren Staaten ist die Lage, was den Besuch der katholischen Schulen seitens der katholischen Kinder betrifft, sehr günstig. In Preußen besuchen 7,2% der katholischen Kinder (d. s. 104.202) nicht-katholische Schulen (vgl. *Bericht der Zen-*

---

gines sacrae quovis modo imprimendae, sive preces adiunctas habeant, sive sine illis edantur. § 2. Licentiam edendi libros et imagines de quibus in § 1, dare potest vel loci Ordinarius proprius auctoris, vel Ordinarius loci in quo libri vel imagines publici iuris fiant, vel Ordinarius loci in quo imprimantur, ita tamen ut, si quis ex iis Ordinariis licentiam denegaverit, eam ab alio Ordinario petere auctor nequeat, nisi eundem certiorem fecerit de denegata ab alio licentia. § 3. Religiosi vero licentiam quoque sui Superioris maioris antea consequi debent«. CIC 1917, c. 1385; »§ 1. Licentia, qua Ordinarius potestatem edendi facit, in scriptis concedatur, in principio aut in fine libri, folii vel imaginis imprimenda, expresso nomine concedentis itemque loco et tempore concessionis. § 2. Si vero licentia deneganda videatur, roganti auctori, nisi gravis causa aliud exigat, rationes indicentur«. EBD., c. 1394.

692 Also auch jene Bücher, die sich mit weltlichen Dingen beschäftigen: »§ 1. Vetantur clerici saeculares sine consensu suorum Ordinariorum, religiosi vero sine licentia sui Superioris maioris et Ordinarii loci, libros quoque, qui de rebus profanis tractent, edere, et in diariis, foliis vel libellis periodicis scribere vel eadem moderari«. EBD., c. 1386.

693 Nach Artikel 146, Absatz 2, der Weimarer Reichsverfassung konnte auf Wunsch der Eltern auch die Konfessionsschule als Volksschule eingerichtet werden, Artikel 174 verbot den Eltern vor Verabschiedung eines Reichsschulgesetzes weiterreichende Regelungen. Ein solches Reichsschulgesetz wurde während der gesamten Zeit der Weimarer Republik nicht erlassen; mehrere Entwürfe des Zentrums scheiterten in den 20er Jahren an den weltanschaulichen Interessengegensätzen innerhalb der Regierungskoalition, so dass schließlich sogar eine Gesetzgebung unter Ausschluss des Zentrums durch Sozialisten und Liberale drohte. Vgl. G. GRÜNTHAL, Reichsschulgesetz.

694 »Artikel 6. In allen Gemeinden müssen auf Antrag der Eltern oder sonstigen Erziehungsberechtigten katholische Volksschulen errichtet werden, wenn bei einer entsprechenden Schülerzahl ein geordneter Schulbetrieb – selbst in der Form einer ungeteilten Schule – ermöglicht ist«. Bayerisches Konkordat von 1924, Artikel 6. Vgl. auch die Artikel 7 und 8, in denen der Religionsunterricht und die geistliche Schulaufsicht über den religiösen Unterricht und das sittliche Betragen der katholischen Schüler geregelt werden. E. R. HUBER/W. HUBER, Staat und Kirche, Bd. 4, S. 299-305, hier S. 301 f.

695 Ein knapper Überblick über die Entwicklung der Schulfrage in den einzelnen Ländern vor allem seit 1870 bei H. KÜPPERS, Schulpolitik, S. 380-386. Die einzelnen Regelungen nach der Revolution von 1918/19 bei: E. R. HUBER/W. HUBER, Staat und Kirche, Bd. 4, S. 77-106.

stelle der Katholischen Schulorganisation Deutschlands an die hochwürdigsten Herren Erzbischöfe und Bischöfe der Fuldaer Bischofskonferenz, erstattet im Juli 1929, pag. 42). Più sfavorevole si presenta la situazione nella provincia del Brandenburgo (futura diocesi di Berlino), ove lo Stato troppo spesso si rifiuta di erigere scuole confessionali per le minoranze cattoliche, di guisa che i fanciulli si trovano praticamente costretti a frequentare scuole non cattoliche.

Negli Stati del Baden (Archidiocesi di Friburgo) e dell'Hessen (diocesi di Magonza), come pure nell'Hessen-Nassau (che è una parte della provincia prussiana dell'Hessen) si hanno invece già da circa sessanta anni scuole interconfessionali. Nel Baden però, ove i cattolici sono in maggioranza, tale condizione è generalmente tollerabile, in quanto che praticamente una gran parte delle scuole sono di fatto confessionali (sebbene maggiori difficoltà si abbiano nelle grandi città, come a Mannheim). Assai diversa invece è la situazione nell'Hessen, ove i cattolici sono **[19v]** in minoranza (un terzo) e troppo sparsi in mezzo ai protestanti.

In tutte le scuole summenzionate si ha la istruzione religiosa, data in parte dai sacerdoti (Istruzione catechetica), in parte dai maestri e delle [sic!] maestre cattoliche.

Le maestre vengono in gran parte formate in Istituti di Suore cattoliche e sono generalmente di grande aiuto nella educazione religiosa della gioventù, sebbene si debba pur notare che il movimento dell'infelice sacerdote apostata Wittig incontrò appoggio soprattutto nei circoli delle maestre cattoliche.

Men favorevoli sono invece le condizioni dei maestri. Le scuole magistrali, in cui vengono formati (*Lehrerseminare*), sono in genere infette da spirito liberale, ed essi stessi si trovano poi sotto l'influenza della propaganda liberale, socialista e masso-

tralstelle der Katholischen Schulorganisation Deutschlands an die hochwürdigsten Herren Erzbischöfe und Bischöfe der Fuldaer Bischofskonferenz, erstattet im Juli 1929, S. 42[696]). Ungünstiger stellt sich die Lage in der Provinz Brandenburg (der künftigen Diözese Berlin) dar, wo der Staat sich allzu oft weigert, Bekenntnisschulen für die katholischen Minderheiten zu errichten, so dass die Kinder praktisch gezwungen sind, nicht-katholische Schulen zu besuchen.

In den Staaten Baden (Erzdiözese Freiburg) und Hessen (Diözese Mainz), wie auch in Hessen-Nassau (das ein Teil der preußischen Provinz Hessen ist) gibt es dagegen schon seit etwa sechzig Jahren interkonfessionelle Schulen[697]. In Baden allerdings, wo die Katholiken in der Mehrheit sind, ist dieser Umstand im Allgemeinen tolerierbar, da praktisch ein Großteil der Schulen de facto konfessionell ist (obwohl in den Großstädten wie Mannheim größere Schwierigkeiten bestehen). Ganz anders ist dagegen die Lage in Hessen, wo die Katholiken [19v] in der Minderheit (ein Drittel) sind und zu verstreut zwischen den Protestanten leben.

In allen oben erwähnten Schulen findet Religionsunterricht statt, der teils von Priestern erteilt wird (katechetische Unterweisung), teils von den katholischen Lehrern und Lehrerinnen.

Die Volksschullehrerinnen werden großteils an Instituten katholischer Ordensschwestern[698] ausgebildet und sind im allgemeinen von großer Hilfe in der religiösen Erziehung der Jugend, obwohl man auch vermerken muss, dass die Bewegung des unglückseligen abtrünnigen Priesters Wittig vor allem in den Kreisen der katholischen Volksschullehrerinnen auf Unterstützung traf.

Weniger günstig sind dagegen die Bedingungen für die Volksschullehrer. Die Bildungsanstalten für Lehrer, an denen sie ausgebildet werden (*Lehrerseminare*), sind im Allgemeinen von liberalem Geist infiziert, und sie selbst befinden sich dann un-

---

[696] Bericht der Zentralstelle der katholischen Schulorganisation Deutschlands, S. 42.

[697] »Die deutlichsten schulpolitischen Niederlagen im 19. Jahrhundert mußte der Katholizismus in Hessen (1874) und Baden (1876) hinnehmen. In diesen Großherzogtümern wurde damals die Simultanschule, wie vor dem ersten Weltkrieg die christliche Gemeinschaftsschule für katholische und evangelische Kinder bezeichnet wurde, eingeführt«. H. KÜPPERS, Schulpolitik, S. 380. Zum Badischen Schulkampf vgl. auch die ausführliche Darstellung bei J. BECKER, Liberaler Staat.

[698] Während der gesamten Weimarer Periode wurde die Ausbildung der Volksschullehrerinnen und Volksschullehrer eingehend diskutiert. Mit dem rapiden Bevölkerungsanstieg im 19. Jahrhundert hatte ein Großteil der Lehrerinnen und Lehrer eine nur sehr unvollkommene Ausbildung erhalten; in den Lehrervereinen suchten sie selbst Abhilfe zu schaffen. In den 1870er Jahren wurden in der Folge Lehrerseminare aufgebaut, die für die katholischen Lehrer überwiegend konfessionell ausgerichtet waren. Artikel 143, Absatz 2, der Weimarer Reichsverfassung machte es zur Pflicht, für eine akademische Ausbildung der Lehrer zu sorgen. Im Jahre 1925 erließ Preußen nach längeren Diskussionen um eine Universitätsbildung der Volksschullehrer für deren Ausbildung eine Neuordnung: Sukzessive wurden nun Pädagogische Hochschulen gegründet, deren konfessioneller Charakter sehr umstritten war. Die Hochschulen für Lehrer machten den Anfang (katholisch: Bonn, dann Beuthen), während die Pädagogischen Hochschulen für Lehrerinnen nachhingen. Entschieden von katholischen Kreisen bekämpft wurde die Errichtung der konfessionell »simultanen« Akademie in Frankfurt am Main. Vgl. H. KITTEL, Pädagogische Hochschulen; E. CLOER, Sozialgeschichte; H. KÜPPERS, Katholischer Lehrerverband, S. 47-49; Kirchliches Handbuch 15 (1927-1928), S. 97-99 (W. BÖHLER).

nica. L'Istituto centrale per la educazione ed istruzione (*Zentralinstitut für Erziehung und Unterricht*), il quale cerca di esercitare la sua azione in tutta la Germania ed è stato dichiarato per la Prussia ufficialmente dal Ministero del Culto come l'ufficio di consultazione nelle cose della educazione (*Erziehungsberatungsstelle für Preußen* – cfr. il citato *Bericht*, pag. 11, n. 3), segue, sotto la direzione del Consigliere ministeriale Pallat, un indirizzo del tutto interconfessionale, per non dire anticattolico. La grande Lega dei maestri tedeschi (*Der Allgemeine deutsche Lehrerverband*) è pure anticattolica. La Germania conta in tutto circa 165.000 maestri elementari, fra i quali 54.000 sono cattolici. Ora la menzionata Lega ha 130.000 membri, mentre la Lega cattolica dei maestri (*der Katholische Lehrerver*[20r]*band*) ne ha soltanto 28.000. Dunque un numero non piccolo di maestri cattolici fa parte della Lega anticattolica. Sotto questo punto di vista, la situazione è assai deplorevole in Baviera, ove soltanto il $2^1/_2\%$ dei maestri sono organizzati in una Lega cattolica.

Anche per i maestri elementari si richiede ora l'istruzione accademica. I candidati all'insegnamento, dopo aver compiuto gli studi nelle scuole superiori, frequentano poi per quattro semestri (due anni) un'Accademia pedagogica. Di tali Accademie se ne hanno finora in Prussia sei protestanti, una cattolica in Bonn (la quale dà buoni risultati) ed una simultanea in Francoforte sul Meno. Un'altra Accademia cattolica sarà istituita in Beuthen. Non vi è nessuna Accademia cattolica per le donne. Cfr. il succitato *Bericht*, pag. 85 e segg.

ter dem Einfluss der liberalen, sozialistischen und freimaurerischen Propaganda. Das *Zentralinstitut für Erziehung und Unterricht*[699], das seine Tätigkeit in ganz Deutschland auszuüben versucht und für Preußen offiziell vom Kultusminister zur Beratungsstelle für Erziehungsangelegenheiten (*Erziehungsberatungsstelle für Preußen* – vgl. den zitierten *Bericht*, S. 11, Nr. 3[700]) erklärt wurde, verfolgt unter der Leitung des Ministerialrats Pallat[701] eine gänzlich interkonfessionelle, um nicht zu sagen antikatholische Ausrichtung. Der große Verband der deutschen Volksschullehrer (Der Allgemeine deutsche Lehrerverband[702]) ist gleichfalls antikatholisch. Deutschland zählt im Ganzen etwa 165.000 Volksschullehrer, unter ihnen sind 54.000 Katholiken. Nun hat der erwähnte Verband 130.000 Mitglieder, während der *Katholische Lehrerverband* [20r] nur 28.000 hat. Eine nicht unerhebliche Anzahl katholischer Volksschullehrer ist also Mitglied des antikatholischen Verbandes. Unter diesem Gesichtspunkt ist die Lage sehr bedauernswert in Bayern, wo nur $2^1/_2$% der Volksschullehrer in einem katholischen Verband organisiert sind.

Auch für Volksschullehrer wird jetzt eine akademische Ausbildung gefordert. Nachdem die Lehramts-Kandidaten ihre Studien an den höheren Schulen abgeschlossen haben, besuchen sie im Anschluss für vier Semester (zwei Jahre) eine pädagogische Akademie. Von solchen Akademien gibt es bisher in Preußen sechs protestantische, eine katholische in Bonn (die gute Ergebnisse hervorbringt) und eine simultane in Frankfurt am Main[703]. Eine weitere katholische Akademie wird in Beuthen gegründet werden[704]. Es gibt keine einzige katholische Akademie für Frauen. Vgl. den erwähnten *Bericht*, S. 85 ff[705].

---

[699] Zum 1915 gegründeten Zentralinstitut für Erziehung und Unterricht in Berlin vgl. E. CLOER, Sozialgeschichte, S. 45-47.

[700] Zu den Aufgaben der Zentralstelle für katholische Schulorganisation gehörte auch: »3. Auskunfts- und Beratungsstelle für alle Fragen des Schulwesens, der einzelnen Schularten und der Erziehung«. Bericht der Zentralstelle der katholischen Schulorganisation Deutschlands, S. 11.

[701] Geheimrat Ludwig Pallat, Mitarbeiter des Berliner Zentralinstituts für Erziehung. H. KÜPPERS, Lehrerverband, S. 63; E. CLOER, Sozialgeschichte, S. 279.

[702] Der Deutsche Lehrerverein (DLV) repräsentierte etwa 80% der Volksschullehrerschaft und setzte sich ebenfalls für eine soziale Hebung dieses Standes ein. »Als Anwalt liberaler Kulturpolitik« jedoch »propagierte der DLV als weitaus größter Volksschullehrerverband die überkonfessionelle Simultanschule als ideale Bildungsstätte«. H. KÜPPERS, Lehrerverband, S. 34.

[703] Zur Ausbildung der Volksschullehrer und -lehrerinnen s.o. – Zu den rechtlichen Grundlagen der katholischen pädagogischen Akademien, an denen in Preußen die Volksschullehrer (Bonn) und -lehrerinnen (beide Geschlechter: Frankfurt a. M.) viersemestrig ausgebildet wurden, vgl. Art. »Lehrer in Preußen«, in: Staatslexikon⁵ 3 (1929), S. 892-894 (A. GOTTWALD).

[704] »Ostern 1930 sollen, soweit wir unterrichtet sind, 5 oder 6 evangelische Akademien geschaffen werden und eine katholische in Beuthen«. Die katholische Schulorganisation setzte sich dabei stets für eine nach Geschlecht getrennte Volksschullehrerausbildung ein. »Allein man glaubt in der Unterrichtsverwaltung auf Grund von Artikel 113 Satz 2 des Genfer Abkommens über Oberschlesien, daß zu Ostern 1930 in Beuthen eine katholische pädagogische Akademie errichtet werden müsse, die nach Ansicht des Ministeriums nur *gemischt* sein könne«. Bericht der Zentralstelle der katholischen Schulorganisation Deutschlands, S. 85 f.

[705] Vgl. EBD., S. 85-88.

È chiaro che la formazione di buoni maestri deve essere una delle principali cure dei Vescovi tedeschi. – Per l'assistenza religiosa dei maestri cattolici i RR. PP. della Compagnia di Gesù hanno costituito un'opera, la quale comprende conferenze religiose, corsi di filosofia (*Weltanschauungskurse*) ed esercizi spirituali. Le conferenze religiose sono mensili. I corsi di filosofia durano due anni ed abbracciano l'intera filosofia cattolica. Agli esercizi spirituali nel 1927 presero parte 1.294 maestri in 36 mute e 3.044 maestre in 100 mute.

Il grande problema dell'avvenire è la summenzionata legge scolastica del Reich, prevista dalla Costituzione germanica del 1919. Questa pose il principio che, accanto alle scuole simul[20v]tanee od interconfessionali (le quali a norma della Costituzione medesima sembra che debbano essere la regola) si abbiano scuole confessionali o laiche, se i genitori o gli aventi diritto all'educazione dei fanciulli lo richieggano. Finora tutti i tentativi per emanare detta legge sono falliti, perchè (pur prescindendo da altre difficoltà), mentre i cattolici esigono la scuola cattolica per i cattolici come norma e cogli stessi diritti delle altre scuole; invece i partiti liberali reclamano assolutamente la prevalenza della scuola simultanea, cosicchè la scuola confessionale non rimarrebbe che una eccezione; vogliono che la scuola simultanea sia conservata del tutto intatta nelle regioni, ove essa è stata finora la regola; hanno infine un tale concetto della scuola confessionale, che la Chiesa non sarebbe in essa arbitra nei riguardi religiosi e morali, ma spetterebbe invece allo Stato la decisione definitiva sulla questione se, ad esempio, un maestro od un libro di testo siano da considerarsi come cattolici. In quest'ultimo punto i liberali hanno l'appoggio anche dei protestanti, a cui [d]manca[d] un'autorità come nella Chiesa cattolica ed i quali ritengono lo Stato come

Es ist klar, dass die Ausbildung guter Volksschullehrer eine der Hauptsorgen der deutschen Bischöfe sein muss. – Für die religiöse Betreuung der katholischen Lehrer haben die Hochwürdigen Patres der Gesellschaft Jesu ein Werk gegründet, das religiöse Vorträge, Philosophiekurse (*Weltanschauungskurse*) und spirituelle Exerzitien umfasst. Die religiösen Vorträge sind monatlich. Die Philosophiekurse dauern zwei Jahre und umfassen die gesamte katholische Philosophie. An den geistlichen Exerzitien nahmen 1927 1.294 Volksschullehrer in 36 Kursen und 3.044 Volksschullehrerinnen in 100 Kursen teil.

Das große Problem der Zukunft ist das erwähnte Reichsschulgesetz, das von der deutschen Verfassung von 1919 vorgesehen ist[706]. Diese setzte das Prinzip, dass es neben den simultanen [20v] oder interkonfessionellen Schulen (die nach dieser Verfassung offenbar die Regel sein sollen[707]) konfessionelle oder bekenntnisfreie Schulen geben soll, wenn die Eltern oder die Erziehungsberechtigten der Kinder dies fordern sollten. Bisher sind alle Versuche, das besagte Gesetz zu erlassen, aus dem folgenden Grunde fehlgeschlagen (wenn man von anderen Schwierigkeiten absieht): Während die Katholiken die katholische Schule für die Katholiken als Regel und mit denselben Rechten der anderen Schulen verlangen, fordern die liberalen Parteien unbedingt das Übergewicht der Simultanschule, so dass die Bekenntnisschule nichts anderes als eine Ausnahme bleiben würde; sie wollen, dass die Simultanschule in den Regionen, wo sie bisher die Regel war, gänzlich erhalten bleibe; sie haben schließlich eine solche Auffassung der Bekenntnisschule, dass die Kirche in ihr nicht Entscheidungsträgerin in den religiösen und moralischen Belangen wäre, sondern statt dessen dem Staat die endgültige Entscheidung z.B. über die Frage zukäme, ob ein Volksschullehrer oder ein Lehrbuch als katholisch zu betrachten sei. In diesem letzten Punkt haben die Liberalen auch die Unterstützung der Protestanten, denen eine Autorität wie in der katholischen Kirche fehlt und die den

---

[706] »(1) Das öffentliche Schulwesen ist organisch auszugestalten. Auf einer für alle gemeinsamen Grundschule baut sich das mittlere und höhere Schulwesen auf. Für diesen Aufbau ist die Mannigfaltigkeit der Lebensberufe, für die Aufnahme eines Kindes in eine bestimmte Schule sind seine Anlage und Neigung, nicht die wirtschaftliche und gesellschaftliche Stellung oder das Religionsbekenntnis seiner Eltern maßgebend. (2) Innerhalb der Gemeinden sind indes auf Antrag von Erziehungsberechtigten Volksschulen ihres Bekenntnisses oder ihrer Weltanschauung einzurichten, soweit hierdurch ein geordneter Schulbetrieb, auch im Sinne des Abs. 1, nicht beeinträchtigt wird. Der Wille der Erziehungsberechtigten ist möglichst zu berücksichtigen. Das Nähere bestimmt die Landesgesetzgebung nach den Grundsätzen eines Reichsgesetzes. (3) Für den Zugang Minderbemittelter zu den mittleren und höheren Schulen sind durch Reich, Länder und Gemeinden öffentliche Mittel bereitzustellen, insbesondere Erziehungsbeihilfen für die Eltern von Kindern, die zur Ausbildung auf mittleren und höheren Schulen für geeignet erachtet werden, bis zur Beendigung der Ausbildung«. Weimarer Reichsverfassung, Artikel 146. Vgl. hinzukommend Artikel 174 der Weimarer Reichsverfassung.

[707] »Obgleich Joseph Mausbach, Münsteraner Professor für Moraltheologie und Apologetik, und für das Zentrum als ständiges Mitglied des Verfassungsausschusses an den Beratungen und Entscheidungen über die Schulartikel der Reichsverfassung maßgeblich beteiligt, in einem vertraulichen Gespräch gegenüber Wilhelm Marx einräumen mußte, daß es der Sinn der parteilichen Vereinbarung im Weimarer Schulkompromiß gewesen sei, ›daß der Simultanschule ein gewisser Vorrang eingeräumt werden sollte‹, ist von der katholischen Schulpolitik eine solche Vorzugsstellung der christlichen Gemeinschaftsschule niemals zugestanden worden«. H. KÜPPERS, Schulpolitik, S. 376 f.; G. GRÜNTHAL, Reichsschulgesetz, S. 92.

supremo moderatore della scuola e cercano di restringere su di essa il più possibile l'influenza dei Vescovi e della S. Sede.

Finora i cattolici speravano che i socialisti riconoscessero i loro diritti relativamente alla vera scuola confessionale, se i cattolici alla lor volta tollerassero la scuola laica (*die weltliche Schule*). Questi sarebbero stati a ciò disposti (cfr. il menzionato *Bericht*, pag. 66) come un *minus malum* 1.) perchè la legge scolastica non costringerebbe nessun fanciullo [21r] a frequentare la scuola laica, dipendendo la scelta della scuola (simultanea, confessionale o laica) a norma della Costituzione esclusivamente dalla volontà dei genitori o di chi per essi, 2.) perchè di fatto la maggior parte dei genitori, anche se socialisti o comunisti, richiedono per i loro figli la scuola religiosa. Infatti il 1° Maggio 1927 frequentavano la scuola laica in tutto soltanto 77.168 fanciulli (cfr. *Bericht*, pag. 42). Ma ora sembra invece che i socialisti intendano di fare causa comune coi liberali e richiederanno perciò come scuola ordinaria la simultanea, la quale nella maggior parte dei territori della Germania sarebbe praticamente anch'essa una scuola areligiosa. La situazione sarebbe quindi in tal caso molto pericolosa per i cattolici ed importerebbe innanzi tutto la perdita della maggior parte delle scuole cattoliche nella diaspora.

2.) Le scuole superiori dello Stato

Le scuole superiori dello Stato (Ginnasi ecc.) sono generalmente in tutta la Germania interconfessionali. L'istruzione religiosa è impartita in esse fino all'ultimo anno due volte alla settimana da un sacerdote. Nelle regioni, ove i cattolici sono in maggioranza, le scuole superiori hanno tuttora conservato meglio il carattere cattolico, a meno che il Governo destini alle medesime apposta maestri prevalentemente cattolici. Ben diversa invece è la situazione nei territori, ove i cattolici non costituiscono che una minoranza. Il Governo prussiano, del resto, cerca di escludere il più possibile, anche nelle regioni a maggioranza cattolica, i maestri cattolici dalle materie, il cui insegnamento può avere [21v] una influenza sui principi religiosi degli scolari, come la letteratura tedesca e la storia. I pericoli, che presentano tali scuole per la gioventù cattolica, diminuiscono molto, se il sacerdote maestro di religione è zelante e capace.

Staat als höchsten Leiter der Schule betrachten und versuchen, so weit als möglich den Einfluss der Bischöfe und des Hl. Stuhls auf diese [die Schule] einzuschränken.

Bislang hofften die Katholiken, dass die Sozialisten ihre Rechte bezüglich der wahren Bekenntnisschule anerkennen würden, wenn die Katholiken ihrerseits die bekenntnisfreie Schule (*die weltliche Schule*) akzeptierten. Diese wären dazu bereit (vgl. den erwähnten *Bericht*, S. 66[708]) als einem *minus malum* 1.) weil das Schulgesetz kein Kind zwingen würde, [21r] die weltliche Schule zu besuchen, da die Wahl der Schule (Simultanschule, Bekenntnisschule oder bekenntnisfreie Schule) nach der Verfassung ausschließlich von dem Willen der Eltern oder derer, die ihre Stelle einnehmen, abhängt, 2.) weil tatsächlich der Großteil der Eltern, selbst die Sozialisten oder Kommunisten, für ihre Kinder die religiöse Schule fordern. In der Tat besuchten am 1. Mai 1927 im Ganzen nur 77.168 Kinder die bekenntnisfreie Schule (vgl. *Bericht*, S. 42[709]). Aber jetzt scheint es dagegen, dass die Sozialisten gemeinsame Sache mit den Liberalen machen wollen und daher als normale Schule die Simultanschule fordern werden, die im größten Teil der Gebiete Deutschlands praktisch ebenfalls eine areligiöse Schule wäre. Die Lage wäre also in diesem Fall sehr gefährlich für die Katholiken und brächte vor allem den Verlust des Großteils der katholischen Schulen in der Diaspora mit sich.

2.) Die staatlichen höheren Schulen

Die staatlichen höheren Schulen (Gymnasien usw.) sind im Allgemeinen in ganz Deutschland interkonfessionell[710]. Der Religionsunterricht wird an ihnen bis zum letzten Schuljahr zweimal wöchentlich von einem Priester erteilt. In den Gegenden, wo die Katholiken in der Mehrheit sind, haben die höheren Schulen den katholischen Charakter besser bewahrt, es sei denn, die Regierung bestimmt für dieselben absichtlich vornehmlich katholische Lehrer [sic!][711]. Ganz anders ist dagegen die Lage in den Gegenden, wo die Katholiken nur eine Minderheit bilden. Die preußische Regierung versucht im Übrigen so weit als möglich, auch in den Gegenden mit katholischer Mehrheit, die katholischen Lehrer aus den Fächern auszuschließen, deren Unterricht [21v] einen Einfluss auf die religiösen Prinzipien der Schüler haben kann, wie der Deutsch- und der Geschichtsunterricht. Die Gefahren, die solche Schulen für die katholische Jugend aufweisen, verringern sich sehr, wenn der Priester-Religionslehrer eifrig und fähig ist.

---

[708] Bericht der Zentralstelle der katholischen Schulorganisation Deutschlands, S. 66.

[709] EBD., S. 42.

[710] Dies nach Artikel 146 der Weimarer Reichsverfassung, wobei die Zentralstelle der Katholischen Schulorganisation Deutschlands (im Gegensatz zu anderen, in dieser Frage eher gemäßigten katholischen Laien) sich jedoch für den konfessionellen Charakter auch des höheren Schulwesens einsetzte, der freilich lediglich bei katholischen Privatschulen gewahrt war. Bericht der Zentralstelle der katholischen Schulorganisation Deutschlands, S. 76-84.

[711] Dies ist die wörtliche Übersetzung. Pacelli meint aber wohl das Gegenteil: Diese Schulen haben ihren katholischen Charakter besser bewahrt, es sei denn, die Regierung bestimmte vorwiegend nichtkatholische Lehrer für diese.

3.) Le scuole private cattoliche

In questo campo (cfr. il menzionato *Bericht*, pag. 99 e segg.) i cattolici hanno lavorato molto efficacemente. Alla Organizzazione cattolica per la scuola (*Katholische Schulorganisation*) sono affiliate oltre 700 scuole private cattoliche (ibid., pag. 11). Il numero delle scuole private superiori cattoliche aumenta, sebbene lo Stato abbia finora il più possibile reso la loro situazione difficile e ristretto le sue sovvenzioni finanziarie. In Prussia tuttavia le ultime disposizioni del Ministero per la pubblica istruzione sono state alquanto più giuste e favorevoli (ibid., pagg. 99–100).

Speciale lode meritano le numerose scuole superiori tenute da Religiose, fra le quali meritano una speciale menzione le Orsoline, le Francescane, le Povere Suore Scolari, le Domenicane, le Dame Inglesi, ecc.

Ampie notizie statistiche sulle scuole private cattoliche in Germania si trovano in un [sic!] recente opera: »*Handbuch der privaten katholischen Schulen und Internate Deutschlands*. Im Auftrage der Zentralstelle der Kath. Schulorganisation bearbeitet von Dr. Matthias Lichius. Düsseldorf 1929«.

4.) L'organizzazione cattolica per la scuola (Katholische Schulorganisation)

Essa rappresenta l'azione cattolica [22r] per la scuola e si propone questi due scopi principali: 1.) difendere i diritti dei cattolici nel campo della scuola e 2.) perfezionare la scuola cattolica nei riguardi religiosi, culturali, didattici, pedagogici.

3.) Die privaten katholischen Schulen

Auf diesem Gebiet (vgl. den erwähnten *Bericht*, S. 99 ff.[712]) haben die Katholiken sehr wirksam gearbeitet. Der katholischen Organisation für die Schule (*Katholische Schulorganisation*) sind mehr als 700 private katholische Schulen beigetreten (ebd. S. 11[713]). Die Zahl der privaten katholischen höheren Schulen nimmt zu, obwohl der Staat bislang ihre Situation so weit als möglich erschwert und seine finanziellen Unterstützungen eingeschränkt hat. In Preußen waren allerdings die jüngsten Anordnungen des Ministeriums für die öffentliche Bildung[714] sehr viel gerechter und vorteilhafter (ebd. S. 99-100[715]).

Besonderes Lob verdienen die zahlreichen von Ordensschwestern geführten höheren Schulen, unter diesen verdienen besondere Erwähnung die Ursulinen, die Franziskanerinnen, die Armen Schulschwestern, die Dominikanerinnen, die Englischen Fräulein usw.

Ausführliche statistische Informationen über die privaten katholischen Schulen in Deutschland finden sich in einem kürzlich erschienenen Buch: »*Handbuch der privaten katholischen Schulen und Internate Deutschlands*. Im Auftrage der Zentralstelle der Kath. Schulorganisation bearbeitet von Dr. Matthias Lichius, Düsseldorf 1929«[716].

4.) Die Katholische Schulorganisation[717]

Sie repräsentiert die Katholische Aktion[718] **[22r]** für die Schule und setzt sich diese zwei Hauptziele: 1.) die Rechte der Katholiken auf dem Gebiet der Schule zu verteidigen und 2.) die katholische Schule in den religiösen, kulturellen, didaktischen und pädagogischen Belangen zu vervollkommnen.

---

[712] Vgl. Bericht der Zentralstelle der katholischen Schulorganisation Deutschlands, S. 99-107. Grundlegend hierfür war Artikel 147 der Weimarer Reichsverfassung, der 1928 durch die preußische Regierung den Privatschulen entgegenkommend ausgelegt wurde.

[713] Vgl. EBD., S. 11.

[714] Gemeint ist das preußische Ministerium für Wissenschaft, Kunst und Volksbildung.

[715] Vgl. Bericht der Zentralstelle der katholischen Schulorganisation Deutschlands, S. 99 f.

[716] M. LICHIUS, Handbuch.

[717] Vgl. über die Katholische Schulorganisation: G. GRÜNTHAL, Reichsschulgesetz, S. 70-79; Bericht der Zentralstelle der katholischen Schulorganisation Deutschlands, S. 9: »1. Die Organisation ist die katholische Schulbewegung Deutschlands. Sie faßt Eltern, Lehrer und Geistliche zur Erziehungsgemeinschaft zusammen. 2. A.) Die Organisation erstrebt die Verwirklichung der katholischen Grundsätze auf allen Gebieten des Schulwesens, ganz gleich, ob es sich um Volks-, höhere, Berufs-, mittlere Schulen, um die Lehrerbildung oder Hochschulen handelt. Sie will neben dem öffentlichen Schulwesen vor allem das Privatschulwesen fördern. B.) Um dieses Ziel zu erreichen, will sie geeignete gesetzliche Grundlagen schaffen helfen und auf die gesetzgeberische Tätigkeit des Reichs und der Länder Einfluß nehmen. C.) Aber nur ein ganz geringer Teil des Schulrechtes findet sich in Form von Gesetzen. Der weitaus größte Teil erscheint in Verordnungen und Erlassen der Schulbehörden. Besonders beim Zustandekommen dieses Verordnungsrechtes sucht die Organisation die Interessen des katholischen Volksteils zu vertreten«. Es folgen die Aufgaben der »Aufklärungs- und Schulungsarbeit« und der »schulpflegerischen Tätigkeit«.

[718] Zur Katholischen Aktion s. Kapitel V.3.d. der Einleitung.

Essa è esteriormente così costituita: Per l'intiera Germania vi è un Comitato (*Reichs-ausschuß*), formato dai rappresentanti dei Comitati dei singoli Paesi o Stati (Prussia, Baviera ecc.). Questi Comitati (*Landesausschüsse*) sono formati dai Comitati diocesani e distrettuali. Per ogni diocesi si ha un Comitato diocesano (*Diözesanausschuß*); le diocesi più grandi sono generalmente divise in distretti, in ognuno dei quali vi è un Comitato distrettuale (*Bezirksausschuß*). I Comitati diocesani e distrettuali sono alla lor volta formati dai Comitati locali (*Ortsausschüsse*), i quali sono basati sui Comitati o Consigli dei genitori cattolici (*Elternausschüsse*) delle singole scuole. L'Ufficio centrale della organizzazione ha la sua sede in Düsseldorf nel *Canisiushaus*. Esso emana circolari; organizza conferenze, corsi, assemblee; cerca di influire sulle trattative politiche intorno alla scuola; studia scientificamente i problemi concernenti la scuola; dà informazioni e consigli nelle questioni scolastiche; si occupa delle scuole private cattoliche. Pubblica inoltre vari periodici, fra i quali: »*Schule und Erziehung*«, rivista scientifica per i problemi giuridici e pedagogici della scuola; »*Elternhaus, Schule und Kirche*«, rivista popolare destinata ad istruire i genitori cattolici intorno ai loro doveri e ad opporsi ai molti fogli socialisti ed interconfessionali; »*Frohmut*«, giornale per i bambini.

[22v] La *Schulorganisation* lavora con molto zelo, in intima relazione coll'Episcopato ed in stretta dipendenza dalle istruzioni del medesimo.

Cfr. il più volte citato *Bericht*, pagg. 10–15.

VII. I cattolici nella vita pubblica

Prima della rivoluzione del 1918 i cattolici erano, come è noto, uniti in un solo partito politico, il Centro. Dopo la caduta del regime monarchico in Germania, il Centro stimò necessario di adattarsi alla nuova situazione ed altresì di curare gl'interessi delle masse proletarie, per evitare che gli operai cattolici passassero anche essi al so-

Äußerlich ist sie so aufgebaut: Für ganz Deutschland gibt es einen Ausschuss (*Reichsausschuß*), der sich aus den Vertretern der Ausschüsse der einzelnen Länder bzw. Staaten (Preußen, Bayern usw.) zusammensetzt. Diese Ausschüsse (*Landesausschüsse*) setzen sich aus den Diözesanausschüssen und den Bezirksausschüssen zusammen. Für jede Diözese gibt es einen *Diözesanausschuß*; die größeren Diözesen sind im Allgemeinen in Bezirke eingeteilt, in denen es jeweils einen *Bezirksausschuß* gibt. Die Diözesanausschüsse und die Bezirksausschüsse setzen sich ihrerseits aus *Ortsausschüssen* zusammen, die sich auf die Ausschüsse oder Beiräte der katholischen Eltern (*Elternausschüsse*) der einzelnen Schulen gründen. Das Zentralbüro der Organisation hat seinen Sitz in Düsseldorf im *Canisiushaus*. Es gibt Rundschreiben heraus; organisiert Vorträge, Kurse, Versammlungen; es versucht auf die politischen Verhandlungen bezüglich der Schule Einfluss zu nehmen; es untersucht wissenschaftlich die Schule betreffende Probleme; es gibt Informationen und Ratschläge in Schulfragen; es befasst sich mit den privaten katholischen Schulen. Es veröffentlicht darüber hinaus verschiedene Zeitschriften, unter diesen: »*Schule und Erziehung*«, eine wissenschaftliche Zeitschrift für juristische und pädagogische Probleme der Schule[719]; »*Elternhaus, Schule und Kirche*«[720], eine Zeitschrift für das Volk, die darauf abzielt, katholische Eltern hinsichtlich ihrer Pflichten anzuleiten und sich den vielen sozialistischen und interkonfessionellen Blättern entgegenzustellen; »*Frohmut*«, Zeitschrift für die Kinder[721].

[22v] Die *Schulorganisation* arbeitet mit viel Eifer, in engem Bezug zu den Bischöfen und in strikter Abhängigkeit von den Anweisungen derselben.

Vgl. den mehrfach zitierten *Bericht*, S. 10-15[722].

VII. Die Katholiken im öffentlichen Leben

Vor der Revolution von 1918 waren die Katholiken bekanntermaßen in einer einzigen politischen Partei, dem Zentrum, vereint[723]. Nach dem Sturz der Monarchie in Deutschland hielt es das Zentrum für notwendig, sich an die neue Situation anzupassen und sich außerdem um die Interessen der proletarischen Massen zu küm-

---

[719]   Vgl. *Schule und Erziehung*. Vierteljahresschrift für die wissenschaftliche Grundlegung der katholischen Schulbewegung. Hg. von der Zentralstelle der Katholischen Schulorganisation Deutschlands. Erschienen in Düsseldorf 6 (1918)-21 (1933).

[720]   *Elternhaus und Schule*, ab 1924: *Elternhaus, Schule und Kirche*. Blätter für katholische Elternvereinigungen. Hg. von der Vereinigung der Katholiken Deutschlands zur Verteidigung und Förderung der christlichen Schule und Erziehung unter Verantwortung von Wilhelm Böhler 1 (1921)-17 (1937). Erschienen als Beilage zu *Schule und Erziehung*.

[721]   *Frohmut*. Blätter für katholische Jungen und Mädchen. Verlag der katholischen Schulorganisation Deutschlands. Erschienen in Düsseldorf 1 (1928)-8 (1935).

[722]   Vgl. Bericht der Zentralstelle der katholischen Schulorganisation Deutschlands, S. 10-15.

[723]   Zum Zentrum und seiner (nachlassenden) Bindekraft für die Katholiken zwischen Kulturkampf und Erstem Weltkrieg vgl. R. MORSEY, Politischer Katholizismus, S. 113-120.

cialismo. Ciò portò come conseguenza che si staccassero da quel partito quei cattolici, per la maggior parte nobili od intellettuali, che sperano ancora in una restaurazione dell'antico regime, come anche non pochi fra la classe dei ricchi industriali e possidenti. I primi formarono un gruppo speciale in seno al partito tedesco-nazionale, nel quale, del resto, non rappresentano che una insignificante minoranza. Anche questo partito però, massime in occasione della votazione del Concordato colla Prussia nello scorso mese di Luglio, si è chiaramente manifestato come l'esponente dei protestanti. Infatti i membri del medesimo, compresi i pochi cattolici – ad eccezione di un solo, il quale fu perciò, seduta stante, dichiarato esoluso dalla [23r] frazione –, votarono contro il Concordato per la ragione che, a loro avviso, non era stata osservata la »parità« a favore dei protestanti.

D'altra parte, pur prescindendo da coloro che sono passati ai partiti socialista o comunista, l'ala sinistra dei cattolici ha alla sua volta creato movimenti estremi e correnti pericolose. Tra essi debbono essere particolarmente menzionati: 1.) il gruppo di Ernesto Michel, il quale afferma che la Chiesa cattolica ed il socialismo non hanno nulla che vedere l'una coll'altro. Ciò tuttavia esso intende non secondo gli insegnamenti della S. Sede, sibbene nel senso che tra il dogma cattolico ed il movimento socialista, almeno quale esso si manifesta attualmente in Germania, non vi è opposizione, di guisa che si può essere al tempo stesso socialista e cattolico. 2.) i socialisti cattolici (*die katholischen Sozialisten*), una parte almeno dei quali sembrano sostenere che la dottrina del Vangelo sui beni terreni è socialista; per essere quindi

mern, um zu vermeiden, dass auch die katholischen Arbeiter zum Sozialismus über-
liefen. Dies hatte zur Folge, dass sich von dieser Partei jene Katholiken, mehrheit-
lich Adelige oder Intellektuelle, abspalteten, die noch auf eine Wiederherstellung der
alten Regierungsform hoffen, wie auch nicht wenige aus der Klasse der reichen In-
dustriellen oder Grundbesitzer. Die ersteren bildeten eine Sondergruppe innerhalb
der deutschnationalen Partei, in der sie im Übrigen nur eine unbedeutende Minderheit darstellen. Auch diese Partei hat sich allerdings, vor allem angelegentlich der
Abstimmung des Konkordats mit Preußen im vergangenen Monat Juli[724], klar als
Interessenvertreterin der Protestanten erwiesen. In der Tat stimmten die Mitglieder
derselben, einschließlich der wenigen Katholiken – mit Ausnahme eines einzigen[725],
dessen Ausschluss aus der Fraktion deshalb *seduta stante* verkündet wurde –, [23r]
gegen das Konkordat aus dem Grund, dass ihrer Meinung nach die »Gleichberechtigung« zugunsten der Protestanten nicht beachtet worden war.

Andererseits: Auch wenn man von jenen absieht, die zur sozialistischen oder zur
kommunistischen Partei übergetreten sind, hat der linke Flügel der Katholiken sei-
nerseits extreme und gefährliche Strömungen hervorgebracht. Unter diesen müssen
besonders erwähnt werden: (1.) Die Gruppe von Ernst Michel, der behauptet, dass
die katholische Kirche und der Sozialismus nichts miteinander zu tun haben. Dies
versteht er allerdings nicht gemäß den Unterweisungen des Hl. Stuhls, sondern in
dem Sinne, dass es zwischen dem katholischen Dogma und der sozialistischen Bewegung, wenigstens so, wie sie zur Zeit in Deutschland in Erscheinung tritt, keinen
Widerspruch gibt, so dass man gleichzeitig Sozialist und Katholik sein kann. (2.) *Die
katholischen Sozialisten*[726], von denen zumindest ein Teil zu vertreten scheint, dass

[724] »Als am 14. Juni 1929 der Vertrag zwischen Preußen und der Kurie unterzeichnet und damit der Öffentlichkeit bekannt wurde, hatte Braun bereits die Regierungs- und Oppositionsparteien über seinen
Inhalt unterrichtet. Am Tage der Unterzeichnung selbst leitete man die entsprechende Gesetzesvorlage dem Preußischen Staatsrat zu gutachterlicher Stellungnahme und der Reichsregierung zur Über-
prüfung zu. Der Staatsrat beschloß am 28. Juni mit 44 zu 36 Stimmen, Einwendungen gegen den Ge-
setzesentwurf nicht zu erheben. Der Hauptausschuß des Preußischen Landtages beschäftigte sich am
2. und 3. Juli mit der Gesetzesvorlage und stimmte ihr mit einer Mehrheit von 16 zu 13 zu. Am 1., 5.
und 9. Juli debattierte der Landtag über den Vertrag. Sein Votum vom 9. Juli für den Gesetzentwurf
fiel mit 243 zu 171 Stimmen deutlich aus. Die zuständigen parlamentarischen Gremien Preußens hatten den Vertrag so in *unerhört kurzer Zeit* verabschiedet«. D. GOLOMBEK, Vorgeschichte, S. 106.
[725] »Die Abstimmungen zum Konkordat hatten für die DNVP den Nebeneffekt, daß ihr Katholikenaus-
schuß gesprengt wurde. Hatte [Friedrich von] Winterfeld noch am 5. Juli vor dem Landtag die Einig-
keit in seiner Partei – auch unter den Katholiken – gepriesen, so korrigierte ihn sein Fraktionskollege
[Franz] Goldau am 9. Juli: Er erklärte, es sei seine Gewissenspflicht als Katholik, dem Konkordat
in allen Punkten zuzustimmen. Goldau wurde postwendend aus der Fraktion ausgeschlossen. Eine weitere Folge dieser Entwicklung war der Austritt von acht führenden deutschnationalen Katholiken mit
dem Vorsitzenden Frhr. v. Landsberg-Steinfurt aus dem Reichskatholiken-Ausschuß der Partei«. EBD.,
S. 109.
[726] »Als weitere Beilage des ›Frohen Lebens‹ erschien, ebenfalls seit 1924, der ›Menschheitskämpfer‹. Diese, von Wilhelm Hammelrath gestalteten Blätter, kämpften vor allem gegen die als Proletarierfrage umschriebene Not. Es sammelten sich um sie Kreise katholischer Sozialisten, die sich später unter Heinrich Mertens, Köln, als ›Herrgottsknechte‹ selbständig machten. Sie strebten danach, ›an alle Nöte der
Zeit, in die sie gestellt sind, die frohe Botschaft der Heiligen Schrift als Richtschnur nehmend, unent-
geltlich helfend Hand anzulegen‹«. F. HENRICH, Bünde, S. 45.

buon cattolico si deve essere socialista. Il loro numero è ancora piccolo, il loro programma vago, ma atto a provocare confusione e traviamenti fra gli operai. 3.) il gruppo dei seguaci di Vitus Heller, specie di comunisti ed ultra-pacifisti cattolici, i quali nel loro foglio »*Das neue Volk*« edito in Würzburg (Baviera), criticano lo Stato cosiddetto capitalista, le Autorità ecclesiastiche, ecc. Detto foglio è stato censurato dal Revᵐᵒ Mons. Arcivescovo di Friburgo e poi anche da altri Ordinari. L'Heller ha fondato un nuovo partito politico (*die Christlich-Soziale Reichspartei*), il quale ha raccolto già un non piccolo **[23v]** numero di aderenti (tra i quali anche non pochi giovani sacerdoti), come mostrarono le elezioni per il Reichstag del 20 Maggio 1928, in cui esso riunì circa 100.000 voti. Intimo collaboratore dell'Heller è un ex-scolastico della Compagnia di Gesù, uscito dall'Ordine per le sue false idee sociali, di nome Willi Hammelrath, ora vagabondo e vivente in concubinato. Si dice che detto partito sia favorito dai Soviety.

Sebbene senza dubbio, a norma altresì delle sapienti disposizioni della S. Sede, la religione non possa mai identificarsi con alcun partito, tuttavia le divisioni dei cattolici nella vita politica arrecano in Germania grave danno, giacchè rischiano di porre lo Stato, la sua legislazione (massime per ciò che riguarda la famiglia e la scuola) e le sue istituzioni ognor più sotto la influenza di uomini e di partiti avversi alla Chiesa. Certamente il Centro non è stato esente da difetti e da errori, ma riman pur sempre (insieme alla *Bayerische Volkspartei* per la Baviera) l'unico partito, su cui possa farsi assegnamento, allorché si tratta di difendere nel Parlamento gli interessi della

die Lehre des Evangeliums von den irdischen Gütern sozialistisch sei; daher müsse man, um ein guter Katholik zu sein, Sozialist sein. Ihre Zahl ist noch klein, ihr Programm vage, aber imstande, Verwirrung und Verirrungen unter den Arbeitern zu stiften. (3.) Die Gruppe der Anhänger des Vitus Heller[727], vor allem Kommunisten und katholische Ultra-Pazifisten, die in ihrem Blatt »*Das neue Volk*«[728], herausgegeben in Würzburg (Bayern), den so genannten kapitalistischen Staat, die kirchlichen Autoritäten usw. kritisieren. Das besagte Blatt wurde vom Hochwürdigsten Herrn Erzbischof von Freiburg und dann auch von anderen Ortsbischöfen zensiert[729]. Heller hat eine neue politische Partei gegründet (*die Christlich-Soziale Reichspartei*), die bereits eine nicht geringe [23v] Anzahl von Anhängern gefunden hat (unter diesen nicht wenige junge Priester), wie die Wahlen zum Reichstag vom 20. Mai 1928 zeigten, bei denen sie etwa 100.000 Stimmen auf sich vereinte[730]. Ein vertrauter Mitarbeiter Hellers ist ein Ex-Scholastiker der Gesellschaft Jesu, der wegen seiner falschen sozialen Ideen aus dem Orden ausgetreten ist, mit Namen Willi Hammelrath[731], der jetzt umhervagabundiert und im Konkubinat lebt. Man sagt, dass die besagte Partei von den Sowjets unterstützt wird.

Obwohl ohne Zweifel, auch gemäß den weisen Anordnungen des Hl. Stuhls, die Religion sich niemals mit irgendeiner Partei identifizieren kann[732], richten die Spaltungen der Katholiken im politischen Leben in Deutschland großen Schaden an, da sie riskieren, den Staat, seine Gesetzgebung (vor allem bezüglich der Familie und der Schule) und seine Institutionen stets mehr unter den Einfluss von Männern und Parteien zu stellen, die der Kirche feindlich sind. Sicherlich war das Zentrum nicht frei von Mängeln und Irrtümern, aber es bleibt dennoch (gemeinsam mit der *Bayerischen Volkspartei* für Bayern) die einzige Partei, auf die man zählen kann, wenn es

---

[727] Vitus Heller (1882-1956), Gewerkschaftssekretär, Verleger. 1911 Sekretär des Volksvereins für das katholische Deutschland in Würzburg, 1918-1933 Herausgeber der Wochenschrift *Das Neue Volk*, 1920/21 Mitgründer und Vorsitzender der Christlich-Sozialen Partei/Bayerisches Zentrum bzw. der Christlich-Sozialen Reichspartei (1927) bzw. der Arbeiter- und Bauernpartei Deutschlands (1930), Mitgründer der CSU, 1946-1951 ehrenamtlicher Stadtrat, 1948-1951 Leiter des Flüchtlingsamtes in Würzburg. W. LÖHR, Vitus Heller, in: R. MORSEY (Hg.), Zeitgeschichte in Lebensbildern, Bd. 4 (1980), S. 186-196; LChD, S. 270 (W. LÖHR). Durch die Gründung der linkskatholischen christlich-sozialen Reichspartei befürchtete man vor allem eine Schwächung des Zentrums.

[728] »Das neue Volk für christlich-soziale Politik und Kultur« erschien in Würzburg wöchentlich von 1920 bis 1933 und wurde vom Werkbund herausgegeben. Danach wurde sein Erscheinen eingestellt.

[729] Anzeigeblatt für die Erzdiözese Freiburg, Nr. 21, 18. Juni 1929, S. 312.

[730] »Trotz des erweiterten Wählerpotentials und trotz der antikapitalistischen und pazifistischen Polemik, die sich nun vornehmlich gegen das Zentrum richtete und von diesem ebensowenig zimperlich beantwortet wurde, gelang es den Christlich-Sozialen nicht einmal, bei den Reichstagswahlen im Mai 1928 ein Mandat zu erringen«. Die Partei erhielt 110.704 Stimmen, das sind 0,4%. G. KLEIN, Volksverein, S. 109; Art. »Christlich-soziale Reichspartei (CSRP) 1920-1933«, in: Lexikon zur Parteiengeschichte, Bd. 1, S. 455-463 (W. FRITSCH); Art. »Christlich-soziale Reichspartei (CSRP)«, in: LChD, S. 463 f. (M. HANSMANN/D. LINDSAY).

[731] Zu Wilhelm Hammelrath SJ vgl. F. HENRICH, Bünde, S. 43, 45, 169, 245.

[732] Vgl. etwa den Brief des Kardinalstaatssekretärs Gasparri an die Bischöfe Italiens, 2. Oktober 1922, zitiert bei M. CASELLA, Pio XI e l'azione cattolica italiana, in: Achille Ratti, S. 605-640, hier S. 636 f. Anm. 103, dazu weiter in diesem Artikel S. 626-635.

religione cattolica. Una recente nuova conferma se ne è avuta nella discussione per la riforma del divorzio in seno alla Commissione giuridica del *Reichstag*.

A questo proposito non sarà forse inutile di menzionare una Ammonizione emanata dall'Amministratore Apostolico di Berlino, Revᵐᵒ Mons. Schreiber, in occasione delle elezioni municipali in Prussia del 17 corrente (cfr. *Germania* N. 520 del 7 corrente). Dopo di aver notato che nei Consigli comunali si decidono non soltanto [24r] questioni finanziarie ed economiche, ma anche cose attinenti alla religione (scuola, beneficenza, assistenza spirituale negli ospedali, negli orfanotrofi, ecc.), egli aggiunge: »I cattolici possono dare il loro voto unicamente ad un partito, il quale con coscienza e convinzione sostiene gli ideali della nostra fede cattolica. Io invito perciò tutti i cattolici a partecipare compatti alla elezione ed a votare solamente per un partito, il quale dà garanzia che lavorerà nel Consiglio comunale nel senso della fede cattolica«. In modo simile si sono espressi altresì l'Eᵐᵒ Sig. Cardinale Arcivescovo di Colonia, il Revᵐᵒ Mons. Vescovo di Treviri (cfr. *Germania* N. 528 del 12 corrente) e quello di Paderborn (cfr. *Kölnische Volkszeitung*, N. 805 del 15 corrente).

darum geht, im Parlament die Interessen der katholischen Religion zu verteidigen. Eine jüngste neue Bestätigung hierzu gab es in der Diskussion über die Reform der Scheidung innerhalb des Rechtsausschusses des *Reichstags*.

Diesbezüglich wird es vielleicht nicht unnütz sein, eine Mahnung zu erwähnen, die der Apostolische Administrator für Berlin, der Hochwürdigste Herr Bischof Schreiber, angelegentlich der Kommunalwahlen in Preußen vom 17. dieses Monats (vgl. *Germania* Nr. 520 vom 7. dieses Monats[733]) erließ. Nachdem er hervorgehoben hat, dass in den Gemeinderäten nicht nur [24r] finanzielle und ökonomische Fragen, sondern auch Angelegenheiten, welche die Religion betreffen (Schule, Wohltätigkeit, spiritueller Beistand in den Krankenhäusern, in den Waisenhäusern usw.), entschieden werden, fügt er hinzu: »Die Katholiken können nur einer Partei ihre Stimme geben, die für die Ideale unserer katholischen Weltanschauung bewußt und überzeugt eintritt. Ich fordere darum alle Katholiken auf, sich an der Wahl vollzählig zu beteiligen und ihre Stimme nur einer Partei zu geben, welche die Gewähr bietet, daß sie im Sinne katholischer Weltanschauung im Stadt- und Gemeindeparlament arbeiten wird«. Ähnlich haben sich auch Seine Eminenz Herr Kardinal Erzbischof von Köln, der Hochwürdigste Herr Bischof von Trier (vgl. *Germania*, Nr. 528 vom 12. dieses Monats[734]) und jener von Paderborn (vgl. *Kölnische Volkszeitung*, Nr. 805 vom 15. dieses Monats[735]) geäußert.

---

[733] »Bischof Dr. Schreiber zu den Gemeindewahlen. Am 17. November d. J. finden in Preußen die Kommunalwahlen statt. An diesem Tage werden für die politischen Gemeinden die neuen Stadtverordneten und Gemeindevertreter gewählt. Diese sind die Vertrauensleute der gesamten Bevölkerung. In den Stadt- und Gemeinde-Parlamenten werden neben Finanz- und Wirtschaftsfragen auch kulturelle Fragen in weitestgehendem Maße entschieden. Der Kampf geht um christliche oder weltliche Schule. Es geht um die freie christliche Wohlfahrtspflege, um die Seelsorge in den Krankenanstalten, Waisen- und Siechenhäusern, es handelt sich um die Erziehung unserer Jugend im christlichen Sinne. Es geht um die Frage der materiellen und geistigen Kultur. Sind Sport und Sportplätze das Allheilmittel, oder steht die sittliche Ertüchtigung höher? Ueber diese Fragen entscheiden die Wahlen am 17. November. Es ist Pflicht eines jeden Katholiken, zu diesen nach seiner Gewissensüberzeugung Stellung zu nehmen. Die Katholiken können nur einer Partei ihre Stimme geben, die für die Ideale unserer katholischen Weltanschauung bewußt und überzeugt eintritt. Ich fordere darum alle Katholiken auf, sich an der Wahl vollzählig zu beteiligen und ihre Stimme nur einer Partei zu geben, welche die Gewähr bietet, daß sie im Sinne katholischer Weltanschauung im Stadt- und Gemeindeparlament arbeiten wird. Der Apostolische Administrator. + Dr. Christian Schreiber, Bischof von Meißen«. *Germania*, Nr. 520, 7. November 1929 (Abendausgabe).

[734] »Wie unser Oberhirt, Bischof Dr. Schreiber, so haben auch Kardinal Schulte von Köln und Bischof Bornewasser von Trier zu den Wahlen am 17. November in öffentlichen Kundgebungen Stellung genommen.« Es folgen Auszüge aus deren Erlassen. *Germania*, Nr. 528, 12. November 1929 (Abendausgabe).

[735] Vgl. den Wahlaufruf des Bischofs vom 12. November (in Auszügen): Kundgebung des Bischofs von Paderborn zu den Kommunalwahlen, Kölnische Volkszeitung, Nr. 805, 15. November 1929, S. 2. – Am Ende heißt es darin: »Jeder katholische Wähler betrachte den Gang zur Wahlurne als eine heilige Gewissenspflicht. Jeder katholische Wähler gebe seine Stimme nur solchen Männern, die volle Bürgschaft dafür bieten, daß sie zur Wahrung der Interessen unserer heiligen Kirche, zum Schutz der christlichen Staats- und Gesellschaftsauffassung, zur Sicherstellung der konfessionellen Schule, zur gesunden Erhaltung des sozialen und wirtschaftlichen Lebens, zur Festigung der gelockerten Autorität ihre ganze Kraft einsetzen! Wer anders handelt, gibt die katholische Sache preis!«

Per ciò che riguarda la parte sociale, è noto come gli operai cattolici sono riuniti, per la difesa dei loro interessi economici, nei sindacati cristiani (*Christliche Gewerkschaften*) interconfessionali, ma nei quali i cattolici hanno l'assoluta maggioranza, e per la cura dei loro bisogni religiosi nelle Associazioni cattoliche, dette *Katholische Arbeitervereine*. I primi, cioè le *Christliche Gewerkschaften*, sono tra i sindacati tedeschi i più moderati e ragionevoli, sebbene deve pur riconoscersi: 1.) che hanno difeso troppo parzialmente gl'interessi economici degli operai (*Lohnfragen*), senza sufficiente riguardo alle altre classi della popolazione, 2.) hanno favorito e richiesto una legislazione sociale, la quale si avvicina troppo alle idee socialiste e fa l'operaio totalmente dipendente dall'aiuto dello Stato. Le seconde, ossia i *Katholische Arbeitervereine*, fanno per [24v] sè un gran bene fra gli operai cattolici, che preservano dal divenire preda delle organizzazioni socialiste e comuniste, quantunque anche in dette Associazioni cattoliche si siano manifestate talvolta, ed anzi ancor più che nei Sindacati interconfessionali, correnti radicali, che, a quanto si assicura, sembrano tuttavia ormai superate. Del resto, idee pericolose e per lo meno equivoche sono state espresse un po' dappertutto nel campo cattolico: ad es., che il capitalismo economico sia in sè stesso immorale, che la Chiesa coll'andare dei secoli abbia lasciato formarsi un falso concetto della proprietà privata e che quindi occorra ora mutarlo, ecc.

Una delle opere sociali, che viene dai cattolici annoverata fra le più importanti per il prossimo avvenire, è quella di procurare alle famiglie proprie e sufficienti abitazioni (*Eigenheime für kinderreiche Familien*). Tale compito è affidato alla organizzazione cattolica per abitazioni e colonie, presieduta dal Revᵐᵒ Mons. Kaller, Am-

Was den sozialen Teil angeht, so ist bekannt, dass die katholischen Arbeiter zur Verteidigung ihrer ökonomischen Interessen in den interkonfessionellen *Christlichen Gewerkschaften* vereint sind, in denen aber die Katholiken die absolute Mehrheit haben; und zur Pflege ihrer religiösen Bedürfnisse haben sie sich in katholischen Vereinigungen, genannt *Katholische Arbeitervereine*, zusammengeschlossen[736]. Die ersteren, d.h. die *Christlichen Gewerkschaften*, sind unter den deutschen Gewerkschaften die moderatesten und vernünftigsten, obwohl man auch zugeben muss: (1.) dass sie zu parteiisch die ökonomischen Interessen der Arbeiter (*Lohnfragen*) verteidigt haben, ohne ausreichende Rücksicht auf die anderen Klassen der Bevölkerung, (2.) dass sie eine soziale Gesetzgebung begünstigt und gefordert haben, die sich zu sehr an die sozialistischen Ideen annähert und den Arbeiter total von der Hilfe des Staates abhängig macht. Die letzteren, d.h. die *Katholischen Arbeitervereine*, tun an [24v] sich viel Gutes unter den katholischen Arbeitern, die sie davor bewahren, zur Beute der sozialistischen und kommunistischen Organisationen zu werden, obwohl auch in den besagten katholischen Vereinen manchmal, und sogar noch mehr als in den interkonfessionellen Gewerkschaften, radikale Strömungen aufgetreten sind, die, nach dem, was man versichert, allerdings inzwischen überwunden scheinen. Im Übrigen kamen gefährliche oder zumindest mehrdeutige Ideen vielerorts im katholischen Feld zum Ausdruck: z.B. dass der ökonomische Kapitalismus an sich unmoralisch sei, dass die Kirche im Laufe der Zeit eine falsche Auffassung des Privatbesitzes sich habe entwickeln lassen und dass es daher jetzt nötig sei, sie zu ändern, usw.

Eines der sozialen Werke, das von den Katholiken für die nächste Zukunft zu den wichtigsten gezählt wird, ist dies: den Familien eigene und ausreichende Wohnungen zu verschaffen (*Eigenheime für kinderreiche Familien*). Diese Aufgabe ist der katholischen Organisation für Wohnungen und Siedlungen anvertraut[737], die vom Hochwürdigsten Herrn Kaller, dem Apostolischen Administrator von Schneide-

---

[736] Im sog. Gewerkschaftsstreit stand die Berliner Richtung, die von der Römischen Kurie, Kardinal Kopp von Breslau und Bischof Korum von Trier begünstigt wurde und die die katholischen Arbeiter in konfessionellen Arbeitervereinen organisieren wollte, der Kölner oder Mönchengladbacher Richtung gegenüber, hinter der der übrige deutsche Episkopat stand und die zur Abwendung der Gefahr des Sozialismus die Organisation in interkonfessionellen christlichen Gewerkschaften für erlaubt hielt. Die Kölner Richtung setzte sich zahlenmäßig klar durch, entging aber nur knapp einer päpstlichen Verurteilung. Vgl. E. DEUERLEIN, Gewerkschaftsstreit; R. BRACK, Deutscher Episkopat; M. SCHNEIDER, Christliche Gewerkschaften; J. ARETZ, Katholische Arbeiterbewegung.

[737] Auf katholischer und evangelischer Seite hatte man im Vergleich zum Sozialismus mit einiger Verspätung begonnen, eine Wohnungsbaubewegung ins Leben zu rufen. Im Gegensatz zu diesem, der »eine zielbewußt geführte, einheitlich organisierte Wohnungsbaubewegung« organisieren konnte, kam es auf christlicher Seite zu einer konfessionellen Zersplitterung der Kräfte. »Die Gründung eines ›Verbandes Wohnungsbau‹ im J. 1926, der später zum ›Verband Wohnungsbau u. Siedlung‹ ausgebaut wurde, schuf auf kath. Seite zwar eine von Bischöfen u. Katholikentagen anerkannte Spitze u. stellte so eine gewisse Einheit her, ohne doch zu einer einheitl. u. kraftvollen Volksbewegung führen zu können«. Art. »Wohnungsbau und Wohnungsfürsorge«, in: Staatslexikon[5] 5 (1932), S. 1434-1448 (O. v. NELL-BREUNING), hier S. 1442. Zur katholischen Ostsiedlungsbewegung in der Weimarer Zeit vgl. T. BENDIKOWSKI, Lebensraum, S. 38-58.

ministratore Apostolico di Schneidemühl. In Germania infatti, come si è già accennato, è rilevante il numero delle famiglie sprovviste di sufficienti abitazioni. Molti dei mali morali, da cui sono afflitti anche i cattolici, cesserebbero o diminuirebbero, se la gioventù potesse avere in tempo convenienti abitazioni e contrarre così matrimonio.

I socialisti si sono interessati già di questo problema. Ma essi tendono a costituire piccole abitazioni per famiglie con uno o due figli soltanto. La loro organizzazione, che si estende a tutta la Germania, è la *Dewog = Deutsche Wohnungsfürsorge* A.G. [25r] con sede centrale in Berlino, 165 filiali (già nel 1926) ed un movimento nel 1927 di cento milioni.

Lo scopo dell'organizzazione cattolica è invece di provvedere case corrispondenti alle leggi morali del matrimonio e della famiglia, con camere sufficienti anche per prole numerosa (*Wohnküche, Schlafkammern*). Essa si propone anche di regolare la colonizzazione da parte dei cattolici nella Germania orientale, massime per assicurare l'assistenza religiosa dei medesimi.

VIII. Le Associazioni cattoliche

La Germania, il paese classico dei *Vereine*, è assai ricca di associazioni cattoliche, le quali in complesso sono una bella dimostrazione della buona volontà e della viva operosità dei cattolici della Germania.

1.) Associazioni di carattere religioso

a) Per soccorrere le missioni fra gli infedeli si hanno in Germania 25 Associazioni, fra le quali meritano una speciale menzione (cfr. *Kirchliches Handbuch*, pag. 67 e segg.):

α) L'opera Pontificia della Propagazione della Fede. Essa ha due Sedi centrali: l'una in Aquisgrana per la Germania, eccettuata la Baviera. Nel 1927 l'introito fu di Marchi 358.253; gli ascritti erano 222.750. L'altra è in Monaco per la Baviera; nello stesso anno 1927 essa raccolse Marchi 234.333.

mühl, geleitet wird. In Deutschland ist in der Tat, wie schon erwähnt wurde, die Anzahl der Familien ohne ausreichende Wohnungen beträchtlich. Viele der moralischen Übel, von denen auch die Katholiken heimgesucht sind, würden aufhören oder sich verringern, wenn die Jugend rechtzeitig angemessene Wohnungen haben und so die Ehe eingehen könnte.

Die Sozialisten haben sich bereits mit diesem Problem befasst. Aber sie tendieren dazu, kleine Wohnungen für Familien mit nur einem oder zwei Kindern zu bauen. Ihre Organisation, die sich auf ganz Deutschland erstreckt, ist die *Dewog = Deutsche Wohnungsfürsorge A.G.*[738] **[25r]** mit Zentralsitz in Berlin, 165 Filialen (bereits 1926) und einem Umsatz 1927 von hundert Millionen.

Der Zweck der katholischen Organisation ist dagegen, Häuser zu beschaffen, die den moralischen Gesetzen der Ehe und der Familie entsprechen, mit hinreichenden Zimmern auch für eine zahlreiche Nachkommenschaft (*Wohnküche, Schlafkammern*). Sie nimmt sich auch vor, die Ansiedlung von Katholiken in Ostdeutschland zu regulieren, vor allem um den religiösen Beistand derselben sicherzustellen.

VIII. Die katholischen Vereine

Deutschland, das klassische Land der *Vereine*, ist sehr reich an katholischen Vereinen, die in der Gesamtheit ein schöner Beweis des guten Willens und der lebendigen Arbeitsamkeit der Katholiken Deutschlands sind.

1.) Vereine von religiösem Charakter

a) Um den Missionen unter den Ungläubigen Hilfe zu leisten, gibt es in Deutschland 25 Vereine, unter denen eine besondere Erwähnung verdienen (vgl. *Kirchliches Handbuch*, S. 67 ff.[739]):

α) Das Päpstliche Werk zur Verbreitung des Glaubens[740]. Es hat zwei Zentralsitze: einen in Aachen für ganz Deutschland außer Bayern. 1927 lagen die Einkünfte bei 358.253 Mark; eingetragene Mitglieder gab es 222.750. Der andere ist in München für Bayern; dort wurden 1927 234.333 Mark gesammelt.

---

[738] »In der Nachkriegszeit war es zuerst der Sozialismus, der zielbewußt eine von sozialist. Geist getragene Baugenossenschaftsbewegung ins Leben rief, wenngleich er mangels rechten Genossenschaftsgeistes von der Rechtsform der Genossenschaft häufig abwich u. die Rechtsform der GmbH u. selbst AG bevorzugte (Spitzengesellschaft die Dewog, Deutsche Wohnungsfürsorge-AG für Beamte, Angestellte u. Arbeiter; ihr gleichgeschaltet der Dewog-Revisionsverband ...)«. Art. »Wohnungsbau und Wohnungsfürsorge«, in: Staatslexikon[5] 5 (1932), S. 1434-1448 (O. v. NELL-BREUNING), hier S. 1441.

[739] Vgl. Die katholische Heidenmission, Kirchliches Handbuch 15 (1927-1928), S. 67-84 (A. BÄTH).

[740] Dieser Zentralrat war zusammengesetzt aus dem Franziskus-Xaverius-Verein für den Bereich der Fuldaer Bischofskonferenz (Sitz Aachen); in Bayern wirkte der Ludwig-Missionsverein (Sitz in München). EBD., S. 67. Diese Vereine waren 1842 bzw. 1828 gegründet worden. EBD., S. 198 f.

[25v] β) L'Opera della S. Infanzia ha in Germania una ancor più larga diffusione, essendo ad essa iscritti un quarto dei bambini cattolici fino ai 14 anni. Nell'anno 1926/1927 essa ha raccolto la somma di Marchi 754.475,68, tanto più notevole in quanto che l'Associazione, ad essa strettamente congiunta, degli Angeli custodi (*Schutzengelverein*) ha dato per la diaspora in Germania altri 494.691 Marchi.

γ) La Pia Unione delle Donne e Giovani cattoliche (*Missionsvereinigung katholischer Frauen und Jungfrauen*) in Pfaffendorf presso Coblenza, la cui zelante Presidente, Signorina Schynse, ha avuto lo scorso mese l'onore di una Lettera Autografa Pontificia di lode e di incoraggiamento.

b) A sovvenire ai gravi bisogni della Chiesa nei territori della diaspora in Germania tende soprattutto la Società di S. Bonifazio (*Bonifatiusverein*), con sede in Paderborn, una delle più benemerite e necessarie associazioni cattoliche. Dall'anno della sua fondazione (1849) essa ha eretto circa 3 o 4 mila chiese, case parrocchiali, scuole, orfanotrofi, istituti per preparare i fanciulli alla prima comunione (*Kommunikantenanstalten*). Nell'anno 1925 l'introito fu di 2.849.006,24 Marchi, nel 1926 di 2.826.635,15 Marchi (*Kirchliches Handbuch*, pag. 124), somme certamente assai elevate, ma pur non ancora sufficienti per provvedere alle ingenti necessità religiose di quelle regioni.

c) Vi è poi tutta una serie di Associazioni per le varie classi della popolazione: ad es., le Congregazioni per ragazze, le Associazioni delle madri cristiane (*Müttervereine*), [26r] i Terziari di S. Francesco, il *Männerapostolat*, avente per iscopo l'apo-

[25v] β) Das Werk der Hl. Kindheit[741] hat in Deutschland eine noch weitere Verbreitung, da ein Viertel der katholischen Kinder bis 14 Jahren darin eingeschrieben ist. Im Jahre 1926/1927 hat es die Summe von 754.475,68 Mark gesammelt, umso beträchtlicher, als der mit ihr eng verknüpfte Verein der Schutzengel (*Schutzengelverein*)[742] für die Diaspora in Deutschland weitere 494.691 Mark gegeben hat[743].

γ) Die fromme Vereinigung der katholischen Frauen und Mädchen (*Missionsvereinigung katholischer Frauen und Jungfrauen*) in Pfaffendorf bei Koblenz[744], deren eifriger Präsidentin Fräulein Schynse[745] im vergangenen Monat die Ehre eines eigenhändigen Päpstlichen Briefes des Lobes und der Ermutigung[746] zuteil wurde.

b) An die ernstlichen Nöte der Kirche in den Gebieten der Diaspora in Deutschland zu erinnern, darauf zielt vor allem die Gesellschaft des hl. Bonifatius (*Bonifatiusverein*)[747], mit Sitz in Paderborn, einer der verdienstvollsten und notwendigsten katholischen Vereine. Seit dem Jahr seiner Gründung (1849) errichtete er etwa drei- oder viertausend Kirchen, Pfarrhäuser, Schulen, Waisenhäuser, Institute zur Vorbereitung der Kinder auf die Erstkommunion (*Kommunikantenanstalten*). Im Jahre 1925 lagen die Einkünfte bei 2.849.006,24 Mark, 1926 bei 2.826.635,15 Mark (*Kirchliches Handbuch*, S. 124[748]), sicher sehr hohe Summen, aber dennoch nicht ausreichend, um den gewaltigen religiösen Nöten jener Gegenden abzuhelfen.

c) Es gibt dann eine ganze Reihe von Vereinen für die unterschiedlichen Klassen der Bevölkerung: z.B. die Kongregationen für die Mädchen[749], die Vereine der christlichen Mütter (*Müttervereine*)[750], [26r] die Tertiarier des hl. Fran-

---

741 Der »Kindheit-Jesu-Verein« oder »Kindermissionsverein« wurde 1843 vom Bischof von Nancy, Charles de Forbin-Janson, unter Mitwirkung von Pauline Marie Jaricot in Paris gegründet und 1856 von Papst Pius IX. zu einer kanonischen Institution erhoben. Er sollte christliche Kinder von frühestem Alter an zur Nächstenliebe erziehen, insbesondere zur Erwirkung der Taufgnade für die Heidenkinder. In Deutschland wurde er 1846 durch Kaplan Sartorius in Aachen eingeführt. Art. »Kindheit Jesu. II: Kindheit-Jesu-Verein«, in: LThK¹ 5 (1933), S. 963 f. (P. Louis).

742 Zur Unterstützung der Diaspora-Schulen wurde 1921 der Schutzengelverein für die Diaspora gegründet. Vgl. Kirchliches Handbuch 15 (1927-1928), S. 200 f.

743 Vgl. Kirchliches Handbuch 15 (1927-1928), S. 68 (A. Bäth).

744 Die Missionsvereinigung katholischer Frauen und Jungfrauen wurde 1893 in Pfaffendorf bei Koblenz ins Leben gerufen zur Unterstützung der Heidenmission. Kirchliches Handbuch 15 (1927-1928), S. 198 f.

745 Katharina Schynse (1854-1935), BBKL 9 (1995), S. 1245 f. (G. Lautenschläger).

746 Dieses Dokument konnte bislang nicht nachgewiesen werden.

747 »Die wichtigste Organisation für die deutsche Diasporahilfe war der Bonifatiusverein. Sein Verdienst lag nicht nur in der Erschließung von Finanzquellen, sondern auch in der Sensibilisierung der Katholiken für die Diaspora«. Er wurde auf dem dritten Katholikentag 1849 in Regensburg nach dem Vorbild des protestantischen Gustav-Adolf-Vereins (1842) gegründet. E. Gatz (Hg.), Geschichte des kirchlichen Lebens, Bd. 3, S. 87 (H.-G. Aschoff). – »Die Zentrale des Bonifatiusvereins befand sich seit seiner Gründung wegen der Nähe zum Wohnsitz Stolbergs und seiner ersten Mitarbeiter in Paderborn«. Ebd., S. 89.

748 Vgl. Die caritative und soziale Tätigkeit der Katholiken Deutschlands, Kirchliches Handbuch 15 (1927-1928), S. 123-197, hier S. 124 f. (H. Auer).

749 Zu den verschiedenen Mädchenvereinen vgl. Kirchliches Handbuch 15 (1927-1928), S. 222 f.

750 Müttervereine wurden seit 1850/56 (Lille/Paris) als Gebetsvereine katholischer Mütter zur Förderung der christlichen Kindererziehung gegründet. In Deutschland erfolgte der Zusammenschluss der Müttervereine zu Diözesanverbänden 1915, die sich 1928 im »Verband der katholischen Frauen und Mütter Deutschlands« mit Sitz in Düsseldorf vereinigten und fast eine Million Mitglieder hatten. Vgl. Art. »Müttervereine«, in: LThK¹ 7 (1935), S. 399 (H. Klens).

stolato della preghiera, del buon esempio, della comunione frequente.

2.) *Associazioni a scopo di carità*

A questo gruppo appartiene in primo luogo il grande *Deutscher Caritasverband* (*Kirchliches Handbuch*, pag. 127 e segg., 202 e segg.), fondato nel 1897 dal Revᵐ̊o Mons. Werthmann in Friburgo nel Baden, con 600.000 ascritti e 27 organizzazioni diocesane. La carità privata, soprattutto cattolica, si trova ora in Germania in aspra e dura lotta colle tendenze dei liberali e dei socialisti, i quali vorrebbero sostituirla colla pubblica beneficenza dello Stato e dei Comuni. Al *Caritasverband* sono aggregate varie Associazioni rispondenti a speciali bisogni (*Caritative Fachverbände*): per le famiglie (Società di S. Elisabetta e di S. Vincenzo), per aiuto nella cura d'anime (*Caritashilfe in der Seelsorge*), per le campagne (*Dorfcaritas*), per i bambini (*Kinderfürsorge*), per la protezione delle giovani (*Mädchenschutzverein*), per i malati (*Krankenfürsorge*), per i difettosi (storpi, deficienti, sordo-muti, ecc. – *Gebrechlichenfürsorge*), per i disoccupati e senza tetto (*Fürsorge für Arbeit- und Obdachlose*), per gli emigranti (*St. Raphaelsverein*), per gli studenti bisognosi (*Studienvereine*), ecc.

ziskus[751], das *Männerapostolat*[752], das zum Zweck das Apostolat des Gebets, des guten Beispiels und der häufigen Kommunion hat.

2.) Vereine zum Zweck der Wohltätigkeit

Zu dieser Gruppe gehört an erster Stelle der große *Deutsche Caritasverband*[753] (*Kirchliches Handbuch*, S. 127 ff.[754], 202 ff.[755]), gegründet 1897 vom Hochwürdigsten Prälaten Werthmann[756] in Freiburg in Baden, mit 600.000 eingeschriebenen Mitgliedern und 27 Diözesanorganisationen. Die private, vor allem katholische Wohltätigkeit befindet sich derzeit in Deutschland in heftigem und hartem Kampf mit den Tendenzen der Liberalen und der Sozialisten, nach deren Willen sie durch die öffentliche Sozialfürsorge des Staates und der Gemeinden ersetzt werden sollten. Dem *Caritasverband* sind unterschiedliche Vereinigungen angeschlossen, die besonderen Bedürfnissen entsprechen (*Caritative Fachverbände*): für die Familien (Gesellschaften der hl. Elisabeth und des hl. Vinzenz), für die Hilfe in der Seelsorge (*Caritashilfe in der Seelsorge*), für ländliche Gegenden (*Dorfcaritas*), für die Kinder (*Kinderfürsorge*), für den Schutz der Mädchen (*Mädchenschutzverein*), für die Kranken (*Krankenfürsorge*), für die Gebrechlichen (Krüppel, Schwachsinnige, Taubstumme usw. – *Gebrechlichenfürsorge*), für die Arbeitslosen und Obdachlosen (*Fürsorge für Arbeits- und Obdachlose*), für die Emigranten (*St. Raphaelsverein*)[757], für die bedürftigen Studenten (*Studienvereine*) usw.

---

[751] Gemeint ist der 1913 errichtete Zentralausschuss des Dritten Ordens zum hl. Franziskus, der sich die Schulung der franziskanischen Drittordensmitglieder zum Ziel gesetzt hatte. Vgl. Kirchliches Handbuch 15 (1927-1928), S. 202 f.

[752] Das 1910 gegründete Männer-Apostolat schloss sich 1920 dem Gebetsapostolat an und wollte seine damals rund 750.000 Mitglieder zu Gebet, häufiger Kommunion und beispielhaftem christlichen Leben anleiten. EBD.

[753] Zu den zahlreichen Untergliederungen des 1897 gegründeten Caritas-Verbandes und den zahlreichen weiteren caritativen Vereinen vgl. EBD., S. 202-219.

[754] Vgl. EBD., S. 127-164.

[755] Vgl. EBD., Tabelle S. 202-219.

[756] Lothar Werthmann (1858-1921), Gründer und erster Präsident des Deutschen Caritasverbandes (DCV). BBKL 13 (1998), S. 890-895 (K. HILPERT).

[757] Der St.-Raphaelsverein wurde 1871 durch Bemühungen des Kaufmanns P. P. Cahensly 1871 auf der Katholikenversammlung zu Mainz gegründet zur religiösen und materiellen Hilfe für katholische Aus- und Rückwanderer. Nach deutschem Vorbild entstanden diese Vereine auch in anderen Staaten. LThK¹ 8 (1936), S. 632 f. (M. GRÖSSER).

3.) Associazioni per promuovere la cultura e la istruzione dei cattolici,
tra le quali meritano di essere menzionate:

Il *Volksverein für das katholische Deutschland* con sede in München-Gladbach. La Conferenza vescovile di Fulda ha anche quest'anno dichiarato »che il *Volksverein* deve essere considerato, **[26v]** come per il passato così anche nel futuro, quale un prezioso aiuto nei compiti apolegetici, nonchè per la istruzione sociale, politico-economica e politico-statale del popolo cattolico, e che si deve caldamente raccomandare al Clero di promuovere questi compiti ᵉassuntiᵉ dal *Volksverein*«. Tuttavia, pur riconoscendo i grandi meriti che questa Associazione ha verso la Germania cattolica, deve, d'altra parte, aggiungersi che il *Volksverein*, almeno nel passato, si è ritenuto come troppo indipendente dalla Gerarchia ecclesiastica ed ha troppo accentuato l'importanza della cultura a danno della religione. Il *Volksverein* attraversa attualmente una grave crisi economica, nè si sa ancora se potrà superarla.

La Lega delle Donne cattoliche (*Katholischer Deutscher Frauenbund*) con 198.000 ascritte.

La Organizzazione cattolica per la scuola (*Katholische Schulorganisation Deutschlands*), di cui si è già sopra parlato.

3.) Vereine zur Förderung der Kultur und Bildung der Katholiken, unter denen Erwähnung verdienen:

Der *Volksverein für das katholische Deutschland* mit Sitz in München-Gladbach[758]. Die Fuldaer Bischofskonferenz hat auch in diesem Jahr erklärt[759], »daß der *Volksverein* [26v], wie seither so auch in Zukunft als wertvolle Hilfskraft in apologetischen Aufgaben sowie zur sozialen, wirtschaftspolitischen und staatspolitischen Schulung des katholischen Volkes zu betrachten ist, und daß die Förderung dieser vom Volksverein übernommenen[760] Aufgaben dem Klerus wärmstens zu empfehlen ist«. Dennoch, auch wenn man die großen Verdienste, die dieser Verein gegenüber dem katholischen Deutschland hat, anerkennt, muss man andererseits hinzufügen, dass sich der *Volksverein*, wenigstens in der Vergangenheit, für zu unabhängig von der kirchlichen Hierarchie gehalten hat und die Bedeutung der Kultur zum Schaden der Religion zu sehr akzentuiert hat. Der *Volksverein* durchquert zur Zeit eine ernste wirtschaftliche Krise, und man weiß noch nicht, ob er sie wird überwinden können[761].

Der *Bund der katholischen Frauen* (*Katholischer Deutscher Frauenbund*) mit 198.000 eingeschriebenen Mitgliedern[762].

Die katholische Organisation für die Schule (*Katholische Schulorganisation Deutschlands*), von der schon oben gesprochen wurde.

---

[758] Der Volksverein wurde auf Betreiben von Ludwig Windthorst 1890 von Franz Brandts und Franz Hitze als Zentralorganisation des deutschen Katholizismus zur Schulung seiner Mitglieder in Köln gegründet. Die Schulung zielte auf den politischen, sozialen und religiös-kulturellen Bereich. Er zog sich bald die Gegnerschaft integralistischer Kreise zu und trat im Gewerkschaftsstreit für die Kölner Richtung ein. Seine Mitgliederzahl sank von mehr als 800.000 auf rund 444.000. LThK³ 10 (2001), S. 871 f. (H. J. PATT); G. KLEIN, Volksverein; Kirchliches Handbuch 15 (1927-1928), S. 218 f. – Das seit 1888 kreisfreie München-Gladbach wurde erst 1950 in Mönchen Gladbach bzw. 1960 in die heute gebräuchliche Form Mönchengladbach umbenannt.

[759] »13. Volksverein. Die Bischofskonferenz erneuert die auf der vorjährigen Konferenz gegebene Erklärung, daß der Volksverein, wie seither so auch in Zukunft als wertvolle Hilfskraft in apologetischen Aufgaben sowie zur sozialen, wirtschaftspolitischen und staatspolitischen Schulung des kath. Volkes zu betrachten ist, und daß die Förderung dieser vom Volksverein übernommenen Aufgaben dem Klerus wärmstens zu empfehlen ist. Die zwecks Gemeinschaftsarbeit zwischen dem Volksverein und der kath. Schulorganisation getroffene Verständigung wird gebilligt. Zugleich wird gutgeheißen, daß die Arbeit des Volkswartbundes dem Gesamtbau des Volksvereins eingegliedert werde, und daß die gleiche Verständigung auch mit dem Zentralbildungsausschuß zwecks Vereinfachung des Organisationen-Aufbaues durchgeführt werde«. DAL, Protokoll der Verhandlungen der Fuldaer Bischofskonferenz vom 6. bis 8. August 1929. Als Manuskript gedruckt, S. 10.

[760] Dieses Wort ist mit der Schreibmaschine nachträglich eingefügt.

[761] Zum wirtschaftlichen Zusammenbruch des Volksvereins vgl. G. KLEIN, Volksverein, S. 157-216.

[762] Der Katholische Frauenbund (Deutschlands) wurde 1903 gegründet, seit 1921 Katholischer Deutscher Frauenbund genannt; siehe Anm. 630. Dazu G. BREUER, Frauenbewegung; B. SACK, Zwischen religiöser Bindung. Ein konziser Überblick zum Frauenbund bei G. KLEIN, Volksverein, S. 94-96; zur katholischen Frauenbewegung allgemein M. PANKOKE-SCHENK, Katholizismus.

La *Görresgesellschaft*, che ha per iscopo di coltivare la scienza nella Germania cattolica.

La Lega degli Accademici cattolici (*Katholischer Akademikerverband*), alla quale il S. Padre diresse recentemente una Lettera ricca di utilissimi insegnamenti e direttive (cfr. *Osservatore Romano* N. 62 del 14 Marzo 1929).

L'Associazione tedesca per l'arte cristiana (*Deutsche Gesellschaft für Christliche Kunst*).

Le Associazioni per la buona stampa (*Verein vom hl. Karl Borromäus, Augustinusverein, Katholischer Preßverein für* [27r] *Bayern*, ecc.).

4.) Associazioni della gioventù cattolica

Se ne contano sedici (cfr. *Kirchliches Handbuch*, pag. 222–223), fra le quali alcune operano un gran bene in mezzo alla gioventù, ad esempio l'Associazione degli artigi-

Die *Görresgesellschaft*, die zum Zweck hat, die Wissenschaft im katholischen Deutschland zu pflegen[763].

Der Bund der katholischen Akademiker (*Katholischer Akademikerverband*)[764], an den der Hl. Vater kürzlich einen an äußerst nützlichen Belehrungen und Anweisungen reichen Brief richtete (vgl. *Osservatore Romano* Nr. 62 vom 14. März 1929[765]).

Die *Deutsche Gesellschaft für Christliche Kunst*[766].

Die Vereine für die gute Presse[767] (*Verein vom hl. Karl Borromäus, Augustinusverein, Katholischer Preßverein für* [27r] *Bayern* usw.).

4.) Vereine der katholischen Jugend

Man zählt hiervon sechzehn (vgl. *Kirchliches Handbuch*, S. 222-223[768]), von denen einige viel Gutes unter der Jugend tun, z.B. der Verein der Handwerker (*Katholi-*

---

[763] Die Görres-Gesellschaft zur Pflege der Wissenschaft im katholischen Deutschland wurde 1876 zur 100. Geburtstagsfeier Joseph von Görres' in Koblenz gegründet. Sie ist in wissenschaftliche Sektionen eingeteilt, gibt Editionen, wissenschaftliche Reihen und Zeitschriften sowie das in zahlreichen Auflagen erschienene Staatslexikon heraus und unterhält wissenschaftliche Institutionen im Ausland. Sie vergibt Stipendien, fördert Forschungsunternehmungen und organisiert Tagungen. Präsident war seit 1924 der Freiburger Historiker Heinrich Finke. LThK[3] 4 (1995), S. 843 (R. MORSEY); Staatslexikon[7] 2 (1986), S. 1082-1085 (R. MORSEY).

[764] 1908 wurde auf der Katholikenversammlung in Düsseldorf der Beschluss gefasst, in ganz Deutschland Vereine für katholische Akademiker zu gründen, die an Rhein und Ruhr teilweise bereits bestanden und vor allem Weiterbildung und katholische Apologie als Zielsetzung hatten. Diese Vereine entstanden in innerem Zusammenhang zur Reformtätigkeit Papst Pius' X. und schlossen sich 1913 zum »Verband der Vereine katholischer Akademiker zur Pflege der katholischen Weltanschauung« mit Sitz in Köln zusammen. Vgl. Art. »Akademikerverband, Katholischer«, in: LThK[1] 1 (1930), S. 179 (H. C. SCHEEBEN).

[765] Vgl. Dalla Germania. Un messaggio del Santo Padre alla Lega degli intellettuali cattolici (Nostre informazioni), *Osservatore Romano*, Nr. 62, 14. März 1929. Darin heißt es: »Veramente restauratore appare il programma della Lega. Essa non dubita di resistere tanto alle correnti di pensiero staccate dalla sana tradizione della filosofia perenne quanto a quel concetto della storia, che trascura le basi profondamente cattoliche della cultura germanica; sebbene tali maniere di pensare, comunemente invalse nelle scuole, massime in quelle di grado supperiore, siano cosi decantate e signoreggianti da dare l'illusione che siano esse l'espressione della verità ed il pacifico patrimonio dell'anima tedesca. La incondizionata fedeltà verso l'autorità della Chiesa ed il suo Capo visibile nella pronta e sincera adesione agli insegnamenti e alle direttive del Vicario di Cristo, la quale, nella odierna confusione di opinioni e di idee, può sola salvare dal pericolo di smarrire, sia pure involontariamente la retta via, vuole essere invece per la Lega la necessaria e logica garanzia del suo apostolato intelletuale«.

[766] Die deutsche Gesellschaft für christliche Kunst wurde 1893 in München gegründet zur Förderung der christlichen Kunst und zur wirtschaftlichen und ideellen Förderung christlicher Künstler. Sie umfasste zum Zeitpunkt des Berichts etwa 12.600 Mitglieder und gab jährlich eine hochwertige Jahresmappe heraus. Kirchliches Handbuch 15 (1927-1928), S. 220 f.

[767] Die wichtigsten Bücher- und Pressevereine waren der Verein vom hl. Karl Borromäus, 1845 gegründet, der auf die Gründung von Haus- und Volksbüchereien abzielte; der 1878 gegründete Augustinusverein zur Pflege der katholischen Presse; schließlich der 1901 ins Leben gerufene Katholische Preßverein für Bayern, dessen Organ die Münchner Katholische Kirchenzeitung war. Vgl. EBD., S. 222 f.

[768] Hierzu die Tabelle in: EBD., S. 222-225.

ani (*Katholischer Gesellenverein*) fondata dal ᶠSac.ᶠ Adolfo Kolping, con circa 120.000 ascritti e 200.000 membri inattivi (cfr. *Kirchliches Handbuch*, vol. XIV, pag. 131), la *Deutsche Jugendkraft*, associazione cattolica sportiva con 711.877 membri. Tuttavia il cosiddetto movimento giovanile (*Jugendbewegung*) ha portato seco negli ultimi tempi un eccessivo soggettivismo ed un indebolimento del principio di autorità, inconvenienti che si sono dovuti lamentare in modo particolare nell'Associazione detta *Quickborn*. Assai migliore è invece l'altra chiamata *Neu-Deutschland*, la quale ha ora 350 gruppi e 12.500 membri e potrà divenire la più forte e la più sicura Associazione per la gioventù cattolica delle scuole superiori, se saprà ispirare sempre maggiormente ai suoi ascritti chiare idee e ferme convinzioni quanto al principio di autorità.

5.) Associazioni per singole classi e professioni (Ständische Vereine)

Tra esse vanno annoverate in prima linea le Associazioni operaie cattoliche (*Arbeiter- und Arbeiterinnenvereine*), dalle [sic!] quali si è già più sopra discorso. Il *Reichsverband der kath. Arbeiter- und Arbeiterinnenvereine Deutschlands* comprende tre gruppi: a) la Lega delle Associazioni operaie dell'ovest, fondata [27v] il 1904 in München-Gladbach, conta 1285 associazioni e 192.000 membri. b) la Lega delle Associazioni operaie del sud, fondata nel 1890 in Monaco. Prima della guerra essa aveva 1000 associazioni ed oltre 100.000 membri. La guerra, l'inflazione e le divisioni politiche dei cattolici tedeschi colpirono talmente questa Lega, che essa era ridotta a 377 associazioni e 17.000 membri. Ora essa abbraccia di nuovo 842 associazioni e 58.841 ascritti (*Kirchliches Handbuch*, vol. XIV, pag. 138, vol. XV, pag. 224–225).

scher Gesellenverein)[769], gegründet vom Priester[770] Adolf Kolping[771], mit etwa 120.000 eingeschriebenen Mitgliedern und 200.000 nicht aktiven Mitgliedern (vgl. *Kirchliches Handbuch*, Bd. XIV, S. 131[772]), und die *Deutsche Jugendkraft*[773], ein katholischer Sportverein mit 711.877 Mitgliedern. Die sogenannte *Jugendbewegung*[774] hat allerdings in der letzten Zeit einen übertriebenen Subjektivismus und eine Schwächung des Autoritätsprinzips mit sich gebracht, Unannehmlichkeiten, die besonders in dem *Quickborn* genannten Verein zu beklagen waren. Sehr viel besser ist dagegen der andere, der *Neu-Deutschland* heißt, der jetzt 350 Gruppen und 12.500 Mitglieder hat und der stärkste und sicherste Verein für die katholische Jugend der höheren Schulen werden könnte, wenn er seine Mitglieder in immer höherem Maß zu klaren Ideen und festen Überzeugungen bezüglich des Autoritätsprinzips inspirieren kann.

5.) Vereine für einzelne Klassen und Berufe (Ständische Vereine)

Unter diese zählen in erster Linie die katholischen Arbeitervereine (*Arbeiter- und Arbeiterinnenvereine*), von denen bereits weiter oben die Rede war. Der *Reichsverband der kath. Arbeiter- und Arbeiterinnenvereine Deutschlands* umfasst drei Gruppen: a) Der Verband der Arbeitervereine des Westens[775], gegründet **[27v]** 1904 in München-Gladbach, zählt 1285 Vereine und 192.000 Mitglieder. b) Der Verband der Arbeitervereine des Südens[776], gegründet 1890 in München. Vor dem Krieg hatte er 1000 Vereine und über 100.000 Mitglieder. Der Krieg, die Inflation und die politischen Spaltungen der deutschen Katholiken trafen diesen Verband so sehr, dass er auf 377 Vereine und 17.000 Mitglieder zurückfiel. Jetzt umfasst er wieder 842 Vereine und 58.841 eingeschriebene Mitglieder (*Kirchliches Handbuch*, Bd. XIV, S. 138,

---

[769] Das Kolpingwerk ging aus dem 1846 in Elberfeld von Johann Georg Breuer gegründeten katholischen Gesellenverein hervor, dessen weltweiter Verbreitung sich von Köln aus Adolf Kolping seit 1849 widmete. Generalpräses war 1924-1944 Theodor Hürth. Vgl. LThK³ 6 (1997), S. 204 (H. SCHMEKEN).

[770] Das Wort »Priester« ist handschriftlich von Pacelli eingefügt.

[771] Adolf Kolping (1813-1865), »Gesellenvater« und einer der Begründer des organisierten katholisch-sozialen Vereinswesens im 19. Jahrhundert. BBKL 4 (1992), S. 357-361 (B. KETTERN).

[772] Vgl. Die caritative und soziale Tätigkeit der Katholiken Deutschlands, Kirchliches Handbuch 15 (1927-1928), S. 123-197, hier S. 131 (H. AUER).

[773] Die Deutsche Jugendkraft (DJK) wurde 1920 in Würzburg gegründet als »Reichsverband für Leibesübungen in katholischen Vereinen«. Sein Ziel war »die Pflege der Leibesübungen im Sinne des katholischen Erziehungsprogrammes«. EBD., S. 222 f.

[774] Zur katholischen Jugendbewegung in der Weimarer Zeit vgl. J. BINKOWSKI, Jugend; P. HASTENTEU-FEL, Katholische Jugend; F. HENRICH, Bünde.

[775] Verband katholischer Arbeiter- und Knappenvereine Westdeutschlands: Sein Ziel war die religiöse, politische und soziale Schulung der Arbeiter, sein Organ die Westdeutsche Arbeiterzeitung. Vgl. Kirchliches Handbuch 15 (1927-1928), S. 224 f.

[776] Verband süddeutscher katholischer Arbeitervereine: Er verband religiöse, politische und soziale Schulung mit einer durch gemeinsame Kassen organisierten wirtschaftlichen Förderung. Vgl. EBD.

c) la Lega delle associazioni operaie dell'est, di recente fondazione (1926), conta 114 associazioni e 11.500 ascritti. La ben nota contesa fra la direzione di Berlino e quella di Colonia ha perduto molto della sua importanza. Nell'est sussistono tuttavia sempre gruppi, del resto poco rilevanti, della direzione di Berlino (*Verband der kath. Arbeitervereine, Sitz Berlin*) con 200 associazioni e 11.000 membri.

Si hanno poi Associazioni per le persone di servizio (*Hausangestellten- und Hausbeamtinnenvereine*), per servitori negli alberghi e nelle locande (*Arbeitsgemeinschaft der Vereine kath. Hotel- und Gastwirtsangestellten Deutschlands*), per commercianti cattolici (*Kaufmännische Vereine*), per impiegati (*Beamtenvereine*), per maestri e maestre (*Lehrer- und Lehrerinnenvereine*), per sacerdoti (*Priestervereine*, aventi lo scopo di consigliare gli ecclesiastici nelle questioni giuridiche ed economiche e di tutelare l'onore dello stato sacerdotale contro attacchi e calunnie), ecc.

Una speciale importanza hanno le Associazioni per gli studenti. Le più rinomate fra di esse sono: Il C.V. (*Cartellverband* [28r] *der farbentragenden katholischen deut-*

Bd. XV, S. 224-225[777]). c) Der Verband der Arbeitervereine des Ostens[778], der kürzlich (1926) gegründet wurde, zählt 114 Vereine und 11.500 eingeschriebene Mitglieder. Der wohlbekannte Streit zwischen der Berliner und der Kölner Leitung hat viel von seiner Bedeutung verloren. Im Osten gibt es allerdings immer noch einige, übrigens wenig bedeutende Gruppen unter der Berliner Direktion (*Verband der kath. Arbeitervereine, Sitz Berlin*) mit 200 Vereinen und 11.000 Mitgliedern[779].

Weiterhin gibt es Vereine für die Menschen, die im Dienstverhältnis stehen (*Hausangestellten- und Hausbeamtinnenvereine*)[780], für Bedienstete in den Hotels und in den Gaststätten (*Arbeitsgemeinschaft der Vereine kath. Hotel- und Gastwirtsangestellten Deutschlands*)[781], für katholische Kaufleute (*Kaufmännische Vereine*)[782], für Beamte (*Beamtenvereine*)[783], für Lehrer und Lehrerinnen (*Lehrer- und Lehrerinnenvereine*)[784], für Priester (*Priestervereine*, die das Ziel haben, die Geistlichen in juristischen und wirtschaftlichen Fragen zu beraten und die Ehre des priesterlichen Standes gegen Angriffe und Verleumdungen zu schützen)[785] usw.

Eine besondere Bedeutung haben die Studentenvereine[786]. Von diesen sind die bekanntesten: Der C.V. (*Cartellverband* **[28r]** *der farbentragenden katholischen deut-*

---

[777] Vgl. EBD.

[778] Verband der katholischen Arbeitervereine Ostdeutschlands mit dem Organ *Die Arbeit*. EBD.

[779] Vgl. EBD.

[780] Seit Beginn des 20. Jahrhunderts bildeten sich gleich mehrere Vereine katholischer Hausangestellter und -bediensteter heraus, seit den 20er Jahren dazu auch Verbände von katholischen Pfarrhaushälterinnen. Vgl. EBD., S. 224-227.

[781] 1922 wurde die Arbeitsgemeinschaft der Vereine der katholischen Hotel- und Gastwirtsangestellten Deutschlands gegründet, deren Organ die Zeitschrift *Die christliche Einkehr* war, und die vor allem auf eine religiös-kulturelle und berufliche Schulung ihrer Mitglieder zielte. EBD., S. 226 f.

[782] Der Verband katholisch kaufmännischer Vereinigungen Deutschlands faßte damals rund 42.000 Mitglieder in etwa 345 Vereinen zusammen. Er war 1877 gegründet worden und verfolgte religiöse und wirtschaftlich-soziale Ziele für die zusammengeschlossenen Kaufleute und Angestellten. EBD.

[783] Als wichtigste berufsständische Organisation der katholischen Beamtenschaft fungierte der 1913 gegründete Verband katholischer Beamtenvereine Deutschlands, der damals rund 23.000 Mitglieder zählte und sich die religiös-kulturelle Arbeit am Beamtenstand zu seinem Ziel gemacht hatte. Sein Organ waren die Beamtenblätter. EBD.

[784] Der Katholische Lehrerverband wurde 1889 als organisatorischer Zusammenschluss der katholischen Volksschullehrer auf Reichsebene anlässlich des Bochumer Katholikentages ins Leben gerufen. Er setzte sich von Beginn an gezielt für das konfessionelle Schulwesen nach katholischen Grundsätzen ein und arbeitete so gegen den Deutschen Lehrerverein, der liberal ausgerichtet war. Vgl. H. KÜPPERS, Katholischer Lehrerverband. – Der Verein katholischer deutscher Lehrerinnen wurde 1885 von Pauline Herber gegründet; auch er umfasste alle Schularten und setzte sich besonders für eine katholische Frauenakademie zur Ausbildung der Volksschullehrerinnen ein. Vgl. EBD., S. 31-33.

[785] Als Priestervereine werden kirchenrechtlich organisatorische Zusammenschlüsse des katholischen Klerus zu geistigen, religiösen oder materiell-standesrechtlichen Zwecken verstanden. Ein recht detaillierter Überblick über die damals bestehenden Organisationen: LThK[1] 8 (1936), S. 471-473 (K. ALGERMISSEN).

[786] Die katholischen Studentenverbindungen entstanden, als im Gefolge der Befreiungskriege an den deutschen Hochschulen sich studentische nationale Körperschaften bildeten und kirchenpolitische Geschehnisse wie das »Kölner Ereignis« eine Solidarisierung des katholischen Bevölkerungsteiles bewirkten. Als größte Verbände bildeten sich der Cartell-Verband der farbentragenden katholischen Studenten-Verbindungen (CV, 1856), der Kartellverband der nicht-farbentragenden katholischen Studenten-Vereine Deutschlands (KV, 1853) und der Verband der wissenschaftlichen katholischen Studen-

schen Studentenverbindungen) con 7.348 studenti e 14.826 anziani (*Alte Herren*); il K.V. (*Kartellverband der katholischen Studentenvereine Deutschlands*) con 4.100 studenti e 12.900 anziani; l'U.V. (*Verband der wissenschaftlichen katholischen Vereine Unitas*) con 1.062 studenti e 2.945 anziani, il *Verband der kath. deutschen Studentinnenvereine* con 1.014 studentesse; il *Görresring*, unione non strettamente organizzata, per la formazione politica degli studenti a norma dei principi cattolici. In genere l'esperienza sembra dimostrare che i membri delle Associazioni in discorso rimangono, almeno esteriormente, aderenti alla causa cattolica e che, se poi contraggono un buon matrimonio, sono anche internamente fedeli alla Chiesa. Con ciò non si vuol dire nondimeno che in esse tutto sia in regola nei riguardi religiosi e morali. Dovrebbe quindi essere precipua cura dei Vescovi di scegliere assai bene i sacerdoti destinati per l'assistenza religiosa degli studenti; il che pur troppo non sembra che finora sia sempre avvenuto.

IX. Il clero

1.) Il numero dei sacerdoti in Germania nel 1926 era di 20.405, tra i quali 16.376 impiegati nella cura delle anime, 1151 nelle scuole, 957 nei vari Istituti (cfr. *Kirchliches Handbuch*, vol. XV, pag. 420). Nella Germania del nord per ogni sacerdote con cura di anime venivano in media 1543 fedeli; in particolare: **[28v]** per l'Archidiocesi di Colonia 1753, per la diocesi di Münster 1488, per la diocesi di Paderborn 1338, per la diocesi di Treviri 1366, per la diocesi di Breslavia colla Delegazione vescovile di Berlino 1959, per la diocesi di Warmia 1325, per la diocesi di Fulda 975, per la diocesi di Hildesheim 1048, per la diocesi di Limburgo 1474, per la diocesi di Meißen 1764, per la diocesi di Osnabrück 1220, per l'Amministrazione Apostolica di Schneidemühl 1298. Alquanto migliore era invece la situazione delle diocesi della Germania del sud, ove in media per ogni sacerdote con cura d'anime venivano 1005 fedeli, in particolare: per l'Archidiocesi di Monaco e Frisinga 1180, per la diocesi di Augsburg 779, per la diocesi di Passavia 842, per la diocesi di Ratisbona 983, per l'Archidiocesi di Bamberga 1204, per la diocesi di Eichstätt 658, per la diocesi di Spira 1338, per la diocesi di Würzburg 930, per l'Archidiocesi di Friburgo 1107, per la diocesi di Magonza 1387, per la diocesi di Rottenburg 872. È chiaro che l'assistenza religiosa, ad es., di oltre 1500 anime oltrepassa le forze di un sacerdote, tanto più se si rifletta al lavoro di un parroco nelle sacre funzioni, nel confessionale, nelle scuole, nel-

schen Studentenverbindungen) mit 7.348 Studenten und 14.826 Senioren (*Alte Herren*); der K.V. (*Kartellverband der katholischen Studentenvereine Deutschlands*) mit 4.100 Studenten und 12.900 Alten Herren; der U.V. (*Verband der wissenschaftlichen katholischen Vereine Unitas*) mit 1.062 Studenten und 2.945 Alten Herren, der *Verband der kath. deutschen Studentinnenvereine* mit 1.014 Studentinnen; der *Görresring*, eine nicht streng organisierte Vereinigung für die politische Bildung der Studenten gemäß den katholischen Prinzipien. Im Allgemeinen scheint die Erfahrung zu lehren, dass die Mitglieder der zur Rede stehenden Vereine zumindest äußerlich der katholischen Sache verbunden bleiben und dass sie, wenn sie später eine gute Ehe eingehen, auch innerlich der Kirche treu sind. Damit soll allerdings nicht gesagt sein, dass in den Vereinen in religiösen und moralischen Belangen alles in Ordnung sei. Daher müsste es eine Hauptsorge der Bischöfe sein, die für den geistlichen Beistand der Studenten bestimmten Priester besonders gut auszuwählen; was leider bisher nicht immer geschehen zu sein scheint.

IX. Der Klerus

1.) Die Zahl der Priester in Deutschland lag 1926 bei 20.405, von diesen waren 16.376 in der Seelsorge beschäftigt, 1151 an den Schulen, 957 an den unterschiedlichen Instituten (vgl. *Kirchliches Handbuch*, Bd. XV, S. 420[787]). In Norddeutschland kamen auf jeden Priester in der Seelsorge im Durchschnitt 1543 Gläubige; im Einzelnen: [28v] für die Erzdiözese Köln 1753, für die Diözese Münster 1488, für die Diözese Paderborn 1338, für die Diözese Trier 1366, für die Diözese Breslau mit der bischöflichen Delegatur Berlin 1959, für die Diözese Ermland 1325, für die Diözese Fulda 975, für die Diözese Hildesheim 1048, für die Diözese Limburg 1474, für die Diözese Meißen 1764, für die Diözese Osnabrück 1220, für die Apostolische Administration Schneidemühl 1298. Beträchtlich besser dagegen war die Lage der Diözesen in Süddeutschland, wo im Durchschnitt auf jeden Priester in der Seelsorge 1005 Gläubige kamen, im Einzelnen: für die Erzdiözese München und Freising 1180, für die Diözese Augsburg 779, für die Diözese Passau 842, für die Diözese Regensburg 983, für die Erzdiözese Bamberg 1204, für die Diözese Eichstätt 658, für die Diözese Speyer 1338, für die Diözese Würzburg 930, für die Erzdiözese Freiburg 1107, für die Diözese Mainz 1387, für die Diözese Rottenburg 872. Es ist klar, dass der geistliche Beistand z.B. von mehr als 1500 Seelen die Kräfte eines Priesters übersteigt, um so mehr, wenn man an die Arbeit eines Pfar-

---

tenvereine »Unitas« (UV, 1847) heraus. Nach ihrem Vorbild entstanden auch katholische Studentinnen-Verbände. 1924 wurde der streng katholisch und großdeutsch gesinnte Ring katholischer deutscher Burschenschaften ins Leben gerufen. LThK[1] 9 (1937), S. 865 f. (K. HOEBER); Kirchliches Handbuch 15 (1927-1928), S. 230 f.

[787] Vgl. Die katholische Kirche in den Ländern des Deutschen Reiches im Jahre 1926, EBD., S. 420 f.

le associazioni, nella cura dei malati e dei poveri, massime nei territori della diaspora. Dove rimangono poi le forze per la conquista di nuove regioni alla Chiesa cattolica e per una efficace assistenza spirituale nei nuovi grandi centri industriali della Germania media ed occidentale? – Cfr. op. cit., pagg. 351–356.

D'altra parte, il numero degli studenti di teologia non basta per colmare questi vuoti. Nel 1925 si notò anzi al ri[29r]guardo un considerevole regresso, che si è però alquanto migliorato nei due anni successivi 1926 e 1927 (cfr. op. cit., pag. 357 e segg.) ed ancor più nel 1928. Come causa della mancanza di un sufficiente numero di vocazioni sacerdotali si indicano soprattutto: la diminuzione del numero delle nascite; l'influenza dello spirito materialistico moderno; la scuola moderna; le difficoltà economiche. Al quale proposito è stato rilevato come il numero delle vocazioni è andato diminuendo fra i contadini, i quali per motivi di risparmio si vedono costretti di adoperare l'intiera famiglia nei lavori dei campi e non sono perciò disposti a privarsi dei loro figli. Anche alcune correnti estreme del surricordato movimento giovanile (*Jugendbewegung*) ispirano ai loro seguaci timore ed avversione per il Seminario (*Seminarscheu*). Si aggiunga infine l'influenza non sempre benefica dei maestri di religione nelle scuole medie. Senza dubbio l'opera loro è per sè assai preziosa, e gran parte di essi sono sacerdoti esemplari. Ma si sente pur non di rado lamentare che troppo sovente vengono destinati a questo ufficio così delicato ecclesiastici non adatti, troppo esclusivamente ed unilateralmente interessati per la scienza anzichè per l'apostolato, e nei quali il carattere di funzionari dello Stato sembra prevalere su quello di sacerdoti. Simili maestri, secondo che mi si riferisce, sogliono scoraggiare la gioventù dall'abbracciare lo stato ecclesiastico.

2.) Secondo il più volte citato *Kirchliches Handbuch* (pag. 358) gli studenti di teologia erano così distribuiti nel semestre d'inverno 1927/1928:

rers in den Gottesdiensten, im Beichtstuhl, an den Schulen, in den Vereinen, in der Seelsorge für Kranke und Arme, vor allem in den Gebieten der Diaspora, denkt. Wo bleiben da noch Kräfte für die Eroberung neuer Gebiete für die katholische Kirche und für einen wirksamen spirituellen Beistand in den neuen großen Industrie-Zentren Mittel- und Westdeutschlands? – Vgl. das zitierte Werk S. 351-356[788].

Andererseits reicht die Zahl der Theologiestudenten nicht aus, um diese Lücken zu füllen. 1925 beobachtete man [29r] in dieser Hinsicht sogar einen beträchtlichen Rückgang, was sich jedoch in den beiden folgenden Jahren 1926 und 1927 ziemlich verbessert hat (vgl. das zitierte Werk S. 357 ff.[789]) und noch mehr im Jahre 1928. Als Grund für den Mangel an einer ausreichenden Zahl priesterlicher Berufungen werden vor allem genannt: der Geburtenrückgang; der Einfluss des modernen materialistischen Geistes; die moderne Schule; die wirtschaftlichen Schwierigkeiten. Diesbezüglich wurde hervorgehoben, dass die Zahl der Berufungen unter den Bauern abgenommen hat, die sich aus Gründen der Sparsamkeit gezwungen sehen, die gesamte Familie in der Arbeit auf den Feldern einzusetzen und daher nicht bereit sind, sich von ihren Söhnen zu trennen. Auch einige extreme Strömungen der oben erwähnten *Jugendbewegung* flößen ihren Anhängern Furcht und Abneigung gegenüber dem Seminar ein (*Seminarscheu*). Schließlich soll der nicht immer heilsame Einfluss der Religionslehrer an den Mittelschulen zusätzlich erwähnt werden. Ohne Zweifel ist ihre Arbeit an sich überaus kostbar, und die meisten von ihnen sind vorbildliche Priester. Aber man hört doch nicht selten Beschwerden, dass zu dieser so heiklen Aufgabe zu oft ungeeignete Kirchenleute bestellt werden, die sich zu ausschließlich und zu einseitig für die Wissenschaft anstatt für das Apostolat interessieren, und in denen ihre Eigenschaft als Staatsbeamte über jene als Priester zu siegen scheint. Nach dem, was man mir erzählt, entmutigen solche Lehrer für gewöhnlich die Jugend, den kirchlichen Stand zu ergreifen.

2.) Nach dem mehrmals zitierten *Kirchlichen Handbuch* (S. 358)[790] waren die Theologiestudenten im Wintersemester 1927/1928 so verteilt:

---

[788] Vgl. Kirchliche Statistik Deutschlands, Kirchliches Handbuch 15 (1927-1928), S. 357-421, hier S. 351-356 (J. SAUREN).

[789] Vgl. EBD., S. 357-361.

[790] Vgl. EBD., S. 358. – Ein Überblick über die deutschsprachigen theologischen Fakultäten und die wichtigste Literatur zu ihnen bei H. WOLF, Die katholisch-theologischen Disziplinen, S. 169-230 (P. WALTER).

[29v] *Istituti dello Stato*

Facoltà teologica della Università di	
Bonn (Archidiocesi di Colonia)	369
Breslavia	251
Friburgo (Baden)	250
Monaco	191
Münster	286
Tübingen (diocesi di Rottenburg)	127
Würzburg	180
Accademia di Braunsberg (diocesi di Warmia)	33

Alta scuola filosofico-teologica di	
Bamberga	78
Dillingen (diocesi di Augsburg)	123
Frisinga	141
Passavia	138
Regensburg	150

Istituti vescovili

Eichstätt	128
Francoforte sul Meno (diocesi di Limburgo)	54
Fulda	68
Magonza	54
Paderborn	238
Treviri	191

Come risulta da questa statistica, la maggior parte dei candidati al sacerdozio ricevono la loro istruzione nelle Facoltà teologiche delle Università o nelle altre alte scuole filosofico-teologiche dello Stato. Ora le Facoltà teologiche sono senza dubbio, per ciò che riguarda la produzione scientifica, generalmente superiori ai Semi[30r]nari vescovili, nei quali si nota alle volte un certo ristagno. Ma, d'altra parte, gl'Istituti dello Stato presentano gravi inconvenienti. Innanzi tutto è noto quanto deficiente sia nei medesimi la parte speculativa e scolastica della filosofia e della teologia. Inoltre, sebbene in ogni Facoltà teologica si trovino professori fedeli alla

[29v] *Einrichtungen des Staates*

Theologische Fakultät der Universität von	
Bonn (Erzdiözese Köln)	369
Breslau	251
Freiburg (Baden)	250
München	191
Münster	286
Tübingen (Diözese Rottenburg)	127
Würzburg	180
Akademie Braunsberg (Diözese Ermland)	33

Philosophisch-Theologische Hochschule von	
Bamberg	78
Dillingen (Diözese Augsburg)	123
Freising	141
Passau	138
Regensburg	150

Bischöfliche Einrichtungen

Eichstätt	128
Frankfurt am Main (Diözese Limburg)	54
Fulda	68
Mainz	54
Paderborn	238
Trier	191

Wie aus dieser Statistik hervorgeht, erhält der überwiegende Teil der Priesteramtskandidaten seine Ausbildung an den theologischen Fakultäten der Universitäten oder an den anderen philosophisch-theologischen Hochschulen des Staates. Nun sind die theologischen Fakultäten ohne Zweifel, was das wissenschaftliche Schaffen betrifft, im Allgemeinen den **[30r]** bischöflichen Seminaren überlegen, an denen manchmal eine gewisse Stagnation festzustellen ist. Aber andererseits weisen die staatlichen Institute schwerwiegende Nachteile auf. Vor allem ist bekannt, wie sehr unzulänglich an denselben der spekulative und scholastische Teil der Philosophie und der Theologie ist[791]. Obwohl man an jeder theologischen Fakultät Professoren

---

[791] Siehe hierzu die entsprechenden Passagen in der Einleitung, S. 64-72.

dottrina della Chiesa, altri lasciano molto a desiderare sotto questo aspetto, spesso perché essi stessi insufficientemente o malamente formati, mentre hanno comune coll'intiero corpo dei professori universitari dello Stato l'orgogliosa convinzione di essere infallibili, intangibili ed indipendenti da ogni autorità. Così, ad es., – per tacere degli Istituti della Baviera, che non formano oggetto di questo rispettoso Rapporto – intorno alla Facoltà teologica di Breslavia, tanto danneggiata dall'infelice Wittig, si sente dire non di rado da antichi studenti, ora sacerdoti: lo studio della teologia, se si eccettuino le lezioni del Sac. Prof. Triebs, non ci ha ispirato alcun amore od entusiasmo per la Chiesa, ma piuttosto il contrario. Più infelice è ancora la situazione della Facoltà teologica di Bonn, ove alcuni professori, massime il Tillmann ed il Rademacher, esercitano una dannosa influenza. Così accade che non pochi degli studenti rimangono infetti da uno spirito di diffidenza verso la S. Sede e nella dottrina teologica da un senso, il quale potrebbe chiamarsi »minimismo«, che non ammette cioè se non ciò che è strettamente domma, riservandosi invece per tutto il resto, anche di fronte alle decisioni della S. Sede, piena libertà di critica. Molti di detti studenti, i quali provengono da famiglie profondamente religiose, divenuti poi sacerdoti, ritornano presto ai sentimenti, che avevano rice[30v]vuto già nella casa paterna. Ma è ben penoso che essi abbiano dovuto passare per gli anni del loro studio teologico quasi come attraverso un pericolo.

I rimedi per eliminare i danni di questo male, del resto inveterato, sembrano essere soprattutto i seguenti: a) Massima cura nella scelta dei Vescovi, cui incombe l'ufficio di vigilare sulla formazione dei candidati al sacerdozio. In passato essa spettava nella Baviera al Re in virtù del diritto di nomina regia concesso nel Concordato del 1817, nella Prussia ai Capitoli cattedrali in forza del diritto di elezione con-

findet, die der Lehre der Kirche treu sind, lassen andere unter diesem Gesichtspunkt viel zu wünschen übrig, oft weil sie selbst unzureichend oder schlecht ausgebildet sind, während sie mit dem gesamten Korpus der staatlichen Universitäts-Professoren die stolze Überzeugung gemein haben, unfehlbar, unantastbar und von jeder Autorität unabhängig zu sein. So hört man z.B. – um von den Instituten Bayerns zu schweigen, die nicht Gegenstand dieses ehrerbietigen Berichts sind – über die theologische Fakultät Breslau[792], die so sehr vom unglückseligen Wittig geschädigt wurde, nicht selten ehemalige Studenten, die jetzt Priester sind, sagen: Mit Ausnahme der Vorlesungen des Priesters Prof. Triebs[793] hat uns das Studium der Theologie nicht zur Liebe und zur Begeisterung für die Kirche angeregt, sondern eher das Gegenteil erreicht. Noch unglücklicher ist die Lage der theologischen Fakultät Bonn[794], wo einige Professoren, vor allem Tillmann[795] und Rademacher[796], einen schädlichen Einfluss ausüben. So geschieht es, dass nicht wenige Studenten von einem Geist des Misstrauens gegenüber dem Hl. Stuhl infiziert werden und in der theologischen Lehre von einer Geisteshaltung, die »Minimismus« genannt werden könnte, d.h. die nichts zulässt als nur das, was strenggenommen Dogma ist, und sich für den gesamten Rest, auch gegenüber den Entscheidungen des Hl. Stuhls, volle Kritikfreiheit erlaubt. Viele der besagten Studenten, die aus tief religiösen Familien stammen, kehren, wenn sie dann Priester geworden sind, schnell zu den Gefühlen zurück, die sie [30v] schon im Elternhaus empfangen hatten. Aber es ist sehr schmerzlich, dass sie die Jahre ihres Theologiestudiums fast wie eine Gefahr durchmachen mussten.

Die Gegenmittel, um die Schäden dieses übrigens eingefleischten Übels auszumerzen, scheinen vornehmlich die folgenden zu sein: a) Größte Sorgfalt in der Auswahl der Bischöfe, denen die Aufgabe obliegt, die Ausbildung der Priesteramtskandidaten zu überwachen. In der Vergangenheit kam diese in Bayern kraft des königlichen Ernennungsrechts, das im Konkordat von 1817 gewährt worden war, dem

---

[792] Zur Breslauer Fakultät vgl. E. Kleineidam, Fakultät, S. 99-121.

[793] Franz Triebs (1864-1942), 1905 a.o., 1910 o. Professor für Kirchenrecht in Breslau, Emeritierung 1930, 1930 auch erster Offizial des neuerrichteten Bistums Berlin. E. Kleineidam, Fakultät, S. 156.

[794] Zur Theologischen Fakultät Bonn vgl. H.-P. Höpfner, Universität, S. 181-227. Die Professoren zu dieser Zeit in Bonn waren: Altes Testament: Franz Feldmann (1908-1934), Neues Testament: Heinrich Vogels (1934-1941), Dogmatik: Peter Junglas (1922-1937), Dogmatik, Dogmengeschichte und Patrologie: Bernhard Geier (1927-1949), Kirchengeschichte: Albert Ehrhard (1919-1929), danach Franz Josef Dölger (1879-1940), Kirchenrecht: Albert Königer (1919-1939), Pastoraltheologie: Albert Lauscher (1872-1945), Christliche Gesellschaftslehre: Wilhelm Schwer (1921-1941), Katechetik und Liturgik: Franz Joseph Peters (1924-1941, ab 1934 auch praktische Theologie), dazu Fritz Tillmann und Arnold Rademacher, zu diesen vgl. die folgenden Anmerkungen.

[795] Fritz Tillmann (1874-1953), habilitierte sich in Bonn für neutestamentliche Exegese, um dann – vor dem Hintergrund der Modernismuskrise – zum Fach Moraltheologie zu wechseln, 1913-1939 Professor für Moraltheologie in Bonn. H. Wolf/C. Arnold, Rheinischer Reformkreis, Bd. 2, S. 415; J. Hessen, Geistige Kämpfe, S. 44.

[796] Arnold Rademacher (1873-1939), 1898 Priesterweihe in Köln, 1900 Dr. theol. in Tübingen, 1907 Direktor des *Collegium Leoninum* in Bonn, 1912 a.o., 1917 o. Professor für Apologetik (bzw. 1923 Fundamentaltheologie) in Bonn. H. Wolf/C. Arnold, Rheinischer Reformkreis, Bd. 1, S. 17; A. Kolping, In memoriam; J. Hessen, Geistige Kämpfe, S. 44, 72-75.

fermato dalle antiche Bolle di circoscrizione. I recenti Concordati del 1924 per la Baviera e del 1929 per la Prussia danno alla S. Sede una parte del tutto preponderante nella scelta dei nuovi Pastori, e quindi la possibilità di preporre alle diocesi vacanti dei Prelati, i quali comprendano il bisogno di riforme nella educazione del clero e siano risoluti ad attuarle. b) Maggior vigilanza nella nomina dei professori delle Facoltà teologiche. I due anzidetti Concordati, massime quello colla Prussia (Protocollo finale – Circa l'articolo 12 capoverso 1°, proposizione 2ª), assicurano e regolano meglio che per il passato il diritto dell'Ordinario diocesano in questa importante materia. Siccome poi, come l'esperienza ha dimostrato, i Vescovi erano spesso troppo facili ad accordare il nulla osta per i candidati proposti dal Governo come professori, ben opportune sono state le due Circolari segrete della S. Congregazione dei Seminari e delle Università in data del 16 Luglio 1927 e del 14 Gennaio 1928,

König zu, in Preußen aufgrund des von den alten Zirkumskriptionsbullen bestätigten Wahlrechts den Kathedralkapiteln. Die neuen Konkordate von 1924 für Bayern und 1929 für Preußen räumen dem Hl. Stuhl eine vorherrschende Rolle in der Auswahl der neuen Hirten ein, und daher die Möglichkeit, den vakanten Diözesen Prälaten an die Spitze zu stellen, welche die Notwendigkeit von Reformen in der Ausbildung des Klerus verstehen und die entschlossen sind, sie durchzuführen. b) Größere Wachsamkeit in der Ernennung der Professoren der theologischen Fakultäten. Die zwei genannten Konkordate, vor allem jenes mit Preußen (Schlussprotokoll – zu Artikel 12 Absatz 1, Satz 2a)[797], sichern und regeln das Recht des Diözesanbischofs in dieser wichtigen Angelegenheit besser als in der Vergangenheit. Da aber, wie die Erfahrung gezeigt hat, die Bischöfe oft zu leichtfertig waren, wenn sie den von der Regierung als Professoren Vorgeschlagenen das *Nulla osta* gewährten, waren die beiden geheimen Rundschreiben der Hl. Kongregation für Seminare und Universitäten mit dem Datum 16. Juli 1927 bzw. 14. Januar 1928[798] sehr zweckmä-

---

[797] »Der Sinn des § 4 Ziffer 1 und 2 der Bonner und des § 48 Buchst. a und b der Breslauer Statuten ist folgender: Bevor an einer katholisch-theologischen Fakultät jemand zur Ausübung des Lehramts angestellt oder zugelassen werden soll, wird der zuständige Bischof gehört werden, ob er gegen die Lehre oder den Lebenswandel des Vorgeschlagenen begründete Einwendungen zu erheben habe. Die Anstellung oder Zulassung eines derart Beanstandeten wird nicht erfolgen.
Die der Anstellung (Abs. 1) vorangehende Berufung, d.h. das Angebot des betreffenden Lehrstuhls durch den Minister für Wissenschaft, Kunst und Volksbildung, wird in vertraulicher Form und mit dem Vorbehalt der Anhörung des Diözesanbischofs geschehen. Gleichzeitig wird der Bischof benachrichtigt und um seine Äußerung ersucht werden, für die ihm eine ausreichende Frist gewährt werden wird. In der Äußerung sind die gegen die Lehre oder den Lebenswandel des Vorgeschlagenen bestehenden Bedenken darzulegen; wie weit der Bischof in dieser Darlegung zu gehen vermag, bleibt seinem pflichtmäßigen Ermessen überlassen. Die Berufung wird erst veröffentlicht werden, nachdem der Bischof dem Minister erklärt hat, dass er Einwendungen gegen die Lehre und den Lebenswandel des Berufenen nicht zu erheben habe.
Sollte ein einer katholisch-theologischen Fakultät angehöriger Lehrer in seiner Lehrtätigkeit oder in Schriften der katholischen Lehre zu nahe treten oder einen schweren oder ärgerlichen Verstoß gegen die Erfordernisse des priesterlichen Lebenswandels begehen, so ist der zuständige Bischof berechtigt, dem Minister für Wissenschaft, Kunst und Volksbildung hiervon Anzeige zu machen. Der Minister wird in diesem Fall, unbeschadet der dem Staatsdienstverhältnis des Betreffenden entspringenden Rechte, Abhilfe leisten, insbesondere für einen dem Lehrbedürfnis entsprechenden Ersatz sorgen«. Preußisches Konkordat, Schlußprotokoll zu Artikel 12, Absatz 1, Satz 2, E. R. HUBER/W. HUBER, Staat und Kirche, Bd. 4, S. 327 f.

[798] Das Geheime Rundschreiben der Kongregation für Seminare und Universitäten, 16. Juli 1927, lautet wörtlich: »Congregatio de Seminariis et studiorum universitatibus. Decretum. Ssmus. D. N. Pius PP. XI, cui nihil antiquius quam ut doctrina catholica sarta tectaque sit, omnem cogitationem et vigilantiam suam in illa convertere nunquam desistit Athenaea, in quibus doctrina ipsa traditur, praesertim in Universitates et Facultates. Quo autem huiusmodi traditio tutior sit atque praestantior, Beatissimus Pater haec, quae sequuntur, decrevit. 1.o. Omnes, quibus de iure seu officio suo spectat electio vel assensum in electionem illorum, qui ad munus docendi disciplinas theologicas, iuridicas, philosophicas et sociales designantur, antequam electionem ipsam perficiant vel assensum praestent, candidatorum nomina, eorumque titulos, ad hanc deferant Sacram Congregationem, eiusque exspectent responsum. 2.o. Iidem ad hanc ipsam Congregationem mittere satagant: a) relationem de statu Universitatis seu Facultatis, tertio quoque anno; b) exemplar operum, tum quae edita sunt vel erunt sive ab iis qui docent sive ab iis qui praesunt, tum quae, auspice Universitate vel Facultate, edi contingat. Romae, ex Secretaria S. C. de Seminariis et Studiorum Universitatibus, die 16 mensis Iulii anno 1927 Caietanus Card.

in virtù delle quali gli Ordinari, prima di dare **[31r]** il loro consenso, sono obbligati a comunicare per mezzo del Rappresentante Pontificio al sullodato S. Dicastero i nomi dei candidati medesimi ed aspettarne la risposta. c) Miglior formazione dei professori di teologia. A tal uopo giovano pure le disposizioni dei Concordati bavarese e prussiano, le quali hanno equiparato gli studi compiuti nelle alte scuole Pontificie in Roma a quelli fatti in Germania. Egualmente per l'ottima Facoltà teologica tenuta dai RR. PP. della Compagnia di Gesù in Innsbruck (Austria) provvede il Concordato prussiano nel Protocollo finale (circa l'articolo 9 capov. 1 lett. c). Molto bene si attende pure dall'Istituto filosofico-teologico fondato dalla prelodata Compagnia in Francoforte sul Meno. In questa guisa si otterrà che coloro, i quali intendono di dedicarsi all'insegnamento delle scienze sacre, abbiano sin dall'inizio della loro formazione la possibilità di uno studio solido e profondo non soltanto della parte po-

ßig, kraft derer die Ordinarien, bevor sie **[31r]** ihr Einverständnis geben, verpflichtet sind, durch den Päpstlichen Repräsentanten dem erwähnten Dikasterium die Namen dieser Kandidaten mitzuteilen und seine Antwort abzuwarten. c) Eine bessere Ausbildung der Theologieprofessoren. Zu diesem Zweck sind auch die Anordnungen des bayerischen[799] und des preußischen Konkordats[800] nützlich, welche die an den Päpstlichen Hochschulen in Rom abgeschlossenen Studien mit den in Deutschland erbrachten gleichgesetzt haben. Gleichermaßen verfährt das preußische Konkordat im Schlussprotokoll (zu Artikel 9 Absatz 1 Buchstabe c)[801] für die hervorragende theologische Fakultät, die von den Hochwürdigen Patres der Gesellschaft Jesu in Innsbruck (Österreich) unterhalten wird[802]. Viel Gutes wird auch von dem philosophisch-theologischen Institut erwartet, das in Frankfurt am Main von der erwähnten Gesellschaft gegründet wurde[803]. Auf diese Weise wird man erreichen, dass diejenigen, die sich der Lehre der heiligen Wissenschaften widmen wollen, vom Anfang ihrer Ausbildung an die Möglichkeit eines soliden und tiefgründigen Studiums nicht nur des positiven Teils, sondern auch des spekulativen Teils nach der Lehre des

---

Bisleti, Praefectus; Iacobus Sinibaldi, Episcopus Tiberiensis, Secreatrius«. – Das weitere *sub secreto pontificio* erlassene Schreiben, 4. Januar 1928: »Amplissime Domine, Quo adamussim serventur quae in Decreto huius Sacrae Congregationis diei 16 mensis Iulii anni 1927 praescripta sunt de nominatione illorum, qui ad munus docendi disciplinas theologicas, iuridicas, philosophicas et sociales designantur, peropportunum duco Amplitudinem Tuam certiorem facere de his quae sequuntur: I. nomina candidatorum ad munus de quo supra, huic S. Congregationi tempestive ante nominationem praesententur, ut de eisdem candidatis inquiri possit utrum munere suo rite functuri sint; II. praesentatio fiat per Apostolicae Sedis Legatum. Dum haec rescribere mihi in officiis est, cuncta Tibi a Deo fausta adprecor. Amplitudini Tuae addictissimus in Domino. Caietanus Card. Bisleti, Praefectus; + Iacobus Sinibaldi, Episcopus Tiberien. Secretarius«. Die gedruckten Schreiben finden sich in ASV, ANB 67, fasc. 16, fol. 3r; ASV, ANB 67, fasc. 16, fol. 36r; weitere Exemplare auch in AEM NL Faulhaber 5850.

[799] Bayerisches Konkordat, Artikel 13, E. R. Huber/W. Huber, Staat und Kirche, Bd. 4, S. 304.

[800] Preußisches Konkordat, Artikel 9, Absatz 1, und Artikel 10, Absatz 1, EBD., S. 325 f.

[801] »Das an einer österreichischen staatlichen Universität zurückgelegte philosophisch-theologische Studium wird entsprechend den Grundsätzen gleichberechtigt, die für andere geisteswissenschaftliche Fächer gelten werden«. Preußisches Konkordat, Schlußprotokoll zu Artikel 9, Absatz 1, Buchstabe c, EBD., S. 327.

[802] Die Theologische Fakultät Innsbruck wurde 1857 (nach ihrer Aufhebung 1822) wiedererrichtet und dem Jesuitenorden übergeben. 1810 war vorher die 1669 gegründete Leopold-Franzens-Universität in ein philosophisch-theologisches Lyzeum umgewandelt worden. Die Jesuitenfakultät erwies sich seit 1857 immer wieder als Zentrum des Ultramontanismus, von dem aus die deutsche katholische Universitätstheologie (Ignaz von Döllinger, Herman Schell, Franz S. Wieland u. a.) bekämpft wurde. Vgl. ZThK 80/1 (1958) (Hundert Jahre Theologische Fakultät Innsbruck); E. Coreth, Theologische Fakultät.

[803] Sankt Georgen sollte bewusst, anders als die theologischen Universitätsfakultäten, streng kirchlich und an der scholastischen Methode orientiert sein, so jedenfalls der Limburger Bischof Augustin Kilian. Eine Jesuitenhochschule musste sich für den Orden auch schon deshalb nahelegen, weil dieser nach der auch offiziellen Aufhebung des Verbotes aus dem Kulturkampf 1917 in Deutschland wieder Fuß fassen wollte. Vgl. K. Schatz, Gründung; W. Löser, St. Georgen; K. Schatz, Geschichte, S. 236-244; O. v. Nell-Breuning, Die Idee des Gründers, in: Sankt Georgen, S. 18 f. – Zu dem maßgeblich beteiligten Limburger Generalvikar Matthias Höhler vgl. H. Wolf, Dogmatisches Kriterium, S. 715-717.

sitiva, ma anche della speculativa secondo la dottrina di S. Tommaso e degli altri grandi Scolastici, condizione previa ed indispensabile di ogni efficace provvedimento per una migliore preparazione dei futuri professori.

Occorrerebbe anche che gli studenti di teologia avessero una più ampia e solida istruzione nelle questioni sociali secondo la dottrina della Chiesa. Se infatti una parte del giovane clero – come ho inteso non di rado lamentare – ha idee radicali in tale argomento, ciò proviene principalmente dalla mancanza della istruzione anzidetta.

In alcune diocesi della Germania (ad es. in Breslavia, [31v] in Bamberga ed in Ratisbona) era finora permesso, anche in via ordinaria, agli alunni di teologia di vivere per qualche semestre fuori del Seminario o del Convitto. Ora con recente decisione, comunicata dal sottoscritto ai Revͫi Ordinari mediante apposita Circolare, la Sacra Congregazione dei Seminari e delle Università ha insistito per la esatta osservanza del can. 972 § 1, il quale autorizza una dispensa soltanto *in casibus peculiaribus* e *gravi de causa*.

3.) Le fonti, dalle quali la Chiesa cattolica in Germania trae i mezzi finanziari per provvedere ai suoi bisogni, così personali come reali, sono:

a) i beni stabili. Essi erano molto vasti prima della secolarizzazione del 1803; attualmente sono assai ridotti.

b) i capitali. Essi sono andati in gran parte perduti negli anni 1918 e 1923 a causa della inflazione.

c) diritti vari, ad esempio, di fronte ai patroni.

d) le prestazioni finanziarie dello Stato. Nella Prussia quelle concernenti la dotazione delle diocesi e degli istituti diocesani (assegni per gli Arcivescovi, i Vescovi, i Vescovi ausiliari, le Dignità, i Canonici ed i Vicari delle Cattedrali, ecc.; spese per il mantenimento delle Chiese cattedrali, delle Curie vescovili, dei Seminari, ecc.) sono state fissate nell'articolo 4 capov. 1 del nuovo Concordato a Marchi 2.800.000 annui, da ripartirsi fra le singole diocesi. Ma inoltre il Governo prussiano versa ogni

hl. Thomas und der anderen großen Scholastiker haben werden, eine unabdingbare und notwendige Bedingung jeder wirksamen Maßnahme für eine bessere Vorbereitung der künftigen Professoren.

Es wäre auch nötig, dass die Theologiestudenten eine weitreichendere und solidere Ausbildung in den sozialen Fragen gemäß der Lehre der Kirche bekämen. Wenn nämlich ein Teil des jungen Klerus – wie ich nicht selten habe beklagen hören – radikale Ideen zu diesem Thema hat, liegt dies hauptsächlich am Fehlen der genannten Ausbildung.

In einigen Diözesen Deutschlands (z.B. in Breslau, [31v] Bamberg und Regensburg) war es bisher den Alumnen – sogar üblicherweise – gestattet, für einige Semester außerhalb des Seminars oder des Konvikts zu leben. Jetzt hat die Hl. Kongregation für Seminare und Universitäten[804] mit einer neuen Entscheidung, die den Hochwürdigsten Diözesanbischöfen vom Unterzeichneten mit einem eigens dazu bestimmten Rundschreiben mitgeteilt wurde, auf der genauen Beachtung des Can. 972 § 1 bestanden, der eine Dispens nur *in casibus peculiaribus* und *gravi de causa* vorsieht[805].

3.) Die Quellen, aus denen die katholische Kirche in Deutschland die finanziellen Mittel bezieht, um für ihren personellen Bedarf und auch für ihren Bedarf an Sachmitteln zu sorgen, sind:

a) die Immobilien. Sie waren sehr ausgedehnt vor der Säkularisierung von 1803; zur Zeit sind sie sehr verringert.

b) die Kapitalvermögen. Sie sind zum großen Teil in den Jahren 1918 und 1923 aufgrund der Inflation verlorengegangen.

c) unterschiedliche Rechte, z.B. gegenüber den Patronatsherren.

d) die finanziellen Leistungen des Staates. In Preußen wurden die finanziellen Leistungen des Staates, welche die Dotation der Diözesen und der Diözesaninstitute (Zuwendungen für die Erzbischöfe, die Bischöfe, die Auxiliarbischöfe, die Dignitäre der Domkapitel, die Kanoniker und die Domvikare, usw.; Kosten für die Erhaltung der Kathedralkirchen, der bischöflichen Kurien, der Seminare usw.) betreffen, in Artikel 4 Absatz 1 des neuen Konkordats[806] auf 2.800.000 Mark jährlich festgelegt, welche unter den einzelnen Diözesen aufzuteilen sind. Aber zusätzlich erbringt die

---

[804] »27. Studium von Theologen an auswärtigen Universitäten. Die Bischofskonferenz nimmt Kenntnis von dem neuesten bezgl. der Theologiestudierenden erlassenen römischen Schreiben (Brief des Hochwürdigsten Herrn Nuntius Pacelli vom 15.9.1929, Nr. 42175) und wird die vom Hl. Vater ergangenen Weisungen nach bestem Können zur Ausführung bringen«. DAL, Protokoll der Verhandlungen der Fuldaer Bischofskonferenz vom 5. bis 7. August 1930. Als Manuskript gedruckt.

[805] Also nur noch in Einzelfällen und aus schwerwiegenden Gründen. »§ 1. Curandum ut ad sacros ordines adspirantes inde a teneris annis in Seminario recipiantur; sed omnes ibidem commorari tenentur saltem per integrum sacrae theologiae curriculum, nisi Ordinarius in casibus peculiaribus, gravi de causa, onerata eius conscientia, dispensaverit«. CIC 1917, c. 972.

[806] »Die Dotation der Diözesen und Diözesananstalten wird künftig jährlich zwei Millionen achthunderttausend Reichsmark betragen. Im einzelnen wird sie gemäß besonderer Vereinbarung verteilt werden«. Preußisches Konkordat, Artikel 4, Absatz 1, E. R. HUBER/W. HUBER, Staat und Kirche, Bd. 4, S. 324.

anno come supplemento di congrua per i titolari delle parrocchie riconosciute dallo Stato (non per gli altri sacerdoti addetti alla cura delle anime) notevoli sussidi, che esso tuttavia consi[**32r**]dera come non obbligatori, ma volontari e revocabili. Detti supplementi si elevavano nel bilancio del 1927 ad oltre 19 milioni di Marchi ed in quello del 1928 a 21 milioni di Marchi, nella quale ultima somma sono compresi però anche Marchi 922.751 dovuti dallo Stato in base ad obblighi giuridici (cfr. *Linneborn, Kirchliches Finanzwesen in Preußen*, in *Staatslexikon*, Herder 1929, vol. III, col. 336 e 339). Lo stesso bilancio del 1928 prevede altri pagamenti alle parrocchie, fondati egualmente su obbligazioni giuridiche, ad es. Marchi 364.049 dal fondo di secolarizzazione e Marchi 3.606.100 per nuove costruzioni e manutenzioni di chiese, di edifici parrocchiali e scolastici, ecc. (*ibid.*, col. 340). Prestazioni finanziarie dello Stato si hanno anche (prescindendo dalla Baviera) nel Baden (Archidiocesi di Friburgo), nel Württemberg (diocesi di Rottenburg) e, sebbene in misura ben più ristretta, nell'Hessen (diocesi di Magonza). Cfr. per quest'ultimo *Lenhart, Kirchliches Finanzwesen in Hessen*, in *Staatslexikon*, III, col. 361–362. Gli altri Stati della Germania, ad es. la Sassonia, la Turingia, il Mecklenburg-Schwerin, il Mecklenburg-Strelitz, Amburgo, Brema, Lubecca, ecc. non versano nessuna o soltanto assai limitate somme alla Chiesa cattolica.

e) Siccome le entrate sopra enumerate non sarebbero ancora sufficienti per sopperire a tutte le spese, si hanno inoltre le cosiddette *Kirchensteuern* o imposte ecclesiastiche, a riscuotere le quali la Chiesa cattolica è autorizzata, come tutte le altre società religiose riconosciute quali corporazioni di diritto pubblico, in base all'articolo 137 della Costituzione del *Reich* ed alle leggi particolari dei singoli Stati. Det-

preußische Regierung jedes Jahr zusätzlich als Congrua für die Inhaber der vom Staat anerkannten Pfarreien (nicht für die anderen in der Seelsorge beschäftigten Priester) beträchtliche Geldmittel auf, die er allerdings [32r] als nicht obligatorisch ansieht, sondern als freiwillig und widerruflich. Besagte Zulagen erhöhten sich im Haushalt von 1927 auf über 19 Millionen Mark und im Haushalt von 1928 auf 21 Millionen Mark, in welcher letzteren Summe allerdings auch 922.751 Mark enthalten sind, die vom Staat aufgrund rechtlicher Verpflichtungen geschuldet waren (vgl. *Linneborn, Kirchliches Finanzwesen in Preußen*, in *Staatslexikon*, Herder 1929, Bd. III, Sp. 336 und 339)[807]. Derselbe Haushalt von 1928 sieht weitere Zahlungen an die Pfarreien vor, die gleichfalls auf rechtlichen Verpflichtungen gründen, z.B. 364.049 Mark aus dem Säkularisationsfond und 3.606.100 für neue Gebäude und für Instandsetzungsarbeiten von Kirchen, Pfarrhäusern und Schulgebäuden, usw. (*ebd.*, Sp. 340)[808]. Finanzielle Leistungen des Staates gibt es auch (wenn man von Bayern absieht) in Baden (Erzdiözese Freiburg), in Württemberg (Diözese Rottenburg) und, wenn auch in viel geringerem Maß, in Hessen (Diözese Mainz). Vgl. für letzteres *Lenhart, Kirchliches Finanzwesen in Hessen*, in *Staatslexikon*, III, Sp. 361-362[809]. Die anderen Staaten Deutschlands, z.B. Sachsen, Thüringen, Mecklenburg-Schwerin, Mecklenburg-Strelitz, Hamburg, Bremen, Lübeck usw., zahlen gar keine oder nur sehr bescheidene Summen an die katholische Kirche.

e) Da die oben aufgezählten Einkünfte noch nicht ausreichend wären, um alle Ausgaben zu decken, gibt es außerdem die sogenannten *Kirchensteuern*, die zu erheben die katholische Kirche autorisiert ist, ebenso wie alle anderen religiösen Vereinigungen, die als Körperschaften des öffentlichen Rechts aufgrund des Artikels 137 der Verfassung des Reichs[810] sowie der eigenen Gesetze der einzelnen Staaten aner-

---

[807] Art. »Finanzwesen in Preußen«, in: Staatslexikon⁵ 3 (1929), S. 317-350, hier S. 336 f., 339 (J. Linneborn).
[808] Vgl. EBD., S. 340.
[809] Art. »Finanzwesen in Hessen«, in: Staatslexikon⁵ 3 (1929), S. 360-363, hier S. 361 f. (G. Lenhart).
[810] »(1.) Es besteht keine Staatskirche. (2.) Die Freiheit der Vereinigung zu Religionsgesellschaften wird gewährleistet. Der Zusammenschluß von Religionsgesellschaften innerhalb des Reichsgebiets unterliegt keinen Beschränkungen. (3.) Jede Religionsgesellschaft ordnet und verwaltet ihre Angelegenheiten selbständig innerhalb der Schranken des für alle geltenden Gesetzes. Sie verleiht ihre Ämter ohne Mitwirkung des Staates oder der bürgerlichen Gemeinde. (4.) Religionsgesellschaften erwerben die Rechtsfähigkeit nach den allgemeinen Vorschriften des bürgerlichen Rechtes. (5.) Die Religionsgesellschaften bleiben Körperschaften des öffentlichen Rechtes, soweit sie solche bisher waren. Anderen Religionsgesellschaften sind auf ihren Antrag gleiche Rechte zu gewähren, wenn sie durch ihre Verfassung und die Zahl ihrer Mitglieder die Gewähr der Dauer bieten. Schließen sich mehrere derartige öffentlich-rechtliche Religionsgesellschaften zu einem Verbande zusammen, so ist auch dieser Verband eine öffentlich-rechtliche Körperschaft. (6.) Die Religionsgesellschaften, welche Körperschaften des öffentlichen Rechtes sind, sind berechtigt, auf Grund der bürgerlichen Steuerlisten nach Maßgabe der landesrechtlichen Bestimmungen Steuern zu erheben. (7.) Den Religionsgesellschaften werden die Vereinigungen gleichgestellt, die sich die gemeinschaftliche Pflege einer Weltanschauung zur Aufgabe machen. (8.) Soweit die Durchführung dieser Bestimmungen eine weitere Regelung erfordert, liegt diese der Landesgesetzgebung ob«. Weimarer Reichsverfassung, Artikel 137.

te imposte, aliene per sè dallo spirito della Chiesa (cfr. can. 1186), sono ritenute in Ger[32v]mania come una imprescindibile necessità; esse inducono a pagare anche ricchi membri della Chiesa, che non darebbero altrimenti offerte volontarie, ed altresì persone giuridiche senza carattere confessionale, le quali spesso, ad es., richiamando in una determinata ᵍregioneᵍ grandi masse di operai, rendono indispensabile la costruzione di nuove chiese (cfr. *Scharnagl, Kirchliches Finanzwesen*, in *Staatslexikon*, III, col. 314); tuttavia non sono, d'altra parte, esenti da dannose conseguenze. »Poichè (così scrive per la Prussia il *Linneborn*, l.c., col. 342) la inflazione ha inghiottito i capitali sovente rilevanti delle comunità parrocchiali, le imposte ecclesiastiche debbono essere riscosse in più elevata misura, e sono così risentite dai parrocchiani, già gravati dalle tasse dello Stato e dei Comuni, come un peso e vengono perciò frequentemente prese come motivo o pretesto per uscire dalla Chiesa«.

f) altre tasse, come il *cathedraticum* (can. 1504), il tributo per il Seminario (cann. 1355–1356), i diritti di stola (cann. 1234–1235), ecc.

kannt sind. Die besagten Steuern, die an sich dem Geist der Kirche fremd sind (vgl. can. 1186)[811], werden **[32v]** in Deutschland für eine unabdingbare Notwendigkeit gehalten; sie bewegen auch reiche Mitglieder der Kirche, die sonst keine freiwilligen Spenden geben würden, dazu, zu zahlen, und ebenfalls juridische Personen ohne konfessionellen Charakter, die oft, indem sie z.B. große Arbeitermassen in eine bestimmte Gegend[812] anlocken, die Errichtung neuer Kirchen unverzichtbar machen (vgl. *Scharnagl, Kirchliches Finanzwesen*, in *Staatslexikon*, III, Sp. 314)[813]; dennoch sind sie anderseits nicht frei von schädlichen Folgen. »Da (so schreibt für Preußen *Linneborn*, a.a.O., Sp. 342)[814] die Inflation das vielfach bedeutende Kapitalvermögen der Kirchengemeinden verschlungen hat, müssen Kirchensteuern in verstärktem Umfang erhoben werden, die von den Gemeindemitgliedern bei den sonstigen schweren Staats- u. Kommunalsteuern drückend empfunden u. deshalb häufig zum Anlaß genommen werden, um aus der Kirche auszutreten«.

f) andere Steuern, wie das *Cathedraticum* (Can. 1504)[815], die Abgabe für das Seminar (Can. 1355-1356)[816], die Stolgebühren (Can. 1234-1235)[817] usw.

---

811 »Salvis peculiaribus legitimisque consuetudinibus et conventionibus, et firma obligatione quae ad aliquem spectet etiam ex constituto legis civilis: 1.o Onus reficiendi ecclesiam cathedralem incumbit ordine qui sequitur: Bonis fabricae, salva ea parte quae necessaria est ad cultum divinum celebrandum et ad ordinariam ecclesiae administrationem; Episcopo et canonicis pro rata proventuum; detractis necessariis ad honestam sustentationem; Dioecesanis, quos tamen Ordinarius loci suasione magis quam coactione inducat ad sumptus necessarios, pro eorum viribus, praestandos; 2.o Onus reficiendi ecclesiam paroecialem incumbit ordine qui sequitur: Bonis fabricae ecclesiae, ut supra; Patrono; Iis qui fructus aliquos ex ecclesia provenientes percipiunt secundum taxam pro rata reditum ab Ordinario statuendam; Paroecianis, quos tamen Ordinarius loci, ut supra, magis hortetur quam cogat; 3.o Haec cum debita proportione serventur etiam quod attinet ad alias ecclesias«. CIC 1917, c. 1186.

812 Das Wort »Gegend« ist handschriftlich von Pacelli ergänzt.

813 Vgl. Art. »Kirchliches Finanzwesen«, in: Staatslexikon⁵ 3 (1929), S. 305-317, hier S. 314 (A. SCHARNAGL).

814 Vgl. Art. »Finanzwesen in Preußen«, in: Staatslexikon⁵ 3 (1929), S. 317-350, hier S. 342 (J. LINNEBORN).

815 »Omnes ecclesiae vel beneficia iurisdictioni Episcopi subiecta, itemque laicorum confraternitates, debent quotannis in signum subiectionis solvere Episcopo cathedraticum seu moderatam taxam determinandam ad normam can. 1507, par. 1, nisi iam antiqua consuetudine fuerit determinata«. CIC 1917, c. 1504.

816 »Pro constitutione Seminarii et alumnorum sustentatione, si proprii reditus deficiant, Episcopus potest: 1.o Parochos aliosve ecclesiarum etiam exemptarum rectores iubere ut statis temporibus in ecclesia ad hunc finem stipem exquirant; 2.o Tributum seu taxam in sua dioecesi imperare; 3.o Si haec non sufficiant, attribuere Seminario aliqua beneficia simplicia«. CIC 1917, c. 1355. »§ 1. Tributo pro Seminario obnoxia sunt, quavis appellatione remota, reprobata qualibet contraria consuetudine et abrogato quolibet contrario privilegio, mensa episcopalis, omnia beneficia etiam regularia aut iuris patronatus, paroeciae aut quasiparoeciae, quamvis alios reditus, praeter fidelium oblationes, non habeant, domus hospitalis auctoritate ecclesiastica erecta, sodalitates canonice erectae et fabricae ecclesiarum, si suos reditus habeant, quaelibet religiosa domus, etsi exempta, nisi solis eleemosynis vivat aut in ea collegium discentium vel docentium ad commune Ecclesiae bonum promovendum actu habeatur. § 2. Hoc tributum debet esse generale eiusdemque proportionis pro omnibus, maius vel minus secundum Seminarii necessitatem, sed quinas quotannis centesimas partes (5%) reditus vectigalis non excedens, minuendum prout reditus Seminarii augentur. § 3. Reditus tributo obnoxius is est qui, deductis oneribus et necessariis expensis, supersit in anno; nec in eo reditu computari debent distributiones quotidianae, vel, si omnes beneficii fructus distributionibus constent, tertia earundem pars; nec fidelium oblationes, nec, si omnes paroeciae reditus coalescant fidelium oblationibus, tertia earundem pars«. CIC 1917, c. 1356.

817 »§ 1. Locorum Ordinarii indicem funeralium taxarum seu eleemosynarum, si non exsistat, pro suo territorio, de consilio Capituli cathedralis, ac, si opportunum duxerint, vicariorum foraneorum dioecesis

g) le offerte libere dei fedeli, ad es. mediante questue, collette, ecc.

Gli assegni per gli ecclesiastici sono, almeno in Prussia, abbastanza elevati. Così, – pur prescindendo dagli Arcivescovi, dai Vescovi e dai membri dei Capitoli metropolitani e cattedrali, cui è largamente provveduto grazie alle prestazioni concordatarie dello Stato, – i parroci hanno 1.) un assegno fondamentale di Marchi annui 4.440, 4.900, 5.400, 5.800, 6.200, 6.600, 7.000, 7.400, 7.800; esso cresce di due in due anni di servizio sino [33r] a raggiungere i 6.200 Marchi, e quindi di tre in tre anni sino a raggiungere i 7.800 Marchi col compimento del ventesimo anno di servizio. 2.) l'abitazione od una conveniente indennità di alloggio. 3.) altri supplementi, ad es., per i decani, gli arcipreti ed i commissari vescovili, durante munere; per i titolari delle parrocchie, la cui amministrazione, a giudizio dell'Autorità vescovile, è particolarmente difficile o faticosa; ecc. – La somma suaccennata di 21 milioni di Marchi, versata dallo Stato, è considerata come un sussidio per le comunità parrocchiali (*Kirchengemeinden*); queste sono però in prima linea tenute, calcolando però anche i beni del relativo beneficio parrocchiale, a sopperire all'assegno del parroco. Cfr. *Linneborn*, l.c, col. 337–338.

In Prussia nel 1925 si avevano 4.385 parroci ed altri 3.772 sacerdoti con cura d'anime, per i quali ultimi, come si è già accennato, lo Stato non dà alcun sussidio. Il loro sostentamento grava quindi sulle singole comunità parrocchiali. Ora appunto la dotazione dei benefici di questi vicari parrocchiali era costituita molto più da capitali che da beni stabili, di guisa che il relativo patrimonio ha molto sofferto in seguito all'inflazione. Le comunità anzidette debbono quindi provvedere all'assegno degli ecclesiastici in discorso soprattutto mediante le imposte o *Kirchensteuern*. Cfr. *Linneborn*, l.c., col. 339.

Una speciale difficoltà costituisce il sostentamento dei sacerdoti con cura d'anime nelle regioni della diaspora, ove le comunità parrocchiali non sono in grado di fornire loro coi propri mezzi il relativo assegno. – Sotto tale riguardo si sogliono designa[33v]re col nome di diocesi sussidiate (*Zuschußdiözesen*) quelle che, a causa della composizione della popolazione nei territori di diaspora in esse compresi, non sono in grado di mantenere il clero coi loro mezzi. Come tali vengono considerate:

g) die freien Spenden der Gläubigen, z.B. mittels Almosensammelns, Kollekten usw.

Die Zuwendungen für die Geistlichen sind, wenigstens in Preußen, ziemlich hoch. So haben die Pfarrer – wenn man von den Erzbischöfen, den Bischöfen und den Mitgliedern der Metropolitan- und Kathedralkapitel absieht, für die dank der Konkordatsleistungen des Staates reichlich gesorgt ist – 1.) eine jährliche Grundzuwendung von 4.440, 4.900, 5.400, 5.800, 6.200, 6.600, 7.000, 7.400, 7.800 Mark; sie wächst alle zwei Dienstjahre bis [33r] zum Erreichen der 6.200 Marksgrenze, dann alle drei Jahre bis 7.800 Mark bei Vollendung des zwanzigsten Dienstjahres. 2.) die Wohnung oder eine angemessene Unterkunftsentschädigung. 3.) weitere Zulagen, z.B. für die Dekane, die Erzpriester und die bischöflichen Kommissare während der Betrauung mit dem Amt, für die Inhaber der Pfarrstellen, deren Verwaltung nach dem Urteil der bischöflichen Behörde besonders schwierig oder anstrengend ist; usw. – Die oben erwähnte Summe von 21 Millionen Mark, die vom Staat gezahlt wird, wird als eine Unterstützung für die Pfarrgemeinden (*Kirchengemeinden*) betrachtet; diese Gelder werden jedoch zunächst einbehalten, um das Gehalt des Pfarrers zu bestreiten, wobei allerdings auch die Güter der entsprechenden Pfarrpfründe mit einkalkuliert werden. Vgl. *Linneborn*, a.a.O., Sp. 337-338[818].

1925 gab es in Preußen 4.385 Pfarrer und weitere 3.772 Priester in der Seelsorge, für welche letzteren wie bereits erwähnt der Staat keinerlei Unterstützung gibt. Ihr Unterhalt lastet daher auf den einzelnen Pfarrgemeinden. Nun bestand gerade die Dotation der Benefizien dieser Pfarrvikare viel mehr aus Kapitalwerten als aus Immobilien, so dass das entsprechende Vermögen infolge der Inflation sehr gelitten hat. Die genannten Gemeinden müssen daher die Zuwendungen für die zur Rede stehenden Geistlichen vor allem mittels der *Kirchensteuern* bereit stellen. Vgl. *Linneborn*, a.a.O., Sp. 339[819].

Eine besondere Schwierigkeit stellt der Unterhalt der Priester in der Seelsorge in den Gegenden der Diaspora dar, wo die Pfarrgemeinden nicht in der Lage sind, sie aus eigenen Mitteln mit den entsprechenden Zuwendungen zu versorgen. – Unter diesem Gesichtspunkt bezeichnet man für gewöhnlich [33v] mit dem Namen *Zuschußdiözesen* jene, die aufgrund der Zusammensetzung der Bevölkerung in den von ihnen umfassten Diasporagebieten nicht in der Lage sind, den Klerus aus eigenen

---

et parochorum civitatis episcopalis, conficiant, attentis legitimis consuetudinibus particularibus et omnibus personarum et locorum circumstantiis; in eoque pro diversis casibus iura singulorum moderate determinent, ita ut quaelibet contentionum et scandali removeatur occasio. § 2. Si in indice plures classes enumerentur, liberum est iis quorum interest classem eligere«. CIC 1917, c. 1234; »§ 1. Districte prohibetur ne quis, sepulturae vel exsequiarum seu anniversarii mortuorum causa, quidquam exigat ultra id quod in dioecesano taxarum indice statuitur. § 2. Pauperes gratis omnino ac decenter funerentur et sepeliantur, cum exsequiis, secundum liturgicas leges et dioecesana statuta, praescriptis«. CIC 1917, c. 1235.

[818] Vgl. Art. »Finanzwesen in Preußen«, in: Staatslexikon⁵ 3 (1929), S. 317-350, hier S. 337 f. (J. LINNEBORN).

[819] Vgl. EBD., S. 339.

Breslavia (per il territorio della Delegazione vescovile di Berlino, il quale però costituisce ora una separata Amministrazione Apostolica e sarà eretto in diocesi propria), Fulda, Hildesheim, Limburgo, Meißen, Osnabrück, Paderborn, Warmia e la Prelatura nullius di Schneidemühl. Le altre diocesi invece, che si trovano in più favorevoli condizioni sono chiamate *Hinterlanddiözesen*. Per provvedere all'assegno degli ecclesiastici nelle diocesi sussidiate è stata istituita una Cassa cosiddetta di compenso (*Ausgleichskasse*) presso la Presidenza generale del *Bonifatiusverein* con sede in Paderborn. La Conferenza vescovile di Fulda se ne è ripetutamente occupata, massime nell'anno 1926, in cui essa prese la seguente risoluzione:

»Per il Rev. Clero è una impellente questione di convenienza ed un obbligo di carità il venire in soccorso ai confratelli ecclesiastici bisognosi della diaspora. Perciò disponiamo che:

1.) Nelle diocesi della diaspora, sussidiate dalla Cassa di compenso, tutti i sacerdoti, che godono di un sufficiente assegno, versino il 3% del loro stipendio a favore dei sacerdoti della diaspora della loro diocesi, i quali hanno un assegno inferiore.

2.) In tutte le altre diocesi, i sacerdoti, che ricevono un sufficiente assegno, versino almeno 1,1% alla Cassa di [34r] compenso della Presidenza generale in Paderborn.

Un ›sufficiente assegno‹ ricevono anche quei parroci della Prussia, i quali subiscono perdite sul loro stipendio. Sono tenuti alla detta contribuzione non soltanto i parroci, ma anche i Canonici, i sacerdoti insegnanti in scuole od istituti ovvero aventi posti speciali, come pure i vicari parrocchiali, se essi hanno lo stipendio fissato dalla Conferenza vescovile. I Vescovi contribuiranno almeno colla stessa percentuale«.

Secondo questa decisione i sacerdoti delle diocesi sussidiate debbono dunque versare il 3% del loro stipendio, quelli delle altre diocesi (*Hinterlanddiözesen*) 1,1 %. Pur troppo però in varie diocesi non tutti gli ecclesiastici danno il loro contributo per la diaspora. Alcuni adducono motivi di diverso genere: il bisogno di aiutare parenti poveri, spese per malattie, ecc. Specialmente i sacerdoti impiegati nelle scuole superiori, od in altri uffici stipendiati dallo Stato o dai Comuni, si sottraggono non di rado a quel pagamento. Perciò la Conferenza vescovile di Fulda, tenutasi dal 6

Mitteln zu ernähren. Als solche werden betrachtet: Breslau (wegen des Gebietes der bischöflichen Delegatur Berlin, das jedoch jetzt eine gesonderte Apostolische Administratur darstellt und zu einer eigenen Diözese erhoben werden wird), Fulda, Hildesheim, Limburg, Meißen, Osnabrück, Paderborn, Ermland und die *Praelatura nullius* von Schneidemühl. Die anderen Diözesen dagegen, die sich in günstigerer Lage befinden, werden *Hinterlanddiözesen* genannt. Um für die Zuwendungen der Geistlichen in den Zuschussdiözesen zu sorgen, wurde beim Generalvorstand des *Bonifatiusvereins* mit Sitz in Paderborn eine so genannte *Ausgleichskasse*[820] eingerichtet. Die Fuldaer Bischofskonferenz beschäftigte sich wiederholt damit, vor allem im Jahre 1926, in dem sie den folgenden Beschluss fasste[821]:

»Es ist für den hochwürdigen Klerus eine vordringliche Standessache und Liebespflicht, für die darbenden geistlichen Mitbrüder in der Diaspora zu sorgen. Wir bestimmen deshalb, daß

1.) in den Diasporadiözesen, soweit sie die Ausgleichskasse in Anspruch nehmen, alle auskömmlich besoldeten Priester 3% ihres Gehaltes für die minderbesoldeten Diasporapriester der eigenen Diözese abgeben;

2.) in allen übrigen Diözesen die auskömmlich besoldeten Priester wenigstens 1,1% ihres Gehaltes an die [34r] Ausgleichskasse des Generalvorstandes zu Paderborn abführen.

Eine ›auskömmliche Besoldung‹ beziehen auch diejenigen preußischen Pfarrer, die Ausfälle an ihrem Gehalte erleiden. Abgabepflichtig sind nicht bloß die Pfarrer, sondern auch die Domkapitulare, die Schul- und Anstalts- und sonst freigestellten Geistlichen, sowie die Hilfsgeistlichen, soweit sie das von der Bischofskonferenz festgesetzte Gehalt beziehen. Die Bischöfe werden zumindest mit dem gleichen Satze an dieser Abgabe sich beteiligen«.

Nach dieser Entscheidung sollen also die Priester der Zuschussdiözesen 3% ihres Gehalts einzahlen, die der anderen Diözesen (*Hinterlanddiözesen*) 1,1%. Leider geben jedoch in mehreren Diözesen nicht alle Geistlichen ihren Beitrag für die Diaspora. Einige führen Gründe unterschiedlicher Natur an: die Notwendigkeit, armen Verwandten zu helfen, Ausgaben für Krankheiten usw. Vor allem die an den höheren Schulen oder in anderen vom Staat oder den Gemeinden besoldeten Ämtern angestellten Priester entziehen sich nicht selten jener Zahlung. Daher beschäftigte sich

---

[820] »Die Anfänge der Priesterhilfs- und Ausgleichskasse beim Generalvorstand des Bonifatiusvereins geht bis in die Inflationszeit zurück, als die Besoldung der Diasporapriester schwierig wurde, da sie wegen unzureichendem Stiftungskapital keine staatliche Anerkennung und so auch keine staatliche Bezuschussung erfuhren. Sie bezogen deshalb deutlich niedrigere Gehälter als die Priester der staatlich anerkannten Pfarreien. Der hierfür vorgesehene Dotationsfond des Bonifatiusvereins war aufgrund der Geldentwertung weggefallen. Deshalb errichtete der Generalvorstand desselben mit Genehmigung der Fuldaer Bischofskonferenz einen Ausgleichsfond«. E. GATZ (Hg.), Geschichte des kirchlichen Lebens, Bd. 3, S. 100 f. (H.-G. ASCHOFF).

[821] »26. *Priesterhilfe für Diaspora-Geistliche*«. DAL, Protokoll der Fuldaer Bischofskonferenz vom 10.–12. August 1926. Sechste Sitzung, Donnerstag, 12. August 1926, 3 Uhr, S. 8.

all'8 Agosto del corrente anno, si è occupata ancora una volta dell'argomento ed ha risoluto quanto appresso: »Su domanda del *Bonifatiusverein* la Conferenza decide che si esortino di nuovo in forma ufficiale gli ecclesiastici sufficientemente contribuiti nelle diocesi dell'Hinterland prussiano (Colonia, Münster, Treviri, Glatz, Katscher) a versare per il miglioramento dell'assegno dei sacerdoti della diaspora 1,1% fissato già nel 1926. Al qual proposito conviene di rilevare che le somme fisse (50 o 25 Marchi), in uso in vari luoghi, non rappresentano più, [34v] in seguito al miglioramento degli stipendi, 1,1% dell'assegno annuo e che perciò deve riprendersi la percentuale (1%) stabilita nel 1926. – I Revm̃i Ordinari delle diocesi dell'Hinterland non prussiano (Friburgo, Magonza, Rottenburg) sono pregati di raccomandare ufficialmente un aumento delle contribuzioni corrispondente ai relativi assegni«.

In generale sarebbe desiderabile che specialmente il giovane clero fosse educato ed esortato a praticare un modo di vivere, bensì conveniente, ma semplice e modesto. Soprattutto nelle regioni industriali, se i sacerdoti si trattano un po' lautamente, non ottengono nulla in mezzo alle grandi masse operaie, mentre là dove il clero si mostra povero e disinteressato, ha fatto miracoli nella cura delle anime, anche fra gli stessi comunisti.

Non sarà forse inutile di indicare, come esempio, le tasse (la cui lista ho potuto procurarmi in via *strettamente riservata*) fissate come diritti di stola (*Stolgebühren*) per il territorio della già Delegazione vescovile di Berlino. I fedeli sono divisi in quattro classi: la quarta comprende coloro, che hanno una rendita annua sino a 3.000 Marchi; la terza sino a 7.000; la seconda sino a 12.000; la prima oltre i 12.000 Marchi. Per i battesimi la tassa ammonta a 22 Marchi per la prima classe (di cui 6 per la chiesa, 12 per il sacerdote, 2 per il sagrestano, 2 come contributo del 10% da versarsi alla cassa della Delegazione); 11 per la seconda classe; 5,50 per la terza classe; 2,20 per la quarta classe. Per i battesimi in case private: 60 Marchi (20 per la chiesa, 20 per il sacerdote, 10 per la Delegazione, 4 per il sagresta[35r]no, 6 per contributo del 10% alla cassa della Delegazione). Per le pubblicazioni del matrimonio: 11 Marchi per la prima classe (7,50 per il sacerdote, 2,50 per la chiesa, 1 come contributo alla cassa della Delegazione); 6,60 per la seconda classe; 4,40 per la terza classe; 2,20

die Fuldaer Bischofskonferenz, die vom 6. bis 8. August diesen Jahres stattfand, noch einmal mit dem Thema und entschied Folgendes: »Auf Anregung des *Bonifatius-vereins* beschließt die Bischofskonferenz, daß die zur *Gehaltsaufbesserung* der Di-asporageistlichen von der Konferenz schon 1926 beschlossene 1,1% Gehaltsabgabe den auskömmlich besoldeten Priestern in den Diözesen des preußischen Hinter-landes (Köln, Münster, Trier, Glatz[822], Katscher[823]) nochmals in amtlicher Form na-hegelegt wird. Dabei möge betont werden, daß die jetzt vielfach üblichen, nach un-ten abgerundeten festen Sätze (50 bzw. 25 RM) [34r] in Anbetracht der Gehaltsauf-besserung nicht mehr als 1,1% des Jahresgehaltes gelten können, daß deshalb die schon 1926 vorgesehene prozentuale Abgabe (1%) wieder aufgenommen werden solle. Die Hochwürdigsten Ordinariate der angeschlossenen außerpreußischen Hinterlandssprengel (Freiburg, Mainz, Rottenburg) werden gebeten, eine den dor-tigen Besoldungsverhältnissen entsprechende Erhöhung der Beiträge offiziell an-zuregen«[824].

Im Allgemeinen wäre es wünschenswert, dass besonders der junge Klerus erzo-gen und ermahnt würde, eine wohl angemessene, aber einfache und bescheidene Le-bensweise zu üben. Vor allem in den Industriegebieten erreichen die Priester, wenn sie ein wenig prunkvoll leben, gar nichts unter den Arbeitermassen, während der Klerus dort, wo er sich arm und uneigennützig zeigt, in der Seelsorge Wunder ge-wirkt hat, sogar noch unter den Kommunisten.

Es mag vielleicht nicht unnütz sein, als ein Beispiel die Gebühren (deren Liste ich mir auf *streng vertraulichem* Weg verschaffen konnte) anzuführen, die als *Stolge-bühren* für das Gebiet der ehemaligen bischöflichen Delegatur Berlin festgelegt sind. Die Gläubigen sind in vier Klassen eingeteilt: die vierte umfasst diejenigen, die ein Jahreseinkommen bis 3.000 Mark haben; die dritte bis 7.000; die zweite bis 12.000; die erste über 12.000 Mark. Für Taufen beläuft sich die Gebühr auf 22 Mark für die erste Klasse (davon 6 für die Kirche, 12 für den Priester, 2 für den Küster, 2 als Bei-trag von 10%, der an die Delegaturkasse zu zahlen ist); 11 für die zweite Klasse; 5,50 für die dritte Klasse; 2,20 für die vierte Klasse. Für Taufen in Privathäusern: 60 Mark (20 für die Kirche, 20 für den Priester, 10 für die Delegatur, 4 für den Küster, [35r] 6 als Beitrag von 10% an die Delegaturkasse). Für die Veröffentlichungen der Ehe-schließungen: 11 Mark für die erste Klasse (7,50 für den Priester, 2,50 für die Kir-che, 1 als Beitrag an die Delegaturkasse); 6,60 für die zweite Klasse; 4,40 für die drit-

---

[822] »Die 1742 an Preußen gefallene Grafschaft Glatz gehörte seit alters zum Erzbistum Prag. Dessen Ober-hirten ließen das Gebiet durch eigene (Groß-)Dechanten und später Generalvikare verwalten«. E. GATZ (Hg.), Bischöfe 1789/1803-1945, S. 855.

[823] »Der Distrikt Katscher umfaßte den 1742 nach dem Ersten Schlesischen Krieg preußisch gewordenen Anteil des Bistums (seit 1777) Erzbistum Olmütz. Es wurde von einem fürsterzbischöflichen Kom-missar, seit 1924 einem Generalvikar verwaltet«. EBD., S. 858.

[824] Vgl. DAL, Protokoll der Fuldaer Bischofskonferenz vom 6.-8. August 1929, Nr. 26, S. 12.

per la quarta classe. Per la celebrazione del matrimonio: 48,40 Marchi per la prima classe (12 per la chiesa, 24 per il sacerdote, 8 per il sagrestano, 4,40 come contributo alla cassa della Delegazione); 24,20 per la seconda classe; 12,10 per la terza classe; 6 per la quarta classe; – per il discorso: 15 Marchi per la prima classe, 10 per la seconda, 5 per la terza, 3 per la quarta; – quattro candele sono date gratuitamente; per ogni altra 0,50 Marchi; per ogni sedia 0,50 Marchi. Per i matrimoni celebrati in case private: 70 Marchi. Per i funerali: 45,10 Marchi per la prima classe (16 per la chiesa, 15 per il sacerdote, 5 per il sagrestano, 5 per il chierico, 4,10 come contributo alla cassa della Delegazione); 25,30 per la seconda classe; 17,10 per la terza classe; – per il discorso: 15 Marchi per la prima classe, 6 per la seconda, 5 per la terza; – per il trasporto del cadavere dalla casa 100% di aumento; – per ogni assistente Marchi 10. Per le Messe: dalle ore 9 alle 10 Marchi 6, dopo le ore 10 Marchi 9. Per le Messe cantate o di Requiem: dalle 8 alle 9 Marchi 6, dalle 9 alle 10 Marchi 10, dopo le 10 Marchi 15; per ogni assistente sino alle 8 Marchi 3, dopo le 8 Marchi 6. Per l'uso dell'organo, per l'organista, i cantori, ecc. sono pure fissati prezzi speciali.

A quanto mi sarebbe stato riferito, nella diocesi di Breslavia, ed anche in Berlino, vigerebbe l'uso, o piuttosto (a mio [35v] umile avviso) l'abuso, di far pagare, qualora la relativa funzione (ad es. i funerali) è compiuta non dal parroco proprio, ma da un altro, la tassa due volte, vale a dire al parroco proprio ed al parroco funzionante; il che provoca malcontento nei fedeli. Responsabile di tale doppio pagamento sarebbe l'amministrazione centrale (*Gesamtverband*), la quale calcola tutte le tasse di stola (anche quelle che sono pagate al parroco proprio non funzionante) come parte della congrua, di guisa che i parroci in discorso, rinunziandovi, verrebbero a subire una diminuzione del loro assegno.

4.) Bisogna riconoscere che i sacerdoti in Germania nella loro maggioranza sono buoni, zelanti ed attivi. Al giovane clero si dovrebbe raccomandare specialmente la preghiera e l'obbedienza. – Penosa fu l'attitudine di non pochi membri dei Capitoli cattedrali e delle Facoltà teologiche durante le trattative concordatarie. I primi, infatti, per conservare contro l'intenzione della S. Sede il pieno diritto di elezione dei Vescovi, non si ritennero di insistere sino all'ultimo presso Ministri e deputati, anche acattolici e liberali, affinchè sostenessero il mantenimento della elezione medesima, la quale veniva rappresentata come un antico diritto germanico, importante eziandio dal punto di vista nazionale; i secondi egualmente agirono nel Ministero del Culto per impedire il più possibile che fossero meglio determinati ed ampliati i diritti dell'Ordinario nella nomina e nella rimozione degli insegnanti nelle Facoltà

te Klasse; 2,20 für die vierte Klasse. Für die Feier von Trauungen: 48,40 Mark für die erste Klasse (12 für die Kirche, 24 für den Priester, 8 für den Küster, 4,40 als Beitrag an die Delegaturkasse); 24,20 für die zweite Klasse; 12,10 für die dritte Klasse; 6 für die vierte Klasse; – für die Rede: 15 Mark für die erste Klasse, 10 für die zweite, 5 für die dritte, 3 für die vierte; – vier Kerzen werden umsonst gegeben; für jede weitere 0,50 Mark; für jeden Stuhl 0,50 Mark. Für in Privathäusern zelebrierte Hochzeiten: 70 Mark. Für Beerdigungen: 45,10 Mark für die erste Klasse (16 für die Kirche, 15 für den Priester, 5 für den Küster, 5 für den Messdiener, 4,10 als Beitrag an die Delegaturkasse); 25,30 für die zweite Klasse; 17,10 für die dritte Klasse; – für die Rede: 15 Mark für die erste Klasse, 6 für die zweite, 5 für die dritte; – für den Transport des Leichnams vom Haus aus 100% Zuschlag; – für jeden Helfer 10 Mark. Für die Messen: von 9 bis 10 Uhr 6 Mark, nach 10 Uhr 9 Mark. Für gesungene Messen oder ein Requiem: von 8 bis 9 Uhr 6 Mark, von 9 bis 10 Uhr 10 Mark, nach 10 Uhr 15 Mark; für jeden Helfer bis 8 Uhr 3 Mark, nach 8 Uhr 6 Mark. Für die Benutzung der Orgel, für den Organisten, die Kantoren usw. sind auch besondere Preise festgelegt.

Nach dem, was mir berichtet wurde, soll in der Diözese Breslau und auch in Berlin der Brauch herrschen oder vielmehr (meiner **[35v]** bescheidenen Meinung nach) der Missbrauch, die Gebühren, wenn der entsprechende Gottesdienst (z.B. die Beerdigung) nicht vom Ortspfarrer, sondern von einem anderen ausgeführt wird, zweimal bezahlen zu lassen, d.h. dem Ortspfarrer und dem Zelebranten; was Unzufriedenheit bei den Gläubigen hervorruft. Verantwortlich für diese doppelte Bezahlung dürfte die zentrale Verwaltung (*Gesamtverband*) sein, die alle Stolgebühren als Teil der Congrua abrechnet (auch die, die dem nicht zelebrierenden eigenen Pfarrer gezahlt werden), so dass die betreffenden Pfarrer, wenn sie darauf verzichteten, eine Verminderung ihrer Zuwendung erleiden müssten.

4.) Man muss anerkennen, dass die Priester in Deutschland in ihrer Mehrheit gut, eifrig und aktiv sind. Dem jungen Klerus sollte man besonders das Gebet und den Gehorsam anempfehlen. – Schmerzlich war die Haltung nicht weniger Mitglieder der Kathedralkapitel und der theologischen Fakultäten während der Konkordatsverhandlungen[825]. Um gegen die Absicht des Hl. Stuhls das volle Recht der Bischofswahl zu behalten, schreckten die ersteren tatsächlich nicht davor zurück, bis zuletzt auch unkatholische Minister und Abgeordnete zu bedrängen, den Erhalt dieses Wahlrechts zu unterstützen, das als ein altes germanisches Recht dargestellt wurde, das sogar vom nationalen Gesichtspunkt aus wichtig sei; die zweiten agierten gleichermaßen im Kultusministerium, um nach Möglichkeit zu verhindern, dass die Rechte des Ortsbischofs bei der Ernennung und der Entfernung der Dozenten an den genannten Fakultäten besser festgelegt und erweitert würden, wodurch sie die

---

[825] Dieser Widerstand ist noch genauer zu erforschen. Zur Positionierung der theologischen Fakultäten in der Konkordatsfrage 1920 in Würzburg, aus der sich die »Arbeitsgemeinschaft der katholisch-theologischen Fakultäten und Lehranstalten Deutschlands« entwickelte, vgl. H. MUSSINGHOFF, Theologische Fakultäten, S. 177 f.

anzidette, aggravando così le già tanto serie difficoltà, che i negoziati presentavano in questo argomento.

[36r] Le nomine agli uffici ecclesiastici si compiono, dopo la conclusione dei Concordati colla Baviera e colla Prussia, da parte dei rispettivi Ordinari, con assai maggior libertà che in passato. In Prussia anzi è caduta la cosiddetta *Anzeigepflicht* per i parroci, la quale aveva costituito durante il *Kulturkampf* un punto così aspro di lotta; a norma infatti dell'articolo 10 capov. 2 del recente Concordato la comunicazione al Governo del nome del nuovo parroco – necessario anche perchè questo possa riscuotere il supplemento di congrua corrisposto dallo Stato – non ha luogo che dopo la nomina, la quale quindi rimane completamente libera, salva la osservanza dei requisiti indicati nell'articolo 9 capov. 1. Anche per le parrocchie di patronato dello Stato i surricordati Concordati hanno introdotto disposizioni più conformi al diritto canonico con notevolissimo vantaggio degli Ordinari nella provvista delle medesime. Rimangono invece ancora in varie regioni insolute alcune complicate questioni concernenti il patronato privato; così, ad esempio, nel Württemberg (diocesi di Rottenburg). Circa questa materia l'umile sottoscritto sta preparando il materiale per riferire alla S.Sede.

ᵍCiò è ora già avvenuto con Rapporto alla S. Congregazione del Concilio N. 42660 del 25 corrente.ᵍ

X. Gli Ordini e le Congregazioni religiose

Secondo una statistica ufficiale pubblicata nel più volte menzionato *Kirchliches Handbuch* (pag. 307 e segg.), si avevano nell'anno 1927 in Germania 578 case reli-

bereits so ernsten Schwierigkeiten, die die Verhandlungen zu diesem Thema aufwiesen, noch vermehrten.

[36r] Die Ernennungen zu den kirchlichen Ämtern werden nach dem Abschluss der Konkordate mit Bayern und mit Preußen durch die jeweiligen Diözesanbischöfe vorgenommen, und zwar mit viel größerer Freiheit als in der Vergangenheit. In Preußen ist sogar die sogenannte *Anzeigepflicht* für die Pfarrer weggefallen, die während des *Kulturkampfes* ein so erbittertes Kampfthema dargestellt hatte; gemäß Artikel 10 Absatz 2 des jüngsten Konkordats[826] findet tatsächlich die Mitteilung des Namens des neuen Pfarrers an die Regierung – die auch notwendig ist, damit dieser die vom Staat gezahlten Congrua als Gehaltszulage erhalten kann – erst nach der Ernennung statt, die demnach gänzlich frei bleibt, unbeschadet der Beachtung der in Artikel 9 Absatz 1 aufgeführten Anforderungen[827]. Auch für die Patronatspfarreien des Staates haben die oben erwähnten Konkordate Regelungen eingeführt, die mit dem Kirchenrecht besser übereinstimmen, zum außerordentlichen Vorteil der Bischöfe in der Besetzung derselben. Ungelöst bleiben in verschiedenen Regionen dagegen noch einige komplizierte Fragen bezüglich des privaten Patronats; so zum Beispiel in Württemberg (Diözese Rottenburg)[828].

Zu diesem Thema bereitet der ergebene Unterzeichnete Material vor, um an den Hl. Stuhl zu berichten.

Dies ist nun bereits geschehen mit dem Bericht an die Hl. Konzilskongregation Nr. 42660 vom 25. diesen Monats[829].

X. Die Orden und die religiösen Gemeinschaften

Nach einer offiziellen, im mehrmals erwähnten *Kirchlichen Handbuch* (S. 307 f.)[830] veröffentlichten Statistik gab es im Jahre 1927 in Deutschland 578 männliche Or-

---

[826] »Im Falle der dauernden Übertragung eines Pfarramts wird der Diözesanbischof (*Praelatus nullius*) alsbald nach der Ernennung der Staatsbehörde von den Personalien des Geistlichen, mit besonderer Rücksicht auf Abs. 1 dieses Artikels, Kenntnis geben«. Preußisches Konkordat, Artikel 10, Absatz 2, E. R. Huber/W. Huber, Staat und Kirche, Bd. 4, S. 326.

[827] »Angesichts der in diesem Vertrag zugesicherten Dotation der Diözesen und Diözesananstalten wird ein Geistlicher zum Ordinarius eines Erzbistums oder Bistums oder der *Praelatura Nullius*, zum Weihbischof, zum Mitglied eines Domkapitels, zum Domvikar, zum Mitglied einer Diözesanbehörde oder zum Leiter oder Lehrer an einer Diözesanbildungsanstalt nur bestellt werden, wenn er a) die deutsche Reichsangehörigkeit hat, b) ein zum Studium an einer deutschen Universität berechtigendes Reifezeugnis besitzt, c) ein mindestens dreijähriges philosophisch-theologisches Studium an einer deutschen staatlichen Hochschule oder an einem der gemäß Artikel 12 hierfür bestimmten bischöflichen Seminare oder an einer päpstlichen Hochschule in Rom zurückgelegt hat«. Preußisches Konkordat, Artikel 9, Absatz 1, EBD., S. 325 f.

[828] Im Gegensatz zu den staatlichen bestanden die privaten Patronate in Württemberg auch nach 1919 fort. Gemäß den neuen Bestimmungen des CIC von 1917 (c. 1448 ff.) drängte man von Seiten des bischöflichen Ordinariates auch auf deren Abschaffung, stieß jedoch auf teilweise erbitterten Widerstand der Patronatsherren. Die Angelegenheit sollte Pacelli auch nach der Zeit seiner Nuntiatur noch weiter beschäftigen. Vgl. A. Hagen, Geschichte, Bd. 3, S. 142-144.

[829] Der letzte Satz ist eine handschriftliche Fußnote Pacellis an dieser Stelle; das zitierte Schreiben konnte bislang nicht nachgewiesen werden.

[830] Ordensniederlassungen und Ordensmitglieder in den deutschen Diözesen im Jahre 1927, Kirchliches Handbuch 15 (1927-1928), S. 309 (J. Sauren).

giose maschili con 11.042 **[36v]** membri, di cui 3.413 sacerdoti e 1.149 novizi. Il più gran numero si trovava nella Baviera e nella Renania; la vasta Archidiocesi di Colonia contava 87 case con 1.719 membri e 252 novizi. Pochi sono invece naturalmente i religiosi nelle regioni della diaspora, come la Sassonia, la Turingia, Amburgo; mancano anzi del tutto in ambedue i Mecklenburg, in Brema, Lubecca, Lippe, Schaumburg-Lippe, Waldeck, Braunschweig, Anhalt e nella provincia prussiana dello Schleswig-Holstein.

Assai più numerose sono le case di religiose. Nel 1925 si avevano 6.489 case con 71.720 [h]suore e 5.926[h] novizie; nel 1926 si contavano 6.619 case con 73.880 suore e 6.069 novizie; nel 1927 infine 6.670 case con 72.941 suore e 6.449 novizie. Il numero delle case religiose femminili si è dunque nel 1927 accresciuto di 51 in confronto dell'anno precedente, mentre che il numero delle Suore è diminuito di 939, regresso non sufficientemente compensato dall'aumento di 380 novizie. Tale diminuzione, la quale ha colpito la maggior parte delle diocesi, spiega anche il fatto che molte Congregazioni religiose femminili per mancanza di personale non possono accettare varie nuove fondazioni, che sarebbero loro offerte. L'accentuarsi dei sentimenti materialistici e della ricerca dei piaceri in gran parte della gioventù e la diminuzione delle nascite faranno probabilmente sentire negli anni venturi ancor più vivamente il bisogno di coltivare con ogni cura buone e promettenti vocazioni. A differenza delle Congregazioni religiose maschili, le case di Suore si trovano in tutte le regioni della Germania, eccettuato soltanto lo Schaumburg-Lippe.

[37r] La formazione filosofico-teologica è buona nei grandi Ordini e Congregazioni, come, ad es., i Gesuiti, i Francescani, ecc.; deficiente invece presso alcune nuove Congregazioni. In generale i religiosi lavorano molto e lo stato morale dei medesimi è migliore che in altri tempi; sembra, tuttavia, d'altra parte, – a quanto mi si riferisce –, che le rivalità fra di loro abbiano raggiunto al presente un grado particolarmente elevato. Specialmente di mira sono presi i Padri della Compagnia di Gesù da parte sia dei protestanti e dei nazionalisti, per i quali essi rappresentano l'ultramontanismo e la contro-riforma, sia dei cattolici liberali, sia anche di non pochi membri del clero secolare e regolare per motivo di gelosia.

denshäuser mit 11.042 **[36v]** Mitgliedern, davon 3.413 Priester und 1.149 Novizen. Die größte Zahl befand sich in Bayern und im Rheinland; die große Erzdiözese Köln zählte 87 Häuser mit 1.719 Mitgliedern und 252 Novizen. Wenige sind dagegen natürlicherweise die Ordensmänner in den Gegenden der Diaspora, wie Sachsen, Thüringen, Hamburg; sie fehlen sogar gänzlich in den beiden Mecklenburg, in Bremen, Lübeck, Lippe, Schaumburg-Lippe, Waldeck, Braunschweig, Anhalt und in der preußischen Provinz Schleswig-Holstein.

Sehr viel zahlreicher sind die Häuser von Ordensfrauen[831]. 1925 gab es 6.489 Häuser mit 71.720 Schwestern und 5.926[832] Novizinnen; 1926 zählte man 6.619 Häuser mit 73.880 Schwestern und 6.069 Novizinnen; 1927 schließlich 6.670 Häuser mit 72.941 Schwestern und 6.449 Novizinnen. Die Anzahl der weiblichen Ordenshäuser ist demnach 1927 im Verhältnis zum Vorjahr um 51 gestiegen, während die Anzahl der Schwestern um 939 gesunken ist, ein Rückgang, der durch den Zuwachs von 380 Novizinnen nicht ausreichend kompensiert wurde. Diese Abnahme, die den Großteil der Diözesen traf, erklärt auch die Tatsache, dass viele weibliche Ordensgemeinschaften wegen Mangels an Personal verschiedene neue Stiftungen nicht annehmen können, die ihnen angeboten wurden. Die Verschärfung der materialistischen Gesinnungen und der Suche nach Vergnügungen bei einem Großteil der Jugend und der Geburtenrückgang werden wahrscheinlich in den kommenden Jahren noch lebhafter die Notwendigkeit spüren lassen, mit aller Sorgfalt gute und viel versprechende Berufungen zu pflegen[833]. Im Unterschied zu den männlichen Ordensgemeinschaften finden sich Häuser von Schwestern in allen Gegenden Deutschlands, nur mit Ausnahme von Schaumburg-Lippe.

[37r] Die philosophisch-theologische Ausbildung ist in den großen Orden und Gemeinschaften gut, wie z.B. bei den Jesuiten, Franziskanern usw.; ungenügend dagegen bei einigen neuen Gemeinschaften. Im Allgemeinen arbeiten die Ordensleute viel, und der moralische Zustand derselben ist besser als zu anderen Zeiten; es scheint jedoch andererseits – nach dem, was mir berichtet wird –, dass die Rivalitäten unter ihnen gegenwärtig einen besonders hohen Grad erreicht haben. Insbesondere die Patres der Gesellschaft Jesu werden zur Zielscheibe gemacht sowohl seitens der Protestanten und der Nationalisten, für die sie den Ultramontanismus und die Gegenreformation repräsentieren, als auch seitens der liberalen Katholiken sowie nicht weniger Mitglieder des Welt- und des Ordensklerus aus Gründen der Eifersucht[834].

---

[831] Vgl. EBD.

[832] Die letzten drei Wörter sind maschinenschriftlich ergänzt.

[833] »Die vielfach wachsende materialistische Lebenseinstellung in manchen Jugendkreisen und noch mehr die in den kommenden Jahren stärkere Auswirkung des Geburtenrückganges machen bereits heute die Weckung guter und versprechender Ordensberufe zu einer wichtigen Zeitaufgabe«. EBD., S. 308, 311.

[834] Zu den traditionellen Gegnern des Jesuitenordens, der sich gerne mit der schlechthin katholischen Position identifizierte, gehörten die Protestanten, seit dem 17. Jahrhundert der Jansenismus und die Aufklärung, dann vor allem der Liberalismus des 19. Jahrhunderts; hinzu kamen seit der Zeit der Aufklärung reformkatholische Strömungen, die die Kirche nicht mit dem Ultramontanismus identifizieren

In generale l'attività svolta con tanta abnegazione dalle religiose, così nelle più sva-
riate opere di carità come nell'insegnamento, è assai preziosa e ricca di copiosi frut-
ti per la Chiesa e per le anime. Basterebbe, ad esempio, di ricordare il gran bene che
le Religiose Orsoline compiono coll'educazione della gioventù femminile in una città così piena di pericoli per la fede e per i costumi, quale è Berlino. Le Suore si trovano nella necessità di tener conto delle esigenze dei tempi, anche a motivo delle prescrizioni governative, ad esempio, per quanto riguarda le maestre; ciò è, d'altra parte, talvolta causa di speciali difficoltà, allorché le prescrizioni medesime non si ac-
cordano colla riservatezza richiesta dalla santità dello stato religioso, per esempio,
riguardo alla formazione delle insegnanti di disegno; qualche abuso, introdottosi anche col consenso o colla tolleranza dell'Ordinario, venuto a cono[**37v**]scenza dello
scrivente, è stato senza indugio cautamente rimosso. Altri inconvenienti ho inteso
pure non di rado deplorare da degni e prudenti religiosi esperti nella cura delle anime: ad esempio, che nell'una o nell'altra casa di religiose la Superiora non lascia alle
Suore la libertà garantita loro dai sacri canoni riguardo alla confessione ed alla direzione spirituale; che in qualche Clinica le Suore debbono assistere ad operazioni illecite, ad esempio, procurazione di aborto, ecc.

Gli Ordini e le Congregazioni religiose tedesche, tra le quali merita una particolare menzione la Società del Divin Verbo, detta anche di Steyl, danno anche un lar-
go contribuito nel lavoro per le Missioni. Ad esse sono affidati 45 territori di missione, dei quali 10 in China, 6 nel Giappone, nella Corea e nella Manciuria, 1 nell'In-
dia, 4 nell'Australia e nell'Oceania, 3 nelle Filippine, 12 nell'Africa, 9 nell'Ameri-
ca. Vi sono impiegati 675 sacerdoti tedeschi (oltre 92 indigeni), 463 fratelli laici e
1483 Suore. Cfr. *Kirchliches Handbuch*, pag. 73 e segg. Dato il grande bisogno di
personale ed anche di mezzi finanziari, che hanno le sullodate Congregazioni per

Im Allgemeinen ist die mit sehr großer Entsagung ausgeübte Tätigkeit der Ordensfrauen, in unterschiedlichen Werken der Wohltätigkeit wie auch im Unterricht, überaus kostbar und reich an ausgiebigen Früchten für die Kirche und für die Seelen. Es soll reichen, als Beispiel das von den Ursulinenschwestern mit der Erziehung der weiblichen Jugend in einer Stadt wie Berlin[835], so voller Gefahren für den Glauben und für die Sitten, geleistete gute Werk zu erwähnen. Die Schwestern sehen sich gezwungen, auf die Bedürfnisse der Zeit einzugehen, auch aufgrund von Regierungsbestimmungen, z.B. bezüglich der Volksschullehrerinnen; das ist andererseits manchmal Ursache besonderer Schwierigkeiten, wenn die Bestimmungen selbst nicht mit der von der Heiligkeit des Ordensstandes geforderten Zurückhaltung zusammenpassen, z.B. bezüglich der Ausbildung der Zeichenlehrerinnen; mancher Missbrauch, der auch mit der Zustimmung oder Duldung des Ordinarius eingeführt worden und [37v] dem Schreiber zur Kenntnis gekommen war, wurde ohne Zögern umsichtig entfernt. Andere Unannehmlichkeiten habe ich auch nicht selten von würdigen und klugen Ordensleuten beklagen hören, die in der Seelsorge erfahren sind: zum Beispiel, dass in dem ein oder anderen Haus von Ordensfrauen die Oberin den Schwestern nicht die ihnen von den heiligen Canones garantierte Freiheit bezüglich der Beichte und der Seelenführung überlässt; dass in einigen Kliniken Ordensschwestern bei unzulässigen Operationen assistieren müssen, z.B. Abtreibung usw.

Die Orden und die deutschen Ordensgemeinschaften, unter denen eine besondere Erwähnung die Gesellschaft des Göttlichen Wortes verdient, die auch nach Steyl[836] benannt ist, geben auch einen großen Beitrag in der Arbeit für die Missionen. Ihnen sind 45 Missionsgebiete anvertraut, von diesen 10 in China, 6 in Japan, in Korea und in der Mandschurei, 1 in Indien, 4 in Australien und in Ozeanien, 3 auf den Philippinen, 12 in Afrika, 9 in Amerika. Dabei werden eingesetzt: 675 deutsche Priester (überdies 92 einheimische), 463 Laienbrüder und 1.483 Schwestern. Vgl. *Kirchliches Handbuch*, S. 73 ff.[837] Aufgrund des großen Bedarfs an Personal und auch an finanziellen Mitteln, den die erwähnten Gemeinschaften haben, um ihre Arbeit in Über-

---

wollten. Neben sachlicher Kritik waren immer auch jesuitenfeindliche Legenden und Übertreibungen im Umlauf, das Adjektiv »jesuitisch« wurde häufig in einem pejorativen Sinne mit der Bedeutung »verschlagen, hinterhältig« verwendet. In seiner Vorrede zum Jesuiten-Lexikon schrieb der Jesuit Ludwig Koch 1934: »Das Buch ist weder eine Festschrift noch eine Apologie. Was ihn [= den Herausgeber] bewog und leitete, war die Ueberlegung, daß über die Gesellschaft Jesu, deren Bild nun einmal im öffentlichen Bewußtsein steht und herausfordert, ganz unklare, verzerrte und zum Teil falsche Vorstellungen im Umlauf sind«. L. KOCH, Jesuiten-Lexikon [, S. V].

835 Die Ursulinen unterhielten in Berlin, Linderstraße 39, ein Lyzeum und eine Studienanstalt. Zusammen mit der Filiale in Neustadt an der Dosse wirkten damals dort 57 Schwestern und 4 Novizinnen. Kirchliches Handbuch 15 (1927-1928), S. 350 (J. SAUREN).

836 Die 1875 von Arnold Janssen gegründete Gesellschaft der Steyler Missionare (SVD) war die erste deutsche Missionskongregation, die – anfangs als freie Anstalt zur Heranbildung von Missionaren geplant – immer mehr die Gestalt eines religiösen Ordens mit einem Generaloberen an der Spitze angenommen hatte. Wegen des Kulturkampfes wurde ihr Sitz in den katholischen und an das deutsche niederrheinische Gebiet angrenzenden Ort Steyl in den Niederlanden gelegt, von dem die Kongregation auch ihren Namen erhielt. LThK³ 9 (2000), S. 996 f. (K. MÜLLER).

837 Vgl. Das deutsche Missionsfeld, Kirchliches Handbuch 15 (1927-1928), S. 73-84 (A. BÄTH).

svolgere la loro azione in conformità anche delle richieste della S. Congregazione de Propaganda Fide, sarebbe desiderabile che i Revᵐⁱ Ordinari si mostrassero larghi nel favorire, nei limiti del possibile, la loro espansione e la loro attività.

[38r] XI. Notizie sui singoli Ordinari della Germania

1.) L'Eminentissimo Sig. Cardinale Adolfo *BERTRAM*, Vescovo di *Breslavia*, Dr.theol. et iur.can., nato in Hildesheim il 14 Marzo 1859, ordinato sacerdote il 31 Luglio 1881, compì in detta città gli studi ginnasiali, studiò teologia e diritto canonico nelle Università di Würzburg, Monaco, Innsbruck e Roma, nel 1894 Canonico della Chiesa cattedrale, nel 1905 Vicario generale e nel 1906 Vescovo di Hildesheim. Il 27 Maggio 1914 fu eletto Vescovo di Breslavia da quel Capitolo cattedrale per la ingerenza del Governo, il quale, dopo la morte dell'Eᵐᵒ Kopp (che, sebbene nel resto assai ligio allo Stato, sosteneva nella questione operaia le organizzazioni o Sezioni professionali confessionali), teneva ad avere in quella Sede vescovile, la cui giurisdizione abbracciava anche Berlino, un successore favorevole invece ai Sindacati interconfessionali. La pressione governativa fu anzi così forte ed aperta da togliere qualsiasi libertà agli elettori, di guisa che un Canonico scrisse sulla sua scheda: Non eligo, quia non est electio. La elezione fu dovuta perciò sanare dalla S. Sede. Fu dalla s. m. di Benedetto XV creato Cardinale (ma, a causa delle condizioni derivanti dalla guerra mondiale, riservato in petto) nel Concistoro del 4 Dicembre 1916 e pubblicato poi in quello del 15 Dicembre 1919. L'Eᵐᵒ è scrittore apprezzato ed autore di varie pubblicazioni, soprattutto storiche e pastorali, fra le quali meritano specialmente di essere ricordate la Storia della diocesi di Hildesheim (*Geschichte des Bistums Hildesheim*) in tre volumi, e quella sull'Azione cattolica (*Im Geiste der katholischen Aktion*). È Prelato di vita irreprensibile, lavora**[38v]**tore indefesso, assai zelante nella cura delle anime; d'altra parte, è di carattere non facile, autoritario e suscettibile. Nella difesa della fede contro gli errori moderni si è dimostrato non di rado, forse per insufficienze nella sua formazione teologica, impari al suo compito, come apparve, ad es., nel triste caso dell'infelice sacerdote Wittig, che egli sul principio difese, e contro il quale anche in seguito, malgrado i rispettosi avvisi ricevuti

einstimmung mit den Forderungen der Hl. Propagandakongregation auszuüben, wäre es wünschenswert, dass die Hochwürdigsten Bischöfe sich im Rahmen des Möglichen darin großzügig zeigen möchten, ihre Ausbreitung und ihre Tätigkeit zu unterstützen.

[38r] XI. Informationen über die einzelnen Diözesanbischöfe Deutschlands

1.) Seine Eminenz, Herr Kardinal Adolph *BERTRAM*[838], Bischof von *Breslau*, Dr. theol. et iur. can., geboren in Hildesheim am 14. März 1859, zum Priester geweiht am 31. Juli 1881, schloss in der besagten Stadt die Gymnasialstudien ab, studierte Theologie und Kirchenrecht an den Universitäten Würzburg, München, Innsbruck und Rom, 1894 Kanoniker der Kathedralkirche, 1905 Generalvikar und 1906 Bischof von Hildesheim. Er wurde am 27. Mai 1914 zum Bischof von Breslau gewählt vom dortigen Domkapitel aufgrund der Einmischung der Regierung, die nach dem Tode Seiner Eminenz Kopp[839] (der, obwohl er im Übrigen dem Staat sehr treu ergeben war, in der Arbeiterfrage die konfessionellen Organisationen oder Fachabteilungen der konfessionellen Arbeitervereine unterstützte), darauf hielt, auf jenem Bischofssitz, dessen Jurisdiktion auch Berlin umfasste, im Gegensatz dazu einen Nachfolger zu haben, der den interkonfessionellen Gewerkschaften gegenüber positiv eingestellt war. Der Druck der Regierung war sogar so stark und offen, dass er den Wählern jegliche Freiheit nahm, so dass ein Kanoniker auf seinen Stimmzettel schrieb: *Non eligo, quia non est electio*. Die Wahl musste deshalb vom Hl. Stuhl nachträglich saniert werden. Er wurde von Papst Benedikt XV.[840] zum Kardinal erhoben (allerdings aufgrund der vom Weltkrieg herrührenden Umstände *in pectore*) beim Konsistorium am 4. Dezember 1916 und dann öffentlich ernannt in jenem am 15. Dezember 1919. Seine Eminenz ist ein angesehener Schriftsteller und Autor unterschiedlicher, vor allem historischer und pastoraler Veröffentlichungen, unter denen besonders erwähnenswert sind die Geschichte der Diözese Hildesheim (*Geschichte des Bistums Hildesheim*)[841] in drei Bänden und jene über die katholische Aktion (*Im Geiste der katholischen Aktion*)[842]. Er ist ein Prälat von untadeligem Lebenswandel, [38v] ein unermüdlicher Arbeiter, besonders eifrig in der Seelsorge; andererseits ist er von nicht leichtem Charakter, autoritär und empfindlich. In der Verteidigung des Glaubens gegen die modernen Irrlehren hat er sich nicht selten, vielleicht infolge von Unzulänglichkeiten in seiner theologischen Ausbildung, seiner Aufgabe nicht gewachsen gezeigt, wie z.B. im traurigen Fall des unglückseligen Priesters Wittig offenbar wurde,

---

[838] Zu Adolf Kardinal Bertram (1859-1945) s. Anm. 323.

[839] Zu Georg Kardinal Kopp (1837-1914) s. Anm. 176.

[840] Benedikt XV., Papst 1915-1922, LThK³ 2 (1994), S. 209 f. (G. SCHWAIGER).

[841] A. BERTRAM, Geschichte.

[842] DERS., Im Geiste. – Freilich ist diese Monographie »bei genauerem Hinsehen … eine Neuauflage von Reden, Predigten, Aufsätzen und Hirtenbriefen …, die z.T. bis ins Jahr 1908 zurückreichen bzw. zurückreichen können«. A. STEINMAUS-POLLAK, Katholische Aktion, S. 199.

da varie parti ed eziandio dall'umile scrivente, non si indusse a procedere energica-
mente, finchè venne la nota condanna della Suprema S. Congregazione del S. Offizio. Riforme serie ed efficaci nella istruzione ed educazione del Clero, quali sarebbero necessarie in Breslavia a causa della Facoltà teologica, difficilmente possono
attendersi da lui. Per l'Azione Cattolica l'Eĩo, a cui l'Augusto Pontefice indirizzò
il 13 Novembre 1928 una sapientissima e celebre Lettera, mostra esteriormente interesse e zelo. Di fatto, tuttavia, egli, la cui autorità in questo importantissimo argomento è grande, ha (come mi è stato riferito da varie parti) – sit venia verbo – »sa-
botato« tutti i tentativi e le iniziative per costituire una organizzazione o Giunta centrale, quale esiste in Italia ed anche l'Episcopato della Polonia ha deciso di creare in
quella Nazione (*Osservatore Romano* N. 227 del 28 Settembre 1929 [korrigiert aus
1919]). Così le speranze ed i progetti, che aveva suscitato nello scorso anno il Congresso cattolico di Magdeburg, sono rimasti sotto questo riguardo privi di effetto.
Le direttive per il lavoro dell'Azione Cattolica (*Richtlinien für die Arbeit der Ka-*

den er anfänglich verteidigte, und gegen den er sich auch im Folgenden, trotz der ehrerbietigen Ermahnungen, die er von verschiedenen Seiten und auch vom ergebenen Unterzeichneten erhielt, nicht entschloss, energisch vorzugehen[843], bis die bekannte Verurteilung der Höchsten Hl. Kongregation des Hl. Offiziums[844] kam. Ernsthafte und wirksame Reformen in der Unterweisung und Ausbildung des Klerus, die in Breslau wegen der theologischen Fakultät notwendig wären, können schwerlich von ihm erwartet werden. Für die Katholische Aktion zeigt Seine Eminenz, an den der erhabene Papst am 13. November 1928[845] einen überaus weisen und berühmten Brief richtete, äußerlich Interesse und Eifer. Er, dessen Autorität in diesem überaus wichtigen Thema groß ist, hat aber tatsächlich (wie mir von unterschiedlichen Seiten berichtet wurde), alle Versuche und Initiativen – *sit venia verbo* – »sabotiert«, eine Organisation oder einen Zentralausschuss zu bilden, so wie er in Italien existiert und auch die Bischöfe Polens entschieden haben, in der dortigen Nation ins Leben zu rufen (*Osservatore Romano* Nr. 227 vom 28. September 1929[846]). So blieben die Hoffnungen und Pläne, die der Katholikentag von Magdeburg im letzten Jahr erweckt hatte[847], in dieser Hinsicht ohne Wirkung. Die *Richtlinien für die Arbeit der Katho-*

---

[843] »Daß der zuständige Fürstbischof von Breslau, Adolf Kardinal Bertram, in dem so sich anbahnenden ›Fall‹ zumindest anfänglich zurückhaltend agierte, kann nicht überraschen, weil er von Wittigs literarischem Schaffen durchaus angetan war. Nicht nur der Neubearbeitung von Rauschens Patrologie, sondern auch dem poetischen Erstlingswerk *Herrgottswissen* hatte er hohes Lob gezollt«. K. HAUSBERGER, »Fall« Joseph Wittig, S. 307.

[844] »In der Generalkongregation vom 22. Juli 1925 setzte das *Sanctum Officium* je drei Aufsätze und Bücher Wittigs auf den Index, nämlich seine Ostererzählungen, die beiden Beiträge in Michels Sammelband sowie die Werke *Herrgottswissen*, *Meine ›Erlösten‹* und *Leben Jesu*. Das Dekret vom 29. Juli beschuldigte Wittig, daß seine darin enthaltenen Irrtümer ›die göttlich-katholische Lehre von Grund aus‹ zerstörten, und forderte ihn auf, erneut die tridentinische *Professio fidei* und den Antimoderniseneid abzulegen«. EBD., S. 312. Inquisitions- und Indexdekret sind abgedruckt in E. ROSENSTOCK/J. WITTIG, Alter der Kirche, Bd. 3, S. 82 f.

[845] Vgl. Wesen und Arbeitsweise der Katholischen Aktion, Handschreiben Papst Pius' XI. an Kardinal Bertram, 13. November 1928, gedruckt in: A. BERTRAM, Im Geiste, S. 9-14. Zusammenfassend heißt es darin: »Und fürwahr, die Katholische Aktion wird das leichter erreichen, weil sie, wie gesagt, einerseits sich keineswegs einmischt in Bestrebungen von Parteien, mögen diese auch aus Katholiken bestehen – diese werden ja nicht gehindert, in Fragen, die freier Diskussion überlassen bleiben, verschiedener Meinung zu sein – und weil sie – die Katholische Aktion – andererseits aus freien Stücken den seitens der Bischöfe erfolgenden Ratschlägen und Weisungen entsprechen wird, mögen diese auch tatsächlich oder scheinbar der Leitung oder den Interessen von Parteien nicht passen«. EBD., S. 13.

[846] Die Jahreszahl korrigiert aus 1919. In dem Artikel heißt es: »L'Episcopato polacco per l'azione cattolica. (Nostre informazioni). ... sono ebbe luogo a Poznan una riunione della commissione giuridica dell'Episcopato polacco alla quale presero parte le LL. EE. Rev.me i Cardinali Kakowski e Hlond, gli Arcivescovi Monsignori Teodorowicz, Sapieha, Jalbrzykowski ed il Vescovo Monsignor Szelazek. La commissione dopo aver discusso le varie questioni ecclesiastiche, decise la costituzione di una giunta centrale dell'Azione Cattolica in Polonia, con sede a Poznan ed affidò l'organizazzione di essa a Mons. Stanislao Adamski. Fu trattata la questione delle opere assistenziali cattoliche ed i loro rapporti con le autorità statali. Infine fu deciso che il congresso nazionale cattolico polacco dell'anno prossimo, avrà luogo a Poznan dal 20 al 22 giugno«. *Osservatore Romano*, Nr. 227, 28. September 1929.

[847] Auf dem Magdeburger Katholikentag vom September 1928 hielt Eugenio Pacelli eine vielzitierte programmatische Rede über die Katholische Aktion. E. PACELLI, Wesen und Aufgabe der Katholischen Aktion, Magdeburg, 5. September 1928, in: DERS., Gesammelte Reden, S. 137-140.

tholischen Aktion), preparate dall'Em̂o Bertram ed approvate dalla Conferenza vescovile di Fulda – ove egli [39r] sa far sempre prevalere la sua volontà – il 6 Agosto
del corrente anno, non sono che una enumerazione delle Associazioni già da tempo
esistenti in Germania e non prevedono che una organizzazione parrocchiale o diocesana dell'Azione cattolica. In realtà tutto è rimasto più o meno allo stato di prima. Dette direttive si trovano riprodotte in sunto dall'*Osservatore Romano* N. 229
del 30 Settembre–1° Ottobre p.p. – L'Eminentissimo Bertram ha, del resto, una spic-
cata tendenza a far da sè, lasciando volentieri da parte, in quanto può, la stessa S.
Sede ⁱ(eccetuato il caso in cui ne abbia bisogno per coprire la sua responsabilità)ⁱ. Ciò
si manifestò, ad esempio, in modo chiaro in occasione della emanazione della legge
sull'amministrazione dei beni ecclesiastici in Prussia del 1924. Sebbene infatti il Vescovo di Limburg, Mons. Kilian, avesse proposto nella Conferenza di Fulda del 1923
che il Presidente (Cardinale Bertram) dovesse informare la S. Sede circa il progetto
in discorso e le relative trattative dell'Episcopato col Governo, e quantunque tale
suggerimento avesse incontrato la generale approvazione, l'Eminentissimo non man-
dò ad effetto una così conveniente e commendevole deliberazione, e ciò malgrado
che la legge contenesse punti non in tutto conformi alle prescrizioni del diritto canonico. In una lettera direttami in data del 10 Febbraio 1924 (e da me trasmessa alla
Segreteria di Stato col Rapporto 29738 del 12 s.m.) egli esprimeva apertamente il pensiero che »l'esporre tali affari a Roma difficilmente produrrebbe un risultato con-
creto, trattandosi di questioni pratiche, strettamente connesse colla struttura delle
altre leggi locali e che quindi debbono essere giudicate quanto alla loro opportunità in base alla esperienza, pur senza pregiudizio della correttezza dei principi«.

[39v] 2.) L'Eminentissimo Sig. Cardinale Carlo Giuseppe *SCHULTE*, Arcivescovo di Colonia, nato in Haus Valbert (diocesi di Paderborn) il 14 Settembre 1871, frequentò il ginnasio in Essen (Ruhr), studiò la sacra teologia nelle Università di Bonn
e di Münster e nel Seminario di Paderborn, fu ordinato sacerdote il 22 Marzo 1895,
vicario parrocchiale e maestro di religione in Witten (Ruhr), ripetitore nel Collegio
Leonino e nel Seminario vescovile, conseguì la laurea in teologia il 1903 in Tübin-

lischen Aktion[848], die von Seiner Eminenz Bertram vorbereitet und am 6. August diesen Jahres von der Fuldaer Bischofskonferenz approbiert wurden – wo er **[39r]** immer seinen Willen zu behaupten weiß –, sind nichts als eine Aufzählung der schon lange in Deutschland bestehenden Vereine und sehen nichts als eine Pfarr- oder Diözesanorganisation der katholischen Aktion vor. In Wirklichkeit ist alles mehr oder minder wie früher geblieben. Die besagten Richtlinien finden sich zusammengefasst im *Osservatore Romano* Nr. 229 vom 30. September-1. Oktober dieses Jahres[849]. – Seine Eminenz Bertram hat übrigens eine hervorstechende Neigung, alles selbst zu tun und dabei, soweit er kann, sogar den Hl. Stuhl gern außen vor zu lassen (außer in dem Fall, in dem er ihn braucht, um seine eigene Verantwortung zu überdecken)[850]. Dies trat z.B. klar zutage bei der Erlassung des Gesetzes zur Verwaltung der kirchlichen Güter in Preußen von 1924. Obwohl der Bischof von Limburg, Seine Exzellenz Kilian, in der Fuldaer Konferenz von 1923 vorgeschlagen hatte, dass der Vorsitzende (Kardinal Bertram) den Hl. Stuhl über den zur Rede stehenden Plan und die entsprechenden Verhandlungen des Episkopats mit der Regierung informieren sollte, und obwohl dieser Vorschlag auf allgemeine Zustimmung getroffen war, führte Seine Eminenz einen derart zweckmäßigen und löblichen Beschluss nicht aus, und dies, obwohl das Gesetz Punkte enthält, die nicht ganz mit den Vorschriften des kanonischen Rechts übereinstimmen. In einem an mich gerichteten Brief mit dem Datum 10. Februar 1924[851] (der von mir mit dem Bericht 29738 vom 12. jenes Monats an das Staatssekretariat weitergeleitet wurde)[852] brachte er offen den Gedanken zum Ausdruck, dass »solche Angelegenheiten Rom zu unterbreiten schwerlich ein konkretes Resultat hervorbringen würde, da es sich um praktische Fragen handele, die eng mit der Struktur der anderen lokalen Gesetze verknüpft seien und daher bezüglich ihrer Zweckmäßigkeit auf der Grundlage der Erfahrung beurteilt werden müssten, wenn auch ohne Einschränkung der Richtigkeit der Grundsätze«.

[39v] 2.) Seine Eminenz Herr Kardinal Karl Joseph *SCHULTE*[853], Erzbischof von Köln, geboren in Haus Valbert (Diözese Paderborn) am 14. September 1871, besuchte das Gymnasium in Essen (Ruhr), studierte die heilige Theologie an den Universitäten Bonn und Münster und am Seminar von Paderborn, wurde am 22. März 1895 zum Priester geweiht, Pfarrvikar und Religionslehrer in Witten (Ruhr), Repetent am *Collegium Leoninum* und am bischöflichen Seminar, wurde 1903 in Tübin-

[848] Vgl. Richtlinien für die Arbeit der Katholischen Aktion. Genehmigt von der Fuldaer Bischofskonferenz am 6. August 1929. Dies ist die 15 Unterpunkte umfassende Anlage 12 zu: DAL, Protokoll der Verhandlungen der Fuldaer Bischofskonferenz vom 6. bis 8. August 1929. Als Manuskript gedruckt, S. 33-38.
[849] Vgl. Dalla Germania. Un regolamento per l'Azione Cattolica approvato dalla conferenza episcopale di Fulda (Nostre informazioni), *Osservatore Romano*, Nr. 229, 30. September/1. Oktober 1929.
[850] Der Satz in Klammern ist eine handschriftliche nachträgliche Ergänzung Pacellis.
[851] Dieses Dokument konnte bislang nicht nachgewiesen werden.
[852] Dieses Dokument konnte bislang nicht nachgewiesen werden.
[853] Karl Joseph Schulte (1871-1941), 1910-1920 Bischof von Paderborn, 1920-1941 Erzbischof von Köln, 1921 Kardinal. E. GATZ (Hg.), Bischöfe 1789/1803-1945, S. 680-682 (U. v. HEHL); zu seiner Wahl vgl. E. GATZ, Ringen, S. 104-106.

gen e nel 1905 fu nominato Professore nell'Accademia vescovile filosofico-teologica in Paderborn, finchè il 30 Novembre 1909 fu eletto dal Capitolo cattedrale Vescovo di quella stessa diocesi, confermato dalla S. Sede il 7 Febbraio 1910. Come tale si rese durante la guerra assai benemerito colla istituzione, per incarico dell'Episcopato, dell'Ufficio per ricerche e soccorso dei prigionieri (*Kirchliche Kriegshilfe*). Già in Paderborna aveva introdotto il sessennio filosofico-teologico prescritto dal canone 1365. Eletto dal Capitolo metropolitano per desiderio della S. Sede Arcivescovo di Colonia il 15 Gennaio 1920, confermato l'8 Marzo s.a., fu creato e pubblicato Cardinale il 7 Marzo 1921. Per l'Archidiocesi di Colonia ha costruito un nuovo e grandioso edificio in Bensberg, in assai bella ed amena posizione, ove gli alunni di teologia, dopo gli otto semestri di studio nella Facoltà teologica della Università di Bonn, trascorrono quattro semestri di cosiddetto Seminario pratico o *Priesterseminar*, compiendo così i sei anni previsti dal Codice di diritto canonico. Detto Seminario, la cui prima pietra fu posta dal sottoscritto il 29 Giugno 1926, [40r] è stato benedetto il 27 Aprile del corrente anno dal Sostituto del Vicario generale, Can. Dr. Paschen, ed il 7 Maggio vi sono entrati 129 alunni. L'Eminentissimo ha creato un Istituto per la filosofia scolastica (*Albertus-Magnus-Akademie*), la quale però, malgrado le buone intenzioni del suo Fondatore, ha dato finora scarsi risultati. Gravi difficoltà e dispiaceri gli sono venuti dalla Facoltà teologica di Bonn, a causa dell'atteggiamento di alcuni professori. Verso la Nunziatura Apostolica l'Eͫo Arcivescovo si è dimostrato sempre assai deferente. Alla fine di Aprile 1927 si ammalò assai gravemente per affezione cardiaca, a cagione della quale per lungo tempo non potè occuparsi dell'amministrazione diocesana, ed anche quando cominciò a riprendere alquanto il suo lavoro, la Curia arcivescovile cercò di risparmiargli e tenere lontani da lui tutti gli affari penosi, che avrebbero potuto preoccuparlo e turbar-

gen in Theologie promoviert und 1905 zum Professor an der bischöflichen philosophisch-theologischen Akademie ernannt, bis er am 30. November 1909 vom Domkapitel zum Bischof der dortigen Diözese gewählt und durch den Hl. Stuhl am 7. Februar 1910 bestätigt wurde. Als solcher machte er sich während des Krieges im Auftrag des Episkopats sehr verdient um die Einrichtung des Büros für die Suche und Unterstützung der Gefangenen (*Kirchliche Kriegshilfe*). Bereits in Paderborn hatte er den philosophisch-theologischen Sechsjahresplan eingeführt, der vom Canon 1365 vorgeschrieben ist[854]. Vom Metropolitankapitel auf Wunsch des Hl. Stuhls am 15. Januar 1920 zum Erzbischof von Köln gewählt, bestätigt am 8. März desselben Jahres, wurde er am 7. März 1921 zum Kardinal erhoben und öffentlich ernannt. Für die Erzdiözese Köln baute er ein neues und großartiges Gebäude in Bensberg, in ausnehmend schöner und lieblicher Lage[855], wo die Theologiealumnen nach den acht Semestern des Studiums an der theologischen Fakultät Bonn vier Semester des so genannten praktischen Seminars oder *Priesterseminars* verbringen und so die vom Gesetzbuch des Kirchenrechts vorgesehenen sechs Jahre erfüllen. Das besagte Seminar, dessen Grundstein vom Unterzeichneten am 29. Juni 1926 gelegt wurde, [40r] wurde am 27. April dieses Jahres vom Stellvertreter des Generalvikars, dem Domkapitular Dr. Paschen[856], eingeweiht, und am 7. Mai zogen 129 Alumnen dort ein. Seine Eminenz gründete ein Institut für scholastische Philosophie (*Albertus-Magnus-Akademie*)[857], das jedoch trotz der guten Absichten seines Gründers bisher nur spärliche Resultate erbrachte. Ernstliche Schwierigkeiten und Kümmernisse erwuchsen ihm durch die theologische Fakultät Bonn aufgrund der Haltung einiger Professoren. Gegenüber der Apostolischen Nuntiatur zeigte sich Seine Eminenz der Herr Erzbischof immer sehr ehrerbietig. Ende April 1927 erkrankte er sehr schwer an einem Herzleiden, aufgrund dessen er sich für lange Zeit nicht mit der Diözesan-Verwaltung befassen konnte, und auch als er begann, seine Arbeit wieder ein wenig aufzunehmen, bemühte sich die erzbischöfliche Kurie, ihm alle beschwerlichen An-

---

[854] »§ 1. In philosophiam rationalem cum affinibus disciplinis alumni per integrum saltem biennium incumbant. § 2. Cursus theologicus saltem integro quadriennio contineatur, et, praeter theologiam dogmaticam et moralem, complecti praesertim debet studium sacrae Scripturae, historiae ecclesiasticae, iuris canonici, liturgiae, sacrae eloquentiae et cantus ecclesiastici. § 3. Habeantur etiam lectiones de theologia pastorali, additis practicis exercitationibus praesertim de ratione tradendi pueris aliisve catechismum, audiendi confessiones, visitandi infirmos, assistendi moribundis«. CIC 1917, c. 1365.

[855] Zur Verlegung des Priesterseminars nach Bensberg, zur Architektur des Baus und zum hierfür maßgeblichen »Naturgedanken« vgl. E. HEGEL, Köln, Bd. 5, S. 234-236. Dort auch eine Abbildung der Gebäude.

[856] Otto Paschen (1873-1947), zunächst Domdekan, 1937-1943 Dompropst. EBD., S. 124, 661.

[857] Zur Albertus-Magnus-Akademie, die im Wintersemester 1924/25 als »Katholisches Institut für Philosophie« nach Löwener Vorbild eröffnete und dem Einfluss von Kardinal Schulte bei dieser Gründung vgl. C. WEBER, Hessen, S. 90-99. Sie wurde – nachdem sich die restaurativ-theologiepolitischen Absichten mit ihr kaum erfüllt hatten – im Jahre 1931 aufgehoben und in ein Institut zur Edition der Werke Alberts des Großen umgewandelt. Dozent und Geschäftsführer der Akademie war der Fundamentaltheologe Gottlieb Söhngen (1892-1971), ein Schüler Arnold Rademachers, der dann 1931-1937 Privatdozent in Bonn war, wo er von Robert Grosche und Odo Casel beeinflusst wurde, 1937 Professor in Braunsberg, 1947-1958 Professor in München, dort Lehrer Joseph Ratzingers. BBKL 21 (2003), S. 1446-1454 (W. KLAUSNITZER).

lo. Negli ultimi tempi il suo stato sembra notevolmente migliorato, tanto che quest'anno potè di nuovo nello scorso Agosto intervenire alla Conferenza vescovile di Fulda. È chiaro che la così vasta Archidiocesi ha sofferto da questa condizione del suo Pastore, tanto più che il Vicario generale, Mons. Dr. Giuseppe Vogt, è stato egli pure abbastanza sofferente per depressione nervosa e che anche vari altri membri del Capitolo metropolitano, per la loro età avanzata o per la loro malferma salute, non sono più atti a prestare un efficace contributo ai lavori del regime diocesano. Questo è infatti uno dei più difficili e complicati della Germania, sia per il numero dei fedeli e dei sacerdoti, sia per i grandi centri industriali che si trovano nel suo territorio, sia anche perchè la [40v] maggior parte delle Associazioni interdiocesane, abbraccianti cioè più od anche tutte le diocesi della Germania, hanno ivi la loro sede centrale. Un notevole sgravio verrà col distacco del territorio della diocesi di Aquisgrana, stabilito già nel Concordato colla Prussia. In questa città risiede come Preposto del Capitolo il Revᵐᵒ Mons. Ermanno Giuseppe Sträter, nato in Aquisgrana-Forst il 3 Giugno 1866, ordinato sacerdote il 14 Marzo 1891, eletto Vescovo tit. di Cesaropoli ed Ausiliare dell'Eᵐᵒ Cardinale Arcivescovo di Colonia il 19 Giugno 1922. Nato da famiglia profondamente religiosa, compì gli studi ginnasiali in Aquisgrana nel Kaiser Karl Gymnasium ed i teologici nella Università di Würzburg (ove conseguì il dottorato) e nel Seminario di Colonia. Di esemplare vita sacerdotale, zelante nella cura delle anime, fedele verso l'autorità della Chiesa, non sembra tuttavia che egli possegga speciale qualità come amministratore diocesano nè che abbia sempre una chiara comprensione delle pericolose tendenze moderne riguardo alla sana dottrina e della necessità di combatterle efficacemente.

3.) L'Arcivescovo di *Friburgo*, Mons. Carlo *FRITZ*, nato in Adelhausen (parrocchia di Eichsel, arcidiocesi di Friburgo) il 20 Agosto 1864, ordinato sacerdote il 12 Luglio 1888, Dottore di sacra teologia, fu eletto dal Capitolo metropolitano a quella Sede arcivescovile il 6 Settembre 1920. Fu nominato Assistente al Soglio (5 Maggio 1927) in occasione delle feste centenarie della erezione di detta arcidiocesi. Il 10 Aprile del corrente anno dovette sottomettersi ad una leggera operazione, alla quale seguì però una suppurazione, che si complicò con flebite, infiammazione [41r] della cistifellea e debolezza cardiaca, venendo così egli a trovarsi in grave pericolo

gelegenheiten, die ihn hätten in Sorge versetzen oder beunruhigen können, zu ersparen und sie von ihm fernzuhalten. In der letzten Zeit hat sich sein Zustand beträchtlich verbessert, so dass er im vergangenen August wieder an der Fuldaer Bischofskonferenz teilnehmen konnte. Es ist klar, dass die so große Erzdiözese unter dieser Verfassung ihres Hirten gelitten hat, umso mehr als der Herr Generalvikar Dr. Joseph Vogt[858] aufgrund einer nervösen Depression ebenfalls ziemlich leidend war und auch mehrere andere Mitglieder des Metropolitankapitels wegen ihres fortgeschrittenen Alters oder wegen ihrer instabilen Gesundheit nicht mehr in der Lage sind, einen wirksamen Beitrag zu den Arbeiten der Diözesanverwaltung zu leisten. Diese ist in der Tat eine der schwierigsten und kompliziertesten Deutschlands, sowohl wegen der Anzahl der Gläubigen und der Priester als auch wegen der großen Industriezentren, die sich auf ihrem Gebiet befinden, und auch, weil [40v] der größte Teil der interdiözesanen Vereine, die also auch mehrere oder alle Diözesen Deutschlands umfassen, hier ihren Hauptsitz haben. Eine erhebliche Erleichterung wird mit der Abtrennung des Gebietes der Diözese Aachen einhergehen[859], die bereits im Konkordat mit Preußen festgelegt wurde. In dieser Stadt residiert als Propst des Kapitels der Hochwürdigste Herr Hermann Joseph Sträter[860], geboren in Aachen-Forst am 3. Juni 1866, zum Priester geweiht am 14. März 1891, zum Titularbischof von Cesaropoli und Weihbischof Seiner Eminenz des Herrn Kardinals Erzbischofs von Köln erwählt am 19. Juni 1922. Er stammt aus einer tiefreligiösen Familie und absolvierte die Gymnasialstudien in Aachen am Kaiser Karl-Gymnasium und die theologischen Studien an der Universität Würzburg (wo er die Doktorwürde erlangte) und im Seminar von Köln. Von vorbildlicher priesterlicher Lebensführung, eifrig in der Seelsorge, treu ergeben gegenüber der Autorität der Kirche, scheint er aber keine besondere Begabung als Diözesanverwalter zu besitzen, und er scheint auch nicht immer ein klares Verständnis von den gefährlichen modernen Tendenzen bezüglich der gesunden Lehre zu haben und hinsichtlich der Notwendigkeit, diese gefährlichen Tendenzen wirksam zu bekämpfen.

3.) Der Erzbischof von *Freiburg* Carl *FRITZ*[861], geboren in Adelhausen (Pfarrei Eichsel, Erzdiözese Freiburg) am 20. August 1864, zum Priester geweiht am 12. Juli 1888, Doktor der heiligen Theologie, wurde am 6. September 1920 vom Metropolitankapitel auf den dortigen erzbischöflichen Stuhl gewählt. Er wurde anlässlich der Hundertjahrfeiern der Errichtung der besagten Erzdiözese zum Thronassistenten ernannt (5. Mai 1927). Am 10. April dieses Jahres musste er sich einer leichten Operation unterziehen, auf die jedoch eine Vereiterung folgte, die Komplikationen ergab mit Venenentzündung, Entzündung [41r] der Gallenblase und Herzschwäche, wobei er in ernstliche Lebensgefahr geriet. Er konnte sich jedoch nach und nach

[858] Joseph Vogt (1865-1937), Generalvikar in Köln 1918-1931, 1931-1937 Bischof von Aachen. E. GATZ (Hg.), Bischöfe 1789/1803-1945, S. 779 f. (E. GATZ).
[859] Hierzu E. HEGEL, Köln, Bd. 5, S. 122-124.
[860] Zu Hermann Joseph Sträter (1866-1943) s. Anm. 317.
[861] Zu Karl Fritz (1864-1931) s. Anm. 324.

di vita. Ha potuto tuttavia man mano ristabilirsi, tanto che in data del 17 Ottobre p.p., di ritorno da un suo congedo, mi scriveva: »Ringrazio il Signore che la mia salute si è fortificata e che sono in grado di esercitare di nuovo il mio alto ufficio«; molti tuttavia dubitano che egli possa ancora a lungo resistere. Di carattere alquanto freddo ed autoritario, forse eccessivamente burocratico (gli archivi della Curia arcivescovile sono in verità un modello di esattezza e di ordine), è in generale forse piuttosto temuto che amato; è coscienzioso, zelante ed attivo e verso il Rappresentante Pontificio pieno di riguardi e di ossequio. Per gli studenti di teologia, i quali frequentano l'Università di Friburgo, Mons. Fritz ha fatto ora costruire un nuovo e grandioso Convitto; i lavori, di cui l'Arcivescovo s'interessa personalmente con grande premura, sono già assai progrediti. Per vari anni Mons. Fritz ha sostenuto che, anche dopo la rivoluzione, la quale nel 1918 rovesciò nel Baden (come negli altri Stati della Germania) la Casa granducale ivi regnante, fosse opportuno di mantenere all'Arcivescovo ed al Capitolo metropolitano i privilegi conferiti dall'antica Bolla concordata *Ad Dominici gregis custodiam* dell'11 Aprile 1827 relativamente alla provvista delle Dignità e dei Canonicati ed all'elezione dell'Arcivescovo da parte del Capitolo; ha finito tuttavia per convincersi della necessità di confermare anche in detto Stato (come già nella Baviera e nella Prussia) mediante un nuovo Concordato la situazione giuridica della Chiesa.

4.) Il Vescovo di *Fulda*, Mons. Giuseppe Damiano *SCHMITT*, [41v] nato in Marbach (diocesi di Fulda) il 22 Aprile 1858. Dopo compiuto il corso ginnasiale nel Seminario minore diocesano, studiò in Würzburg e poi in Roma come alunno del Collegio Germanico-Ungarico, conseguendo nella Pontificia Università Gregoriana la laurea in filosofia ed in sacra teologia. Ordinato sacerdote il 28 Ottobre 1882, fu prima impiegato nella cura parrocchiale, quindi Professore nel Seminario maggiore di

wieder erholen, so dass er mir unter dem Datum des 17. Oktober dieses Jahres, nach der Rückkehr aus einer Beurlaubung, schrieb: »Ich danke dem Herrn, dass meine Gesundheit sich gekräftigt hat und dass ich imstande bin, erneut mein hohes Amt auszuüben«[862]; viele zweifeln allerdings, dass er noch lange wird durchhalten können. Von etwas kühlem und autoritärem Charakter, vielleicht übertrieben bürokratisch (die Archive der erzbischöflichen Kurie sind in der Tat ein Vorbild an Genauigkeit und Ordnung), ist er im allgemeinen eher gefürchtet als geliebt; er ist gewissenhaft, eifrig und emsig und gegenüber dem Päpstlichen Repräsentanten voller Achtung und Ehrerbietung. Für die Theologiestudenten, welche die Universität Freiburg besuchen, hat Erzbischof Fritz jetzt ein neues und großartiges Konvikt errichten lassen[863]; die Arbeiten, mit denen sich der Erzbischof persönlich mit großer Anteilnahme befasst, sind schon weit fortgeschritten. Mehrere Jahre lang vertrat Exzellenz Fritz die Ansicht, dass es auch nach der Revolution, die 1918 in Baden (wie in den anderen Staaten Deutschlands) das dort herrschende großherzogliche Haus stürzte, zweckmäßig wäre, dass der Erzbischof und das Metropolitankapitel die durch die alte mit dem Staat einvernehmlich erlassene Bulle *Ad Dominici gregis custodiam*[864] vom 11. April 1827 gewährten Privilegien bezüglich der Einsetzung der Dignitäre, der Kanoniker und der Wahl des Erzbischofs durch das Kapitel behielten; am Ende überzeugte er sich jedoch von der Notwendigkeit, auch im dortigen Staat (wie schon in Bayern und Preußen) durch ein neues Konkordat die juristische Lage der Kirche zu festigen[865].

4.) Der Bischof von *Fulda* Joseph Damian *SCHMITT*[866], [41v] geboren in Marbach (Diözese Fulda) am 22. April 1858. Nach dem Abschluss des Gymnasialkurses am kleinen Seminar der Diözese studierte er in Würzburg und dann in Rom als Alumne des *Collegium Germanicum et Hungaricum* und wurde an der Päpstlichen Universität Gregoriana in Philosophie und in der heiligen Theologie promoviert[867]. Zum Priester geweiht am 28. Oktober 1882 wurde er zunächst in der Pfarrseelsor-

---

[862] Dieses Dokument konnte bislang nicht nachgewiesen werden.
[863] Zur Vorgeschichte vgl. W. REINHARD, Die Anfänge des Priesterseminars und des Theologischen Konvikts der Erzdiözese Freiburg, in: FDA 56 (1928), S. 184-223; C. WÜRTZ, Priesterausbildung.
[864] Vgl. Bulle *Ad dominici gregis custodiam*, 11. April 1827, E. R. HUBER/W. HUBER, Staat und Kirche, Bd. 1, S. 268-271 Nr. 109.
[865] »Bei diesem Konkordat [= dem Badischen Konkordat von 1932] wurde übrigens auch die besondere Problematik der ganzen Konkordatspolitik für die katholische Kirche in Deutschland offenkundig. Denn der Freiburger Erzbischof Fritz hatte sehr deutlich erkennen lassen, daß ihm am römischen Zentralismus des Codex Iuris Canonici nicht das Geringste gelegen war und er lieber die alten Freiheiten der Kirche in Baden erhalten hätte. So kamen die Verhandlungen erst richtig voran, als Fritz 1931 starb und die Kurie mit Conrad Gröber einen ausgesprochen romtreuen und konkordatsfreundlichen Bischof berief«. K. SCHOLDER, Pacelli, S. 103; vgl. hierzu auch S. PLÜCK, Badisches Konkordat, bes. S. 31-33. – Zum am 12. Oktober 1932 ratifizierten badischen Konkordat vgl. EBD.; E. FÖHR, Geschichte.
[866] Joseph Damian Schmitt (1858-1939), 1906-1939 Bischof von Fulda. E. GATZ (Hg.), Bischöfe 1789/1803-1945, S. 663 f. (K. HENGST).
[867] Nach Ablauf der philosophischen Semester wurde man an der Gregoriana zum Dr. phil., nach Ende des Theologiestudiums zum Dr. theol. promoviert. Das damalige römische Doktorat ist also nicht mit dem deutschen vergleichbar oder gleichzusetzen.

Fulda, ove insegnò filosofia, esegesi del Nuovo Testamento, liturgia, omiletica e catechetica, poscia Rettore del Seminario medesimo (1895) e Canonico della Cattedrale (1899). Il 29 Dicembre 1906 fu eletto dal Capitolo Vescovo di Fulda; il 22 Aprile dello scorso anno fu nominato Assistente al Soglio. È Prelato di grande pietà, zelo
e devozione verso la S. Sede; non si può dire tuttavia che egli emerga per doti di mente o larghezza di vedute. Affine di risolvere la ben nota questione della città di Francoforte sul Meno, divisa tra le due diocesi di Limburg e di Fulda, questa ha ceduto
alla prima in virtù del nuovo Concordato colla Prussia (art. 2 capov. 5) la parte, che
finora le apparteneva di detta città, ma ha ricevuto in compenso dalla diocesi di Paderborn i distretti del Commissariato di Heiligenstadt e del Decanato di Erfurt (art.
2 capov. 4).

    5.) Il Vescovo di *Warmia*, Mons. Agostino *BLUDAU*, nato in Guttstadt nella
Prussia orientale il 6 Marzo 1862, compì gli studi ginnasiali in Elbing, i teologici nell'
Accademia di Braunsberg e nella Facoltà teologica della Università di Münster, ove,
conseguita la laurea nel 1891, fu nominato nel 1893 professore straordinario e nel
1897 ordinario, finchè nel 1909 venne eletto dal Capi[**42r**]tolo cattedrale e poi confermato dalla S. Sede Vescovo di Warmia. È versato in materia di Esegesi biblica ed
autore di varie opere (De alex. interp. libri Dan. indole critica et herm.,1891; Die alexandrinische Uebersetzung des Buches Daniel und ihr Verhältnis zum massoreth.
Text, 1897; Die beiden ersten Erasmus-Ausgaben des Neuen Testamentes und ihre
Gegner, 1902; Ein Ausflug nach Baalbek und Damaskus, 1904; Juden und Judenverfolgungen im alten Alexandria, 1906; Hirtenbriefe seit 1909; Episteln und Evangelien der Sonn- und Festtage, 1912; Die Schriftfälschungen der Häretiker, 1925; Die

ge eingesetzt, dann war er Professor am Priesterseminar in Fulda, wo er Philosophie, Exegese des Neuen Testaments, Liturgie, Homiletik und Katechetik unterrichtete; dann wurde er Rektor desselben Seminars (1895) und Domkapitular (1899). Am 29. Dezember 1906 wählte ihn das Kapitel zum Bischof von Fulda; am 22. April des vergangenen Jahres wurde er zum Thronassistenten ernannt. Er ist ein Prälat von großer Frömmigkeit, Eifer und Ergebenheit gegenüber dem Hl. Stuhl; man kann allerdings nicht sagen, dass er durch Geistesgaben oder Weitblick hervorsticht. Um die wohlbekannte Frage der Stadt Frankfurt am Main zu lösen, die zwischen den beiden Diözesen Limburg und Fulda geteilt ist, hat die letztere der ersteren kraft des neuen Konkordats mit Preußen (Artikel 2 Absatz 5)[868] den Teil abgetreten, der bisher von jener Stadt zu ihr gehörte, hat aber dafür von der Diözese Paderborn die Bezirke des Kommissariats Heiligenstadt und des Dekanats Erfurt erhalten (Artikel 2 Absatz 4)[869].

5.) Der Bischof von *Ermland* Augustinus *BLUDAU*[870], geboren in Guttstadt in Ostpreußen am 6. März 1862, absolvierte die Gymnasialstudien in Elbing, die theologischen an der Akademie von Braunsberg und an der theologischen Fakultät der Universität Münster, wo er, nach seiner Promotion 1891 im Jahre 1893 zum außerordentlichen Professor und 1897 zum ordentlichen Professor ernannt wurde, bis er 1909 vom [42r] Domkapitel zum Bischof von Ermland gewählt und dann durch den Hl. Stuhl bestätigt wurde. Er ist versiert auf dem Gebiet der biblischen Exegese und Autor verschiedener Werke (De alex. interp. libri Dan. indole critica et herm., 1891[871]; Die alexandrinische Uebersetzung des Buches Daniel und ihr Verhältnis zum massoreth. Text, 1897[872]; Die beiden ersten Erasmus-Ausgaben des Neuen Testamentes und ihre Gegner, 1902[873]; Ein Ausflug nach Baalbek und Damaskus, 1904[874]; Juden und Judenverfolgungen im alten Alexandria, 1906[875]; Hirtenbriefe seit 1909[876]; Episteln und Evangelien der Sonn- und Festtage, 1912[877]; Die Schriftfälschungen der

---

[868] »Das Bistum Fulda überläßt den Kreis Grafschaft Schaumburg dem Bistum Hildesheim und den bisher ihm zugehörigen Teil der Stadt Frankfurt dem Bistum Limburg. Wie Fulda so wird auch dieses aus seinem bisherigen Metropolralverband gelöst, aber der Kölner Kirchenprovinz angegliedert«. Preußisches Konkordat, Artikel 2, Absatz 5, E. R. HUBER/W. HUBER, Staat und Kirche, Bd. 4, S. 323.

[869] »Dem Bischöflichen Stuhle zu Paderborn wird der Metropolitancharakter verliehen; das dortige Kathedralkapitel wird Metropolitankapitel. Zur Paderborner Kirchenprovinz werden außer dem Erzbistum Paderborn die Bistümer Hildesheim und Fulda gehören. An die Diözese Fulda tritt die Paderborner die Bezirke ihres Kommissariats Heiligenstadt und ihres Dekanats Erfurt ab«. Preußisches Konkordat, Artikel 2, Absatz 4, EBD.

[870] Zu Augustinus Bludau (1862-1930) s. Anm. 326.

[871] A. BLUDAU, De Alexandrinae interpretationis libri Danielis indole critica et hermeneutica, Diss. Münster 1891.

[872] DERS., Die alexandrinische Übersetzung des Buches Daniel und ihr Verhältnis zum massorethischen Text, Freiburg i. Br. 1897.

[873] DERS., Die beiden ersten Erasmus-Ausgaben des Neuen Testaments und ihre Gegner, Freiburg i. Br. 1902.

[874] DERS., Ein Ausflug nach Baalbek und Damaskus, Hamm i.W. 1904.

[875] DERS., Juden und Judenverfolgungen im alten Alexandria, Münster 1906.

[876] Der Titel ist als Buch nicht nachweisbar, vielleicht aber als Manuskript gedruckt.

[877] Der Titel ist als Buch nicht nachweisbar, vielleicht aber als Manuskript gedruckt.

ersten Gegner der Johannesschriften, 1925). Il 31 Luglio dello scorso anno fu nominato Assistente al Soglio. Di carattere buono e mite, amato dal Clero e dal popolo, pare tuttavia, a quanto mi si riferisce, che egli rimanga inoperoso dinanzi ai nuovi bisogni religiosi e sociali, nè permette che altri prenda iniziative, preferendo il »quieta non movere« e di vivere in mezzo ai suoi studi preferiti di S. Scrittura. Come ebbi già occasione di riferire all'Eminenza Vostra col rispettoso Rapporto N. 39726 del 5 Luglio 1928, adducendo alcuni casi concreti, egli non sembra eccellere nell'ossequio e nella deferenza verso i decreti e le decisioni delle S. Congregazioni. Nella relazione sullo stato del suo Seminario egli stesso significava non essere ivi stati introdotti il biennio per gli studi filosofici ed il quadriennio per i teologici, prescritti dal can. 1365, senza esprimere il desiderio di uniformarsi, appena sia possibile, a tale disposizione. Parimenti, quanto all'obbligo dell'insegnamento della filosofia e della teologia »ad Angelici Doctoris rationem, doctrinam et principia« (can. 1366 § 2), Mons. Bludau si [42v] limitava a notare: »Philosophia quidem stricte iuxta methodum S.Thomae Aq[u]inatis non traditur, sed principia eiusdem haud negliguntur«, il che apparisce veramente insufficiente; e lo stesso ripeteva per la teologia. L'istruzione, che gli aspiranti al sacerdozio della sua diocesi ricevono nella Accademia dello Stato in Braunsberg, lascia molto a desiderare; alcuni Professori hanno espresso nei loro scritti opinioni false o per lo meno equivoche; ma il Vescovo non ha l'aria di accorgersene menomamente, come potei constatare lo scorso anno, parlando con lui sul Sac. Dr. Switalski, professore di filosofia, per il quale la S.Sede non aveva creduto di poter accordare la nomina a Prelato Domestico, implorata da Mons. Bludau.

Häretiker, 1925[878]; Die ersten Gegner der Johannesschriften, 1925[879]). Am 31. Juli des vergangenen Jahres wurde er zum Thronassistenten ernannt. Von gutmütigem und sanftem Charakter, vom Klerus und vom Volk geliebt, scheint es allerdings, nach dem, was man mir berichtet, dass er gegenüber den neuen religiösen und sozialen Erfordernissen untätig bleibt und auch nicht erlaubt, dass andere Initiativen ergreifen, da er das »quieta non movere« bevorzugt und lieber inmitten seiner geliebten Studien der Hl. Schrift lebt. Wie ich bereits Gelegenheit hatte, Eurer Eminenz mit dem ehrerbietigen Bericht Nr. 39726 vom 5. Juli 1928 darzulegen[880], in dem ich auch einige konkrete Fälle anführte, scheint er sich nicht durch Gehorsam und Ehrfurcht gegenüber den Dekreten und den Entscheidungen der Hl. Kongregationen auszuzeichnen. Im Bericht über die Lage seines Seminars gab er selbst an, dass dort das Biennium für die philosophischen Studien und das Quadriennium für die theologischen, die beide von Can. 1365 vorgeschrieben sind[881], nicht eingeführt wurden, ohne dem Wunsch Ausdruck zu verleihen, sich sobald als möglich nach dieser Anordnung zu richten. Gleichermaßen beschränkte sich Bischof Bludau bezüglich der Verpflichtung des Philosophie- und Theologieunterrichts »ad Angelici Doctoris rationem, doctrinam et principia« (Can. 1366 §2)[882] auf [42v] die Bemerkung: »Philosophia quidem stricte iuxta methodum S. Thomae Aquinatis non traditur, sed principia eiusdem haud negliguntur«[883], was wahrhaftig unzureichend scheint; und dasselbe wiederholte er für die Theologie. Die Ausbildung, die die Priesteramtsanwärter seiner Diözese an der Staatlichen Akademie in Braunsberg erhalten, lässt viel zu wünschen übrig; einige Professoren haben in ihren Schriften falsche oder zumindest missverständliche Meinungen zum Ausdruck gebracht[884]; aber der Bischof erweckt nicht den Anschein, als würde er das Mindeste hiervon bemerken, wie ich voriges Jahr feststellen konnte, als ich mit ihm über den Priester Dr. Switalski[885] sprach, Professor für Philosophie, dem der Hl. Stuhl nicht meinte, die von Bischof Bludau erbetene Ernennung zum Päpstlichen Hausprälaten gewähren zu können.

---

[878] A. BLUDAU, Die Schriftfälschungen der Häretiker. Ein Beitrag zur Textkritik der Bibel, Freiburg i. Br. 1925.

[879] DERS., Die ersten Gegner der Johannesschriften, Münster 1925.

[880] Dieses Dokument konnte bislang nicht nachgewiesen werden.

[881] Vgl. »§ 1. In philosophiam rationalem cum affinibus disciplinis alumni per integrum saltem biennium incumbant. § 2. Cursus theologicus saltem integro quadriennio contineatur, et, praeter theologiam dogmaticam et moralem, complecti praesertim debet studium sacrae Scripturae, historiae ecclesiasticae, iuris canonici, liturgiae, sacrae eloquentiae et cantus ecclesiastici. § 3. Habeantur etiam lectiones de theologia pastorali, additis practicis exercitationibus praesertim de ratione tradendi pueris aliisve catechismum, audiendi confessiones, visitandi infirmos, assistendi moribundis«. CIC 1917, c. 1365.

[882] Also nach der Methode, der Lehre und den Prinzipien des hl. Thomas. Vgl. »Philosophiae rationalis ac theologiae studia et alumnorum in his disciplinis institutionem professores omnino pertractent ad Angelici Doctoris rationem, doctrinam et principia, eaque sancte teneant«. CIC 1917, c. 1366 § 2.

[883] Übersetzung: »Die Philosophie wird zwar nicht streng nach der Methode des hl. Thomas von Aquin gelehrt, aber seine Grundsätze werden nicht vernachlässigt«.

[884] Zur Katholischen Akademie in Braunsberg vgl. G. REIFFERSCHEID, Bistum Ermland, S. 34-78; T. MARSCHLER, Kirchenrecht.

[885] Wladislaus Switalski (1875-1945), 1908 Professor für Philosophie in Braunsberg, 1932 Domkapitular in Frauenburg. G. REIFFERSCHEID, Bistum Ermland, S. 25, 50, 124 f.; T. MARSCHLER, Kirchenrecht, S. 143.

6.) Il Vescovo di *Münster*, Mons. Giuseppe *POGGENBURG*, nato in Ostbevern (diocesi di Münster) il 12 Maggio 1862, ordinato sacerdote il 15 Giugno 1889, fu eletto dal Capitolo a quella Sede episcopale il 7 Maggio 1913. Fu nominato Assistente al Soglio il 20 Febbraio 1926. Prelato semplice e modesto, assai zelante Pastore, non presenta tuttavia alcuna qualità specialmente notevole, ha scarso interesse per gli studi e forme esteriori poco fine [sic!]. Debole e esitante egli si dimostrò, ad es., nei riguardi del Sac. Prof. Giovanni Hessen, della sua diocesi, cui si è già più sopra accennato.

La Facoltà teologica nella Università di Münster è forse la relativamente migliore in Germania. Vi sono infatti attualmente vari professori fedeli alla Chiesa, quali il Mausbach (il quale però cesserà ora dall'insegnamento per aver raggiunto i limi[43r]ti di età), il Diekamp, lo Strucker (ex-alunno del Collegio Germanico-Ungarico), il Donders, accanto, tuttavia, a qualcun altro di meno sicuri sentimenti, quale lo Schmidlin.

7.) Il Vescovo di *Limburg*, Mons. Agostino *KILIAN*, nato in Eltville (diocesi di Limburg) il 1 Novembre 1856, ordinato sacerdote il 29 Giugno 1881, capellano in S. Maria dell'Anima dal 10 Gennaio 1883 al 31 Luglio 1884, Dottore in diritto canonico, maestro di religione nel Ginnasio di Montabaur (12 Novembre 1890), Canonico della Cattedrale (11 Febbraio 1899), eletto Vescovo di Limburg il 13 Maggio 1913, confermato dalla S. Sede il 15 Luglio s.a., Assistente al Soglio Pontificio (19 Novembre 1926). Prelato di maniere distinte, zelante Pastore, buon oratore, mantiene colla Nunziatura Apostolica relazioni particolarmente cordiali. Ha avuto soprattutto il merito insigne di aver reso possibile la fondazione dell'Istituto filosofi-

6.) Der Bischof von *Münster* Johannes *POGGENBURG*[886], geboren in Ostbevern (Diözese Münster) am 12. Mai 1862, zum Priester geweiht am 15. Juni 1889, wurde am 7. Mai 1913[887] vom Kapitel auf den dortigen Bischofsstuhl gewählt. Am 20. Februar 1926 wurde er zum Thronassistenten ernannt. Ein einfacher und bescheidener Prälat, ein überaus eifriger Hirte; er weist allerdings keine besonders bemerkenswerten Begabungen auf, er hat spärliches Interesse für das Studium und nicht besonders feine Umgangsformen. Er erwies sich als schwach und zögerlich z.B. gegenüber dem Priester Prof. Johannes Hessen aus seiner Diözese[888], auf den schon oben hingewiesen wurde.

Die theologische Fakultät an der Universität Münster ist vielleicht die verhältnismäßig beste in Deutschland. Dort gibt es zur Zeit mehrere der Kirche treu ergebene Professoren, wie Mausbach[889] (der jedoch nun aus der Lehre ausscheidet, weil er **[43r]** die Altersgrenze erreicht hat), Diekamp[890], Struker[891] (ein ehemaliger Alumne des *Collegium Germanicum et Hungaricum*) und Donders[892], neben einigen allerdings von weniger sicherer Gesinnung, wie Schmidlin[893].

7.) Der Bischof von *Limburg* Augustinus *KILIAN*[894], geboren in Eltville (Diözese Limburg) am 1. November 1856, zum Priester geweiht am 29. Juni 1881, Kaplan an *S. Maria dell'Anima* vom 10. Januar 1883 bis 31. Juli 1884, Doktor im Kirchenrecht, Religionslehrer am Gymnasium von Montabaur (12. November 1890), Domkapitular (11. Februar 1899), gewählt zum Bischof von Limburg am 13. Mai 1913, bestätigt durch den Hl. Stuhl am 15. Juli desselben Jahres, Päpstlicher Thronassistent (19. November 1926). Ein Prälat von vornehmen Manieren, ein eifriger Hirte, ein guter Redner, er unterhält zu der Apostolischen Nuntiatur besonders herzliche Beziehungen. Er hatte vor allem das herausragende Verdienst, die Gründung des philosophisch-theologischen

---

[886] Johannes – korrigiert aus »Giuseppe« – Poggenburg (1862-1933), 1911-1913 Generalvikar in Münster, 1913-1933 Bischof von Münster. E. GATZ (Hg.), Bischöfe 1789/1803-1945, S. 566 f. (E. HEGEL).

[887] Korrigiert aus »1903«.

[888] Zum unnachsichtigen, freilich durch den Kölner Kardinal Schulte veranlaßten Verfahren Bischof Poggenburgs mit Johannes Hessen vgl. J. HESSEN, Geistige Kämpfe, bes. S. 43 f., 72 f.

[889] Zu Joseph Mausbach (1861-1931) s. Anm. 376.

[890] Franz Diekamp (1864-1943), 1902 a.o. Professor für Kirchengeschichte, Dogmengeschichte, Patrologie und christliche Archäologie, 1907 o. Professor für Dogmatik in Münster, 1924 Domkapitular. E. HEGEL, Münster, Bd. 2, S. 13 f.

[891] Arnold Struker (1878-1948), studierte als Alumnus des *Collegium Germanicum* an der *Gregoriana* in Rom, 1917 a.o. Professor für Dogmatik, Apologetik und philosophische Propädeutik in Münster, 1920 persönlicher Ordinarius, 1946 Emeritierung und persönlicher Domkapitular ebd. EBD., S. 93 f.

[892] Adolf Donders (1877-1944), 1911-1941 Domprediger in Münster, 1919-1942 Professor für Homiletik und theologische Propädeutik, 1931 Dompropst. BBKL 20 (2002), S. 396-400 (F. SOBIECH); E. HEGEL, Münster, Bd. 2, S. 16-18; J. LEUFKENS, Donders.

[893] Joseph Schmidlin (1876-1944), 1910 a.o. Professor für Kirchengeschichte, insbesondere Dogmengeschichte und Patrologie sowie Missionskunde in Münster, 1914 ebd. o. Professor für Missionswissenschaft mit ergänzendem Lehrauftrag für Kirchengeschichte, Dogmengeschichte und Patrologie, 1934 Emeritierung, starb im Konzentrationslager Schirmeck. BBKL 9 (1995), S. 436-443 (J. DÖRMANN); K. MÜLLER, Schmidlin; E. HEGEL, Münster, Bd. 2, S. 78-80.

[894] Augustin Kilian (1856-1930), 1913-1930 Bischof von Limburg. E. GATZ (Hg.), Bischöfe 1789/1803-1945, S. 381-383 (K. SCHATZ).

co-teologico dei RR. PP. della Compagnia di Gesù in Francoforte sul Meno, il quale – come si è già sopra osservato – molto bene già opera (ed ancor più se ne attende) per la formazione del clero in Germania, e che il Governo prussiano, pur re-
nitente e malgrado la opposizione di circoli anche ecclesiastici, massime delle Facoltà teologiche, gelosi della nuova istituzione, è stato costretto a riconoscere come
Seminario vescovile per la diocesi di Limburg. Pur troppo il degno Vescovo è da circa un anno sofferente per malattia di cuore, aggravatasi nello scorso inverno in seguito a polmonite, di guisa che il suo stato di salute è assai precario. La S. Sede si
propone perciò di dargli un ʲVescovo Ausiliare od unʲ Coadiutore con futura successione.

[43v] Come rilevo da una recente comunicazione pervenutami dalla Curia vescovile di Limburg in data del 5 corrente, quella diocesi soffre a causa della penuria di
sacerdoti. »Attualmente (così si legge) cinque posti con cura d'anime sono senza titolare e le difficoltà nella regolare provvista degli uffici vacanti e che diverranno tali
per morte o malattia o necessari collocamenti a riposo aumenteranno notevolmente negli anni prossimi; basti di menzionare che cinque parroci, i quali già da tempo
hanno celebrato il cinquantesimo anniversario del loro sacerdozio, lavorano ancora nelle loro parrocchie. Inoltre prima di Pasqua dell'anno venturo soltanto sette
alunni riceveranno l'ordinazione sacerdotale, e quindi si avrà l'interruzione di un intiero corso, giacchè secondo la prescrizione del Codice di diritto canonico lo studio
filosofico-teologico è stato prolungato; perciò nella Pasqua 1931 non potremo man-
dare nessun novello sacerdote nella cura delle anime. – Per la Pasqua 1932 secondo
l'attuale numero degli alunni possiamo contare su 13 novelli sacerdoti. Ma questi
non saranno affatto sufficienti a colmare i vuoti che si formeranno sino ad allora. –
Affine di diminuire in qualche modo questa grande mancanza, pregheremo i sacerdoti religiosi nella nostra diocesi di venirci in aiuto; è incerto però tuttora fino a qual
punto ciò riuscirà«.

8.) Il Vescovo di *Osnabrück*, Mons. Guglielmo *BERNING*, nato in Lingen (diocesi di Osnabrück) il 26 Marzo 1877, ordinato sacerdote il 10 Marzo 1900, conseguì
il 1901 la laurea in s. teologia summa cum laude, fu poi maestro di religione nel Ginnasio di Meppen (Provincia di Hannover) e, allorchè egli ricopriva ancora tale [44r]
ufficio, venne eletto nel 1914 dal Capitolo cattedrale a quella Sede vescovile. È Prelato di costituzione fisica assai vigorosa, la quale gli permette un genere di vita mol-

Instituts der Hochwürdigen Patres der Gesellschaft Jesu in Frankfurt ermöglicht zu haben, das – wie schon oben erwähnt wurde – bereits viel Gutes wirkt (und noch mehr wird von ihm erwartet) für die Ausbildung des Klerus in Deutschland, und das die preußische Regierung, obschon widerwillig und trotz des Widerstands auch kirchlicher Kreise, vor allem der auf die neue Institution eifersüchtigen theologischen Fakultäten, gezwungen war, als bischöfliches Seminar für die Diözese Limburg anzuerkennen[895]. Leider leidet der würdige Bischof seit etwa einem Jahr an einem Herzleiden, das sich im vergangenen Winter infolge einer Lungenentzündung verschlimmerte, so dass sein Gesundheitszustand sehr bedenklich ist. Der Hl. Stuhl hat daher vor, ihm einen Weihbischof oder einen[896] Koadjutor mit Nachfolgerecht zuzuteilen[897].

[43v] Wie ich einer Mitteilung entnehme, die ich kürzlich von der bischöflichen Kurie von Limburg mit dem Datum des 5. dieses Monats erhielt, leidet die dortige Diözese aufgrund des Priestermangels. »Zur Zeit (so steht zu lesen) sind fünf Seelsorgestellen unbesetzt, und die Schwierigkeiten in der regulären Besetzung der vakanten Ämter sowie der Ämter, die künftig aufgrund von Tod oder Krankheit oder wegen notwendiger Versetzungen in den Ruhestand vakant werden, werden in den kommenden Jahren beträchtlich zunehmen; hier sei der Hinweis darauf ausreichend, dass fünf Pfarrer, die schon vor geraumer Zeit ihr fünfzigjähriges Priesterjubiläum feierten, noch in ihren Pfarren arbeiten. Außerdem werden vor Ostern des kommenden Jahres nur sieben Alumnen die Priesterweihe erhalten, und danach wird es eine Unterbrechung eines ganzen Jahrgangs geben, da gemäß der Vorschrift des Gesetzbuches des Kirchenrechts das philosophisch-theologische Studium verlängert wurde; daher werden wir zu Ostern 1931 keinen einzigen Neupriester in die Seelsorge schicken können. – Für Ostern 1932 können wir nach der derzeitigen Schülerzahl auf 13 Neupriester rechnen. Aber diese werden keineswegs hinreichen, um die Lücken zu füllen, die bis dahin entstehen werden. – Um auf irgendeine Weise diesem großen Mangel abzuhelfen, werden wir die Ordenspriester in unserer Diözese bitten, uns zu Hilfe zu kommen; es ist allerdings bisher ungewiss, bis zu welchem Punkt dies gelingen wird«.

8.) Der Bischof von *Osnabrück* Wilhelm *BERNING*[898], geboren in Lingen (Diözese Osnabrück) am 26. März 1877, zum Priester geweiht am 10. März 1900, erlangte 1901 den Studienabschluss der hl. Theologie *summa cum laude*, war dann Religionslehrer am Gymnasium in Meppen (Provinz Hannover), und während er noch dieses [44r] Amt innehatte, wurde er 1914 vom Kathedralkapitel auf den dortigen Bischofssitz gewählt. Er ist ein Prälat von besonders kräftiger körperlicher Verfassung, die ihm einen sehr aktiven Lebensstil gestattet; intelligent, ein guter Redner,

---

[895] Der Widerstand gegen die Gründung von Sankt Georgen ist noch genauer zu untersuchen, zu den innerdiözesanen Widerständen vgl. K. SCHATZ, Geschichte, S. 236-244.

[896] »Weihbischof oder einen« ist von Pacelli handschriftlich ergänzt.

[897] Am 31. März 1930 bewilligte Papst Pius XI. die Wahl eines Weihbischofs und Koadjutors mit Nachfolgerecht, nämlich von Antonius Hilfrich (1873-1947), der ab 1930 als Bischof von Limburg fungierte. E. GATZ (Hg.), Bischöfe 1789/1803-1945, S. 306 f. (K. SCHATZ).

[898] Zu Hermann Wilhelm Berning (1877-1955) s. Anm. 325.

to attivo; intelligente, buon oratore, energico (da alcuni si giudica anzi talvolta alquanto duro); la speditezza del suo fare e delle sue decisioni è forse la causa per cui queste in alcuni casi speciali non sono state del tutto prudenti ed opportune. È Presidente della Società di S. Raffaele per la protezione degli emigranti cattolici (*St. Raphaelsverein zum Schutze der katholischen Auswanderer*), come pure dell'Ufficio centrale per le scuole delle Congregazioni religiose, istituito dalla Conferenza vescovile di Fulda. La giurisdizione del Vescovo di Osnabrück si estende oltre che a questa diocesi, i cui confini furono determinati dalla Bolla di circoscrizione »*Impensa Romanorum Pontificum*« del 26 Marzo 1824, anche al Vicariato Apostolico della Germania settentrionale ed alla Prefettura Apostolica dello Schleswig-Holstein, territori assai vasti ed importanti, perchè comprendono, ad esempio, le tre grandi città libere di Amburgo, di Brema e di Lubecca, ma di difficile amministrazione, anche dal punto di vista finanziario, per essere regioni di diaspora, ove i cattolici non costituiscono che una ben piccola minoranza. Mons. Berning ha cercato con molto zelo di promuovere in essi la vita cattolica mediante la costruzione di chiese, di scuole, di cliniche, ecc. In virtù dell'articolo 2 capoverso 3 del recente Concordato colla Prussia detti territori finora di missione saranno incorporati alla diocesi di Osnabrück.

9.) Il Vescovo di *Paderborn* Mons. Gaspare *KLEIN*, nato in [44v] Elben (distretto di Olpe nella Westfalia), piccolo villaggio della diocesi di Paderborn, il 28 Agosto 1865 da genitori contadini pii e religiosi, dopo compiuto il Ginnasio in Paderborn, attese allo studio della filosofia e della teologia prima in Münster e quindi nell'Accademia vescovile della sua diocesi. Ordinato sacerdote il 21 Marzo 1890, attese con sommo zelo al ministero parrocchiale, finchè nel 1912 fu nominato Vicario generale dall'allora Vescovo di Paderborn, Mons. Schulte (ora Cardinale di S. R. Chiesa). Resasi vacante la diocesi nel 1920 per la promozione di questo ad Arcivescovo di Colonia, Mons. Klein fu eletto dal Capitolo cattedrale a di lui successore in quella Sede vescovile. Senza eccellere per dottrina o per elevatezza d'ingegno, egli è Pastore universalmente amato per la sua bontà e per la sua instancabile ed aposto-

energisch (von einigen wird er sogar manchmal als recht hart beurteilt); die Schnelligkeit seines Handelns und seiner Entscheidungen ist vielleicht der Grund dafür, dass diese in einigen Einzelfällen nicht ganz klug und zweckmäßig waren. Er ist der Präsident des *St. Raphaelsvereins zum Schutze der katholischen Auswanderer*[899] und auch des Zentralbüros für die Schulen der Ordensgemeinschaften, das von der Fuldaer Bischofskonferenz eingesetzt wurde[900]. Die Jurisdiktion des Bischofs von Osnabrück erstreckt sich, zusätzlich zur dortigen Diözese, deren Grenzen durch die Zirkumskriptionsbulle *Impensa Romanorum Pontificium*[901] vom 26. März 1824 festgelegt wurden, auch auf das Apostolische Vikariat von Norddeutschland und auf die Apostolische Präfektur Schleswig-Holstein, ziemlich weitläufige und wichtige Gebiete, weil sie zum Beispiel die drei großen freien Städte Hamburg, Bremen und Lübeck enthalten, aber von schwieriger Verwaltung, auch vom finanziellen Gesichtspunkt, weil sie Diasporagebiete sind, wo die Katholiken nur eine sehr kleine Minderheit bilden. Bischof Berning hat mit großem Eifer versucht, in ihnen das katholische Leben zu fördern durch den Bau von Kirchen, Schulen, Kliniken usw. Kraft des Artikels 2 Absatz 3 des jüngsten Konkordats mit Preußen[902] werden die besagten bisherigen Missionsgebiete der Diözese Osnabrück einverleibt.

9.) Der Bischof von *Paderborn*, Kaspar *KLEIN*[903], geboren in **[44v]** Elben (Bezirk Olpe in Westfalen), einem kleinen Dorf der Diözese Paderborn, am 28. August 1865 als Sohn frommer und gläubiger Bauern, ging nach Abschluss des Gymnasiums in Paderborn dem Studium der Philosophie und der Theologie erst in Münster und dann an der Bischöflichen Akademie seiner Diözese nach. Zum Priester geweiht am 21. März 1890, widmete er sich mit äußerstem Eifer dem Pfarrdienst, bis er 1912 vom damaligen Bischof von Paderborn Schulte (jetzt Kardinal der Hl. Römischen Kirche), zum Generalvikar ernannt wurde. Als die Diözese 1920 aufgrund der Beförderung des Bischofs Schulte zum Erzbischof von Köln vakant wurde, wurde Exzellenz Klein vom Domkapitel zu seinem Nachfolger auf jenem Bischofssitz gewählt. Ohne sich durch Lehre oder Höhe der Begabung auszuzeichnen, ist er ein wegen seiner Güte und wegen seines unermüdlichen und apostolischen Wirkens all-

---

[899] »Weitere wichtige Aufgabenbereiche waren die Sorge um die Auswanderer und die Auslandsdeutschen. Im Jahre 1921 übernahm er auf Bitten des Generalsekretärs Pater Timpe die Präsidentschaft des St.-Raphaels-Vereins zur Betreuung der Auswanderer. In der NS-Zeit wurde diese Tätigkeit insbesondere wichtig, um katholischen ›Nichtariern‹ zur Ausreise zu verhelfen«. C.-A. RECKER, Berning, S. 21 f.

[900] »Entsprechend seinem Interesse für pädagogische Fragen und die Bildung der Kinder und Jugendlichen wurde er schon 1915 von der Bischofskonferenz mit schulischen Fragen betraut ... Im Jahre ... 1920« wurde er »Leiter der bischöflichen Zentralstelle für die Ordensschulen und Protektor des Verbandes der Ursulinenklöster«. EBD., S. 21.

[901] Zirkumskriptionsbulle *Impensa Romanorum Pontificum*, 26. März 1824, E. R. HUBER/W. HUBER, Staat und Kirche, Bd. 1, S. 299-308.

[902] »Dem Bistum Osnabrück werden die bisher von seinem Bischof verwalteten Missionsgebiete einverleibt. Es wird in Zukunft Suffraganbistum des Metropoliten von Köln sein«. Preußisches Konkordat, Artikel 2, Absatz 3, E. R. HUBER/W. HUBER, Staat und Kirche, Bd. 4, S. 323.

[903] Kaspar Klein (1865-1941), 1912-1919 Generalvikar in Paderborn, 1920-1930 Bischof von Paderborn, 1930-1941 Erzbischof von Paderborn. E. GATZ (Hg.), Bischöfe 1789/1803-1945, S. 386 f. (E. GATZ) – zu seiner Wahl vgl. E. GATZ, Ringen, S. 106-108.

lica operosità. Difficile è l'amministrazione della sua diocesi, la quale comprende in parte vasti distretti industriali con grandi agglomerazioni di operai, in parte regioni agricole, in parte estesi territori di diaspora. Il sullodato Vescovo è devotissimo alla S. Sede ed alla Rappresentanza Pontificia, della quale esegue coscienziosamente e volonterosamente ogni cenno.

10.) Il Vescovo di *Magonza,* Mons. Ludovico M. *HUGO,* nato in Arzheim presso Landau (diocesi di Spira) il 19 Gennaio 1871, già alunno del Collegio Germanico-Ungarico, ordinato sacerdote in Roma il 28 Ottobre 1894, fu eletto il 7 Marzo 1921 Vescovo titolare di Bubasti e Coadiutore cum iure successionis dell'infermo Vescovo di Magonza, Mons. Giorgio Enrico Kirstein, cui successe il 15 Aprile di quello stesso anno; fu nominato Assistente al Soglio il 28 [45r] Settembre 1928 in occasione dei festeggiamenti per la riapertura di quel celeberrimo Duomo, del cui restauro Mons. Hugo è assai benemerito. Ha buona cultura filosofica e teologica, è attaccatissimo alla S. Sede e assai ortodosso nella dottrina, anzi talvolta, di fronte agli errori ed ai mali pur troppo reali dei tempi moderni, di un pessimismo alquanto esagerato, il quale sembra snervare la energia e la efficacia della sua azione. Si occupa con molta cura del suo Seminario, il quale, per essere puramente vescovile, è libero da qualsiasi influenza dello Stato. Il nuovo Rettore, Rev. Dr. Ernesto Thomin, è da Mons. Hugo indicato come assai idoneo. Il sullodato Vescovo è tuttavia preoccupato dalla insufficiente formazione che, massime nella lingua latina, i giovani, i quali entrano poi nel Seminario, ricevono nelle scuole medie; mancanza che rende loro difficile di seguire con frutto le lezioni di filosofia e di teologia e di abituarsi a pensare logicamente ed [k]a[k] concentrare la mente sopra un determinato oggetto. Anche alcune tendenze del movimento giovanile odierno (di cui si è già parlato) hanno cattiva influenza sui futuri Seminaristi; onde Mons. Hugo ha dato al Rettore istruzione di non ammettere candidati appartenenti al gruppo »Quickborn« se non colle massime cautele ed a condizione che interrompano i loro rapporti con esso. – La

seits geliebter Hirte. Schwierig ist die Verwaltung seiner Diözese, die teils ausgedehnte Industriebezirke mit großen Ballungen von Arbeitern, teils bäuerliche Gegenden, teils weitläufige Diasporagebiete umfasst. Der erwähnte Bischof ist dem Hl. Stuhl und der päpstlichen Vertretung untertänigst ergeben, deren Winke er alle gewissenhaft und bereitwillig ausführt.

10.) Der Bischof von *Mainz* Ludwig M. *HUGO*[904], geboren in Arzheim bei Landau (Diözese Speyer) am 19. Januar 1871, ehemaliger Alumne des *Collegium Germanicum et Hungaricum*, zum Priester geweiht am 28. Oktober 1894 in Rom, wurde am 7. März 1921 zum Titularbischof von Bubastis und Koadjutor *cum iure successionis* des kranken Bischofs von Mainz Georg Heinrich Kirstein[905] gewählt, dessen Nachfolger er am 15. April desselben Jahres wurde; er wurde am **[45r]** 28. September 1928 gelegentlich der Feiern zur Wiedereröffnung des überaus berühmten Domes, um dessen Restaurierung Bischof Hugo sich sehr verdient gemacht hat[906], zum Thronassistenten ernannt. Er hat eine gute philosophische und theologische Bildung, ist dem Hl. Stuhl besonders treu ergeben und äußerst rechtgläubig in der Lehre, manchmal sogar gegenüber den leider tatsächlich bestehenden Irrungen und Übeln der modernen Zeiten von einem etwas übertriebenen Pessimismus, der die Energie und die Wirksamkeit seines Handelns auszuhöhlen scheint. Er widmet sich mit großer Sorgfalt seinem Seminar, das, weil es rein bischöflich ist, von jeglichem staatlichen Einfluss frei ist. Der neue Rektor, Hochwürden Dr. Ernst Thomin[907], wird von Bischof Hugo als sehr geeignet bezeichnet. Der erwähnte Bischof ist allerdings besorgt über die unzureichende Bildung, vor allem in der lateinischen Sprache, welche die jungen Männer, die dann ins Seminar eintreten, an den Mittelschulen erhalten; ein Mangel, der es ihnen schwierig macht, mit Gewinn den Unterricht in Philosophie und Theologie zu verfolgen und sich daran zu gewöhnen, logisch zu denken und ihren Geist auf ein bestimmtes Objekt zu[908] konzentrieren. Auch einige Tendenzen der heutigen Jugendbewegung (von der schon die Rede war) haben einen schlechten Einfluss auf die künftigen Seminaristen; weshalb Bischof Hugo dem Rektor die Anweisung gegeben hat, keine Kandidaten zuzulassen, die der Gruppe »Quickborn« angehören, oder nur mit der allergrößten Vorsicht und unter der Bedingung, dass sie ihre Beziehungen zu ihr abbrechen[909]. – Die finanzielle

---

[904] Ludwig Maria Hugo (1871-1935), 1921-1935 Bischof von Mainz. E. GATZ (Hg.), Bischöfe 1789/1803-1945, S. 335 f. (A. BRÜCK) – zu seiner Wahl vgl. E. GATZ, Ringen, S. 109-113.

[905] Georg Heinrich Kirstein (1858-1921) wurde trotz fehlender wissenschaftlicher Qualifikation 1903 zum Regens des Mainzer Priesterseminars und damit auf die Pastoraltheologiedozentur berufen, 1903-1921 dann Bischof von Mainz. E. GATZ (Hg.), Bischöfe 1789/1803-1945, S. 383 f. (A. BRÜCK).

[906] Zu den Sicherungs- und Renovierungsarbeiten am Mainzer Dom 1925-1928 vgl. G. RÜTH, Sicherungsarbeiten; A. STREMPEL, Rettung; L. LENHART, Hugo, S. 168-175.

[907] Ernst Thomin (1879-1948), 1914 Professor für Apologetik, 1928 für Liturgik, Katechetik und Pädagogik am Mainzer Priesterseminar, 1928-1943 Regens des Priesterseminars Mainz, Ehrendomkapitular seit 1940. Kleines Handbuch Bistum Mainz, S. 388; Augustinerstraße, S. 269 f.

[908] Das Wort »zu« ist von Pacelli handschriftlich ergänzt.

[909] Bischof Hugo von Mainz zeichnete sich durch eine entschiedene Ablehnung gegen neue theologische oder kirchlich-praktische Strömungen, etwa auf dem Gebiet der Exegese, aus, gegen die er auch

condizione finanziaria della diocesi è difficile; ma non sembra possibile per ora di portarvi efficace rimedio.

11.) Il Vescovo di *Meißen* (con residenza in Bautzen) ed Amministratore Apostolico di *Berlino*, Mons. Cristiano *SCHREIBER*, nato in Somborn (distretto di Kassel, diocesi di Fulda) il 3 Agosto [45v] 1872, frequentò il Ginnasio in Fulda, quindi, come alunno del Collegio Germanico-Ungarico, le scuole di filosofia e di teologia nella Pont. Università Gregoriana in Roma, ordinato sacerdote il 28 Ottobre 1898, Dottore in filosofia ed in teologia e licenziato in diritto canonico, professore di filosofia e di storia della filosofia e quindi di apologetica e di dommatica nel Seminario di Fulda, poscia rettore del medesimo, nominato Vescovo della ripristinata diocesi di Meißen il 12 Agosto 1921 e recentemente con Decreto di cotesta S. Congregazione del 10 Settembre u.s. Amministratore Apostolico ad nutum S. Sedis della erigenda diocesi di Berlino. È Prelato esemplare, di sana dottrina, attaccato alla S. Sede, assai stimato, colto, energico, attivo e zelante. Nel governo della diocesi di Meißen, territorio di diaspora, egli ha spiegato grande operosità. I candidati al sacerdozio, i quali prima erano formati in Praga, ora compiono i primi quattro anni di studi filosofici e teologici in Fulda (alcuni anche in Innsbruck o nel Collegio Germanico-Ungarico in Roma) e gli ultimi due anni nel Seminario clericale (*Priesterseminar*) eretto da Mons. Schreiber in Schmochtitz presso Bautzen. – Nella diocesi di Meißen, fra i cattolici, per la massima parte di nazionalità tedesca, in numero di oltre 200.000 se ne trovano, massime nella Lusazia, 9 o 10 mila di nazionalità slava, detti *Wenden* o Venedi. Questi sono una popolazione profondamente religiosa e fedele; il Vescovo vi è accolto nelle sue visite pastorali o per ¹il¹ conferimento del Sa-

Lage der Diözese ist schwierig; aber es scheint vorerst nicht möglich, wirksame Abhilfe zu leisten.

11.) Der Bischof von *Meißen* (mit Residenz in Bautzen) und Apostolische Administrator von *Berlin* Christian *SCHREIBER*[910], geboren in Somborn (Bezirk Kassel, Diözese Fulda) am 3. August [45v] 1872, besuchte das Gymnasium in Fulda, dann als Alumne des *Collegium Germanicum et Hungaricum* die Schulen der Philosophie und der Theologie an der Päpstlichen Universität Gregoriana[911] in Rom, zum Priester geweiht am 28. Oktober 1898, Doktor für Philosophie und Theologie und Lizentiat im Kirchenrecht, Professor für Philosophie und Philosophiegeschichte und dann für Apologetik und Dogmatik am Seminar Fulda, darauf Leiter desselben, zum Bischof der wiederhergestellten Diözese Meißen ernannt am 12. August 1921 und kürzlich per Dekret dieser Hl. Kongregation vom 10. September dieses Jahres Apostolischer Administrator *ad nutum S. Sedis* der zu errichtenden Diözese von Berlin. Er ist ein vorbildlicher Prälat, von gesunder Lehre, anhänglich dem Hl. Stuhl, sehr geschätzt, gebildet, energisch, aktiv und eifrig. In der Leitung der Diözese Meißen, Diasporagebiet, hat er eine große Arbeitsamkeit entwickelt. Die Priesteramtskandidaten, die vorher in Prag ausgebildet wurden, erfüllen nun die ersten vier Jahre der philosophischen und theologischen Ausbildung in Fulda (einige auch in Innsbruck oder am Collegium Germanicum et Hungaricum in Rom) und die letzten zwei Jahre im *Priesterseminar*, das von Bischof Schreiber in Schmochtitz bei Bautzen[912] errichtet wurde. – In der Diözese Meißen finden sich unter den Katholiken, die mit einer Anzahl von über 200.000 zum Großteil von deutscher Nationalität sind, auch, vor allem in der Lausitz, neun- oder zehntausend von slawischer Nationalität, die *Wenden*[913] genannt werden. Diese sind eine tief religiöse und gläubige Bevölkerung; der Bischof wird in seinen Pastoralvisitationen oder anlässlich der Verleihung des Sakraments der Firmung mit Vertrauen und Ergebenheit empfangen, und auch der

---

entschieden vorging. »Diese auf besondere Grundsatzfestigkeit gegenüber vermeintlichen Abschwächungen der katholischen Grundsätze in Lehre und in der Praxis des öffentlichen Lebens pochende Richtung des Katholizismus von der Zeit des Modernismus her hat Bischof Hugo gewiß im Prinzip … geteilt«. L. LENHART, Hugo, S. 177. – Bei J. BINKOWSKI, Jugend, findet sich keine Notiz, dass Mitglieder des Quickborn in Mainz nicht zur Priesterweihe zugelassen wurden.

[910] Zu Christian Schreiber (1872-1933) s. Anm. 550.

[911] Zu der 1551 bzw. 1582/84 gegründeten päpstlichen und meist von Jesuiten geleiteten Universität Gregoriana in Rom, die in der ersten Hälfte des 20. Jahrhunderts eine Hochburg der neuscholastischen Theologie und des kirchlichen Antimodernismus war, vgl. LThK³ 4 (1995), S. 1029 f. (G. MARTINA).

[912] Das Priesterseminar St. Peter in Schmochtitz wurde am 10. Mai 1927 eingeweiht und eröffnet, 1945 im Krieg zerstört. Die Alumnen hatten hier ihre letzten vier Semester zu absolvieren. A. STREHLER, Schreiber, S. 40-42; E. GATZ (Hg.), Geschichte des kirchlichen Lebens, Bd. 1, S. 250-260, hier S. 255-257 (H. MEIER). – Infolge der Einrichtung desselben kam es »trotz des auch hier eingerichteten Lektorats für Sorbisch, zu Spannungen mit dem sorbischen Klerus, der in dem Prager Seminar eine Bestandsgarantie seiner Eigenart gesehen hatte«. E. GATZ (Hg.), Geschichte des kirchlichen Lebens, Bd. 2, S. 151-154, hier S. 152 (S. MUSIAT). Zum Ganzen vgl. T. KOWALCZYK, Katholische Kirche, S. 34-54, bes. S. 52-54.

[913] »Die Sorben, vor 1945 auch Wenden genannt, sind ein eigenständiges westslawisches Volk an der oberen und mittleren Spree in der Lausitz, das die deutsche Ostbewegung des Mittelalters überdauerte und bis in die Gegenwart seine ethnische, sprachliche und kulturelle Eigenart bewahrte«. E. GATZ (Hg.), Geschichte des kirchlichen Lebens, Bd. 2, S. 151-154, hier S. 151 (S. MUSIAT).

cramento della Cresima con fiducia e devozione, ed anche il clero nella sua grande maggioranza mostra verso di lui venerazione ed amore. Alcuni tuttavia di [46r] detti Venedi, mossi da esagerato spirito nazionalista, e – a quanto si dice – eccitati dall'ussitismo ceco, hanno fatto oggetto di vivi attacchi il loro Ordinario, come anche il ripristinamento della diocesi di Meißen, effettuato dalla S. Sede nel 1921 ad unanime istanza dello stesso Capitolo (allora collegiato) di S. Pietro in Bautzen, nel quale pure il clero venedo era rappresentato dai Canonici Skala e Sauer. Tra i menzionati nazionalisti vengono annoverati anche alcuni ecclesiastici, vale a dire i parroci Schewtschik di Crostwitz, Delan di Storcha, Ziesch di Hainitz, Noack di Radibor, il religioso Cistercense P. Romualdo in Rosenthal, e soprattutto il capellano Noack di Bautzen, redattore del foglio domenicale venedo »*Katolski Posol*«. I Revᵐⁱ Sauer ed Heduschke, membri del Capitolo ora cattedrale di Bautzen (il quale conta in tutto il Decano e tre Canonici), favoriscono piuttosto il movimento in questione. Avendo i detti nazionalisti pubblicato e diffuso sul principio dello scorso anno 1928 contro il Vescovo un libello dal titolo »*Der sächsische Bischof Dr. Schreiber und die katholischen Wenden*«, la conferenza dei sacerdoti dell'arcipresbiterato di Kamenz, il quale abbraccia il territorio abitato dai Venedi cattolici nella diocesi di Meißen, votò il 12 Luglio di quello stesso anno una risoluzione di protesta contro simili pro-

Klerus zeigt ihm gegenüber in der großen Mehrheit Verehrung und Liebe. Einige allerdings von **[46r]** den besagten Wenden, angetrieben von übertriebenem nationalistischem Geist und – nach dem, was erzählt wird – aufgestachelt vom tschechischen Hussitismus[914], machten zum Gegenstand heftiger Angriffe sowohl ihren Ordinarius als auch die Wiederherstellung der Diözese Meißen, die 1921 der Hl. Stuhl auf die einstimmige Bitte des (damaligen Kollegiat-) Kapitels von St. Peter in Bautzen, in dem auch der wendische Klerus durch die Kanoniker Skala[915] und Sauer[916] vertreten war, vorgenommen hatte. Zu den erwähnten Nationalisten werden auch einige Geistliche gezählt, nämlich die Pfarrer Schewtschik[917] aus Crostwitz, Delan[918] aus Storcha, Ziesch[919] aus Hainitz, Noack[920] aus Radibor, der Zisterzienser P. Romuald in Rosenthal[921] und vor allem Kaplan Noack[922] aus Bautzen, Redakteur des wendischen Sonntagsblattes »*Katolski Posol*«[923]. Die Hochwürdigsten Herren Sauer und Heduschke[924], Mitglieder des Kapitels von Bautzen (das nunmehr ein Domkapitel ist und im Ganzen den Dekan und drei Kanoniker zählt), begünstigen ziemlich die zur Frage stehende Bewegung. Da die besagten Nationalisten Anfang des vergangenen Jahres 1928 gegen den Bischof ein Büchlein mit dem Titel »*Der sächsische Bischof Dr. Schreiber und die katholischen Wenden*«[925] veröffentlicht und verbreitet hatten, stimmte am 12. Juli desselben Jahres die Konferenz der Priester des Archipresbyteriats von Kamenz, das das von den katholischen Wenden bewohnte Gebiet in der Diözese Meißen umfasst, für eine Resolution des Protests gegen sol-

---

914 Im Hussitismus-Vorwurf vermischten sich national-deutsche mit kirchlichen Motiven, vgl. hierzu T. KOWALCZYK, Katholische Kirche, S. 34-54. Im Hintergrund stand vor allem die Sorge der deutschen Regierung, der sorbische Bevölkerungsteil könne sich panslawistischen Bestrebungen anschließen.

915 Jakub (Jakob) Skala (1851-1925), Dekan des exemten Kollegiatkapitels St. Petri zu Bautzen. Handbuch Meißen, Bd. 1, S. 3; Catalogus totius cleri.

916 Nikolaus Sauer (geb. 1859), Prälat, Poenitentiar, Senior des Kapitels, Ordinariatsrat, Offizial. Handbuch Meißen, Bd. 1, S. 6, 8, 33.

917 Jakob Schewtschik, Pfarrer in Crostwitz. Handbuch Meißen, Bd. 1, S. 9, 15. Verzeichnis Meißen, S. 30.

918 Jurij (Georg) Delan (geb. 1878), Pfarrer in Hl. Herz Jesu, Storcha. Handbuch Meißen, Bd. 1, S. 30. Verzeichnis Meißen, S. 27; T. KOWALCZYK, Katholische Kirche, S. 29.

919 Johann Ziesch (geb. 1883), Erzvikar, Pfarrer zu St. Joseph, Hainitz, im Erzpriestersprengel Löbau. Handbuch Meißen, Bd. 1, S. 34. Verzeichnis Meißen, S. 31.

920 Joseph Noack (geb. 1895), Pfarrei Maria Himmelfahrt, Bautzen. Handbuch Meißen, Bd. 1, S. 32. Verzeichnis Meißen, S. 29.

921 Romuald Domaschka OCist, Wallfahrtskurat in Rosenthal bei Zittau. Verzeichnis Meißen, S. 25; T. KOWALCZYK, Katholische Kirche, S. 29.

922 Jakob Nowak (geb. 1864), Pfarrei Maria Rosenkranzkönigin, Radibor. Handbuch Meißen, Bd. 1, S. 32. Verzeichnis Meißen, S. 29.

923 »In Bautzen, wo die Sorben mit der ›Wendischen Kirche‹ ein kirchliches Zentrum besaßen, entwickelte sich ein beachtliches Gemeindeleben. 1862 wurde dort ein Verein unter dem Namen der Slawenapostel Cyrill und Method gegründet. Die von ihm begründete Wochenzeitschrift ›Katolski Posol‹ (Katholischer Bote) hat ebenso wie ein Kalender und andere sorbische Veröffentlichungen Beachtliches für die Pflege der religiösen Volkskultur geleistet«. E. GATZ (Hg.), Geschichte des kirchlichen Lebens, Bd. 2, S. 152 (S. MUSIAT).

924 Jurij (Georg) Heduschke (geb. 1874), residierender Domkapitular, Dompfarrer und Scholaster. Handbuch Meißen, Bd. 1, S. 6. Verzeichnis Meißen, S. 28; T. KOWALCZYK, Katholische Kirche, S. 53.

925 Vgl. Der Sächsische Bischof.

cedimenti e di gratitudine e di attaccamento verso il loro Pastore; furono anche rac-
colte fra la popolazione veneda firme per una dichiarazione nello stesso senso, alla
quale – come si afferma – aderì il 95% dei Venedi cattolici del sunnominato arcipresbiterato.

La dotazione della mensa vescovile di Meißen, alla quale il Capitolo cattedrale di
Bautzen si obbligò in occasione del ri[46v]pristinamento della diocesi, è nota a cotesta S. Congregazione per essere stata da essa esaminata ed approvata col venerato
Dispaccio N. 1062/25 del 27 settembre 1926. Le prestazioni dello Stato alla Chiesa
cattolica in Sassonia non ascendono che a circa 60.000 Marchi annui.

Il clero più anziano nella diocesi di Meißen è poco attivo. La ragione deve ricer-
carsi nelle condizioni, in cui la Sassonia si trovava sotto l'antico regime; il sacerdote cattolico era estremamente vincolato ed impedito nella sua azione, e la Casa regnante cattolica, strettamente sorvegliata nella sua politica religiosa, temeva di fare
qualsiasi cosa, che spiacesse ai protestanti. Il miglioramento, che si nota ora nello
stato della diocesi, si deve alle nuove condizioni politiche ed all'opera svolta dal Vescovo. Il clero più giovane è già migliore ed ancor più si spera dai sacerdoti, che usci-
ranno dal nuovo Seminario clericale, il cui Rettore è, a quanto mi si assicura, eccellente.

È da augurare che Mons. Schreiber, il quale ben conosce i difetti delle Facoltà teologiche, abbia, come Ordinario di Berlino, la forza di allontanare, pur colla necessaria prudenza, pian piano i suoi alunni di teologia dalla Università di Breslavia,
avviandoli ad altri Istituti filosofico-teologici di più sicura e solida formazione. Ad
ogni modo, egli dà già, come mi consta, a differenza di quanto faceva l'Eminentissimo Bertram, senza difficoltà a coloro, che la domandano, la licenza di recarsi al
Collegio Germanico-Ungarico in Roma.

12.) Il Vescovo di *Treviri*, Mons. Francesco Rodolfo [47r] *BORNEWASSER*, nato
in Radevormwald (distretto di Düsseldorf – archidiocesi di Colonia) il 12 Marzo
1866, ordinato sacerdote in Colonia il 10 Marzo 1894, Dottore in s. teologia, dopo
aver ricoperto vari uffici nella cura parrocchiale ed essere stato vice-rettore del Seminario clericale, fu nominato il 23 Aprile 1921 Vescovo titolare di Bida ed Ausiliare dell'Eô Arcivescovo di Colonia con residenza in Aquisgrana come Preposto
di quel Capitolo collegiale. Dopo la morte del compianto Mons. Korum, grande fi-
gura di Vescovo, fu eletto il 27 Febbraio 1922 dal Capitolo cattedrale di Treviri, mas-

che Vorgehensweisen und der Dankbarkeit und Anhänglichkeit gegenüber ihrem Hirten; es wurden auch unter der wendischen Bevölkerung Unterschriften gesammelt für eine Erklärung in demselben Sinn, der – wie bezeugt wird – 95% der katholischen Wenden des erwähnten Archipresbyteriats ihre Unterschrift gaben.

Die Dotation der bischöflichen Mensa von Meißen, zu der das Kathedralkapitel von Bautzen sich gelegentlich der [46v] Wiederherstellung der Diözese verpflichtete, ist dieser Hl. Kongregation bekannt, da sie von ihr mit der verehrten Mitteilung Nr. 1062/25 vom 27. September 1926[926] geprüft und gebilligt wurde. Die Leistungen des Staates an die katholische Kirche in Sachsen belaufen sich nur auf etwa 60.000 Mark jährlich.

Der dienstältere Klerus in der Diözese Meißen ist wenig aktiv. Der Grund muss in den Zuständen gesucht werden, in denen sich Sachsen unter der alten Herrschaftsform befand; der katholische Priester war in seinem Wirken extrem eingeschränkt und behindert, und das katholische Herrscherhaus, das in seiner Religionspolitik streng überwacht wurde, fürchtete, irgendetwas zu tun, das den Protestanten missfallen könnte. Die Besserung, die man nun in der Lage der Diözese feststellt, ist zurückzuführen auf die neuen politischen Zustände und auf die vom Bischof geleistete Arbeit. Der jüngere Klerus ist schon besser, und noch mehr erhofft man sich von den Priestern, die aus dem neuen Priesterseminar hervorgehen werden, dessen Rektor[927], wie man mir versichert, hervorragend ist.

Es ist zu wünschen, dass Bischof Schreiber, der die Mängel der theologischen Fakultäten gut kennt, als Ordinarius von Berlin die Kraft haben möge, nach und nach, wenn auch mit der notwendigen Umsicht, seine Theologieschüler von der Universität Breslau zu entfernen und sie anderen philosophisch-theologischen Instituten mit einer sichereren und solideren Ausbildung zuzuführen. Jedenfalls gibt er bereits, wie mir bekannt ist, im Unterschied zum Verhalten Seiner Eminenz Bertram, ohne Schwierigkeiten denen, die sie erbitten, die Erlaubnis, sich an das *Collegium Germanicum et Hungaricum* in Rom zu begeben.

12.) Der Bischof von *Trier* Franz Rudolph [47r] *BORNEWASSER*[928], geboren in Radevormwald (Bezirk Düsseldorf – Erzdiözese Köln) am 12. März 1866, zum Priester geweiht in Köln am 10. März 1894, Doktor der hl. Theologie, wurde, nachdem er verschiedene Ämter in der Pfarrseelsorge innegehabt hatte und Subregens des Priesterseminars gewesen war, am 23. April 1921 zum Titularbischof von Bida und Weihbischof Seiner Eminenz des Erzbischofs von Köln mit Residenz in Aachen als Propst des dortigen Kollegiatkapitels ernannt. Nach dem Tod des verstorbenen Bischofs Korum[929], einer großen Bischofsgestalt, wurde er am 27. Februar 1922 vom

[926] Perosi an Pacelli, Rom, 27. September 1926, ASV, ANB 55, fasc. 2, fol. 69rv, Nr. 1062/25, Or.

[927] Hugo Hain (geb. 1878), seit 1927 Regens des Priesterseminars St. Peter in Schmochtitz und Professor für Pastoraltheologie, Katechetik und Homiletik. Handbuch Meißen, S. 9, 31. Verzeichnis Meißen, S. 8.

[928] Franz Rudolf Bornewasser (1866-1951), 1921-1922 Weihbischof in Köln, Sitz Aachen, 1922-1951 Bischof von Trier. E. Gatz (Hg.), Bischöfe 1789/1803-1945, S. 65-67 (A. Thomas); E. Gatz (Hg.), Bischöfe 1945-2001, S. 545-547 (M. Persch) – zu seiner Wahl vgl. E. Gatz, Ringen, S. 122-128.

[929] Michael Felix Korum (1840-1921), 1881-1921 Bischof von Trier, unterstützte im sog. Gewerkschaftsstreit die Berliner Richtung. E. Gatz (Hg.), Bischöfe 1789/1803-1945, S. 406-409 (A. Thomas).

sime per l'influenza del Metropolitano Eᵐᵒ Card. Schulte, a quella Sede episcopale. Senza avere le qualità superiori nè la energia del suo predecessore, è buono, ᵐcoscienziosoᵐ e degno Prelato e mantiene colla Nunziatura cordiali rapporti. Fu nominato Assistente al Soglio il 13 Agosto 1927 in occasione delle feste centenarie ⁿdel ritrovamento delle reliquie dell'Apostoloⁿ S. Mattia.

Una speciale menzione merita il di lui Vescovo ausiliare, Mons. Antonio Mönch, ex-alunno del Collegio Germanico-Ungarico, Prelato di grande capacità e dotato di sana e soda dottrina. Lo stesso Mons. Bornewasser mi scriveva in data del 14 Dicembre 1928 che egli è un genio nelle questioni finanziarie, lodava la sua vasta conoscenza di tutta la organizzazione della carità in Germania, la sua grande abilità, prudenza e fermezza nel trattare anche colle autorità civili.

Meno buona impressione produce per il suo carattere e le sue tendenze il Vicario generale e Decano del Capitolo, Mons. Francesco Tilmann. Degnissimo di lode è il Canonico Mons. Dr. Ludovico Kaas, anch'egli ex-alunno del Collegio Germanico-Ungarico, ec[47v]clesiastico di doti e di cultura eccezionali, fedelissimo alla S. Sede ed alla Nunziatura. Dopo la dimissione del Sig. Marx, fu scelto, malgrado la sua resistenza, a capo del partito del Centro, sul quale egli potrà esercitare ottima influenza, massime dal punto di vista religioso.

Nel Seminario diocesano, grazie all'impulso ad esso dato da Mons. Korum di felice memoria, che per oltre quaranta anni governò la diocesi di Treviri, ed alla saggia direzione avuta per oltre dieci anni dal Revᵐᵒ Mons. Bares (ora Vescovo di Hildesheim), regna buono spirito. Si sta ora costruendo per gli studenti di filosofia in bella posizione un nuovo grande edificio, che porterà il nome di »Philosophicum«.

13.) Il Vescovo di *Rottenburg* (Württemberg), Mons. Giovanni Battista *SPROLL*, nato in Schweinhausen il 2 Ottobre 1870, Dottore in filosofia ed in teologia, nominato nel 1925 Vescovo titolare di Almira e deputato Ausiliare del compianto Mons.

Kathedralkapitel von Trier vor allem auf Einfluss des Metropolitans Seiner Eminenz Kardinal Schultes auf den dortigen Bischofssitz gewählt. Ohne die überdurchschnittlichen Fähigkeiten oder die Energie seines Vorgängers zu besitzen, ist er ein guter, gewissenhafter[930] und würdiger Prälat und unterhält mit der Nuntiatur herzliche Beziehungen. Er wurde am 13. August 1927 anlässlich der Hundertjahrfeiern der Wiederauffindung der Reliquien des Apostels[931] St. Matthias zum Thronassistenten ernannt.

Eine besondere Erwähnung verdient sein Weihbischof Antonius Mönch[932], ehemaliger Alumne des *Collegium Germanicum et Hungaricum*, Prälat von großer Tüchtigkeit und begabt mit einer gesunden und soliden Lehre. Derselbe Bischof Bornewasser schrieb mir mit dem Datum des 14. Dezember 1928, dass er ein Genie in Finanzfragen sei, er lobte seine umfassende Kenntnis der gesamten Organisation der Wohltätigkeit in Deutschland, seine große Geschicklichkeit, Klugheit und Standhaftigkeit in den Verhandlungen auch mit den zivilen Behörden.

Einen weniger guten Eindruck erweckt wegen seines Charakters und wegen seiner Ausrichtung der Generalvikar und Domdekan Franz Tilmann[933]. Höchstes Lob verdient der Kanoniker Prälat Dr. Ludwig Kaas, auch er ehemaliger Alumne des *Collegium Germanicum et Hungaricum*, [47v] ein Geistlicher von außergewöhnlicher Begabung und Bildung, dem Hl. Stuhl und der Nuntiatur überaus treu ergeben. Nach dem Rücktritt des Herrn Marx[934] wurde er trotz seines Widerstandes an die Spitze der Zentrumspartei gewählt, auf die er einen sehr guten Einfluss wird ausüben können, vor allem vom religiösen Gesichtspunkt aus.

Im Diözesanseminar herrscht, dank dem Impuls, den ihm Exzellenz Korum glücklichen Angedenkens, der mehr als vierzig Jahre die Diözese Trier leitete, gab, und dank der weisen Leitung, die sie mehr als zehn Jahre lang durch den Hochwürdigsten Herren Bares (den jetzigen Bischof von Hildesheim) erhielt, ein guter Geist. Jetzt ist man dabei, für die Philosophiestudenten in schöner Lage ein neues großes Gebäude zu errichten, das den Namen »Philosophicum« tragen wird[935].

13.) Der Bischof von *Rottenburg* (Württemberg) Johann Baptist *SPROLL*[936], geboren in Schweinhausen am 2. Oktober 1870, Doktor in Philosophie und in Theologie, 1925 zum Titularbischof von Almira ernannt und zum Weihbischof des ver-

[930] Das Wort »gewissenhafter« ist von Pacelli handschriftlich ergänzt.
[931] »Wiederauffindung der Reliquien des Apostels« ist von Pacelli handschriftlich ergänzt.
[932] Antonius Mönch (1870-1935), 1915-1935 Weihbischof in Trier. E. GATZ (Hg.), Bischöfe 1789/1803-1945, S. 514 (A. THOMAS).
[933] Franz Tilmann (1865-1936), 1909 Domkapitular, 1912-1935 Generalvikar, im Gegensatz zu seinem Bischof Felix Korum im Gewerkschaftsstreit auf Seiten der Köln-Gladbacher Richtung. E. GATZ (Hg.), Bischöfe 1789/1803-1945, S. 763 f. (A. THOMAS).
[934] Zu Wilhelm Marx (1863-1946) s. Anm. 467.
[935] Bischof Bornewasser eröffnete das Rudolphinum in Trier für Studenten der Philosophie im Jahre 1930. E. GATZ (Hg.), Bischöfe 1945-2001, S. 545-547, hier S. 546 (M. PERSCH).
[936] Johann Baptist Sproll (1870-1949), 1913-1926 Generalvikar, 1916-1927 Weihbischof in Rottenburg, 1927-1949 Bischof von Rottenburg. E. GATZ (Hg.), Bischöfe 1789/1803-1945, S. 723-726 (J. KÖHLER); E. GATZ (Hg.), Bischöfe 1945-2001, S. 467-470 (P. KOPF); P. KOPF, Johannes Baptista Sproll.

von Keppler, fu eletto all'unanimità (vale a dire con 6 voti su 7, essendo l'unico mancante il suo proprio) dal Capitolo cattedrale a quella Sede vescovile il 12 Marzo 1927, preconizzato il 29 di quello stesso mese, prese possesso della diocesi il 14 Giugno di quell'anno medesimo. Egli viene lodato per la sua intelligenza, per la prontezza nel disbrigo degli affari, per la sua attività, facilitatagli dalla sua robustezza fisica; è Prelato semplice e modesto, amato dal popolo, mentre l'antica Casa regnante del Württemberg e la nobiltà mostrano verso di lui una certa freddezza, mancandogli la distinzione delle maniere e la finezza del tatto del suo prede[48r]cessore. È senza timore nè rispetto umano, come provò anche la sua ferma attitudine contro le esibizioni ginnastiche femminili ed il moderno paganesimo, onde meritò le lodi dell'*Osservatore Romano* (8 e 9 Agosto 1928). Fu già per vari anni deputato del Centro nel *Landtag* württembergese, ed ha una vasta conoscenza della legislazione ecclesiastica di quello Stato e grande pratica nell'amministrazione diocesana. Si mostra ossequente verso la Nunziatura Apostolica, di cui eseguisce fedelmente le istruzioni. Educato alla scuola di Tübingen, non può naturalmente avere per le direttive e le riforme circa la educazione del clero tutta quella comprensione, che si riscontra nei Prelati formati, ad es., in Roma nel Collegio Germanico-Ungarico. Come è ben noto all'Eminenza Vostra (Dispaccio N. 537/29 del 23 Agosto c.a. e Rapporto N. 42364 del 10 Ottobre p.p.), lo Sproll ha chiesto testè un Ausiliare.

Meno lodevole è il Vicario generale, Revᵐᵒ Mons. Massimiliano Kottmann, Decano del Capitolo cattedrale, ecclesiastico senza dubbio attivo ed abile, buon filologo, ma meno formato nella dottrina teologica; per molti anni è stato impiegato governativo in Stuttgart, imbevendosi così delle vecchie idee politico-religiose dello

storbenen Bischofs von Keppler[937] bestimmt, wurde einstimmig (d.h. mit sechs Stimmen von sieben, wobei die einzig fehlende seine eigene war) vom Kathedralkapitel am 12. März 1927 auf den dortigen Bischofssitz gewählt, präkonisiert am 29. desselben Monats, er nahm Besitz von der Diözese am 14. Juni desselben Jahres[938]. Er wird gelobt wegen seiner Intelligenz, wegen der Schnelligkeit in der Abwicklung der Geschäfte, wegen seiner Aktivität, die ihm durch seine physische Stärke erleichtert wird; er ist ein einfacher und bescheidener Prälat, vom Volk geliebt, während das alte Herrscherhaus von Württemberg und der Adel ihm gegenüber eine gewisse Kühle zeigen, da ihm die Vornehmheit der Umgangsformen und das feine Taktgefühl seines [48r] Vorgängers abgehen. Er ist ohne Angst und ohne Menschenfurcht, wie auch seine standhafte Haltung gegen die weiblichen gymnastischen Darbietungen bewies, was ihm das Lob des *Osservatore Romano* (8. und 9. August 1928)[939] einbrachte. Er war schon einige Jahre lang Abgeordneter des Zentrums im württembergischen Landtag, und er hat eine umfangreiche Kenntnis der kirchlichen Gesetzgebung dieses Staates und eine große Erfahrung in der Verwaltung der Diözese. Er zeigt sich ehrerbietig gegenüber der Apostolischen Nuntiatur, deren Anweisungen er getreu ausführt. Erzogen durch die Tübinger Schule, kann er natürlich nicht für die Richtlinien und die Reformen bezüglich der Ausbildung des Klerus jenes Verständnis aufbringen, das man in den Prälaten antrifft, die z.B. in Rom am *Collegium Germanicum et Hungaricum* ausgebildet wurden. Wie Eurer Eminenz gut bekannt ist (Mitteilung Nr. 537/29 vom 23. August dieses Jahres und Bericht Nr. 42364 vom vergangenen 10. Oktober)[940], hat Sproll soeben um einen Weihbischof gebeten.

Weniger löblich ist der Generalvikar, der Hochwürdigste Herr Maximilian Kottmann[941], Domdekan, ein ohne Zweifel aktiver und geschickter Geistlicher, ein guter Philologe, aber weniger gebildet in der theologischen Lehre; viele Jahre lang war er Regierungsangestellter in Stuttgart, wo er sich vollsog mit den alten politisch-re-

---

[937] Paul Wilhelm von Keppler (1852-1926), 1898-1926 Bischof von Rottenburg. E. GATZ (Hg.), Bischöfe 1789/1803-1945, S. 371-373 (R. REINHARDT).

[938] Zur Wahl Bischof Sprolls vgl. E. GATZ, Ringen, S. 128-134.

[939] Vgl. Dalla Germania. Baviera. Contro le esibizioni ginnastiche femminili. Parole apostoliche, *Osservatore Romano*, Nr. 182, 8. August 1928. Darin wird belobigend berichtet, Bischof Sproll habe, als er sich in Waldstetten aufhielt, in der dortigen Pfarrkirche spontan zu predigen begonnen über eine öffentliche Gymnastikübung von Frauen. Anlass war, dass gerade von einer Gruppe ein Sportfest vorbereitet wurde. Sproll erinnerte an die Maximen und Leitsätze der deutschen Bischöfe, welche diese öffentliche Frauengymnastik explizit verurteilt hätten. Skandalös seien die Kleider und die Haltungen, mit denen sich Frauen hier in der Öffentlichkeit zeigten. Deshalb verpflichtete Sproll die Gläubigen in seiner Ansprache zum Gehorsam gegen diese Weisungen, nicht an solchen Darbietungen teilzunehmen und stilisierte den Fall zu einer grundsätzlichen Frage zwischen katholischem Gehorsam oder Ungehorsam dem Diözesanbischof gegenüber.

[940] Perosi an Pacelli, Rom, 23. August 1929, ASV, ANB 52, fasc. 4, fol. 3rv, Nr. 537/29, Or.; Pacelli an Perosi, Berlin, 10. Oktober 1929, ASV, ANB 52, fasc. 4, fol. 7r-8r, Nr. 42364, Konz.

[941] Maximilian Kottmann (1867-1948), 1924-1948 Domdekan in Rottenburg, 1927-1948 auch Generalvikar ebd. E. GATZ (Hg.), Bischöfe 1789/1803-1945, S. 410 (J. KÖHLER).

Stato württembergese; è stato solito di frequentare colà famiglie private ed anche pubblici restaurants. La sua influenza nel governo della diocesi non è delle migliori e, a quanto ho inteso riferire, non sembra che il Vescovo abbia la forza di resistergli.

14.) Il Vescovo di *Hildesheim*, Mons. Nicola *BARES*, nato in Idenheim (distretto di Bitburg) nella diocesi di Treviri il 24 Gennaio 1871, frequentò il Ginnasio in Eichstätt ed in Treviri, studiò [48v] filosofia e teologia nel Seminario diocesano e fu ordinato sacerdote il 30 Marzo 1895. Dopo essere stato cappellano in Coblenza e poi maestro di religione, venne a perfezionarsi nella Università di Berlino (1908–1909) e conseguì la laurea in teologia nella Facoltà teologica di Breslavia (1909). Fu quindi professore di apologetica e di esegesi del Nuovo Testamento nell'anzidetto Seminario (1909–1918), di cui nel 1918 divenne Rettore; nel 1920 fu nominato Canonico della Cattedrale e Consigliere ecclesiastico, e finalmente il 15 Gennaio del corrente anno Vescovo di Hildesheim. Il Revͫo Mons. Bornewasser, Vescovo di Treviri, da me interrogato prima della di lui elevazione alla dignità episcopale, mi scriveva in data del 14 Dicembre 1928 quanto appresso: »Il Revͫo Dr. Bares è uno dei più dotti, pii, fedeli e stimati sacerdoti della diocesi. Ha un ottimo carattere; è abile nel trattare cogli altri, di grande bontà e cortesia, sperimentato negli affari dell'amministrazione diocesana. I suoi discorsi e le sue prediche sono, seppure non propriamente popolari, tuttavia ricchi di contenuto e di pensiero, nobili e belli nella forma«. Egli è inoltre di sana dottrina, attaccato alla S. Sede, pratico nelle questioni concernenti la educazione del clero.

È noto che la diocesi di Hildesheim è sprovvista di un proprio Istituto filosoficoteologico, onde i candidati allo stato ecclesiastico debbono compiere i loro studi (ad eccezione dell'ultimo anno di Seminario pratico) fuori della diocesi e sono stati finora soliti di frequentare la Facoltà teologica di Münster. Il defunto Mons. Ernst, predecessore dell'attuale Vescovo, non so[49r]lo non inviava egli stesso giovani chierici a Roma nel Collegio Germanico-Ungarico, ma nemmeno permetteva di andarvi a coloro che lo avrebbero desiderato. Vi è ogni motivo di sperare (e l'umile sottoscritto non mancò già di suggerirglielo delicatamente) che Mons. Bares corregga un simile difetto.

ligiösen Ideen des württembergischen Staates[942]; er pflegte dort Privatfamilien und auch öffentliche Restaurants zu besuchen. Sein Einfluss in der Leitung der Diözese ist nicht der Allerbeste und, nach dem, was man mir berichtet, scheint es nicht, dass der Bischof die Stärke hat, sich ihm entgegenzustellen.

14.) Der Bischof von *Hildesheim* Nikolaus *BARES*[943], geboren in Idenheim (Bezirk Bitburg) in der Diözese Trier am 24. Januar 1871, besuchte das Gymnasium in Eichstätt und in Trier, studierte [48v] Philosophie und Theologie am Seminar der Diözese und wurde zum Priester geweiht am 30. März 1895. Nachdem er Kaplan in Koblenz und dann Religionslehrer war, kam er zum Weiterstudium an die Universität Berlin (1908-1909) und erlangte den Studienabschluss in Theologie an der theologischen Fakultät Breslau (1909). Dann war er Professor für Apologetik und Exegese des Neuen Testaments am genannten Seminar (1909-1918), dessen Rektor er 1918 wurde; 1920 wurde er zum Domkapitular und Geistlichen Rat ernannt und schließlich am 15. Januar dieses Jahres zum Bischof von Hildesheim[944]. Der Hochwürdigste Bischof von Trier Bornewasser, der von mir vor dessen Erhebung zur bischöflichen Würde befragt worden war, schrieb mir mit dem Datum des 14. Dezember 1928 das Folgende: »Der Hochwürdigste Dr. Bares ist einer der gelehrtesten, frömmsten, gläubigsten und geachtetsten Priester der Diözese. Er hat einen hervorragenden Charakter; er ist geschickt im Umgang mit anderen, von großer Güte und Höflichkeit, erfahren in den Geschäften der Verwaltung der Diözese. Seine Reden und seine Predigten sind, wenn auch nicht eigentlich volkstümlich, doch reich an Inhalt und Gedanken, edel und schön in der Form«[945]. Er ist außerdem von gesunder Lehre, dem Hl. Stuhl treu, erfahren in den Fragen, die die Ausbildung des Klerus betreffen.

Es ist bekannt, dass die Diözese Hildesheim nicht mit einem eigenen philosophisch-theologischen Institut versehen ist, weshalb die Kandidaten für den geistlichen Stand ihre Studien (mit Ausnahme des letzten Jahres des praktischen Seminars) außerhalb der Diözese absolvieren müssen und bisher die theologische Fakultät Münster zu besuchen pflegten. Der verstorbene Bischof Ernst[946], Vorgänger des jetzigen Bischofs, [49r] schickte nicht nur selbst keine jungen Kleriker nach Rom auf das *Collegium Germanicum et Hungaricum*, sondern erlaubte nicht einmal denen, die es gewünscht hätten, dorthin zu gehen. Es gibt allen Grund zu hoffen (und der ergebene Unterzeichnete versäumte nicht, ihm dies auf vorsichtige Weise vorzuschlagen), dass Bischof Bares diesen Fehler korrigieren wird.

---

[942] Zu den württembergischen Konkordatsverhandlungen vgl. A. HAMERS, Konkordatspolitik.

[943] Nikolaus Bares (1871-1935), 1929-1933 Bischof von Hildesheim, 1933-1935 Bischof von Berlin. E. GATZ (Hg.), Bischöfe 1789/1803-1945, S. 23-26 (M. CLAUSS/E. GATZ).

[944] Zu seiner Wahl vgl. E. GATZ, Ringen, S. 122-128, 134-140; T. FLAMMER, Personen.

[945] Bornewasser an Pacelli, Trier, 14. Dezember 1928, ASV, ANB 48, Fasc. 4, fol. 43rv mit 45r, Nr. 40541, Or. – Pacelli hatte Bornewasser am 11. Dezember um eine Stellungnahme gebeten. Pacelli an Bornewasser, Berlin, 11. Dezember 1928, ASV, ANB 48, fasc. 4, fol. 38r, Nr. 40521, Kopie.

[946] Joseph Ernst (1863-1928), 1915-1928 Bischof von Hildesheim. E. GATZ (Hg.), Bischöfe 1789/1803-1945, S. 70-74 (H.-G. ASCHOFF).

La diocesi di Hildesheim ha molto sofferto, anche quanto all'amministrazione finanziaria, massime negli ultimi anni del governo di Mons. Ernst. Ben quindi ha fatto Mons. Bares a scegliere per suo Vicario generale il Revᵐᵒ Canonico Dr. Ottone Seelmeyer, versato nelle questioni giuridiche e nella trattazione degli affari.

15.) L'Amministratore Apostolico di *Schneidemühl* (alla cui giurisdizione sono soggetti i residui di territorio dell'Archidiocesi di Gnesna e Posnania e della diocesi di Culma, rimasti alla Prussia ad occidente del corridoio polacco) Mons. Massimiliano *KALLER*, nato il 10 Ottobre 1880, ordinato sacerdote il 20 Giugno 1903, già parroco di S. Michele in Berlino, fu nominato dalla S. Sede al detto ufficio il 6 Luglio 1926. Sebbene, avendo egli fatto i suoi studi soltanto nella Facoltà teologica di Breslavia, la sua cultura filosofico-teologica e canonica risenta delle deficienze di quella istruzione, tuttavia egli supplisce colla sua pietà, col suo zelo, col suo profondo attaccamento alla S. Sede ed alla Nunziatura; non avendo un proprio Seminario, invia una buona parte dei suoi alunni all'Istituto filosofico-teologico dei RR. PP. della Compagnia di Gesù in Francoforte, non ostante che il Ministero del Culto prussiano abbia fatto presso di lui ripetute insistenze, perchè essi siano invece forma[49v]ti nell'Accademia dello Stato in Braunsberg; buon organizzatore e conoscitore dei bisogni del sacro ministero nella diaspora, è autore del libro »*Unser Laienapostolat in St. Michael-Berlin*« 1926, di cui fece omaggio al S. Padre, meritando una lusinghiera lettera di elogio dell'Eᵐᵒ Sig. Cardinale Segretario di Stato. Il territorio da lui amministrato sarà in virtù dell'articolo 2 capov. 6 del Concordato colla Prussia eretto in Prelatura *nullius*.

Die Diözese Hildesheim hat sehr gelitten, auch bezüglich der finanziellen Verwaltung, vor allem in den letzten Jahren der Leitung des Bischofs Ernst. Daher hat Bischof Bares gut daran getan, den Hochwürdigsten Domkapitular Dr. Otto Seelmeyer[947] zu seinem Generalvikar zu wählen, der in juristischen Fragen und in der Führung der Geschäfte versiert ist.

15.) Der Apostolische Administrator von *Schneidemühl* (dessen Jurisdiktion die Restgebiete der Erzdiözese von Gnesen und Posen und der Diözese Kulm untergeordnet sind, die Preußen westlich des polnischen Korridors geblieben sind) Maximilian *KALLER*[948], geboren am 10. Oktober 1880, zum Priester geweiht am 20. Juni 1903, ehemaliger Pfarrer von St. Michael in Berlin, wurde vom Hl. Stuhl in das besagte Amt am 6. Juli 1926 berufen. Obwohl seine philosophisch-theologische und kirchenrechtliche Bildung, da er seine Studien einzig an der theologischen Fakultät Breslau betrieb, an den Mängeln dieser Ausbildung leidet, gleicht er dies dennoch durch seine Frömmigkeit, seinen Eifer, seine tiefe Ergebenheit gegenüber dem Hl. Stuhl und der Nuntiatur aus; da er kein eigenes Seminar hat, schickt er einen Großteil seiner Schüler zum philosophisch-theologischen Institut der hochwürdigen Patres der Gesellschaft Jesu in Frankfurt, obwohl der preußische Kultusminister ihn wiederholt ersucht hat, sie mögen statt dessen [49v] an der Staatlichen Akademie in Braunsberg ausgebildet werden; er ist ein guter Organisator und Kenner der Bedürfnisse des heiligen Dienstes in der Diaspora, und er ist Autor des Buches »*Unser Laienapostolat in St. Michael – Berlin*« 1926[949], das er dem Hl. Vater zum Geschenk machte und sich so einen wohlwollenden Lobesbrief Seiner Eminenz des Herrn Kardinalstaatssekretärs verdiente[950]. Das von ihm verwaltete Gebiet wird kraft des Artikels 2 Absatz 6 des Konkordats mit Preußen[951] zu einer Praelatura *nullius* erhoben.

---

[947] Otto Seelmeyer (1877-1942), 1926-1936 Generalvikar in Hildesheim und Domkapitular. Seelmeyer wurde wegen angeblicher Devisenvergehen 1935 verhaftet und zu drei Jahren Zuchthaus verurteilt. Bedingung seiner vorzeitigen Entlassung war der Verzicht auf das Generalvikariat 1936. E. GATZ (Hg.), Bischöfe 1789/1803-1945, S. 698 (H. G. ASCHOFF).

[948] Maximilian Kaller (1880-1947), 1926-1929 Apostolischer Administrator von Tütz-Schneidemühl, 1929-1930 Prälat der Freien Prälatur Schneidemühl, 1930-1947 Bischof von Ermland, 1939-1945 Apostolischer Administrator der Freien Prälatur Memel, 1946-1947 Päpstlicher Sonderbeauftragter der heimatvertriebenen Deutschen. E. GATZ (Hg.), Bischöfe 1789/1803-1945, S. 357-361 (G. FITTKAU).

[949] Vgl. M. KALLER, Unser Laienapostolat.

[950] Vgl. das ausschnittsweise und ohne Datum unter der Rubrik »Gutachten über die erste Auflage« in der 2. Auflage zitierte Schreiben Gasparris an Kaller: »Der Heilige Stuhl hat das von Dir geschriebene Buch: ›Unser Laienapostolat in St. Michael‹ mit Freuden aufgenommen. Seine Heiligkeit dankt Dir für dieses Werk umsomehr, da sie dieses Buch für *ausgezeichnet und sehr nützlich hält. Der Heilige Vater wünscht Dir Glück zu Deiner geistreichen Arbeit und bittet Gott, daß Du die ersehnten Früchte genießen mögest*«. EBD., S. 9.

[951] »Der Bischöfliche Stuhl von Breslau wird zum Sitze eines Metropoliten, das Breslauer Kathedral- zum Metropolitankapitel erhoben. Der bisher dem Bischof von Breslau mitunterstehende Delegaturbezirk Berlin wird selbständiges Bistum, dessen Bischof und Kathedralkapitel bei St. Hedwig in Berlin ihren Sitz nehmen. In Schneidemühl wird für die derzeit von einem Apostolischen Administrator verwalteten westlichen Restgebiete des Erzbistums (Gnesen-)Posen und des Bistums Kulm eine *Praelatura nullius* errichtet. Das zur Zeit vom Bischof von Ermland als Apostolischem Administrator mitverwalte-

Dopo di ciò, chinato umilmente al bacio della Sacra Porpora, con sensi di profondissima venerazione ho l'onore di confermarmi

Di Vostra Eminenza Reverendissima
°Umilissimo Devotissimo Obbligatissimo Servo
+Eugenio Pacelli Arcivescovo di Sardi
Nunzio Apostolico°

Nach all dem habe ich, demütig zum Kuss des Heiligen Purpurs gebeugt, die Ehre, mich mit dem Ausdruck der tiefsten Verehrung zu empfehlen als

Eurer Hochwürdigsten Eminenz
Demütigster Ergebenster Verbundenster Diener
+ Eugenio Pacelli Erzbischof von Sardes
Apostolischer Nuntius[952]

---

te, früher zur Diözese Kulm gehörige Gebiet von Pomesanien wird mit dem Bistum Ermland vereinigt. Die Bistümer Ermland und Berlin und die Prälatur Schneidemühl werden zusammen mit dem Erzbistum Breslau die Breslauer Kirchenprovinz bilden«. Preußisches Konkordat, Artikel 2, Absatz 6, E. R. HUBER/W. HUBER, Staat und Kirche, Bd. 4, S. 323.

[952] Ab »Demütigster« von Pacelli handschriftlich.

QUELLEN- UND LITERATURVERZEICHNIS

ARCHIVALIEN

ARCHIVIO DELLA CONGREGAZIONE PER LA DOTTRINA DELLA FEDE (ACDF):
  Sanctum Officium, Censurae librorum 1797, 1855
  Sanctum Officium, Rerum variarum 1933

ARCHIVIO SEGRETO VATICANO (ASV):
  Archivio della Sacra Congregazione degli affari ecclesiastici straordinari, Germania, Pos. 511
  Archivio della Nunziatura in Berlino 40, 48, 52, 55, 67, 92, 97
  Archivio della Nunziatura in Monaco 257, 329
Fondo Benigni, vol. 36, 49

BAYERISCHES HAUPTSTAATSARCHIV (BAYHSTA):
  GPS 915
  MA 92013

ARCHIV DES ERZBISTUMS MÜNCHEN UND FREISING (AEM):
  Nachlass Kardinal Faulhaber

ERZBISCHÖFLICHES ARCHIV FREIBURG (EAF):
  Personalia

DIÖZESANARCHIV LIMBURG (DAL):
  Protokolle der Verhandlungen der Fuldaer Bischofskonferenz 1925-1930.

VERWENDETE LITERATUR

Achille Ratti, Pape Pie XI. Actes du colloque organisé par l'école française de Rome en collaboration avec l'Université de Lille III - Greco n.º 2 du CNRS, l'Università degli studi in Milano, l'Università degli studi di Roma – »La Sapienza«, la Bibliotheca Ambrosiana (Rome, 15-18 mars 1989) (= Collection de l'École française 223), Rom 1996.

Acta Apostolicae Sedis, Romae 1 (1909) ff.

Acta Sanctae Sedis, Romae 1 (1868) ff.

ALBERT, Marcel, Die Benediktinerabtei Maria Laach und der Nationalsozialismus (= VKZG B 95), Paderborn u. a. 2004.

ALGERMISSEN, Konrad, Konfessionskunde. Neu bearbeitet von Heinrich FRIES, Wilhelm DE VRIES, Erwin ISERLOH, Laurentius KLEIN, Kurt KEINATH, Paderborn ⁸1969.

AMANN, Berthold, Geschichte des Freiburger Diözesangesangbuches, Freiburg 1956.

Anzeigeblatt für die Erzdiözese Freiburg, Freiburg 1 (1857/1860) ff.

Archiv für katholisches Kirchenrecht, 1 (1857) ff.

ARETZ, Jürgen, Katholische Arbeiterbewegung und christliche Gewerkschaften – Zur Geschichte der christlich-sozialen Bewegung, in: Der soziale und politische Katholizismus. Entwicklungslinien in Deutschland 1803-1963. Hg. von Anton RAUSCHER. Bd. 2 (= Geschichte und Staat 250-252), München-Wien 1982, S. 159-214.

ARNOLD, Claus, Religion als Kulturmacht. Der Freiburger Theologe Joseph Sauer (1872-1949) und das Erbe des Franz Xaver Kraus (= VKZG B 86), Paderborn u. a. 1999.

Augustinerstr. 34: 175 Jahre Bischöfliches Priesterseminar Mainz. Redigiert von Klaus REINHARDT unter Mitarbeit von Ingebert JUNGNITZ, Mainz 1980.

BAUER, Richard, Der kurfürstlich-geistliche Rat und die bayerische Kirchenpolitik 1768-1902 (= Miscellanea Bavarica Monacensia 32), München 1971.

BAUMEISTER, Joachim, Eugenio Pacelli in Deutschland. Seine Tätigkeit als päpstlicher Nuntius in München und Berlin, in: Rheinischer Merkur, Nr. 9, 2. März 1956, S. 20.

BAUMGARTEN, Paul Maria, Die Römische Kurie um 1900. Ausgewählte Aufsätze hg. von Christoph WEBER (= Kölner Veröffentlichungen zur Religionsgeschichte 10), Köln-Wien 1986.

BECHER, Hubert, Rezension zu: Hüffer, Anton Wilhelm, Karl Muth als Literaturkritiker, in: StZ 169 (1961/1962), S. 318 f.

BECKER, Josef, Liberaler Staat und Kirche in der Ära von Reichsgründung und Kulturkampf. Geschichte und Strukturen ihres Verhältnisses in Baden 1860-1876 (= VKZG B 14), Mainz 1973.

BENDIKOWSKI, Tillmann, »Lebensraum für Volk und Kirche«. Kirchliche Ostsiedlung in der Weimarer Republik und im »Dritten Reich« (= Konfession und Gesellschaft 24), Stuttgart-Berlin-Köln 2002.

Benedetto XV e la pace – 1918. Hg. von Giorgio RUMI (= Bibliotheca di storia contemporanea 11), Brescia 1990.

Bericht der Zentralstelle der katholischen Schulorganisation Deutschlands an die hochwürdigsten Herren Erzbischöfe und Bischöfe der Fuldaer Bischofskonferenz. Erstattet im Juli 1929 für die Zeit vom 1. April 1928 bis 31. März 1929. Als Manuskript gedruckt, Düsseldorf 1929.

BERTRAM, Adolf, Geschichte des Bisthums Hildesheim. 3 Bde., Hildesheim-Leipzig 1899-1925.

BERTRAM, Adolf, Im Geiste und Dienste der Katholischen Aktion. Aus meinem Sinnen und Sorgen vom Wirken im Reiche des Königs Christus, München 1929.

BESIER, Gerhard, Dogmatische Neuansätze, politisch-ethische Kontroversen und praktisch-theologisches Handeln in der Kirche und Universitätstheologie, in: DERS./Eckhard LESSING (Hg.), Die Geschichte der evangelischen Kirche der Union. Ein Handbuch. Bd. 3: Trennung von Staat und Kirche – Kirchlich-politische Krisen – Erneuerung kirchlicher Gemeinschaft (1918-1992), Leipzig 1999, S. 142-210.

BESIER, Gerhard/PIOMBO, Francesca, Der Heilige Stuhl und Hitler-Deutschland. Die Faszination des Totalitären, München 2004.

BINKOWSKI, Johannes, Jugend als Wegbereiter. Der Quickborn 1909-1945, Stuttgart u. a. 1981.

Biographisch-Bibliographisches Kirchenlexikon. Hg. von Friedrich Wilhelm BAUTZ. Bd. 1 ff., Hamm-Herzberg-Nordhausen 1975 ff.

BISCHOF, Franz Xaver, Theologie und Geschichte. Ignaz von Döllinger (1799-1890) in der zweiten Hälfte seines Lebens. Ein Beitrag zu seiner Biographie (= Münchener Kirchenhistorische Studien 9), Stuttgart-Berlin-Köln 1997.

BLANKENBERG, Heinz, Politischer Katholizismus in Frankfurt a. M. 1918-1933 (= VKZG B 34), Mainz 1981.

BÖCKENFÖRDE, Ernst-Wolfgang, Der deutsche Katholizismus im Jahre 1933. Eine kritische Betrachtung, in: Hochland 53 (1960/61), S. 215-239.

BÖCKENFÖRDE, Ernst-Wolfgang, Der deutsche Katholizismus im Jahre 1933. Stellungnahme zu einer Diskussion, in: Hochland 54 (1961/62), S. 217-245.

BÖHMER, Heinrich, Ignatius von Loyola. Neu hg. von Hans LEUBE, Leipzig 1941.

BRACK, Rudolf, Deutscher Episkopat und Gewerkschaftsstreit 1900-1914 (= Bonner Beiträge zur Kirchengeschichte 9), Köln-Wien 1976.

BRANDT, Hans Jürgen/HENGST, Karl, Das Erzbistum Paderborn. Geschichte, Personen, Dokumente, Paderborn 1989.

BRAUN, Otto, Von Weimar zu Hitler (= ND der Ausgabe New York ²1940, Exilliteratur 8), Hildesheim 1979.

BRECHENMACHER, Thomas, Der Dichter als Fallensteller. Hochhuths Stellvertreter und die Ohnmacht des Faktischen – Versuch über die Mechanismen einer Geschichtsdebatte, in: Michael WOLFFSOHN/Thomas BRECHENMACHER (Hg.), Geschichte als Falle. Deutschland und die jüdische Welt, München-Neuried 2001, S. 217-257.

BRECHENMACHER, Thomas, Teufelspakt, Selbsterhaltung, universale Mission? Leitlinien und Spielräume der Diplomatie des Heiligen Stuhls gegenüber dem nationalsozialistischen Deutschland (1933-1939) im Lichte neu zugänglicher vatikanischer Akten, in: HZ 280 (2005), S. 591-645.

BRECHENMACHER, Thomas, Der Vatikan und die Juden. Geschichte einer unheiligen Beziehung, München 2005.

BRECHT, Arnold, Aus nächster Nähe. Lebenserinnerungen 1884-1927, Stuttgart 1966.

BREUER, Gisela, Frauenbewegung im Katholizismus. Der katholische Frauenbund 1903-1918 (= Geschichte und Geschlechter 22), Frankfurt a. M.-New York 1998.

BRÖCKLING, Ulrich, Katholische Intellektuelle in der Weimarer Republik. Zeitkritik und Gesellschaftstheorie bei Walter Dirks, Romano Guardini, Carl Schmitt, Ernst Michel und Heinrich Mertens, München 1993.

BRÜNING, Heinrich, Memoiren 1918-1934, Stuttgart 1970.

BUCCI, Onorato, Lo *Studium Romanae Curiae Lateranense* e gli studi giuridici dal 1853 al 1931. Il ruolo avuto dal pontificato di Leone XIII nella formazione del *Pontificium institutum utriusque juris*, in: Apollinaris 64 (1991), S. 151-226.

BUCHHEIM, Karl, Ultramontanismus und Demokratie. Der Weg der deutschen Katholiken im 19. Jahrhundert, München 1963.

BUONAIUTI, Ernesto, Pellegrino di Roma. Le generazione dell'esodo. Hg. von Mario NICCOLI (= Biblioteca di cultura moderna 604), Bari 1964.

CASPER, Bernhard, Die theologischen Studienpläne des späten 18. und frühen 19. Jahrhunderts im Lichte der Säkularisierungsproblematik, in: Albrecht LANGNER (Hg.), Säkularisation und Säkularisierung im 19. Jahrhundert (= Beiträge zur Katholizismusforschung B), München-Paderborn-Wien 1978, S. 97-142.

Catalogus totius cleri tam per Lusatiam quam per Saxoniae regnum degentis, Dresden 1915.

CENCI, Pio, Il Cardinale Raffaele Merry del Val. Con Prefazione di S. Em. Il Cardinale Eugenio Pacelli, Roma-Turino [1933].

CHENAUX, Philippe, Pie XII. Diplomate et pasteur, Paris 2003.

CHRISTL, Rudolf, Die Jugend und ihre Tänze, in: Elisabeth KORN/Otto SUPPERT/Karl VOGT (Hg.): Die Jugendbewegung. Welt und Wirkung. Zur 50. Wiederkehr des freideutschen Jugendtages auf dem Hohen Meißner, Düsseldorf-Köln 1963, S. 85-95.

Christliche Philosophie im katholischen Denken des 19. und 20. Jahrhunderts. Hg. von Emerich CORETH, Walter M. NEIDL, Georg PFLIGERSDORFFER. Bd. 1: Neue Ansätze im 19. Jahrhundert; Bd. 2: Rückgriff auf scholastisches Erbe, Graz-Wien-Köln 1987-1988.

CLEMENS, Gabriele, Martin Spahn und der Rechtskatholizismus in der Weimarer Republik (= VKZG B 37), Mainz 1983.

CLOER, Ernst, Sozialgeschichte, Schulpolitik und Lehrerfortbildung der katholischen Lehrerverbände im Kaiserreich und in der Weimarer Republik, Kastellaun 1975.

CORETH, Emerich, Die theologische Fakultät Innsbruck. Ihre Geschichte und wissenschaftliche Arbeit von den Anfängen bis zur Gegenwart. 3 Bde. (= Veröffentlichungen der Universität Innsbruck 212), Innsbruck 1995.

CORNWELL, John, Hitler's Pope. The secret history of Pius XII., New York 1999 (deutsche Ausgabe: Pius XII. Der Papst, der geschwiegen hat. Aus dem Englischen übers. von Klaus KOCHMANN, München 1999).

DE VOLDER, Jan, Benoît XV et la Belgique durant la Grande Guerre (= Bibliothèque de l'Institut Historique Belge 41), Bruxelles-Rome 1996.

DEUERLEIN, Ernst, Die erste Begegnung zwischen Reichspräsident Ebert und Nuntius Pacelli, in: MThZ 18 (1967), S. 157-159.

DEUERLEIN, Ernst, Der Gewerkschaftsstreit, in: ThQ 139 (1959), S. 40-81.

DEUERLEIN, Ernst, Das Reichskonkordat. Beiträge zu Vorgeschichte, Abschluß und Vollzug des Konkordates zwischen dem Heiligen Stuhl und dem Deutschen Reich vom 20. Juli 1933, Düsseldorf 1956.

DEUERLEIN, Ernst, Verlauf und Ergebnis des »Zentrumsstreites« (1906-1909), in: StZ 156 (1955), S. 103-126.

Deutsche Biographische Enzyklopädie. Hg. von Walther KILLY und Rudolf VIERHAUS. 13 Bde., München 1995-2003.

DIETRICH, Donald, Joseph Mayer and the missing memo: A Catholic justification for euthanasia, in: Remembering for the future. Working papers and addenda. Bd. 1: Jews and Christians During and After the Holocaust. Hg. von Yehuda BAUER u. a., Oxford u. a. 1989, S. 38-49.

DIETRICH, Thomas, Die Theologie der Kirche bei Robert Bellarmin (1542-1621). Systematische Voraussetzungen des Kontroverstheologen (= Konfessionskundliche und kontroverstheologische Studien 59), Paderborn 1999.

DROBNER, Hubertus R., Die Professoren der Theologischen Fakultät Paderborn 1773-1989, in: Theologie und Glaube 80 (1990), S. 419-441.

DÜLMEN, Richard van, Katholischer Konservativismus und die »soziologische« Neuorientierung. Das »Hochland« in der Weimarer Zeit, in: ZBLG 36 (1973), S. 254-303.

Enciclopedia cattolica. 12 Bde., Città del Vaticano 1948-1954.

FATTORINI, Emma, Germania e Santa Sede. Le nunziature di Pacelli fra la Grande guerra e la Repubblica di Weimar (= Annali dell'Istituto storico italo-germanico. Monografia 18), Bologna 1992.

FELD, Helmut, Franziskus von Assisi und seine Bewegung, Darmstadt 1996.

FELDKAMP, Michael F., Pius XII. und Deutschland, Göttingen 2000.

FISCHER, Wolfgang/LÖWISCH, Dieter-Jürgen (Hg.), Pädagogisches Denken von den Anfängen bis zur Gegenwart, Darmstadt 1989.

FLAMMER, Thomas, »... mit geistig unbedeutenden Personen ist wenig gedient«. Die Bischofswahlen von Nikolaus Bares und Joseph Godehard Machens im Spiegel der neuzugänglichen vatikanischen Akten, in: Die Diözese Hildesheim in Vergangenheit und Gegenwart. Jahrbuch des Vereins für Geschichte und Kunst im Bistum Hildesheim 72 (2004), S. 217-256.

FÖHR, Ernst, Geschichte des Badischen Konkordats, Freiburg i. Br. 1958.

FRANZ-WILLING, Georg, Die bayerische Vatikangesandtschaft 1803-1934, München 1965.

FRANZEL, Emil, Pius XII., die Deutschen und Bayern, in: Neues Abendland. Jahrbuch für Politik und Geschichte. N.F. 13 (1958), S. 354-357.

Freiburger Rundbrief, N.F. 1 (1994) ff.

FREUDENBERGER, Theobald (Hg.), Sebastian Merkle. Ausgewählte Reden und Aufsätze. Hg. aus Anlaß seines 100. Geburtstags (= Quellen und Forschungen zur Geschichte des Bistums und Hochstifts Würzburg 17), Würzburg 1965.

GATZ, Erwin, Anton de Waal (1837-1917) und der Campo Santo Teutonico. Mit einem Schriftenverzeichnis Anton de Waals zusammengestellt von Michael DURST (= RQ Supplement 38), Rom-Freiburg i. Br.-Wien 1980.

GATZ, Erwin (Hg.), Die Bischöfe der deutschsprachigen Länder 1785/1803 bis 1945. Ein biographisches Lexikon, Berlin 1983.

GATZ, Erwin (Hg.), Die Bischöfe der deutschsprachigen Länder 1945-2001. Ein biographisches Lexikon. Hg. unter Mitwirkung von Franz Xaver BISCHOF, Clemens BRODKORB, Anton LANDERSDORFER, Josef PILVOUSEK und Rudolf ZINNHOBLER, Berlin 2001.

GATZ, Erwin (Hg.), Geschichte des kirchlichen Lebens in den deutschsprachigen Ländern seit dem Ende des 18. Jahrhunderts. Die Katholische Kirche. Bd. 2: Kirche und Muttersprache. Auslandsseelsorge – Nichtdeutschsprachige Volksgruppen, Freiburg i. Br.-Basel-Wien 1992; Bd. 3: Katholiken in der Minderheit. Diaspora – Ökumenische Bewegung – Missionsgedanke, Freiburg i. Br.-Basel-Wien 1994; Bd. 4: Der Diözesanklerus, Freiburg i. Br.-Basel-Wien 1995; Bd. 6: Die Kirchenfinanzen, Freiburg i. Br.-Basel-Wien 2000.

GATZ, Erwin, Zum Ringen um das Bischofswahlrecht in Deutschland vom Ende der Monarchie (1918) bis zum Abschluss des Preußischen Konkordats (1929), in: RQ 100 (2005), S. 97-141.

Die Geschichte des Laien-Messbuches von P. Anselm Schott, Freiburg i. Br. 1935.

Germania. Zeitung für das deutsche Volk, Berlin 1 (1871) ff.

Geschichte des Christentums. Religion – Politik – Kultur. Bd. 11: Liberalismus, Industrialisierung, Expansion Europas (1830-1914), hg. von Jacques GADILLE und Jean-Marie MAYEUR, dte. Ausgabe hg. v. Martin GRESCHAT, Freiburg-Basel-Wien 1997.

GESSLER, Otto, Reichswehrpolitik in der Weimarer Zeit. Hg. von Kurt SENDTNER, Stuttgart 1958.

GOLOMBEK, Dieter, Die politische Vorgeschichte des Preußenkonkordats (1929) (= VKZG B 4), Mainz 1970.

GORITZKA, Richard, Der Seelsorger Robert Grosche (1888-1967). Dialogische Pastoral zwischen Erstem Weltkrieg und Zweitem Vatikanischen Konzil (= Studien zur Theologie und Praxis der Seelsorge 39), Würzburg 1999.

GRANDE, Dieter/FICKENSCHER, Daniel (Hg.), Eine Kirche – zwei Völker: deutsche, sorbische und lateinische Quellentexte und Beiträge zur Geschichte des Bistums Dresden-Meißen. Von der Wiedererrichtung 1921 bis 1929, Bautzen-Leipzig 2003.

GRANFIELD, Patrick, Aufkommen und Verschwinden des Begriffs »societas perfecta«, in: Communio 18 (1982), S. 460-464.

GREIPL, Egon Johannes, Das Archiv der Münchener Nuntiatur in der Zeit von 1904 bis 1934, in: QFIAB 66 (1986), S. 402-406.

GREIPL, Egon Johannes, Das Archiv der Santa Congregazione degli Affari Ecclesiastici Straordinari und seine Bedeutung für die Forschung, in: RQ 79 (1984), S. 255-262.

GREIPL, Egon Johannes, Die Geschichte des päpstlichen Staatssekretariats nach 1870 als Aufgabe der Forschung, in: RQ 84 (1989), S. 92-103.

GRÜNDER, Horst, Rechtskatholizismus im Kaiserreich und in der Weimarer Republik unter besonderer Berücksichtigung des Rheinlands und Westfalens, in: Westfälische Zeitschrift 134 (1984), S. 107-155.

GRÜNTHAL, Günther, Reichsschulgesetz und Zentrumspartei in der Weimarer Republik. (= Beiträge zur Geschichte des Parlamentarismus und der politischen Parteien 39), Düsseldorf 1968.

HAGEN, August, Geschichte der Diözese Rottenburg. Bd. 3, Stuttgart 1960.

HAMERS, Antonius, Zur Konkordatspolitik Eugenio Pacellis. Die nicht vollendeten Konkordate mit Württemberg und Hessen. Vortrag am 17. Juni 2004 am Deutschen Historischen Institut Rom (Manuskript).

HAMMENSTEDE, Albert, Erinnerungen eines Laacher Mönches. Autobiographische Aufzeichnungen. Hg. von Ambrosius LEIDINGER (= Laacher Hefte 2), Maria Laach 1996.

Handbuch für das Bistum Meißen aus dem Jahr 1931, Bautzen 1931.

HANUS, Franciscus, Die preußische Vatikangesandtschaft 1747-1920, München 1954.

HÄNSEL-HOHENHAUSEN, Markus, Clemens August Freiherr Droste zu Vischering. 2 Bde., Frankfurt a. M. 1991.

HASTENTEUFEL, Paul, Katholische Jugend in ihrer Zeit. Bd. 1: 1900-1918, Bamberg 1988; Bd. 2: 1919-1932, Bamberg 1989.

HAUSBERGER, Karl, Der »Fall« Joseph Wittig (1879-1949), in: Hubert WOLF (Hg.), Antimodernismus und Modernismus in der katholischen Kirche. Beiträge zum theologiegeschichtlichen Vorfeld des II. Vatikanums (= Programm und Wirkungsgeschichte des II. Vatikanums 2), Paderborn u. a. 1998, S. 299-322.

HAUSBERGER, Karl, Franz Xaver Kiefl (1869-1928). Schell-Verteidiger, Antimodernist und Rechtskatholik (= Quellen und Studien zur neueren Theologiegeschichte 6), Regensburg 2003.

HAUSBERGER, Karl, Herman Schell (1850-1906). Ein Theologenschicksal im Bannkreis der Modernismuskontroverse (= Quellen und Studien zur neueren Theologiegeschichte 3), Regensburg 1999.

HAUSBERGER, Karl, Das päpstliche Rom um 1900. Eine Milieuskizze des bayerischen Ministerialbeamten Franz Edler von Stockhammern, in: Peter WALTER/Hermann Josef REUDENBACH (Hg.), Bücherzensur – Kurie – Katholizismus und Moderne. FS Herman H. Schwedt (= Beiträge zur Kirchen- und Kulturgeschichte 10), Frankfurt a. M. u. a. 2000, S. 145-199.

HAUSBERGER, Karl, Thaddäus Engert (1875-1945). Leben und Streben eines deutschen Modernisten (= Quellen und Studien zur neueren Theologiegeschichte 1), Regensburg 1996.

HEGEL, Eduard, Geschichte des Erzbistums Köln. Bd. 5: Das Erzbistum Köln zwischen der Restauration des 19. Jahrhunderts und der Restauration des 20. Jahrhunderts 1815-1962, Köln 1987.

HEGEL, Eduard, Geschichte der Katholisch-Theologischen Fakultät Münster 1773-1964. 2 Bde., Münster 1966-1971.

HEHL, Ulrich von, Wilhelm Marx 1863-1946. Eine politische Biographie (= VKZG B 47), Mainz 1987.

HEHL, Ulrich von, Wilhelm Marx. Zu Person und Gedankenwelt eines christlichen Politikers, in: Politik und Konfession. FS Konrad Repgen. Hg. von Dieter ALBRECHT, Hans Günter HOCKERTS, Paul MIKAT und Rudolf MORSEY, Berlin 1983, S. 305-318.

HENRICH, Franz, Die Bünde katholischer Jugendbewegung. Ihre Bedeutung für die liturgische und eucharistische Erneuerung, München 1968.

HESSEN, Johannes, Geistige Kämpfe der Zeit im Spiegel eines Lebens, Nürnberg 1959.

HESSEN, Johannes, Das Kausalprinzip, Augsburg 1928.

HINSKE, Norbert, Kant im Auf und Ab der katholischen Kantrezeption, in: Harm KLUETING (Hg.), Irenik und Antikonfessionalismus im 17. und 18. Jahrhundert (= Hildesheimer Forschungen 2), Hildesheim 2003, S. 279-294.

Historisch-politische Blätter für das katholische Deutschland, 1 (1838) ff.

HOCHHUTH, Rolf, Der Stellvertreter. Ein christliches Trauerspiel, Reinbek 1963.

HÖHLE, Michael, Die Gründung des Bistums Berlin 1930 (= VKZG B 73), Paderborn u. a. 1996.

HÖPFNER, Hans-Paul, Die Universität Bonn im Dritten Reich: Akademische Biographien unter nationalsozialistischer Herrschaft (= Academica Bonnensia 12), Bonn 1999.

HUBER, Ernst Rudolf/HUBER, Wolfgang (Hg.), Staat und Kirche im 19. und 20. Jahrhundert. Dokumente zur Geschichte des deutschen Staatskirchenrechts. Bd. 1: Staat und Kirche vom Ausgang des alten Reichs bis zum Vorabend der bürgerlichen Revolution, Berlin 1973; Bd. 4: Staat und Kirche in der Zeit der Weimarer Republik, Berlin 1988.

HÜRTEN, Heinz, Deutsche Katholiken 1918-1945, Paderborn u. a. 1992.

HÜRTEN, Heinz, Kurze Geschichte des deutschen Katholizismus 1800-1960, Mainz 1986.

HÜRTEN, Heinz, Legenden um Pacelli. Die Münchener Vatikangesandtschaft 1918/19, in: Bayern vom Stamm zum Staat. FS für Andreas Kraus zum 80. Geburtstag. Hg. von Konrad ACKERMANN, Alois SCHMID und Wilhelm VOLKERT. Bd. 2, München 2002, S. 503-511.

Hundert Jahre Theologische Fakultät Innsbruck. ZThK 80/1 (1958).

Index librorum prohibitorum. SS.mi D. N. Pii Pp. XII iussu editus, Rom 1948.

Jahrbuch für Liturgiewissenschaft, Münster 1 (1921) ff.

JEDIN, Hubert, Nuntiaturberichte und Durchführung des Konzils von Trient. Hinweise und Fragen, in: QFIAB 53 (1973), S. 180-213.

KALLER, Maximilian, Unser Laienapostolat in St. Michael, Berlin 1926.

Kardinal Michael von Faulhaber 1869-1952. Eine Ausstellung des Archivs des Erzbistums München und Freising, des Bayerischen Hauptstaatsarchivs und des Stadtarchivs München zum 50. Todestag, München 2002.

Kardinal Eugen Pacelli, in: Ecclesiastica. Archiv für zeitgenössische Kirchengeschichte mit besonderer Berücksichtigung der Beziehungen zwischen Kirche und Staat, Nr. 51, 8. Februar, 9/II. Serie (1929), S. 562-564.

Kardinal Pacelli in seinem Verhältnis zu Deutschland und Frankreich, in: Ecclesiastica. Archiv für zeitgenössische Kirchengeschichte mit besonderer Berücksichtigung der Beziehungen zwischen Kirche und Staat, Nr. 6, 8. Februar, 10/II. Serie (1930), S. 61 f.

KEINEMANN, Friedrich, Das Kölner Ereignis, sein Widerhall in den Rheinprovinzen und in Westfalen. Bd. 1: Darstellung (= Geschichtliche Arbeiten zur Westfälischen Landesforschung 14); Bd. 2: Quellen (= Publikationen der Gesellschaft für Rheinische Geschichtskunde 59), Münster 1974.

KEINEMANN, Friedrich, Das Kölner Ereignis und die Kölner Wirren (1837-1841). Weichenstellungen, Entscheidungen und Reaktionen mit besonderer Berücksichtigung Westfalens. Ein Nachtrag zu: Das Kölner Ereignis, sein Widerhall in den Rheinprovinzen und in Westfalen, Hamm 1986.

KITTEL, Helmuth (Hg.), Die pädagogischen Hochschulen. Dokumente ihrer Entwicklung 1920-1932, Darmstadt 1965.

Kirchliches Amtsblatt für die Diözese Fulda, 1 (1885) ff.

Kirchliches Handbuch für das katholische Deutschland. Hg. von Hermann A. KROSE 1 (1907-08)-15 (1927-1928), Freiburg i. Br. 1928.

Klerusblatt, München 6 (1925) ff.

Klerusblatt 10 (1929)

KLEIN, Gotthard, Der Volksverein für das katholische Deutschland 1890-1933. Geschichte, Bedeutung, Untergang (= VKZG B 75), Paderborn u. a. 1996.

KLEINEIDAM, Erich, Die katholisch-theologische Fakultät der Universität Breslau 1811-1945, Köln 1961.

KLEYMANN, Siegfried, »... und lerne von dir selbst im Glauben zu reden«. Die autobiographische Theologie Joseph Wittigs, Würzburg 2000.

Kleines Handbuch für das Bistum Mainz, Mainz 1963.

KLUETING, Harm (Hg.), Katholische Aufklärung – Aufklärung im katholischen Deutschland (= Studien zum 18. Jahrhundert 15), Hamburg 1989.

KOCH, Ludwig, Jesuiten-Lexikon. Die Gesellschaft Jesu einst und jetzt, Paderborn 1934.

KÖHLER, Heinrich, Lebenserinnerungen des Politikers und Staatsmannes 1878-1949. Unter Mitwirkung von Franz ZILKEN hg. von Josef BECKER, Stuttgart 1964.

KÖHLER, Joachim, Adolf Kardinal Bertram als Promotor der Katholischen Aktion, in: Bernhard STASIEWSKI (Hg.), Adolf Kardinal Bertram. Sein Leben und Wirken auf dem Hintergrund der Geschichte seiner Zeit. Bd. 1: Beiträge (= Forschungen und Quellen zur Kirchen- und Kulturgeschichte Ostdeutschlands 24/I), Köln-Weimar-Wien 1992, S. 99-117.

KÖHLER, Joachim, Joseph Wittig. Historiker, Theologe, Dichter (= Silesia 27), München ²1980.

KÖRNER, Hans-Michael, Staat und Kirche in Bayern 1886-1918 (= VKZG B 20), Mainz 1977.

KOLBE, Ferdinand, Die Liturgische Bewegung (= Der Christ in der Welt IX 4), Aschaffenburg 1964.

KOLPING, Adolph, In memoriam Arnold Rademacher. Eine Theologie der Einheit, Bonn 1969.

KONOPATZKI, Ilse-Lore, Eugenio Pacelli. Pius XII. Kindheit und Jugend, Ruppichteroth ²2001.

KOPF, Paul, Joannes Baptista Sproll – Leben und Wirken, Sigmaringen 1988.

KOVÁCS, Elisabeth (Hg.), Katholische Aufklärung und Josephinismus. Hg. im Auftrag der Katholischen Akademie Wien, München 1979.

KOWALCZYK, Tomasz, Die katholische Kirche und die Sorben 1919-1990 (= Schriften des Sorbischen Instituts 23), Bautzen 1999.

KRASENBRINK, Josef, Die Congregatio Germanica und die katholische Reform in Deutschland nach dem Tridentinum (= RST 105), Münster 1972.

KRAUS, Franz Xaver, Tagebücher. Hg. von Hubert SCHIEL, Köln 1957.

KÜPPERS, Heinrich, Der katholische Lehrerverband in der Übergangszeit von der Weimarer Republik zur Hitler-Diktatur. Zugleich ein Beitrag zur Geschichte des Volksschullehrerstandes (= VKZG B 18), Mainz 1975.

KÜPPERS, Heinrich, Schulpolitik, in: Der soziale und politische Katholizismus. Entwicklungslinien in Deutschland 1803-1963. Hg. von Anton RAUSCHER. Bd. 2 (= Geschichte und Staat 250-252), München-Wien 1982, S. 352-394.

Die Kundgebungen Papst Benedikts XV. zum Weltfrieden. Im Urtext u. in dt. Übers. hg. von Arnold STRUKER, Freiburg i. Br. 1917.

LACHMUND, Hans-Georg. Jesuiten in Berlin, www.canisius.de/jesuitenorden/jesuiten_berlin.html (31.03.2005).

LANG, Hugo, Papst Pius XII. und Bayern, in: Katholisches Bayern, München 1960, S. 52-55.

LATOUR, Francis, La papauté et les problèmes de la paix pendant la première guerre mondiale (= Chemins de la mémoire), Paris 1996.

LAURENTIUS, Josef, Das Bischofswort zum Schutze der Familie, in: ThPQ 67 (1914), S. 517-528.

LEHNERT, Pascalina, Ich durfte ihm dienen. Erinnerungen an Papst Pius XII., Würzburg ⁶1982.

LENHART, Ludwig, Dr. Ludwig Maria Hugo (1871-1935). Ein theologisch-religiös markanter, den Nationalsozialismus frühzeitig durchschauender Rheinpfälzer auf dem Mainzer Bischofsstuhl (1921-1935), in: AMRhKG 18 (1966), S. 119-199.

LEIBER, Robert, Pius XII. +, in: StZ 163 (1958/59), S. 81-100.

LEUFKENS, Joseph (Hg.), Adolf Donders. Ein Gedenkbuch seiner Freunde, Münster 1949.

Lexikon der Christlichen Demokratie in Deutschland. Hg. im Auftrag der Konrad-Adenauer-Stiftung e.V. von Winfried BECKER, Günter BUCHSTAB, Anselm DOERING-MANTEUFFEL und Rudolf MORSEY, Paderborn u. a. 2002.

Lexikon zur Parteiengeschichte. Die bürgerlichen und kleinbürgerlichen Parteien und Verbände in Deutschland (1789-1945). Hg. von Dieter FRICKE. 4 Bde., Köln 1983-1986.

Lexikon für Theologie und Kirche. Hg. von Michael BUCHBERGER. 10 Bde., Freiburg i. Br. ¹1930-1938.

Lexikon für Theologie und Kirche. Hg. von Walter KASPER u. a. 11 Bde., Freiburg i. Br. ³1994-2002.

LICHIUS, Matthias (Bearb.), Handbuch der privaten katholischen Schulen und Internate Deutschlands. Im Auftrag der Zentralstelle der katholischen Schulorganisation bearbeitet, Düsseldorf 1929.

LISTL, Joseph, Die konkordatäre Entwicklung von 1817 bis 1988, in: Handbuch der bayerischen Kirchengeschichte. Hg. von Walter BRANDMÜLLER. Bd. 2, St. Ottilien 1991, S. 427-463.

LÖSER, Werner, St. Georgen 1926-1951, Frankfurt a. M. 2001.

LOISY, Alfred, Mémoires pour servir à l'histoire religieuse de notre temps. 3 Bde., Paris 1930-1931.

LOOME, Thomas Michael, Liberal Catholicism, Reform Catholicism, Modernism. A Contribution to a New Orientation in Modernist Research (= TThST 14), Mainz 1979.

LOWITSCH, Bruno, Der Kreis um die Rhein-Mainische-Volkszeitung, Wiesbaden 1980.

LUTHER, Hans, Politiker ohne Partei. Erinnerungen, Stuttgart 1960.

LUTZ, Heinrich, Die Bedeutung der Nuntiaturberichte für die europäische Geschichtsforschung und Geschichtsschreibung, in: QFIAB 53 (1973), S. 152-167.

LUTZ, Heinrich, Demokratie im Zwielicht. Der Weg der deutschen Katholiken aus dem Kaiserreich in die Republik 1914-1925, München 1963.

MAAS-EWERD, Theodor, Die Krise der Liturgischen Bewegung in Deutschland und Österreich. Zu den Auseinandersetzungen um die »liturgische Frage« in den Jahren 1939 bis 1944 (= Studien zur Pastoralliturgie 3), Regensburg 1981.

MARSCHLER, Thomas, Kirchenrecht im Bannkreis Carl Schmitts. Hans Barion vor und nach 1945, Bonn 2004.

MARTINI, Angelo, La nota di Benedetto XV ai capi delle nazioni belligeranti (1° agosto 1917), in: Civiltà Cattolica 113/4 (1962), S. 417-429.

MARTINI, Angelo, Le preparazioni di Benedetto XV ai governi belligeranti (1° agosto 1917), in: Civiltà Cattolica 113/4 (1962), S. 119-132.

MICHEL, Ernst, Politik aus dem Glauben, Jena 1926.

MOLINSKI, Waldemar, Theologie der Ehe in der Geschichte (= Der Christ in der Welt VII 7a/b), Aschaffenburg 1976.

MORSEY, Rudolf, Die Deutsche Zentrumspartei 1917-1923. Hg. von der Kommission für Geschichte des Parlamentarismus und der politischen Parteien, Düsseldorf 1966.

MORSEY, Rudolf, Zur Entstehung, Authentizität und Kritik von Brünings »Memoiren 1918-1934« (= Rheinisch-Westfälische Akademie der Wissenschaften Vorträge G 202), Opladen 1975.

MORSEY, Rudolf, Eugenio Pacelli als Nuntius in Deutschland, in: Herbert SCHAMBECK (Hg.), Pius XII. zum Gedächtnis, Berlin 1977, S. 103-139.

MORSEY, Rudolf, Georg Kardinal Kopp. Fürstbischof von Breslau (1887-1914). Kirchenfürst oder »Staatsbischof«?, in: Wichmann-Jahrbuch 21/23 (1967/69), S. 42-65.

MORSEY, Rudolf, Die Geschichte des Preußischen Konkordats und der Errichtung des Bistums Berlin, in: Wichmann-Jahrbuch 19/20 (1965/66), S. 64-89.

MORSEY, Rudolf, Der politische Katholizismus 1890-1933, in: Anton RAUSCHER (Hg.), Der soziale und politische Katholizismus. Entwicklungslinien in Deutschland 1803-1963. Bd. 1 (= Geschichte und Staat 247-249), München-Wien 1981, S. 110-164.

MORSEY, Rudolf, Probleme der Kulturkampf-Forschung, in: HJb 83 (1964), S. 217-252.

MORSEY, Rudolf, Der Untergang des politischen Katholizismus. Die Zentrumspartei zwischen christlichem Selbstverständnis und »Nationaler Erhebung« 1932/33, Stuttgart-Zürich 1977.

MORSEY, Rudolf (ab Bd. 3 [1979] zus. mit ARETZ, Jürgen/RAUSCHER, Anton) (Hg.), Zeitgeschichte in Lebensbildern. Aus dem deutschen Katholizismus des 19. und 20. Jahrhunderts. Bd. 1 ff., Mainz 1973 ff.

MUCKERMANN, Friedrich, Im Kampf zwischen zwei Epochen. Lebenserinnerungen. Bearb. und eingeleitet von Nikolaus JUNK (= VKZG A 15), Mainz 1973.

MÜLLER, Karl, Joseph Schmidlin (1876-1944). Papsthistoriker und Begründer der katholischen Missionswissenschaft (= Studia Instituti Missiologici Societatis Verbi Divini 47), Nettetal 1989.

MUSCHIOL, Gisela (Hg.), Katholikinnen und Moderne. Katholische Frauenbewegung zwischen Tradition und Emanzipation, Münster 2003.

MUSSINGHOFF, Heinz, Theologische Fakultäten im Spannungsfeld von Staat und Kirche. Entstehung und Auslegung des Konkordats mit Preußen von 1929, dar-

gelegt unter Berücksichtigung des Preußischen Statutenrechts und der Bestimmungen des Reichskonkordats (= VKZG B 27), Mainz 1979.

NAUMANN, Viktor, Profile. 30 Porträt-Skizzen aus den Jahren des Weltkrieges nach persönlichen Begegnungen, München-Leipzig 1925.

NESNER, Hans-Jörg, Das Erzbistum München und Freising zur Zeit des Erzbischofs und Kardinals Franziskus von Bettinger (1909-1917) (= MThS I 28), St. Ottilien 1987.

Neue Deutsche Biographie. Hg. von der Historischen Kommission der Bayerischen Akademie der Wissenschaften. Bd. 1 ff., Berlin 1953 ff.

NEUNER, Peter, Religiöse Erfahrung und geschichtliche Offenbarung. Friedrich von Hügels Grundlegung der Theologie (= Beiträge zur ökumenischen Theologie 15), München-Paderborn-Wien 1977.

NEUNER, Peter, Religion zwischen Kirche und Mystik. Friedrich von Hügel und der Modernismus, Frankfurt a. M. 1977.

NIPPERDEY, Thomas, Deutsche Geschichte 1866-1918. Bd. 1: Arbeitswelt und Bürgergergeist, München ³1993.

NOONAN, John T., Empfängnisverhütung. Geschichte ihrer Beurteilung in der katholischen Theologie und im kanonischen Recht. Aus dem Amerikanischen übers. von Nikolaus MONZEL (= Walberberger Studien der Albertus-Magnus-Akademie 6), Mainz 1967.

Nuntiaturberichte aus Deutschland 1533-1539 nebst ergänzenden Actenstücken. Bd. I/1: Nuntiaturen des Vergerio 1533-1536. Bearbeitet von Walter FRIEDENSBURG, Gotha 1892.

Nuntiaturberichte aus Deutschland 1572-1585 nebst ergänzenden Aktenstücken. Bd. III/3: Die süddeutsche Nuntiatur des Grafen Bartholomäus von Portia. Erstes Jahr 1573/74. Bearbeitet von Karl SCHELLHASS, Berlin 1896.

Nuntiaturberichte aus Deutschland nebst ergänzenden Aktenstücken. Die Kölner Nuntiatur. Bd. 1: Bonomi in Köln, Santonio in der Schweiz. Die Straßburger Wirren. Im Auftrag der Görres-Gesellschaft bearb. von Stephan EHSES und Aloys MEISTER, München-Paderborn-Wien 1969 (ND der Ausgabe Paderborn 1895).

Nuntiaturberichte aus der Schweiz seit dem Concil von Trient nebst ergänzenden Aktenstücken. Bd. 1: Die Nuntiatur Bonhomini's 1579-1581. Dokumente; Bd. 2: Die Nuntiaturberichte Bonhomini's und seine Correspondenz mit Persönlichkeiten der Schweiz aus dem Jahre 1580. Bearbeitet von Franz STEFFENS und Heinrich REINHARDT, Solothurn 1917.

OSINSKI, Jutta, Katholizismus und deutsche Literatur im 19. Jahrhundert, Paderborn u. a. 1993.

PACELLI, Eugenio, Gesammelte Reden. Ausgewählt und eingeleitet von Ludwig KAAS, Berlin 1930.

PACHTLER, G. M. (Hg.), Ratio studiorum et Institutiones scholasticae societatis Jesu per Germaniam olim vigentes. 4 Bde. (= Monumenta Germaniae Paedagogica 2, 5, 9 und 16), 1887-1894.

PAGLIA, Vincenzo, Gli studi al Seminario Romano negli anni della crisi modernista, in: Ricerche per la storia religiosa di Roma 8 (1990), S. 203-220.

PAGLIA, Vincenzo, Note sulla formazione culturale del clero romano tra Otto e Novecento, in: Ricerche per la storia religiosa di Roma 4 (1980), S. 175-211.

PANKOKE-SCHENK, Monika, Katholizismus und Frauenfrage, in: Der soziale und politische Katholizismus. Entwicklungslinien in Deutschland 1803-1963. Hg. von Anton RAUSCHER. Bd. 2 (= Geschichte und Staat 250-252), München-Wien 1982, S. 278-311.

PAPEN, Franz von, Der Wahrheit eine Gasse, München 1952.

PASTOR, Ludwig Freiherr von (1854-1928), Tagebücher – Briefe – Erinnerungen. Hg. von Wilhelm WÜHR, Heidelberg 1950.

PFEILSCHIFTER-BAUMEISTER, Georg, Der Salzburger Kongreß und seine Auswirkungen 1770-1777. Der Kampf des bayr. Episkopats gegen die staatskirchenrechtliche Aufklärung unter Kurfürst Max III. Joseph (1745-1777), Verhandlungen zu einem ersten bayr. Einheitskonkordat, Paderborn 1929.

PHILIPPI, Hans, Beiträge zur Geschichte der diplomatischen Beziehungen zwischen dem Deutschen Reich und dem Heiligen Stuhl 1872-1909, in: HJb 82 (1963), S. 219-262.

PLÜCK, Susanne, Das Badische Konkordat vom 12. Oktober 1932 (= VKZG B 41), Mainz 1984.

POULAT, Émile, Catholicisme, démocratie et socialisme. Le mouvement catholique et Mgr Benigni de la naissance du socialisme à la victoire du fascisme, Tournai 1977.

POULAT, Émile, Intégrisme et catholicisme intégral. Un résau secret international antimoderniste: La »Sapiniére« (1909-1921), Tournai 1969.

PÜNDER, Hermann, Von Preußen nach Europa. Lebenserinnerungen, Stuttgart 1968.

RAINER, Johann (Bearb.), Nuntiatur des Germanico Malaspina. Sendung des Antonio Possevino 1580-1582 (= Publikationen des österreichischen Kulturinstituts in Rom II/II/1), Wien 1973.

RECKER, Clemens-August, »Wem wollt ihr glauben?«. Bischof Berning im Dritten Reich, Paderborn 1997.

REIFFERSCHEID, Gerhard, Das Bistum Ermland und das Dritte Reich (= Bonner Beiträge zur Kirchengeschichte 7), Köln-Wien 1975.

REINHARDT, Rudolf, Zu den Auseinandersetzungen um den »Modernismus« an der Universität Tübingen, in: DERS., Tübinger Theologen und ihre Theologie, Tübingen 1977, S. 271-352.

Religion in Geschichte und Gegenwart. Handwörterbuch für Theologie und Religionswissenschaft. 4. Auflage hg. von Hans Dieter BENZ, Don S. BROWNING, Bernd JANOWSKI und Eberhard JÜNGEL, Bd. 1 ff., Tübingen 1998 ff.

REPGEN, Konrad, Über die Entstehung der Reichskonkordats-Offerte im Frühjahr 1933 und die Bedeutung des Reichskonkordats, in: VfZ 26 (1978), S. 499-534.

REPGEN, Konrad, Im Haus des Geheimarchivs sind viele Wohnungen. Neue Hintergründe eines Zerwürfnisses: Zum Scheitern der jüdisch-katholischen Historikerkommission über die Rolle von Papst Pius XII., in: Frankfurter Allgemeine Zeitung, 27. September 2001, S. 52 f.

REPGEN, Konrad, Die Historiker und das Reichskonkordat. Eine Fallstudie über historische Logik, in: DERS., Von der Reformation zur Gegenwart. Beiträge zu Grundfragen der neuzeitlichen Geschichte. Hg. von Klaus GOTTO und Hans Günter HOCKERTS, Paderborn 1988, S. 196-213.

REPGEN, Konrad, Zur vatikanischen Strategie beim Reichskonkordat, in: VfZ 31 (1983), S. 506-535.

REPGEN, Konrad, Hitlers Machtergreifung und der deutsche Katholizismus. Versuch einer Bilanz, in: Dieter ALBRECHT (Hg.), Katholische Kirche im Dritten Reich. Eine Aufsatzsammlung, Mainz 1976, S. 1-34.

Rhein-Mainische Volkszeitung und Handelsblatt, Frankfurt 1 (1871) ff.

RIBHEGGE, Wilhelm, Kirche und Demokratie. Zur Rolle Joseph Mausbachs in der Weimarer Nationalversammlung, in: StZ 217 (1999), S. 611-622.

RICHTER, Ingrid, Katholizismus und Eugenik in der Weimarer Republik und im Dritten Reich. Zwischen Sittlichkeitsreform und Rassenhygiene (= VKZG B 88), Paderborn u. a. 2001.

RÖDDER, Andreas, Dichtung und Wahrheit: Der Quellenwert von Heinrich Brünings Memoiren und seine Kanzlerschaft, in: HZ 265 (1997), S. 77-116.

ROSENSTOCK, Eugen/WITTIG, Joseph, Das Alter der Kirche. Kapitel und Akten Bd. 3: Alltag. Die Akten und theologisch-kanonistische Gutachten zum Schrifttum Joseph Wittigs. Neu hg. von Fritz HERRENBRÜCK und Michael GORMANN-THELEN basierend auf der Ausgabe Berlin 1927, Münster 1998.

RÜTH, Georg (Hg.), Sicherungsarbeiten am Mainzer Dom, Amöneburg 1928.

RUPPEL, Edith, Zur Tätigkeit des Eugenio Pacelli als Nuntius in Deutschland, in: Zeitschrift für Geschichtswissenschaft 7 (1959), S. 297-317.

SACK, Birgit, Zwischen religiöser Bindung und moderner Gesellschaft. Katholische Frauenbewegung und politische Kultur in der Weimarer Republik (1918/19-1933) (= Internationale Hochschulschriften 266), Münster-New York 1998.

Der sächsische Bischof Dr. Schreiber und die katholischen Wenden (Lausitzer Serben). Ein Beitrag zur Geschichte des neugegründeten Bistums Meißen. Hg. vom Ausschuß zur Wahrung der religiösen und nationalen Rechte der katholischen Wenden, Bautzen 1928.

SAMERSKI, Stefan, Die Aufnahme diplomatischer Beziehungen zwischen dem Hl. Stuhl und dem Deutschen Reich (1920), in: AHP 34 (1996), S. 325-368.

SAMERSKI, Stefan, Die katholische Kirche in der Freien Stadt Danzig 1920-1933. Katholizismus zwischen Libertas und Irredenta (= Bonner Beiträge zur Kirchengeschichte 17), Bonn 1991.

SAMERSKI, Stefan, Primat des Kirchenrechts: Eugenio Pacelli als Nuntius beim Deutschen Reich (1920-1929), in: AfkKR 170 (2001), S. 5-22.

SAMERSKI, Stefan, Ostdeutscher Katholizismus im Brennpunkt. Der deutsche Osten im Spannungsfeld von Kirche und Staat nach dem Ersten Weltkrieg, Bonn 1999.

SANDFUCHS, Wilhelm, Die Außenminister der Päpste, München-Wien 1962.

Sankt Georgen Frankfurt am Main 1926-1976, Frankfurt a. M. 1976.

SÁNCHEZ, José M., Pius XII. und der Holocaust. Anatomie einer Debatte, Paderborn 2002.

SCHATZ, Klaus, Geschichte des Bistums Limburg (= Quellen und Abhandlungen zur mittelrheinischen Kirchengeschichte 48), Mainz 1983.

SCHATZ, Klaus, Zur Gründungsgeschichte der Hochschule Sankt Georgen 1919-1926. Zum 75jährigen Jubiläum, in: ThPh 26 (2001), S. 481-508.

SCHELLHASS, Karl, Der Dominikaner Felician Ninguarda und die Gegenreformation in Süddeutschland und Österreich 1560-1583. Bd. 1: Felician Ninguarda als Apostolischer Kommissar 1560-1578; Bd. 2: Felician Ninguarda als Nuntius 1578-1580 (= Bibliothek des Deutschen Historischen Instituts in Rom 17/18), Regensburg 1930-1939.

SCHILSON, Arno, Theologie als Sakramententheologie (= Tübinger Theologische Studien 18), Mainz 1982.

SCHLESINGER, Moritz, Erinnerungen eines Außenseiters im diplomatischen Dienst. Hg. und eingeleitet von Hubert SCHNEIDER, Köln 1977.

SCHMIDT, Lydia, Kultusminister Franz Matt (1920-1926). Schul-, Kirchen- und Kunstpolitik in Bayern nach dem Umbruch von 1918 (= Schriftenreihe zur bayerischen Landesgeschichte 126), München 2000.

SCHMIDT, Paul, Statist auf diplomatischer Bühne. Erlebnisse des Chefdolmetschers im Auswärtigen Amt mit den Staatsmännern Europas, Bonn 1949.

SCHNEIDER, Michael, Die Christlichen Gewerkschaften 1894-1933 (= Forschungsinstitut der Friedrich-Ebert-Stiftung. Politik und Gesellschaftsgeschichte 10), Bonn 1982.

SCHÖNHOVEN, Klaus, Die Bayerische Volkspartei 1924-1932, Düsseldorf 1972.

Scholastik. Vierteljahresschrift für Theologie und Philosophie, Freiburg i. Br. 1 (1926) ff.

SCHOLDER, Klaus, Altes und Neues zur Vorgeschichte des Reichskonkordats. Erwiderung auf Konrad Repgen, in: VfZ 26 (1978), S. 535-570.

SCHOLDER, Klaus, Eugenio Pacelli und Karl Barth, in: DERS., Die Kirchen zwischen Republik und Gewaltherrschaft. Gesammelte Aufsätze hg. von Karl Otmar von ARETIN und Gerhard BESIER, Berlin 1988, S. 98-110.

SCHOLDER, Klaus, Die Kirchen und das Dritte Reich. 2 Bde., Frankfurt a. M. 1977/1985.

SCHRÖTELER, Joseph (Hg.), Die geschlechtliche Erziehung. Beiträge zur Grundlegung einer gesunden Sexualpädagogik. Hg. im Auftrag der Zweigstelle Düsseldorf des deutschen Instituts für wissenschaftliche Pädagogik und in Verbindung mit anderen Fachleuten, Düsseldorf 1929.

SCHRÖRS, Heinrich, Die Kölner Wirren (1837). Studien zu ihrer Geschichte, Berlin 1927.

SCHWAIGER, Georg, Papsttum und Päpste im 20. Jahrhundert. Von Leo XIII. zu Johannes Paul II., München 1999.

SCHWALBACH, Bruno, Erzbischof Gröber und die nationalsozialistische Diktatur. Eine Studie zum Episkopat des Metropoliten der oberrheinischen Kirchenprovinz während des Dritten Reichs, Karlsruhe 1985.

SCHWARZ, Wilhelm Eberhard (Hg.), Zehn Gutachten über die Lage der katholischen Kirche in Deutschland (1573/76) nebst dem Protokolle der deutschen Congregation (1573/78), Briefe und Akten zur Geschichte Maximilians II/2, Paderborn 1891.

SCHWEDT, Herman H., Der römische Index der verbotenen Bücher, in: HJb 107 (1987), S. 296-314.

SCHWEDT, Herman H., Das römische Urteil über Georg Hermes (1775-1831). Ein Beitrag zur Geschichte der Inquisition im 19. Jahrhundert (= RQ Supplement 37), Freiburg i. Br.-Basel-Wien 1980.

SCHWEDT, Herman H., Vom ultramontanen zum liberalen Döllinger, in: Georg DENZLER/Ernst Ludwig GRASMÜCK (Hg.), Geschichtlichkeit und Glaube. Zum 100. Todestag Johann Joseph Ignaz von Döllingers (1799-1890), München 1990.

SCHWEDT, Herman H., unter Mitarbeit von Tobias LAGATZ, Prosopographie zu Römischer Inquisition und Indexkongregation 1814-1917. 2 Bde. Hg. von Hubert WOLF (= Römische Inquisition und Indexkongregation. Grundlagenforschungen III: 1814-1917), Paderborn 2005.

SCOTTÀ, Antonio, »La conciliazione ufficiosa«. Diario del barone Carlo Monti »incaricato d'affari« del governo italiano presso la Santa Sede (1914-1922). 2 Bde. (= Storia e attualità 15), Città del Vaticano 1997.

SILBERNAGL, Isidor, Die Aufsicht über die Volksschulen in Bayern. Ein Beitrag zum Culturkampfe, München 1876.

Singulari quadam. Rundschreiben des Papstes Pius X. über die Gewerkschaftsfrage. Hg. vom Verband der katholischen Arbeitervereine (Sitz Berlin) mit einem Anhang: a) Das Ausschreiben der Bischöfe in Fulda vom 5. November 1912; b) Das Pastorale des preußischen Episkopats vom 22. August 1900, Berlin 1912.

SPADOLINI, Giovanni, Il Cardinale Gasparri e la questione Romana. Con brani delle memorie inedite, Firenze ²1973.

Staatslexikon. Im Auftrag der Görres-Gesellschaft unter Mitwirkung zahlreicher Fachleute hg. von Hermann SACHER. 5 Bde., Freiburg i. Br. ⁵1926-1932.

Staatslexikon. Recht-Wirtschaft-Gesellschaft. Hg. von der Görres-Gesellschaft. 5 Bde., Freiburg i. Br.-Basel-Wien ⁷1985-1989.

STEGLICH, Wolfgang, Bündnissicherung und Verständigungsfrieden. Untersuchungen zu dem Friedensangebot der Mittelmächte vom 12. Dezember 1916, Göttingen 1958.

STEGLICH, Wolfgang (Hg.), Der Friedensappell Papst Benedikts XV. vom 1. August 1917 und die Mittelmächte. Diplomatische Aktenstücke des Deutschen Auswärtigen Amtes, des Bayerischen Staatsministeriums des Äußern, des Österreichisch-Ungarischen Ministeriums des Äußern und des Britischen Auswärtigen Amtes, Wiesbaden 1970.

STEGLICH, Wolfgang (Hg.), Der Friedensappell Papst Benedikts XV. vom 1. August 1917 und die Mittelmächte. Diplomatische Aktenstücke des Deutschen Auswärtigen Amtes, des Bayerischen Staatsministeriums des Äußern, des Österreichisch-Ungarischen Ministeriums des Äußern und des Britischen Auswärtigen Amtes aus den Jahren 1915-1922 (= Quellen und Studien zu den Friedensversuchen des Ersten Weltkrieges 2), Wiesbaden 1970.

STEGLICH, Wolfgang, Die Verhandlungen des 2. Unterausschusses des Parlamentarischen Untersuchungsausschusses über die Päpstliche Friedensaktion von 1917. Aufzeichnungen und Vernehmungsprotokolle, Wiesbaden 1974.

STEHLE, Hansjakob, Geheimdiplomatie im Vatikan. Die Päpste und die Kommunisten, Zürich 1993.

STEHLIN, Stewart A., Weimar and the Vatican 1919-1933. German-Vatican Diplomatic Relations in the Interwar Years, Princeton 1983.

STEINMAUS-POLLAK, Angelika, Das als Katholische Aktion organisierte Laienapostolat. Geschichte seiner Theorie und seiner kirchenrechtlichen Praxis in Deutschland (= Forschungen zur Kirchenrechts-Wissenschaft 4), Würzburg 1988.

Stimmen der Zeit. Katholische Monatsschrift für das Geistesleben der Gegenwart, Freiburg i. Br. 88 (1915) ff.

STREHLER, Adolf, Christian Schreiber. Das Lebensbild eines Volksbischofs, Berlin ²1934.

STREMPEL, Aloys, Die Rettung des Mainzer Domes, Mainz 1928.

STUTZ, Ulrich, Der Geist des Codex iuris canonici. Eine Einführung in das auf Geheiß Papst Pius X. verfasste und von Papst Benedikt XV. erlassene Gesetzbuch der katholischen Kirche (= Kirchenrechtliche Abhandlungen 92/93), Stuttgart 1918.

STUTZ, Ulrich, Konkordat und Codex. Sonderausgabe aus den Sitzungsberichten der Preußischen Akademie der Wissenschaften. Phil.-Hist. Klasse 32 (1930), Berlin 1930.

Theologische Realenzyklopädie. Hg. von Gerhard KRAUSE und Gerhard MÜLLER. 36 Bde., Berlin-New York 1977-2004.

TRINCHESE, Stefano, La Repubblica di Weimar e la Santa Sede tra Benedetto XV e Pio XI (1919-1922) (= Pubblicazioni dell'università degli studi di Cassino. Sezione di studi filologici, letterari, storici, artistici e geografici 5), Napoli 1994.

TRIPPEN, Norbert, Theologie und Lehramt im Konflikt. Die kirchlichen Maßnahmen gegen den Modernismus im Jahre 1907 und ihre Auswirkungen in Deutschland, Freiburg i. Br.-Basel-Wien 1977.

Um Sitte und Sittlichkeit. Ein Kommentar zu den Katholischen Grundsätzen und Weisungen zu verschiedenen modernen Sittlichkeitsfragen. In Verbindung mit anderen katholischen Verbänden hg. von der Zentralstelle der Katholischen Schulorganisation, Düsseldorf 1926.

UNTERBURGER, Klaus, Das bayerische Konkordat von 1583. Die Neuorientierung der päpstlichen Deutschlandpolitik nach dem Konzil von Trient und deren Auswirkungen auf das Verhältnis von weltlicher und geistlicher Gewalt (= MKHS 11), Stuttgart 2005.

UNTERBURGER, Klaus, Der Fortschritt der historisch-theologischen Theoriebildung an der Münchener Theologischen Fakultät in der zweiten Hälfte des 19. Jahrhunderts. Eine Untersuchung der Doktordisputationsthesen, in: MThZ 54 (2003), S. 354-371.

UNTERBURGER, Klaus, Kirchen- und Dogmengeschichte an der Universität München zwischen dem I. Vatikanischen Konzil und der Modernismuskrise. Die Professoren Joseph Bach, Isidor Silbernagl und Alois Knöpfler (in Vorbereitung).

UNTERBURGER, Klaus, Das Verhältnis der Zeitschrift »Hochland« zum theologischen Modernismus während der ersten Jahre ihres Bestehens, in: Manfred WEITLAUFF/Peter NEUNER (Hg.), Für euch Bischof, mit euch Christ. FS für Friedrich Kardinal Wetter zum siebzigsten Geburtstag, St. Ottilien 1998, S. 347-387.

Die Verfassung des Deutschen Reichs vom 11. August 1919. Bibliographisch ergänzte Ausgabe. Hg. von Hermann MOSLER, Stuttgart 1988 [zitiert als: Weimarer Reichsverfassung].

Verzeichnis der Geistlichen des Bistums Meißen nach dem Stande vom 1. März 1935.

VOLK, Ludwig, Brüning contra Pacelli. Ein Dokument korrigiert die Memoiren, in: Katholische Kirche und Nationalsozialismus. Ausgewählte Aufsätze von Ludwig Volk. Hg. von Dieter ALBRECHT (= VKZG B 46), Mainz 1987, S. 315-320.

VOLK, Ludwig, Zwischen Geschichtsschreibung und Hochhuthprosa. Kritisches und Grundsätzliches zu einer Neuerscheinung über Kirche und Nationalsozialismus, in: StZ 176 (1965), S. 29-41.

WASSILOWSKY, Günther, Robert Bellarmin (1542-1621), in: Klassiker der Theologie. Bd. 1: Von Tertullian bis Calvin. Hg. von Friedrich Wilhelm GRAF, München 2005: S. 267-280.

WALZ, Angelus, Andreas Kardinal Frühwirth 1845-1933. Ein Zeit- und Lebensbild, Wien 1950.

WEBER, Christoph, Der Religionsphilosoph Johannes Hessen (1889-1971). Ein Gelehrtenleben zwischen Modernismus und Linkskatholizismus (= Beiträge zur Kirchen- und Kulturgeschichte 1), Frankfurt a. M. u. a. 1994.

WEBER, Christoph, Kirchliche Politik zwischen Rom, Berlin und Trier 1876-1888. Die Beilegung des preußischen Kulturkampfes (= VKZG B 7), Mainz 1970.

WEBER, Christoph, Quellen und Studien zur Kurie und zur vatikanischen Politik unter Leo XIII. Mit Berücksichtigung der Beziehungen des Hl. Stuhles zu den Dreibundmächten (= Bibliothek des Deutschen Historischen Instituts in Rom 45), Tübingen 1973.

WEIMER, Hermann, Geschichte der Pädagogik. Neu bearbeitet von Juliane JACOBI (= Sammlung Göschen 2080), Berlin ¹⁹1992.

WEISS, Otto, Modernismus und Antimodernismus im Dominikanerorden. Zugleich ein Beitrag zum »Sodalitium Pianum« (= Quellen und Studien zur neueren Theologiegeschichte 2), Regensburg 1998.

WEISS, Otto, Der Modernismus in Deutschland. Ein Beitrag zur Theologiegeschichte, Regensburg 1995.

WEISS, Wolfgang, Modernismuskontroverse und Theologenstreit. Die Katholisch-Theologische Fakultät Würzburg in den kirchenpolitischen und theologischen Auseinandersetzungen zu Beginn des 20. Jahrhunderts (= Quellen und Forschungen zur Geschichte des Bistums und Hochstifts Würzburg 56), Würzburg 2000.

WEITLAUFF, Manfred, Zur Entstehung des »Denzinger«. Der Germaniker Dr. Heinrich Joseph Dominikus Denzinger (1819-1883) in den ersten Jahren seines akademischen Wirkens an der Universität Würzburg, in: DERS., Kirche zwischen Aufbruch und Verweigerung. Ausgewählte Beiträge zur Kirchen- und Theologiegeschichte des 19. und frühen 20. Jahrhunderts. Hg. von Franz Xaver BISCHOF und Markus RIES als Festgabe zum 65. Geburtstag, Stuttgart-Berlin-Köln 2001, S. 140-190.

WEITLAUFF, Manfred, Kardinal Faulhaber und der »Fall Barion«. Die Schließung der Münchener Theologischen Fakultät durch das NS-Regime 1939, in: MThZ 54 (2003) S. 296-332.

WEITLAUFF, Manfred, »Modernismus litterarius«. Der »Katholische Literaturstreit«, die Zeitschrift »Hochland« und die Enzyklika »Pascendi dominici gregis« Pius' X. vom 8. September 1907, in: DERS., Kirche zwischen Aufbruch und Verweigerung. Ausgewählte Beiträge zur Kirchen- und Theologiegeschichte des 19. und frühen 20. Jahrhunderts. Hg. von Franz Xaver BISCHOF und Markus RIES als Festgabe zum 65. Geburtstag, Stuttgart-Berlin-Köln 2001, S. 388-460.

Weltverantwortung des Christen. Zum Gedenken an Ernst Michel (1889-1964). Dokumentationen. Hg. von Arnulf GROSS, Josef HAINZ, Franz Josef KLEHR und Christoph MICHEL, Frankfurt a. M. 1996.

Kaiser WILHELM II., Ereignisse und Gestalten aus den Jahren 1878-1918, Leipzig 1922.

WINTER, Eduard, Der Josephinismus und seine Geschichte. Beiträge zur Geistes-geschichte Österreichs 1740-1848 (= Prager Studien und Dokumente zur Gei-stes- und Gesinnungsgeschichte Ostmitteleuropas 1), Brünn-München-Wien 1943.

WOLF, Hubert (Hg.), Antimodernismus und Modernismus in der katholischen Kirche. Beiträge zum theologiegeschichtlichen Vorfeld des II. Vatikanums (= Programm und Wirkungsgeschichte des II. Vatikanums 2), Paderborn u. a. 1998.

WOLF, Hubert, Der deutsche Katholizismus als Kind der Revolution von 1848? Oder: Das ambivalente Verhältnis von katholischer Kirche und Freiheit, in: RoJKG 19 (2000), S. 13-30.

WOLF, Hubert, »Ein dogmatisches Kriterium der Kirchengeschichte«? Franz Xa-ver Funk (1840-1907) und Sebastian Merkle (1862-1945) in den Kontroversen um die Identität des Faches, in: Im Gedächtnis der Kirche neu erwachen. Stu-dien zur Geschichte des Christentums in Mittel- und Osteuropa. FS Gabriel Adriányi. Hg. von Reimund HAAS, Karl Josef RIVINIUS und Hermann-Josef SCHEIDGEN, Köln-Weimar-Wien 2000, S. 713-732.

WOLF, Hubert, Freiheit, 1848er Revolution und katholische Kirche. Eine kirchen-historische Verortung, in: DERS. (Hg.), Freiheit und Katholizismus. Beiträge zur Exegese, Kirchengeschichte und Fundamentaltheologie, Ostfildern 1999, S. 39-69.

WOLF, Hubert (Hg.), Die katholisch-theologischen Disziplinen in Deutschland 1870-1962. Ihre Geschichte, ihr Zeitbezug. Hg. unter Mitarbeit von Claus AR-NOLD (= Programm und Wirkungsgeschichte des II. Vatikanums 3), Paderborn u. a. 1999.

WOLF, Hubert, Ketzer oder Kirchenlehrer? Der Tübinger Theologe Johannes von Kuhn (1806-1887) in den kirchenpolitischen Auseinandersetzungen seiner Zeit (= VKZG B 58), Mainz 1992.

WOLF, Hubert, Kontrolle des Wissens. Zensur und Index der verbotenen Bücher, in: Theologische Revue 99 (2003), S. 437-452.

WOLF, Hubert, München als Reichsnuntiatur? Aus Anlaß der vollständigen Öff-nung des Archivio della Nunziatura di Monaco, in: ZKG 103 (1992), S. 231-242.

WOLF, Hubert, Pius XI. und die »Zeitirrtümer«. Die Initiativen der römischen In-quisition gegen Rassismus und Nationalsozialismus, in: Vierteljahrshefte für Zeitgeschichte 53 (2005), S. 1-42.

WOLF, Hubert, »Pro perfidis Judaeis«. Die Amici Israel und ihr Antrag auf eine Reform der Karfreitagsfürbitte für die Juden (1928). Oder: Bemerkungen zum Thema katholische Kirche und Antisemitismus, in: HZ 279 (2004), S. 611-658.

WOLF, Hubert, Gegen Rassismus und Antisemitismus? Der Hl. Stuhl und die NS-Ideologie im Spiegel der neu zugänglichen vatikanischen Quellen, in: Theologie der Gegenwart 48 (2005), S. 82-100.

WOLF, Hubert/ARNOLD, Claus (Hg.), Der Rheinische Reformkreis. Dokumente zu Modernismus und Reformkatholizismus. Nach Vorarbeiten von Uwe

SCHARFENECKER unter Mitarbeit von Andreas OCHS und Barbara WIELAND. 2 Bde., Paderborn u. a. 2001.

WOLF, Hubert, Sebastian Merkle, in: Unitas-Handbuch. Bd. 2. Hg. von Wolfgang BURR (= Unitas Schriftenreihe N.F. 11), Bonn 1996, S. 208-224.

WOLF, Hubert, Die Tübinger Theologie behagte dem Römer nicht. Bisher unbekannter Bericht von Nuntius Pacelli aus dem Jahr 1928, in: Katholisches Sonntagsblatt Nr. 51/52 vom 21./28. Dezember 2003, S. 32-34.

WOLLSTEIN, Günter, Theobald von Bethmann Hollweg. Letzter Erbe Bismarcks, erstes Opfer der Dolchstoßlegende (= Persönlichkeit und Geschichte 146/147), Göttingen u. a. 1995.

WÜRTZ, Christian, Die Priesterausbildung in der Erzdiözese Freiburg während des Dritten Reiches, Zulassungsarbeit masch., Freiburg 2004.

ZITTEL, Bernhard, Die Vertretung des Hl. Stuhles in München 1785-1934, in: Der Mönch im Wappen. Aus Geschichte und Gegenwart des katholischen München, München 1960, S. 419-494.

ABKÜRZUNGSVERZEICHNIS

a.o.	außerordentlicher
AAS	Acta Apostolicae Sedis
ACDF	Archivio della Congregazione per la Dottrina della Fede
AEM	Archiv des Erzbistums München und Freising
AES	Sacra Congregazione degli affari ecclesiastici straordinari
AfkKR	Archiv für katholisches Kirchenrecht
AHP	Annuarium Historiae Pontificium
AMRhKG	Archiv für mittelrheinische Kirchengeschichte
ANB	Archivio della Nunziatura in Berlino
ANM	Archivio della Nunziatura in Monaco
Anm.	Anmerkung
Art.	Artikel
ASC	Archivio Segreto Vaticano
ASS	Acta Sanctae Sedis
BayHStA	Bayerisches Hauptstaatsarchiv
BBKL	Biographisch-Bibliographisches Kirchenlexikon
Bd., Bde.	Band, Bände
c.	canon
C.L.	Censurae librorum
cap.	capitulum
CIC	Codex Iuris Canonici
DAL	Diözesanarchiv LImburg
DBE	Deutsche Biographische Enzyklopädie
EAF	Erzbischöfliches Archiv Freiburg
EC	Enciclopedia cattolica
fasc.	Fascicolo
FDA	Freiburger Diözesanarchiv
fol.	Foglio
FS	Festschrift
GPS	Gesandtschaft Päpstlicher Stuhl
Hg.	Herausgeber
HJb	Historisches Jahrbuch
HKG	Handbuch der Kirchengeschichte
HPBl	Historisch-politische Blätter
HZ	Historische Zeitschrift
Konz.	Konzept
LChD	Lexikon der Christlichen Demokratie in Deutschland
Lit.	Literatur
LThK	Lexikon für Theologie und Kirche
MA	Bayerisches Staatsministerium des Äußeren
MKHS	Münchener kirchenhistorische Studien
MThS	Münchener Theologische Studien
MThZ	Münchener theologische Zeitschrift
N.F.	Neue Folge
NBD	Nuntiaturberichte aus Deutschland

ND	Neudruck
NDB	Neue Deutsche Biographie
NL	Nachlass
Or.	Original
o.	ordentlicher
Pos.	Posizione
QFIAB	Quellen und Forschungen aus italienischen Archiven und Bibliotheken
R.V.	Rerum Variarum
RGG	Religion in Geschichte und Gegenwart
RoJKG	Rottenburger Jahrbuch für Kirchengeschichte
RQ	Römische Quartalschrift
RST	Reformationsgeschichtliche Studien und Texte
S.	Seite/Spalte
S.O.	Sanctum Officium
ses.	Sessio
StZ	Stimmen der Zeit
ThPh	Theologie und Philosophie
ThPQ	Theologisch-Praktische Quartalschrift
ThQ	Theologische Quartalschrift
TRE	Theologische Realenzyklopädie
TThSt	Trierer theologische Studien
u. a.	und andere
VfZ	Vierteljahrshefte für Zeitgeschichte
VKZG	Veröffentlichungen der Kommission für Zeitgeschichte
vol.	volume
ZBLG	Zeitschrift für bayerische Landesgeschichte
ZKG	Zeitschrift für Kirchengeschichte
ZThK	Zeitschrift für Theologie und Kirche

PERSONEN- UND ORTSREGISTER